JORG-GÜNTHER GRUNWALD

Die Möglichkeiten zur Bestimmung zeitlicher Verzögerungen in der Stabilitätspolitik

Untersuchungen über das Spar-, Giro- und Kreditwesen

Abteilung A: Wirtschaftswissenschaft

Schriften des Instituts für das Spar-, Giro- und Kreditwesen an der Universität Bonn

Herausgegeben von Fritz Voigt

Band 102

Die Möglichkeiten zur Bestimmung zeitlicher Verzögerungen in der Stabilitätspolitik

Eine Analyse ausgewählter geld- und finanzpolitischer Maßnahmen

Von

Dr. Jorg-Günther Grunwald

DUNCKER & HUMBLOT / BERLIN

Redaktion: Dr. Hermann Witte

Gedruckt 1979 bei Zippel-Druck in Firma Büro-Technik GmbH, Berlin 36
Printed in Germany

ISBN 3 428 04491 6

Inhaltsverzeichnis

Einleitung

Teil 1: Grundlagen und Methoden der stabilitätspolitischen Verzögerungsanalyse

Teil 2: Eine empirische Analyse stabilitätspolitischer Verzögerungen

Tabellenverzeichnis

Übersichtenverzeichnis

Abbildungsverzeichnis

Einleitung

A. Effizienzprobleme des stabilitätspolitischen Maßnahmeeinsatzes

Die Aufgabe wirtschaftspolitischen Handelns besteht darin, durch den Einsatz wirtschaftspolitischer Instrumente die Diskrepanz zwischen den angestrebten Zielvorstellungen (Soll) und der (zum Entscheidungszeitpunkt) gegebenen Lage der Zielvariablen (Ist) zu überbrükken, falls diese nicht dem Politikoptimum entspricht. Diese Anpassung wird jedoch in der Regel nicht mit einer unendlich schnellen Geschwindigkeit erfolgen können, da systemimmanente Beharrungsvorgänge die Effizienz behindern. Es wird ersichtlich, daß das Phänomen der *Zeit*, des Zeitmaßes und des Zeitbewußtseins in der Theorie und auch in der Praxis der Wirtschaftspolitik eine bedeutende Rolle spielt, daß die Anwendungsmöglichkeiten und Auswirkungen wirtschaftspolitischer Instrumente also nur in dynamischer Betrachtungsweise analysiert werden können. Die ökonomische Relevanz der Zeit ergibt sich dabei durch die Berücksichtigung von hintereinander folgenden nicht simultanen Ereignisvorgängen.

In Anlehnung an *Fritz Voigt*[1] ist die Zeit (als objektive Dimension) im Phasenverlauf *einmalig* und *nicht substituierbar*. Erfolgte nämlich in einem Zeitabschnitt eine bestimmte wirtschaftspolitische Handlung, so sind die daraus resultierenden Wirkungen und Effekte in der Folgezeit vorgegeben. Sie stellen dann ihrerseits die Grundbedingungen für den weiteren Verlauf der wirtschaftlichen Aktivität dar. Dabei wird unterstellt, daß die Nicht-Ausnutzung einer ökonomischen Chance zu einem gegebenen Zeitpunkt als „... für dieses Zeitquantum endgültig verloren“[2] anzusehen ist.

---

[1] *Fritz Voigt:* Verkehr, Bd. 1, I (Die Theorie der Verkehrswirtschaft), Berlin 1973, S. 174 ff.

[2] Ebenda, S. 176.

Der verpaßte Einsatz stabilisierender Instrumente führt somit unweigerlich zu einem Mißerfolg der stabilitätspolitischen Bemühungen der Entscheidungsträger, da die Ereignisfolgen der wirtschaftspolitischen Entscheidungen zeitlich *irreversibel* sind.

Als Beispiel für diesen Sachverhalt mag die Analyse der Ursachen der Rezession der Jahre 1974/75 dienen. Der *Sachverständigenrat* kam nämlich in seinem Jahresgutachten 1975/76 zu dem Ergebnis, daß der Ursprung der Krise 1975 in der verpaßten Stabilisierung des vorangegangenen Konjunkturzyklus zu suchen sei[3]. Die Chance, die der Abschwung nach dem Boom der Jahre 1969/70 für die Stabilisierungspolitik eröffnet hatte, war zu diesem Zeitpunkt vertan worden. Denn die inflationäre Aufblähung in einigen Teilbereichen der Wirtschaft (hauptsächlich in der Bauindustrie) überdeckte ein grundsätzliches strukturelles Problem, das in dem Rückgang der Gewinnmargen zu sehen war. Die damit einhergehende sinkende Investitionsneigung deutete in diesem Zusammenhang schon auf die Schwierigkeiten hin, die die Wirtschaftspolitik in den nachfolgenden Jahren zwischen dem Beschäftigungsziel einerseits und dem Preisstabilitätsziel andererseits haben sollte.

Ist also objektiv gesehen der Zeitablauf nicht substituierbar, so muß man jedoch die Art der subjektiven Ausnutzung dieser objektiven Kategorie des Ablaufs als „beschränkt substituierbar“[4] ansehen. Denn die wirtschaftspolitischen Entscheidungsträger können zu einem gegebenen Zeitpunkt zwischen einer begrenzten Anzahl stabilitätspolitischer Instrumente wählen.

Da rationale Wirtschaftspolitik den sinnvoll aufeinander abgestimmten Einsatz von Instrumenten im Hinblick auf bestimmte vorgegebene Ziele bedeutet, ist eine Ziel-Mittel-Analyse unabdingbare Voraussetzung für eine wirtschaftspolitische Erfolgskontrolle. Unter Berücksichtigung der Zeitkomponente muß bei der dynamischen Wirksamkeitsanalyse in dem betrachteten ökonomischen System mindestens eine Größe enthalten sein, die mindestens auf zwei unterschiedliche Zeitpunkte bzw. Zeitperioden bezogen ist.

Das Phänomen der Zeit äußert sich aber bei der Durchführung und der anschließenden Erfolgskontrolle stabilitätspolitischer Maßnahmen in vielerlei Hinsicht[5]. Dabei müssen nicht nur die Zeitpunkte bzw. die Intervalle des Eintritts unterschiedlicher wirtschafts- und stabili-

---

[3] *Sachverständigenrat* zur Begutachtung der gesamtwirtschaftlichen Entwicklung: Vor dem Aufschwung, Jahresgutachten 1975/76, Stuttgart-Mainz 1975, Ziff. 63–84.

[4] *Fritz Voigt:* Verkehr, Bd. 1, I, S. 177.

[5] Zu den Voraussetzungen zielgerechten Maßnahmeeinsatzes vgl. *Jorg-Günther Grunwald:* Erfolgskontrolle finanzpolitischer Stabilisierungsmaßnahmen, Berlin 1977, S. 7 f.

tätspolitisch wichtiger Ereignisse (Ziel- und Zwischenzielrealisierungen) in Betracht gezogen werden, sondern es sollte auch die Dauer (d. h. die Einsatzlänge) der Maßnahmen im Hinblick auf eine optimale Zielerreichung richtig abgeschätzt werden.

Die Wirksamkeit der Politik kann dann grundsätzlich in folgende *Komponenten* zerlegt werden:

1. Quantitative Komponente (Stärke und Dosierung der Instrumente)
2. Qualitative Komponente (Ansatzpunkte gegenüber den strategischen Variablen sowie die instrumentelle Ausgestaltung der Maßnahme)
3. Zeitliche Komponente (Einsatzzeitpunkt und Einsatzlänge der antizyklischen Maßnahmen).

Die *Bedeutung des Zeitfaktors* für die Gesamtwirkung wirtschaftspolitischer Maßnahmen läßt sich sehr anschaulich am Beispiel des physikalischen Begriffes der Dynamik von *Newton* beschreiben. In diesem Fall gilt folgendes Gesetz:

Kraft = Masse × Beschleunigung

Mathematisch ausgedrückt heißt das:

$$K = m \cdot \frac{dv}{dt}$$

wobei:

K = Kraft
m = Masse
v = Geschwindigkeit (velocitas)
t = Zeit (tempus)

Die Wirksamkeit der *Kraft* wird also dadurch bestimmt, daß eine (träge) Masse eine Beschleunigung erfährt, also z. B. aus einem Ruhestand in die Bewegung oder aus einer geradlinigen gleichförmigen Bewegung in eine beschleunigte Bewegung versetzt wird. In der ökonomischen Terminologie könnte man dabei die „Kraft“ als „Einwirkung“ definieren, „die geeignet ist, eine gegebene volkswirtschaftliche Struktur zu verändern, falls sie stark genug ist, die in jeder Lage vorhandenen Beharrungszustände zu überwinden“[6].

---

[6] *Fritz Voigt:* Theorie der Wirtschaftspolitik, unveröff. Manuskript, Bonn 1971, S. 14.

Übertragen auf stabilitätspolitische Fragestellungen bedeutet das, daß die Kraft (bzw. die Wirksamkeit) stabilitätspolitischer Maßnahmen nicht nur von der quantitativen und qualitativen Ausgestaltung der Instrumente (= Masse), sondern auch von ihrem beschleunigten Einsatz (d. h. ihrem schnellen Wirksamwerden im Zeitablauf) abhängt. Je schneller eine bestimmte Maßnahme wirkt, desto größer ist ihre beabsichtigte stabilisierende Wirkung. Eine geringe Beschleunigung (d. h. eine zeitliche Verzögerung) des Wirksamwerdens impliziert demzufolge auch eine geringere Durchschlagskraft des Instrumentariums[7].

So wie es in der Physik aufgrund der Reibungs- und *Beharrungskräfte* keine unendlich hohe Beschleunigung gibt, so gibt es auch in der angewandten Volkswirtschaftspolitik keinen unendlich schnellen Maßnahmeeinsatz. Es wird also infolge institutioneller und sonstiger Hemmnisse immer zeitliche Verzögerungen („time lags") geben, die jedoch - in Abhängigkeit von ihren jeweiligen „Beharrungsgraden" - entsprechend variieren.

B. Die Erfolgskontrolle des stabilitätspolitischen Maßnahmeeinsatzes in Abhängigkeit von der Zeit

Wenn man von der qualitativen Ausgestaltung der Instrumente und der entsprechenden Konstellation und Auswahl der Zielvariablen einmal absieht, dann hängt die Effektivität der Stabilitätspolitik hauptsächlich von der quantitativen und von der zeitlichen Komponente des Maßnahmenpaketes ab. Als Betrachtungsgegenstände kommen daher vorrangig die quantiativen Ausprägungen von *Zeitreihen* in Frage, wobei man im einzelnen

---

[7] Eine analoge Übertragung des physikalischen Dynamikbegriffes auf wirtschaftstheoretische Zusammenhänge wurde schon von *Waffenschmidt, Brandt* und *R. F. Harrod* vorgenommen (vgl. dazu die Ausführungen bei *Alfred Eugen Ott:* Einführung in die dynamische Wirtschaftstheorie, Göttingen 1963, S. 19 f.).
Jedoch die ökonomische Krafteinheit wurde als diejenige Krafteinheit interpretiert, die der Masseneinheit (= Sozialproduktseinheit in der Zeit) die Beschleunigung von 1 erteilt. Diese Auslegung erscheint jedoch ziemlich künstlich und ist daher unbefriedigend, zumal eine operationale Definition des Massenbegriffes immer noch große Schwierigkeiten bereitet.

(a) die Zeitreihe der Einflußvariablen (= Ursachenreihe) und

(b) die Zeitreihe der Zielvariablen, auf die die Einflußvariablen einwirken (= Wirkungsreihe)

betrachten muß.

Der Zusammenhang zwischen den Zeitreihen einer Ursachen- oder Einflußvariable und einer Wirkungs- oder Zielvariable läßt sich vereinfacht wie folgt darstellen[8]: Es sei Y_t ein Ausdruck für eine beliebige Zeitreihe (z. B. die volkswirtschaftliche Aktivität), wie sie sich im Falle „stabilitätspolitischer Abstinenz" einstellen würde (unbeeinflußte Zielvariable). Eine andere Zeitreihe, X_t, symbolisiere den Einfluß der staatlichen Stabilitätspolitik (Einflußvariable). Das Zusammenwirken beider Zeitreihen ergibt dann (als Resultierende) eine Zeitreihe Z_t, die die Entwicklung der volkswirtschaftlichen Aktivität unter Berücksichtigung stabilitätspolitischer Maßnahmen widerspiegeln soll (beeinflußte Zielvariable)[9]:

(1) $$Z_t \doteq Y_t + X_t$$

Stabilitätspolitische Maßnahmen müssen dann als „erfolgreich" angesehen werden, wenn sie Z_t im Sinne der erwünschten Zielprojektion beeinflussen, d. h. die konjunkturbedingten Ausschläge von Y_t so kompensieren, daß letztlich Z_t nur noch dem langfristig angestrebten *Trend* der Zielvariable entspricht. Dabei muß man jedoch berücksichtigen, daß die Politikreihe X_t nicht allein die antizyklischen Maßnahmen, die zum Zeitpunkt t getroffen wurden, beinhaltet, sondern auch die Effekte aller vorangegangenen Aktionen, wann immer sie getroffen wurden.

Nimmt man weiter an, die drei Reihen X, Y, Z seien stationäre stochastische Prozesse, dann lassen sich die Schwankungen dieser Reihen um den Trend durch die *Varianzen* (als Maßstab für die Abweichungen vom Mittelwert) angeben. In diesem Sinne sind also die Varianzen von

---

[8] Vgl. hierzu auch *Milton Friedman:* The Effects of a Full-Employment Policy on Economic Stability: A Formal Analysis, in: Ders.: Essays in Positive Economics, Chicago 1953, S. 117-132.

[9] Es wird im folgenden aus Vereinfachungsgründen ein additiver Zusammenhang zwischen den Komponenten unterstellt. Dabei wird davon ausgegangen, daß die Ursachengruppen voneinander unabhängig sind. Diesem Problem der gegenseitigen Beeinflussung kann zwar durch eine multiplikative Verknüpfung Rechnung getragen werden, doch ergeben sich dann Schwierigkeiten in der statistischen Erfassung, die i. d. R. durch eine Logarithmierung der Komponenten umgangen werden können. Das aber führt wiederum zu einem additiven Ansatz.

Y und Z Ausdrücke für die Veränderungen der volkswirtschaftlichen Aktivität, einmal *ohne* und einmal *mit* Berücksichtigung der stabilitätspolitischen Effekte. Die Varianz von X wird entsprechend als Maß für die Stärke und Dosierung des antizyklischen Einflusses der Stabilitätspolitik angesehen: Sie ist Null für den Fall, daß keine Maßnahmen ergriffen wurden, und sie wird um so größer, je stärker die Maßnahmen dosiert wurden.

Da im allgemeinen X und Y voneinander stochastisch abhängig sind, ergibt sich aus (1) folgende Gleichung (2), wobei der letzte Summand die Kovarianz darstellt[10]:

(2) $$\sigma_z^2 = \sigma_x^2 + \sigma_y^2 + 2r_{xy} \cdot \sigma_x \sigma_y$$

Dabei bedeuten:

$\sigma_z^2, \sigma_x^2, \sigma_y^2$ ... die Varianzen von Z, X, Y

σ_x, σ_y ... die Standardabweichungen von X und Y, und

r_{xy} ... der Korrelationskoeffizient zwischen X und Y

In dem Sinn, in dem nun σ_x (bzw. σ_x^2) Ausdruck für die Stärke der Dosierung politischer Maßnahmen ist, kann man den Korrelationskoeffizienten r_{xy} als Maß für den „Synchronisationsgrad" der Stabilitätspolitik, d. h. den „zeitgerechten Fit" der Ursachenreihe gegenüber der Wirkungsreihe, ansehen. Seine Extremwerte lassen sich wie folgt interpretieren:

$$r_{xy} \begin{cases} = -1: & \text{Die Einflüsse von } X \text{ auf } Y \text{ sind streng antizyklisch.} \\ = 0: & \text{Die Einflüsse sind zufallsbestimmt.} \\ = +1: & \text{Die Einflüsse deuten auf prozyklische Politik hin.} \end{cases}$$

Für den Fall, daß die Reihen X und Y stochastisch unabhängig voneinander sind, wird der Wert von r_{xy} also Null.

Dividiert man beide Seiten der Gleichung (2) durch σ_y^2, dann erhält man einen anschaulichen Indikator für Erfolg oder Mißerfolg staatlicher Stabilitätspolitik:

(3) $$\frac{\sigma_z^2}{\sigma_y^2} = 1 + \frac{\sigma_x^2}{\sigma_y^2} + 2\,r_{xy}\,\frac{\sigma_x}{\sigma_y}$$

---

[10] Vgl. *Milton Friedman:* The Effects of a Full-Employment Policy, S. 123.

Der Quotient aus σ_z^2 und σ_y^2 gibt nämlich an, in welcher Weise die Stabilitätspolitik auf die Zielvariable eingewirkt hat, wobei sich folgende Hypothesen aufstellen lassen:

$$\frac{\sigma_z^2}{\sigma_y^2} \begin{cases} < 1: & \text{Es wurde erfolgreiche antizyklische Politik betrieben, da die Fluktuationen von } Z \text{ kleiner sind als von } Y. \\ = 1: & \text{Die Politik hatte keinen meßbaren Einfluß auf die Zielvariable, da die Varianzen von } Z \text{ und } Y \text{ gleich groß sind.} \\ > 1: & \text{Die Politik wirkte eher destabilisierend als stabilisierend, da sich die Schwankungen von } Z \text{ vergrößert haben.} \end{cases}$$

In diesem Sinne wurde also erfolgreiche Stabilitätspolitik nur in dem Fall betrieben, wenn die erste Hypothese gilt:

(4)
$$\frac{\sigma_x^2}{\sigma_y^2} + 2\, r_{xy} \frac{\sigma_x}{\sigma_y} < 0$$

bzw. umgeschrieben:

(5)
$$r_{xy} < -\frac{1}{2} \frac{\sigma_x}{\sigma_y}$$

Für den Fall strenger Stabilitätspolitik gilt: $|\sigma_y| = |\sigma_x|$ d. h. der Korrelationskoeffizient liegt zwischen den Werten $-\frac{1}{2}$ und -1. In allen übrigen Fällen, bei denen r_{xy} zwischen $-\frac{1}{2}$ und $+1$ liegt, wird destabilisierende Politik bescheinigt.

Aus diesen Überlegungen folgt, daß die Wirksamkeit antizyklischer Maßnahmen nicht nur dann erfolgreich ist, wenn die Instrumente so dosiert sind, daß sie die Abweichungen vom Trend *voll kompensieren* ($r_{xy} = -1$), sondern ein „konjunkturgerechter Fit“ zwischen Einfluß- und Zielvariable wird auch schon dann möglich, wenn die Politik die Störungen des gesamtwirtschaftlichen Gleichgewichts nur *zur Hälfte kompensiert* ($r_{xy} = -0{,}5$). Voraussetzung hierfür ist jedoch der zeitgleiche Einsatz von X und Y, denn Verzögerungen mindern die Effektivität des Maßnahmeeinsatzes, wobei schlimmstenfalls die Politik destabilisierend wirken kann ($r_{xy} = +1$). Um einen möglichst zeitgleichen Einsatz von X bzgl. Y zu ermöglichen, sind

(a) die Kenntnis über Arten und Ursachen der Verzögerungen und

(b) die Methoden ihrer Berechnung

wichtig. Denn nur bei Kenntnis der Länge und Variabilität der Verzögerungen der Maßnahmewirkung ist eine effektive Stabilitätspolitik möglich. Es ist deshalb die Aufgabe der nachfolgenden Untersuchung, die Berechenbarkeit zeitlicher Verzögerungen zu analysieren. Nach einem analytischen Teil, in dem die Grundlagen und Methoden der stabilitätspolitischen Verzögerungsanalyse dargestellt werden, schließt sich ein empirischer Teil an, in dem ausgewählte geld- und finanzpolitische Lags für die Bundesrepublik Deutschland mit einer neuen, einer nicht-parametrischen Methode berechnet werden.

Teil 1: Grundlagen und Methoden der stabilitätspolitischen Verzögerungsanalyse

A. Grundlagen der Berechnung zeitlicher Verzögerungen

Da, wie gesagt, zeitliche Verzögerungen sehr stark die Effizienz stabilitätspolitischer Maßnahmen beeinflussen können, ist es Aufgabe der *Verzögerungsanalyse*, sowohl die Länge und Variabilität der Lags zu ermitteln, als auch ihre Ursachen zu erforschen, um Hinweise für eine mögliche Lag-Verkürzung zu erhalten.

I. Das Begriffssystem zeitlicher Verzögerungen

1. Die einfache zeitliche Verzögerung

Im allgemeinen Sprachgebrauch versteht man unter einer (einfachen) zeitlichen Verzögerung[1] den realen zeitlichen Abstand zwischen zwei *eindeutig* abgrenzbaren ökonomischen Ereignissen, wobei die Veränderung einer Einflußvariable als „Ursache“ und die daraus resultierende Veränderung der Zielvariable als „Wirkung“ bezeichnet wird. Ein *Ereignis* ist in diesem Fall der Eintritt bestimmter ökonomischer Sachverhalte, wie z. B. die Datenkonstellation bestimmter Ziel- und Zwischenzielvariablen. Dabei wird angenommen, daß ein bestimmtes Ereignis sowohl als *Wirkung* vorgelagerter Ereignisse, als auch als *Ursache* für nachgelagerte Ereignisse aufgefaßt werden kann.

In Anlehnung an das Pfeilschema von *Tinbergen*[2] kann nun die *einfache* Beziehung zwischen den (nicht-simultanen) Ereignissen (bzw. Variablenwerten) durch folgende Ursache-Wirkungs-Kette eines dynamischen Systems dargestellt werden:

---

[1] Die Begriffe „zeitliche Verzögerung“ und „time lag“ werden im folgenden als Synonyme angesehen.

[2] *Jan Tinbergen:* Econometric Business Cycle Research, in: The Review of Economic Studies, Vol. VII (1939/40), S. 73–90; wiederabgedruckt in (und hier zitiert nach): Readings in Business Cycle Theory, 3. Aufl., London 1961, S. 61–86.

Abb. 1: Ursache-Wirkungs-Kette eines dynamischen Systems

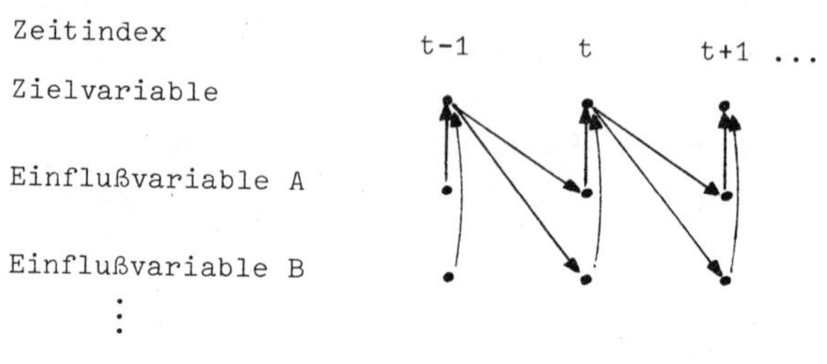

Bei dieser Darstellung wird von einer wirtschaftstheoretischen Fundierung der zu testenden Lag-Hypothesen ausgegangen. D. h. es wird ein *intertemporaler Kausalzusammenhang* zwischen den abhängigen Variablen $Y_{t+\tau}$ ($\tau = -1, 0, +1, \ldots$) einerseits und den unabhängigen Variablen $X^i_{t+\tau}$ ($i = 1, 2, \ldots$) andererseits unterstellt, wobei die Verzögerung des Einflusses durch die Reaktionsgeschwindigkeit (bzw. Anpassungszeit) der Wirkung angegeben werden kann[3].

Betrachtet man nun eine endliche Wirkungskette im Zeitablauf und bezeichnet dabei die Verzögerung zwischen jeweils zwei Ereignissen mit λ, dann ergibt sich der *Gesamtlag* zwischen dem ersten und letzten Ereignis als Summe der zwischengeschalteten Teilverzögerungen:

$$L = \sum_{k=1}^{n} \lambda_k$$

wobei:

L = Gesamtlag (in Zeiteinheiten)
λ = Teillag (in Zeiteinheiten)
$k = 1 \ldots n$ (Anzahl der Zeitphasen zwischen den $n+1$ Ereigniszeitpunkten)

Abb. 2: Komponenten eines Gesamtlags

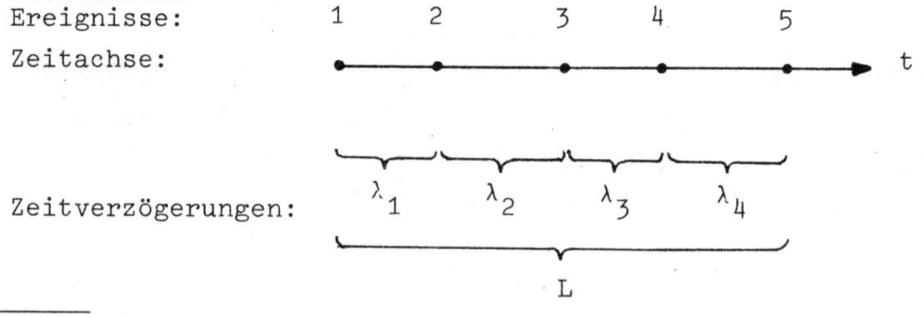

---

[3] Im Gegensatz zur dynamischen Analyse werden in der statischen Analyse simultane Funktionalzusammenhänge betrachtet. Die Reaktionsgeschwindigkeit (Beschleunigung) ist in diesem Fall unendlich groß.

2. Die verteilte zeitliche Verzögerung

a) Der Begriff der Wirkungsverteilung

In der Realität werden jedoch ökonomische Ereignisse zeitlich *nicht eindeutig* abgrenzbar sein. So wird z. B. eine Änderung monetärer Einflußgrößen nicht schlagartig zu einem bestimmten Zeitpunkt mit voller Wirksamkeit in realwirtschaftlichen Zielgrößen sichtbar werden, vielmehr wird ein Einfluß über einen längeren Zeitraum hinweg mit wechselnder Intensität zu beobachten sein. Im Gegensatz zu dem Begriff des einfachen („stationären") Lags unterscheidet man daher noch den Fall der *verteilten zeitlichen Verzögerungen* (Wirkungsverteilung), den man als Verallgemeinerungsform der einfachen Verzögerungen ansehen kann. Denn die jeweiligen ökonomischen Ereignisse sind auf mehrere Zeitpunkte, also über einen *Zeitraum* hinweg, verteilt. Man müßte daher besser von einem „Ereignisband" sprechen, da der zeitliche Abstand zwischen einer oder mehreren Einflußvariablen zu verschiedenen Zeitpunkten und zwischen einer oder mehreren Zielvariablen zu ebenfalls verschiedenen Zeitpunkten zum Gegenstand der Analyse wird.

Durch die Ermittlung eines *zentralen Wertes* (wie z. B. arithmetisches Mittel, gewogener Durchschnitt, Modus oder Median), läßt sich jedoch jede verteilte zeitliche Verzögerung auf eine eindeutige Verzögerung zurückführen. Mit anderen Worten: Eine einfach zeitlich verzögerte Beziehung von k-Perioden ist als Spezialfall einer verteilten Verzögerung anzusehen, wobei das Ereignis auf einen einzigen Zeitpunkt fällt. Die Varianz der Wirkungsverteilung ist in diesem Fall Null.

In einigen empirischen Untersuchungen findet man statt des oben definierten „mittleren lags" einen sog. *„Lag der ersten Fühlbarkeit"* als Hilfsgröße für einen konkreten Verzögerungszeitraum definiert, wobei darunter die Zeit von der Maßnahmeänderung bis zum „ersten fühlbaren Niederschlag" in der stochastischen Erhebung der Zielvariablen verstanden wird[4].

---

[4] Vgl. beispielsweise die Definitionen eines „time-lags" bei *Ulrich Bachmann:* Die Anpassungsgeschwindigkeit von Soll- und Habenzinsen an geld- und kreditpolitischen Maßnahmen der Bundesbank, Diplom-Arbeit, o. O. (Münster) 1975, S. 37; und *Dwayne Wrightsman:* An Introduction to Monetary Theory and Policy, New York 1971, S. 227.

Eine ähnliche Definition gibt auch *Tilman Winter*, der als Wirkungsverzögerung diejenige Zeitspanne bezeichnet,

„... die vom Einsatz eines wirtschaftspolitischen Instrumentes oder mehrerer bis zum Anpassungs*beginn* der betroffenen Individuen an das oder die neuen Daten verstreicht“[5].

Dabei ist in der Regel aber der Zeitpunkt des „fühlbaren“ Wirkungs- bzw. Anpassungsbeginns umstritten. Als Schwellenwert bietet sich ein bestimmter Prozentsatz der kumulierten Wirkungsverteilung (Gesamtwirkung) an. Je größer der als „fühlbar“ angesehene *Wirkungskoeffizient* definiert wird, desto länger wird der „time-lag“ der Maßnahmewirkung ausfallen. Dabei gibt der Wirkungskoeffizient den Prozentanteil der Maßnahmewirkung an der Gesamtwirkung zu einem bestimmten Zeitpunkt innerhalb des Wirkungszeitraums an.

Beispiel: Eine „fühlbare“ Wirkung einer Maßnahme ist bei einem („minimalen“) Wirkungskoeffizienten von mindestens ± 10 % der maximal erreichbaren Gesamtwirkung in der Periode k gegeben. In diesem Fall läßt sich der Wirkungskoeffizient auch als das Verhältnis der Veränderung der Zielwerte zu der sie induzierenden Änderung der Instrumentalaktivität zum Zeitpunkt $t + k$ interpretieren[6].

Aus stabilitätspolitischer Sicht erscheint diese Form der Lag-Definition anhand der ersten „fühlbaren“ Wirkung wenig sinnvoll. Für die stabilitätspolitischen Entscheidungsträger ist nämlich die Kenntnis des Zeitpunkts, zu dem der Instrumenteneinsatz zur „gewünschten Wirkung“ führt, wichtiger. In diesem Fall muß dem Wirkungskoeffizienten ein höherer Wert zugewiesen werden. So könnte man z. B. von einem Zeitpunkt ausgehen, bei dem ein („maximaler“) Wirkungskoeffizient von mindestens 90 % der Gesamtwirkung erreicht ist. In diesem Fall steht die Überlegung dahinter, daß die Restwirkung von 10 % für die Ausprägungen der Zielvariable vernachlässigbar klein – also nicht mehr „fühlbar“ – sei[7]. Weitere wichtige Ansatzpunkte sind Wirkungskoeffizienten mit 50 % oder auch 75 % der Gesamtwirksamkeit.

---

[5] *Tilman Winter:* Handlungs- und Wirkungsverzögerungen in der Wirtschaftspolitik (Volkswirtschaftliche Schriften, Heft 160), Berlin 1971, S. 37. (Hervorhebung von mir).

[6] Der Begriff der „Instrumentalaktivität“ wird im nächsten Kapitel definiert.

[7] Diese Art der Berechnung eines „Durchschnitts-Lags“ wählten z. B. *Harvey Galper* und *Helmut F. Wendel* in ihrer Untersuchung: Time-lags im staatlichen Ausgabenprozeß und ihre Stabilisierungswirkungen, in: *K. Mackscheidt* (Hrsg.): Budgetwirkungen und Budgetpolitik, Stuttgart – New York 1977, S. 111–126, hier: S. 120.

Während also bei den einfachen Lags die Komponenten des Gesamtlags eindeutig abgrenzbar sind, ergibt sich bei den zeitlich verteilten Lags aufgrund der betrachteten Ereignisbänder die Schwierigkeit einer genauen zeitlichen Zuordnung von Ursache und Wirkung. Bevor im folgenden auf die verschiedenen Formen der Verzögerungsverteilung eingegangen wird, ist eine Unterteilung der stabilitätspolitischen Aktivität, die sich im Einsatz des vorhandenen Instrumentariums ausdrückt, hinsichtlich ihrer *Einsatzdauer*[8] zweckmäßig.

b) Die Formen der Instrumentalaktivität

Unter Instrumentalaktivität soll im folgenden die *Veränderung des Aktivitätsniveaus* stabilitätspolitischer Instrumente verstanden werden, wobei eine Differenzierung hinsichtlich der zeitlichen Einsatzdauer zweckmäßig erscheint. Man unterscheidet zwei Formen der Instrumentalaktivität: Den Impulsstoß und den Impulsstrom.

Abb. 3: Instrumentalaktivitäten

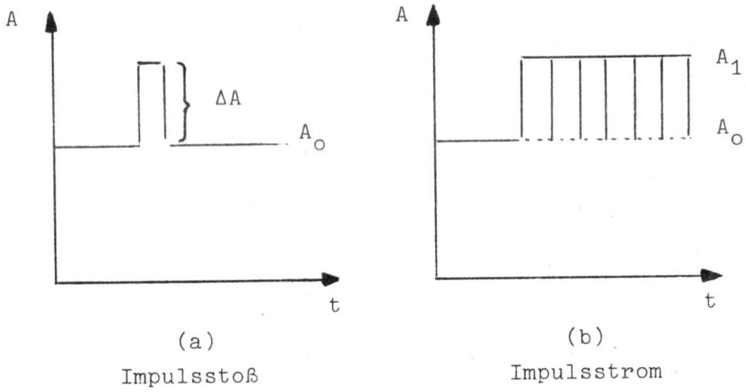

Erläuterung:

A ... Aktivitätsniveau des Instrumentariums
A_0 = Ursprungsniveau
A_1 = Neues Niveau
ΔA = Aktivitätsänderung pro Periode
t ... Zeit (in diskreten Perioden)

---

[8] Die „Einsatzdauer", die sich auf die Zeitspanne des Instrumenteneinsatzes bezieht, ist zu unterscheiden von der „Wirkungsdauer", die sich auf die Länge des Wirkungsprozesses insgesamt bezieht (= Zeithorizont der Wirkung).

Unter einem *Impulsstoß* ist eine einmalige Veränderung des Aktivitätsniveaus eines stabilitätspolitischen Instrumentes zu verstehen, die nur eine kurze Zeit (z. B. eine Periode) anhält, dann wieder auf das Ursprungsniveau zurückfällt oder, unabhängig von der Vorgeschichte, erneut in Kraft tritt. Ein typisches Beispiel ist ein einmaliger Investitionsstoß, der Einflüsse auf Volkseinkommen und Beschäftigung auslöst.

Im Gegensatz dazu versteht man unter einem *Impulsstrom* eine dauernde Veränderung des Aktivitätsniveaus stabilitätspolitischer Instrumente, wobei diese Instrumentalaktivität in Abhängigkeit von der Zeit auf einer neuen „Stufe" parallel zum Ursprungsniveau liegt. Ein Impulsstrom läßt sich deshalb auch als eine fortgesetzte Folge von gleich großen Impulsstößen auffassen.

Beispiele: Laufende Erhöhung der staatlichen Investitionen um einen konstanten Betrag, Steuersenkungen ab einem bestimmten Zeitpunkt.

c) Die Formen der Instrumentalwirkung

Entsprechend der Einteilung der Instrumentalaktivitäten in Impulsstoß und Impulsstrom ergibt sich ebenfalls eine verschiedenartige Einteilung der Instrumentalwirkungen auf die Zielgrößen. In diesem Sinne wird ein Impulsstoß nur eine vorübergehende Veränderung des Niveaus der Zielgrößen bewirken und im Zeitablauf wieder asymptotisch gegen den Ursprungswert streben, während ein Impulsstrom z. B. im Falle expansiver Politik so lange eine Steigerung der Wirkung zu verzeichnen hat, bis ein neues (in diesem Falle höheres) Niveau der Zielvariablenwerte erreicht ist. In beiden Fällen (einmaliger bzw. fortlaufender Instrumenteneinsatz) wird dabei jeweils ein stabiles System unterstellt, d. h. explosionsartige Veränderungen in der Wirkungsreihe werden ausgeschaltet, was bei der Beurteilung stabilitätspolitischer Maßnahmen durchaus realistisch ist.

Die Veränderungen des Niveaus der Zielvariablenwerte folgen dabei im ersten Fall einer *Wirkungsverteilung* im Zeitablauf $W(t)$, wobei die Funktionswerte die zeitliche Streuung der Gesamtwirkung in den Perioden $t = 0, 1, \dots T$ angeben, die durch den einmaligen Impulsstoß zum Zeitpunkt $t = 0$ verursacht wurde. Kennzeichen dieser Funktion ist zum einen die *Form* und zum anderen der *Zeithorizont H*, bis zu dessen Ende (T) die Instrumentalwirkung erfaßt werden soll. Unterstellt man einen endlichen Zeithorizont, dann hat die Wirkungsverteilung eines Impulsstoßes Ähnlichkeit mit einer endlichen Häufigkeits- oder Wahrscheinlichkeitsverteilung, wobei folgende Annahmen gelten sollen:

$$W(-1) = 0$$

$$W(T+1) = 0.$$

D. h. *vor* dem Maßnahmeeinsatz (zum Zeitpunkt $t = -1$) soll noch keine Wirkung beobachtet werden. Ebenso soll am Ende des Zeithorizonts ($t = T + 1$) die Wirkung wieder auf Null abgesunken sein. Die *Gesamtwirkung* G einer Stabilitätsmaßnahme wird demzufolge durch den Zeithorizont H vollständig erfaßt:

$$G = \sum_{t=0}^{T} W_t$$

Im Gegensatz dazu ähnelt die Wirkungsverteilung eines Impulsstromes eher einer sog. *Übergangsfunktion,* wobei die zeitverteilten Wirkungseinflüsse innerhalb des Zeithorizonts H sich an ein neues Niveau anpassen[9].

Im einzelnen lassen sich nun bei einem *Impulsstoß* folgende realistische Verteilungsformen der Instrumentalwirkung unterscheiden[10]:

- Einmaliger Wirkungsstoß:
  Die gesamte Wirkung der Instrumentalaktivität kommt nur in einer einzigen Periode (und zwar in T) voll zur Geltung. Da die Varianz der Verteilung den Wert Null hat, ist ersichtlich, daß es sich hier um den Spezialfall einer einfachen zeitlichen Verzögerung handelt.
- Linear abnehmender Wirkungsverlauf:
  Die Wirkung kommt innerhalb des Lag-Horizonts H mit konstant abnehmendem Einfluß zum Tragen, wobei die Maximalwirkung in der Einsatzperiode der Maßnahme ($t = 0$) beobachtet wird. Die zeitverteilten Einzelwirkungen $W(t)$ nehmen von Periode zu Periode um einen konstanten Betrag ab, bis sie schließlich nach T-Perioden auf den Wert Null herabgesunken sind.
- Exponentiell abnehmender Wirkungsverlauf:
  Auch hier ist die Maximalwirkung in der ersten Periode $t = 0$. Die Wir-

---

9 Zur mathematischen Formulierung vgl. die Darstellungen bei *Klaus Engelke:* Einfluß realistischer Time Lags auf die Stabilität makroökonomischer Modelle, Berlin 1969.

10 Vgl. auch Abb. 4.

kungsabnahme erfolgt jedoch exponentiell, wobei sie in den ersten Perioden entweder stärker ist und sich erst im Zeitablauf verlangsamt („degressive" Abnahme), oder sie ist in den ersten Perioden „verhalten" und steigert sich erst im weiteren Zeitablauf („progressive" Wirkungsabnahme).

– Umgekehrt *S*-förmiger Wirkungsverlauf:
  Die Instrumentalwirkung verharrt relativ lang auf einem hohen Niveau, sie fällt dann jedoch ziemlich abrupt ab, um schließlich wieder mit geringem Gefälle gegen Null zu streben. Diese Verteilungsform ist eine Kombination der degressiven und der progressiven exponentiellen Wirkungsabnahme. Mathematisch läßt sie sich durch die Verteilungsfunktion der Binomialverteilung approximieren.

– Glockenförmiger Wirkungsverlauf:
  In diesem Fall beginng die Verteilung nicht am Maximalpunkt, sondern sie steigt erst im Zeitablauf langsam bis zu diesem Punkt, um anschließend wieder auf den Wert Null abzusinken. Das graphische Erscheinungsbild ähnelt der Wahrscheinlichkeitsverteilung bzw. der Gauß'schen Glockenkurve. Mathematisch läßt sich diese Form durch die Normalverteilung approximieren.

Analog zu den verschiedenen Formen der Wirkungsverteilung eines Impulsstoßes lassen sich auch bei einem *Impulsstrom* verschiedene Anpassungsformen unterscheiden, wobei jedoch der Zeitpunkt T hier nicht das Ende der Instrumentalwirkung signalisiert, sondern den Zeitpunkt der *Anpassung* an ein neues Wirkungsniveau. Der Zeitpunkt T kennzeichnet somit allein das Ende der „Änderung" der Instrumentalaktivität. Es gelten folgende Annahmen:

$$W(-1) = \bar{W}_A$$
$$W(T+1) = \bar{W}_N$$

wobei:

$\bar{W}_A$ = altes Wirkungsniveau (konstant)
$\bar{W}_N$ = neues Wirkungsniveau (konstant).

Hinsichtlich der Anpassung innerhalb des Zeithorizonts H unterscheidet man für $W(t)$, $(t = 0, 1, \ldots, T)$ folgende Formen:

– Stufenförmiger Wirkungsverlauf:
  Zum Zeitpunkt T erhöht sich abrupt das Wirkungsniveau von $\bar{W}_A$ auf $\bar{W}_N$. Die zeitliche Anpassungsverzögerung ist „eindeutig".

Abb. 4: Verschiedene Formen der Instrumentalwirkung

Wirkungsverlauf	Instrumentalaktivität	
	Impulsstoß	Impulsstrom
stufenförmig	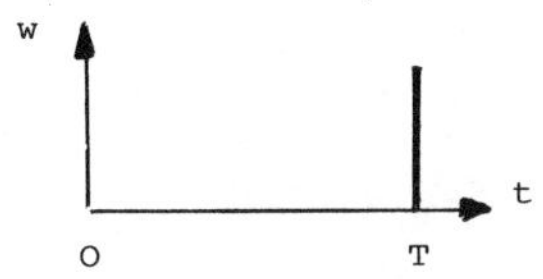	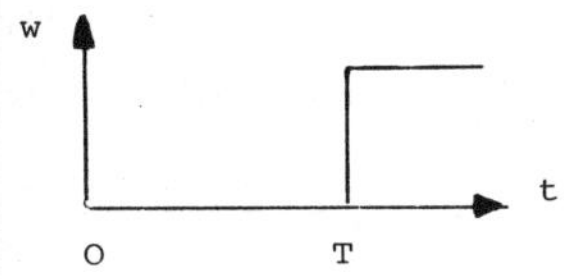
linear	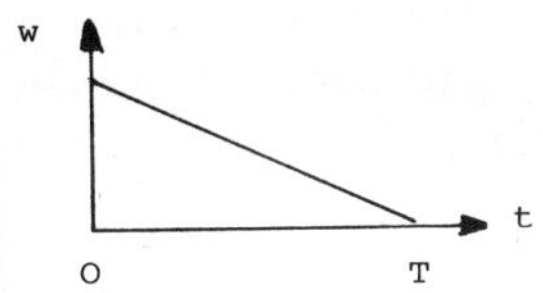	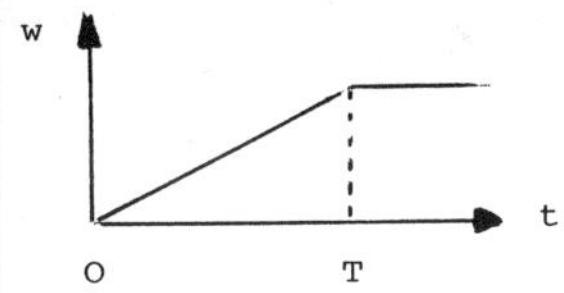
exponentiell	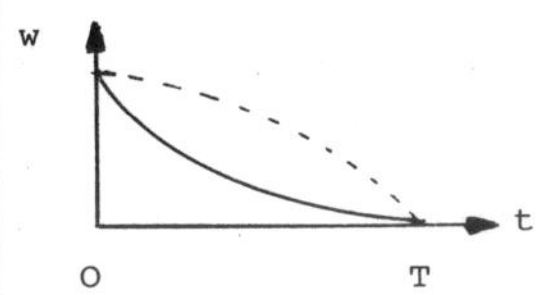	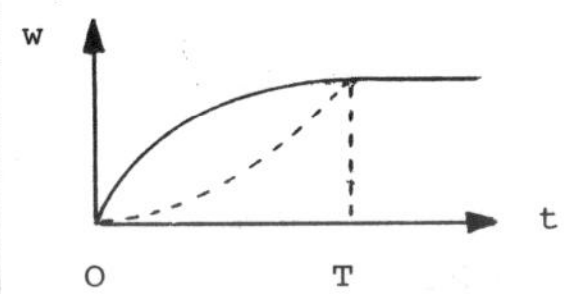
umgekehrt S-förmig	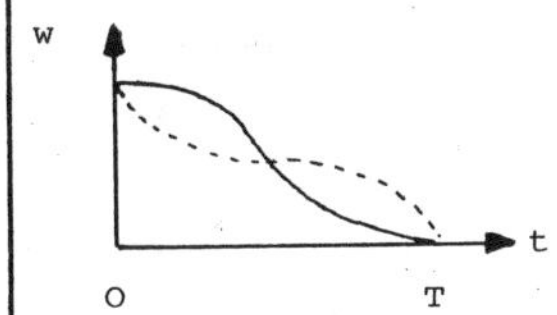	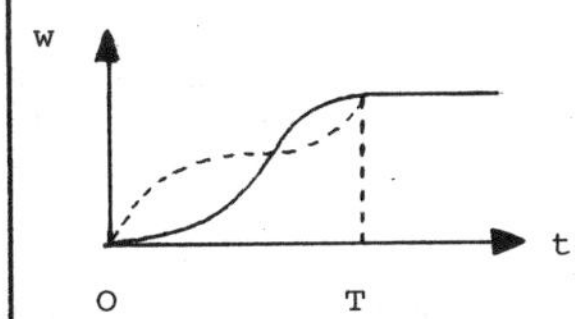
glockenförmig	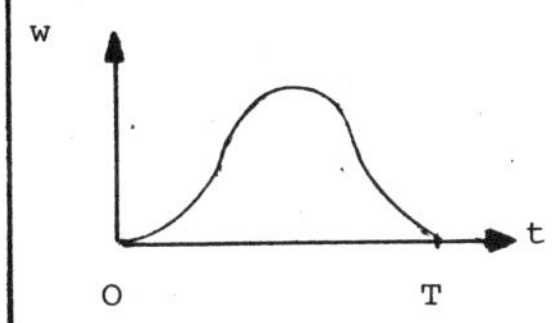	

- Linearer Wirkungsverlauf:
  Die Anpassung der Wirkung an das neue Niveau erfolgt hierbei mit einer konstanten Rate.
- Exponentieller Wirkungsverlauf
  Die Steigerung der Wirkung erfolgt exponentiell: Auch hier läßt sich eine progressive oder degressive Anpassung denken.
- *S*-förmiger Wirkungsverlauf
  Die Anpassung wird durch die Verteilungsfunktion der Binomialverteilung approximiert. Der Wirkungsverlauf stellt eine Kombination der degressiven und progressiven exponentiellen Anpassung dar.

Der Zusammenhang zwischen dem Impulsstrom einer Einflußvariable und dessen Auswirkung auf die Ausprägungen der Zielvariable werden vielfach auch in Form von *kybernetischen Blockdiagrammen* dargestellt[11]. Die Einflußvariable wird dabei als Input interpretiert, während die Zielvariable als Output angesehen wird. Der Zusammenhang zwischen Input (*I*) und Output (*O*) ist in Form einer sog. Übertragungsfunktion (*Ü*) angegeben, die den dynamischen Zusammenhang damit eindeutig bestimmt.

d) Der Begriff der Wirkungsintensität

Das große Problem der verteilten Instrumentalwirkungen liegt darin, daß Wirkungsniveau-Veränderungen und Veränderungen des Aktivitätsniveaus der Instrumente sich quantitativ nicht entsprechen müssen. Um nun diesen Sachverhalt besser erklären zu können, wird eine sog. *Wirkungsintensitätsfunktion* $I(t)$ definiert, die den Zusammenhang zwischen der unabhängigen Einflußgröße in Abhängigkeit von deren Aktivitätsniveau (Instrumentalaktivität) und dem Ausmaß der durch diese Größe verursachten Wirkungsniveau-Veränderung (Instrumentalwirkung) beschreibt. Dabei unterscheidet man zweckmäßig eine lineare und eine nichtlineare Funktion.

Eine *lineare* Wirkungsintensitätsfunktion ist dann gegeben, wenn sich die Instrumentalwirkung proportional zur Instrumentalaktivität verändert, während im Falle einer *nicht-linearen* Wirkungsintensität

---

[11] Vgl. beispielsweise die Ausführungen bei *Peter Oertli:* Kybernetische Analyse und Synthese eines ökonometrischen Modells, in: Zeitschrift für die gesamte Staatswissenschaft, Bd. 128 (1972), S. 407–436, hier: S. 412 f.; oder auch bei *Klaus Engelke:* Einfluß realistischer time lags.

entweder ein unterproportionaler oder überproportionaler Zusammenhang beobachtet werden kann.

α) Lineare Intensitätsfunktionen

Die Wirkungsintensitätsfunktion läßt sich dahingehend spezifizieren, daß $I(t)$ die zum Betrachtungszeitpunkt t $(0 \leqslant t \leqslant T)$ noch vorhandene *Restwirksamkeit* (bzw. Wirkungspotential) der Instrumentalaktivität wiederspiegelt. Im linearen Fall entspricht diese genau der Differenz zwischen der durch den Instrumenteneinsatz möglichen Gesamtwirkung und der zu dem Zeitpunkt t schon realisierten Teilwirkungen.

Beispiel: Der Zeithorizont H umfasse fünf Perioden. Die Wirkungsverteilung $W(t)$ einer zum Zeitpunkt $t = 0$ einmalig getroffenen Maßnahme (Impulsstoß) habe folgende Form: In der Periode des Maßnahmeeinsatzes wird keine Wirkung beobachtet: $W(0) = 0$. Erst in den nachfolgenden Perioden ($t = 1, \ldots, 4$) werden Wirkungen gemessen, und zwar: In $t = 1: 20\,\%$, in $t = 2: 40\,\%$, in $t = 3: 30\,\%$ und in $t = 4$ nur noch $10\,\%$ der Gesamtwirkung, während ab $t = 5$ $(= T + 1)$ die Wirkungsverteilung auf den Wert Null abgesunken ist.

Analog zu $W(t)$ schrumpft die Wirkungsintensität. Das Wirkungspotential beträgt zum Zeitpunkt $t = 0$ noch $100\,\%$ der Gesamtwirkung, während es in den nachfolgenden Perioden in Abhängigkeit von der schon „verbrauchten" Gesamtwirksamkeit bis auf den Wert Null absinkt.

Tab. 1: Beispiel für eine lineare Wirkungsintensität
(in % der Gesamtwirkung)

t	$I(t)$	$W(t)$
0	100	0
1	80	20
2	40	40
3	10	30
4	0	10
5	0	0
Σ	-	100

Abb. 5: Lineare Wirkungsintensität (diskreter Fall)
(in % der Gesamtwirkung)

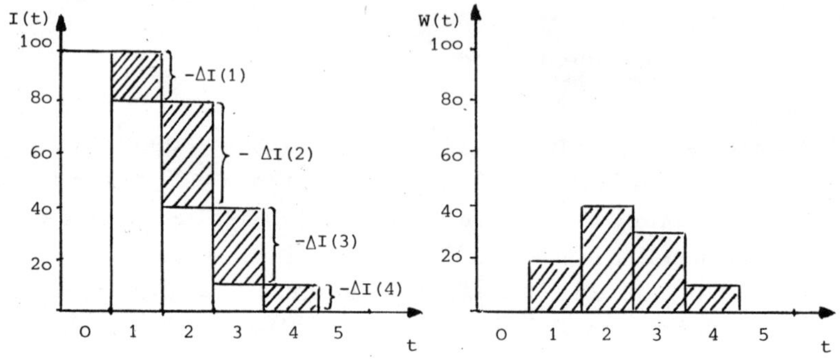

Der Zusammenhang zwischen $I(t)$ und $W(t)$ läßt sich im linearen Fall und bei vorerst diskreter Betrachtungsweise wie folgt allgemein darstellen:

$$W(t) = I(t-1) - I(t) = -\Delta I(t) \text{ bzw. } I(t) = I(t-1) - W(t)$$

Da für die Gesamtwirkung G folgende Beziehung gilt:

$$G = \sum_{t=0}^{T} W(t) \qquad \text{für alle } t = 0, 1, \ldots, T$$

folgt daraus:

$$G = \sum_{t=0}^{T} - \Delta I(t).$$

Somit erhält man entsprechend für die Wirkungsintensität zu einem beliebigen Zeitpunkt t ($t = 0, 1, \ldots, T$):

$$I(t) = G - \sum_{\tau=-1}^{t} W(\tau) \qquad \text{für alle } \tau = -1, 0, 1, \ldots, T-1$$

Die Wirkungsintensität ist zeitlich um eine Periode der Wirkungsverteilung vorgelagert. Diese Annahme erscheint sehr plausibel, wenn man bedenkt, daß $I(t)$ als „*Wirkungspotential*" verstanden wird, d. h. $I(t-1)$ ist in diesem Sinne als die potentielle Wirkung zu verstehen, die *vor* dem Zeitpunkt t vorhanden war. Vor dem Maßnahmeeinsatz und nach dem Wirkungshorizont gilt dann:

$$I(-1) = G$$

$$I(T) = 0.$$

Betrachtet man nun infinitesimal kleine Zeitabschnitte und geht von der bisherigen diskreten Betrachtungsweise zu einer kontinuierlichen über, dann lassen sich die formalen Überlegungen wie folgt ergänzen:

$$W(t) = \lim_{\Delta t \to 0} - \frac{\Delta I}{\Delta t} = - \frac{dI}{dt}$$

Für die tatsächliche und potentielle Gesamtwirkung erhält man:

$$G = \int_0^T W(t)\, dt = - \int_0^T dI = G^*$$

Dabei bedeutet nun:

G = tatsächliche (realisierte) Gesamtwirkung
G^* = potentielle Gesamtwirkung aufgrund der Integration der Intensitäten.

Abb. 6: Lineare Wirkungsintensität (kontinuierlicher Fall)

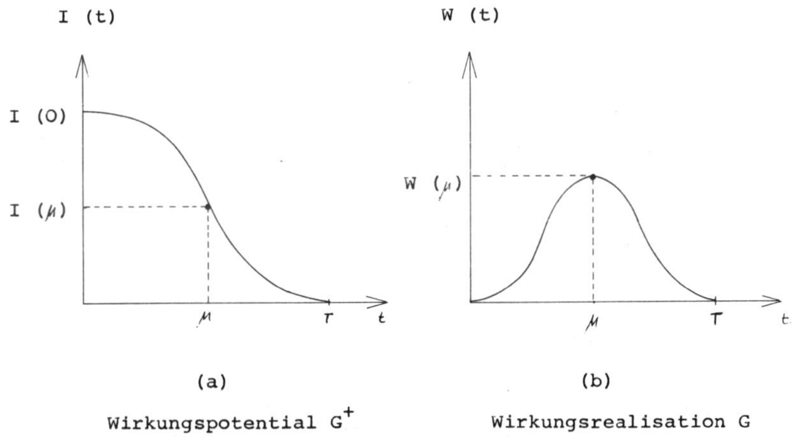

β) Nicht-lineare Intensitätsfunktionen

Kennzeichen der linearen Wirkungsintensität war die Hypothese, daß eine potentielle Gesamtwirkung G^* eines Instrumenteneinsatzes innerhalb eines endlichen Zeithorizonts *vollständig* in den Zielvariablenwerten erfaßt wird: $G^* = G$. Bei den nicht-linearen Wirkungsintensitätsfunktionen ist das dagegen nicht der Fall. Es gilt vielmehr folgende Ungleichung:

$$G^* \left\{ \begin{matrix} > \\ < \end{matrix} \right\} G$$

bzw.

$$G^* - G \left\{ \begin{matrix} < 0 \\ > 0 \end{matrix} \right.$$

Entsprechen die kumulierten Intensitäten (G^*) nicht vollständig den tatsächlichen Gesamtwirkungen (G), dann liegen *progressive Intensitätsfunktionen* vor, d. h. in der Wirkungsverteilung müssen entweder weitere, nicht näher spezifizierte Einflüsse mit enthalten sein, oder die Instrumentalaktivtät konnte über Multiplikatorprozesse o. ä. eine größere tatsächliche Wirkung erzielen, als es aufgrund des vorhandenen Wirkungspotentials des Instrumentariums möglich gewesen wäre.

Im entgegengesetzten Fall, der *degressiven Intensität* ist die tatsächliche Gesamtwirkung kleiner als sie potentiell hätte sein müssen. Die Instrumentalaktivität, die im Zeitablauf durch die Intensitätsfunktion abgebildet wird, erreicht nicht ihre volle Wirksamkeit: Wirkungsanteile „entweichen".

Falls nicht näher darauf hingewiesen wird, so sollen im folgenden (aus Vereinfachungsgründen) jedoch immer lineare Intensitäten angenommen werden. Denn für eine Betrachtung nicht-linearer Intensitätsbeziehungen müßte eine Erfaßbarkeit potentieller Wirkungen vorausgesetzt werden. Darüber hinaus müßten sich die Maßeinheiten der Instrumentalaktivitäten und der Instrumentalwirkungen entsprechen. Beides ist jedoch beim gegenwärtigen Stand der Stabilitätstheorie noch nicht der Fall.

e) Die Formulierung der Wirkungsverteilung

Grundsätzlich muß bei der Formulierung eines intertemporalen Kausalzusammenhangs zwischen einer Einflußvariable X und einer Zielvariable Y die Zukunfts- bzw. Vergangenheitsbezogenheit der Ursache-Wirkungskette berücksichtigt werden. Man unterscheidet daher zweckmäßigerweise folgende zwei Aspekte: Den Ursachenaspekt und den Wirkungsaspekt.

α) Der Ursachenaspekt

Hier wird der Zusammenhang aus der Sicht der Einflußvariable X betrachtet. Der Beobachtungszeitpunkt t ist identisch mit dem Zeitpunkt eines *einmaligen* Maßnahmeeinsatzes. Die Gewichte ω_k einer Wirkungsverteilung spiegeln den Einfluß dieses Impulses auf die Zielvariable Y in den nachfolgenden Perioden wider. Im Falle einer linearen Beziehung erhält man:

$$\Delta X_t = \sum_{k=0}^{T} \omega_k \, \Delta Y_{t+k} \qquad \begin{array}{l} k = 0, 1, 2, 3, \ldots, T \\ 1 \geqslant \omega_k \geqslant 0 \\ \sum_{k=0}^{T} \omega_k = 1 \end{array}$$

β) Der Wirkungsaspekt

In diesem Fall wird zum Beobachtungszeitpunkt t der Einfluß der in den Vorperioden *laufend* durchgeführten Maßnahmen X auf die Zielvariable Y erfaßt:

$$\Delta Y_t = \sum_{k=0}^{T} \lambda_k \, \Delta X_{t-k} \qquad \begin{array}{l} k = 0, 1, 2, 3, \ldots, T \\ 1 \geqslant \lambda_k \geqslant 0 \\ \sum_{k=0}^{T} \lambda_k = 1 \end{array}$$

Der Unterschied zwischen beiden Aspekten liegt darin, daß im ersten Fall die Wirkungsverteilung eines einmaligen *Impulsstoßes zum Zeitpunkt t* aufgezeichnet wird, wie sie sich in ihrer Auswirkung auf eine oder mehrere Zielvariablen in den nachfolgenden Perioden ergibt (Zukunftsbezogenheit), während im zweiten Fall der Einfluß eines kontinuierlichen *Impulsstromes aus den Vorperioden* auf die Zielvariable Y zum Zeitpunkt t erfaßt wird (Vergangenheitsbezug).

Ein Impulsstrom ist die zeitliche Folge gleich großer Impulsstöße. Nimmt man nun an, jeder dieser Impulsstöße weist die gleiche Wirkungsverteilung auf, dann spiegeln die Gewichte λ_k bei einer Formulierung des intertemporalen Kausalzusammenhangs unter dem Wirkungsaspekt den verteilten Einfluß der Vorperioden wider. Diese Verteilung der Wirkungseinflüsse aus der Vergangenheit entspricht spiegelbildlich genau der Wirkungsverteilung eines Impulsstoßes ω_k unter dem Ursachenaspekt, der in die Zukunft gerichtet ist. Wirkt z. B. ein Impulsstoß sehr stark in den ersten Perioden nach seinem Einsatz und nimmt im weiteren zeitlichen Verlauf an Bedeutung ab, dann werden auch die Gewichte eines Impulsstromes aus der Vergangenheit auf eine Zielvariable zum Beobachtungszeitpunkt den jüngsten Perioden die höchsten Werte zuweisen.

II. Das Klassifikationssystem zeitlicher Verzögerungen

Stabilitätspolitische Maßnahmen lassen sich nun hinsichtlich der Ereignisreihenfolge klassifizieren, wobei folgende stabilitätspolitisch bedeutende Einzelereignisse unterschieden werden müssen[12]:

1. Der Eintritt der konjunkturellen Störung:
   Destabilisierende (exogene) Impulse bewirken zum Zeitpunkt t_o eine Abweichung der betrachteten Zielvariable vom Gleichgewichtspfad.
2. Die Kenntnis von der konjunkturellen Störung:
   Die Abweichungen der Zielvariablen schlagen sich zum Zeitpunkt t_1 in den statistischen Zeitreihen nieder.
3. Die Einsicht der wirtschaftspolitischen Entscheidungsträger in die Handlungsnotwendigkeit:
   Aufgrund der Veränderung der wirtschaftspolitischen Zielindikatoren erfolgt in t_2 die Erkenntnis, gewisse wirtschaftspolitische Maßnahmen ergreifen zu müssen, um die gestörten Zielgrößen wieder an den Gleichgewichtspfad heranzuführen.
4. Die Entscheidung der wirtschaftspolitischen Entscheidungsträger hinsichtlich stabilisierender Maßnahmen:
   Zum Zeitpunkt t_3 erfolgt nach einem mitunter langwierigen politischen Willensbildungsprozeß der Beschluß, welche Instrumente zur Stabilisierung der Zielgröße eingesetzt werden sollen.
5. Die Durchführung der Entscheidung:
   Die technische Ausführung der wirtschaftspolitischen Maßnahmen erfolgt schließlich zum Zeitpunkt t_4.
6. Die Auswirkung der Entscheidung:
   Hierbei können ebenfalls verschiedene Stufen in der Wirkungskette unterschieden werden, ehe der Gesamteffekt sich auf die ursprünglich zu beeinflussende Zielgröße auswirkt (t_5/t_6). Die Anzahl der Teilverzögerungen hängt ab von der Zahl der in der Wirkungskette liegenden Zwischengrößen.

---

[12] Aus Vereinfachungsgründen werden vorerst nur eindeutig abgrenzbare Ereignisse betrachtet. Die Erkenntnisse lassen sich jedoch auch auf zeitlich verteilte Ereignisbänder übertragen.

Abb. 7: Komponenten eines wirtschaftspolitischen Gesamtlags

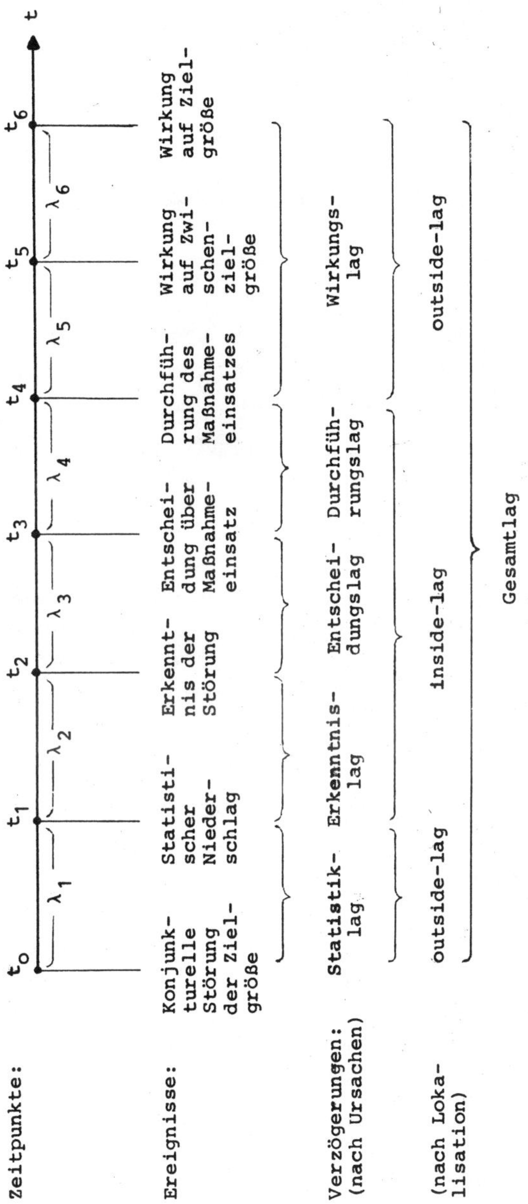

Zwischen diesen Ereignissen müssen jeweils zeitliche Verzögerungen einkalkuliert werden, wobei sich die folgenden Komponenten eines Gesamtlags ergeben[13]:

λ_1 = Statistischer Lag
λ_2 = Erkenntnis-Lag
λ_3 = Entscheidungs-Lag
λ_4 = Durchführungs-Lag
λ_5 = Wirkungs-Lag I (auf Zwischenzielgröße)
λ_6 = Wirkungs-Lag II (auf Zielgröße)

Diese Einteilung der Lags erfolgt nach den *Ursachen* der jeweiligen Verzögerung[14].

Eine andere Klassifizierung der Lags ist hinsichtlich der *Lokalisation* der Verzögerungen im wirtschaftspolitischen Entscheidungssystem möglich. Man unterscheidet dabei

- die Innenverzögerung („inside-lag") und
- die Außenverzögerung („outside-lag").

Der inside-lag subsumiert dabei alle Verzögerungen, die von den menschlichen Fähigkeiten und Möglichkeiten der Wirtschaftspolitiker abhängen, wie die Erkenntnisfähigkeit, die Entscheidungsfindung und die administrative Durchführung. Die hier angesprochenen Ereignisse berühren Problemkreise der Persönlichkeitsstruktur der handelnden Menschen sowie der Organisationsstruktur des staatlichen Willensbildungsprozesses. Daher wird auch oft synonym der Ausdruck „Handlungsverzögerung" angewendet.

Der outside-lag ist dagegen (aus der Sicht des handelnden Staates) ein Problem des „Umweltsystems". Denn zum einen erhält das „innere System" zeitverzögerte Impulse von „außen" (Beispiel: Die Veränderungen statistischer Indikatoren signalisieren Störungen in stabilitätspolitisch wichtigen Zeitreihen), zum anderen erhält das „äußere System" von „innen" sog. Reaktionsimpulse, die aufgrund des ersten Störimpulses von den wirtschaftspolitischen Entscheidungsträgern mit dem Ziel einer Stabilisierung der ökonomischen Aktivität getroffen wurden. Während sich die erste Form des outside-lags auf ein rein technisches Problem der Indikatorauswahl reduzieren läßt, ist bei der zweiten Form ein mehr grundsätzliches Problem der Wirkungs- und Arbeitsweise eines ökonomischen Systems angesprochen.

---

13 Vgl. dazu Abb. 7.

14 Vgl. dazu auch Teil 1. A, III.

Die Klassifikation eines ökonomischen Gesamtlags läßt sich aber auch anhand eines wirtschaftspolitischen *Flußdiagramms* darstellen[15]. Dieses sehr einfache Modell dient allein zur Veranschaulichung des Ziel-Mittel-Trägersystems in der Bundesrepublik Deutschland. Auslandseinflüsse sowie sonstige Umweltimpulse (wie z. B. gesellschaftspolitische Einflüsse) sind der Übersichtlichkeit wegen nicht aufgeführt worden, obwohl der konkrete wirtschaftspolitische Handlungs- und Wirkungskreislauf in Wirklichkeit wesentlich komplexer ist und wesentlich mehr Probleme enthält als die schematische Darstellung erkennen läßt.

Abb. 8: Verzögerungen im wirtschaftspolitischen Handlungs- und Wirkungskreislauf

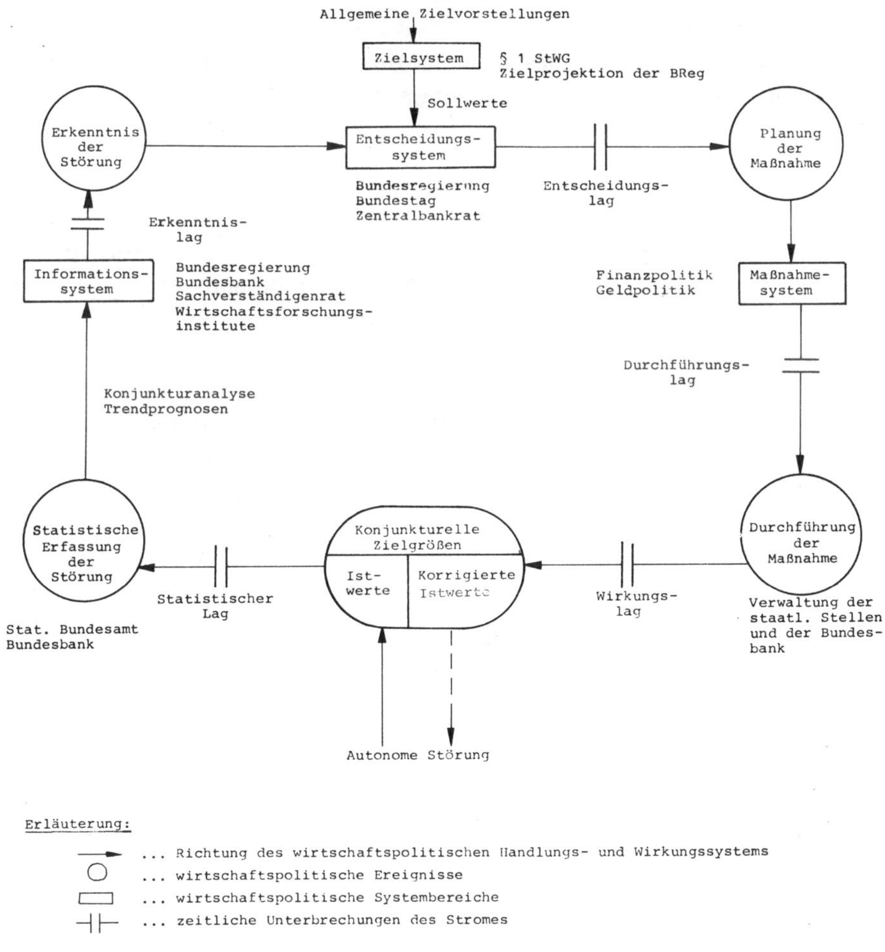

III. Die Arten zeitlicher Verzögerungen

1. Die statistische Verzögerung

Dieser Lag liegt in den Unzulänglichkeiten der statistischen Erfassung wirtschaftspolitischer Prozesse begründet. Hiermit ist ein rein technisches Problem angesprochen, wobei eine Verkürzung entweder durch die Verbesserung in der Aufbereitung der gegebenen statistischen Indikatoren oder durch die Suche nach neuen (bessseren) Indikatoren („Frühindikatoren") möglich ist. In beiden Fällen ist die Frage eines *optimalen Informationssystems* für die Wirtschafts-, Finanz- und Geldpolitik angesprochen, wobei die Notwendigkeit quantitativer Wirtschaftsforschung im allgemeinen unbestritten ist. Die Wirtschaftsbeobachtung (definiert als Summe aller planvollen Maßnahmen und Handlungen zur Erkenntnis realer ökonomischer Zustände und Entwicklungen[16]) kann aber erst in dem Moment einsetzen, wenn die autonome Störung sich in den entsprechenden statistischen Zeitreihen niedergeschlagen hat.

Eine Möglichkeit, um diesen statistischen Lag in einer bestimmten Zeitreihe zu umgehen, liegt im Ausbau des Prognosesystems, wobei insbesondere vorlaufende Zeitreihen, die trotz allem als Indikator für die betrachtete Zielgröße brauchbar sein können, schwerpunktmäßig analysiert werden müssen. Als solche Frühindikatoren eignen sich insbesondere solche Zeitreihen, die aufgrund von Umfragen und Erhebungen gewonnen werden, wie z. B. Ifo-Konjunkturtest, Geschäftsklimaindex[17]. Die in diesen Zeitreihen gesammelten Informationen spiegeln nämlich Urteile und Erwartungen der Wirtschaftssubjekte wider, die ihrerseits als Maß für die Stimmung und das potentielle Verhalten angenommen werden können. Anhand von einigen Beispielen[18] läßt sich der Vorlauf der Befragungszeitreihen vor der tatsächlichen Entwicklung der realwirtschaftlichen Zeitreihen gut demonstrieren.

---

[15] Vgl. Abb. 8. Eine analoge Darstellung findet man auch bei *Tilmann Winter:* Handlungs- und Wirkungsverzögerungen in der Wirtschaftspolitik, S. 50 f., sowie die Darstellung eines „Regelkreismodells" für den Wirtschaftsprozeß in der Bundesrepublik Deutschland bei *Aloys Schwietert:* Gelingt die Globalsteuerung?, in: Der Volkswirt, Nr. 51/52 vom 22. 12. 1967, S. 2831.

[16] *M. E. Kamp* u. a.: Finanzpolitik, Köln – Bonn 1974, S. 151.

[17] Vgl. dazu die entsprechenden Ausführungen (und Literaturhinweise) bei: *Werner H. Strigel:* Der Finger am Puls der Wirtschaft, Entwicklung und Bedeutung der Ifo-Umfragen, in: Wirtschaftskonjunktur, 28. Jg., Heft 3, März 1976, S. A1–A11.

[18] Vgl. die Abb. 9 und 10.

Abb. 9: *Indikatoren der Industriekonjunktur*

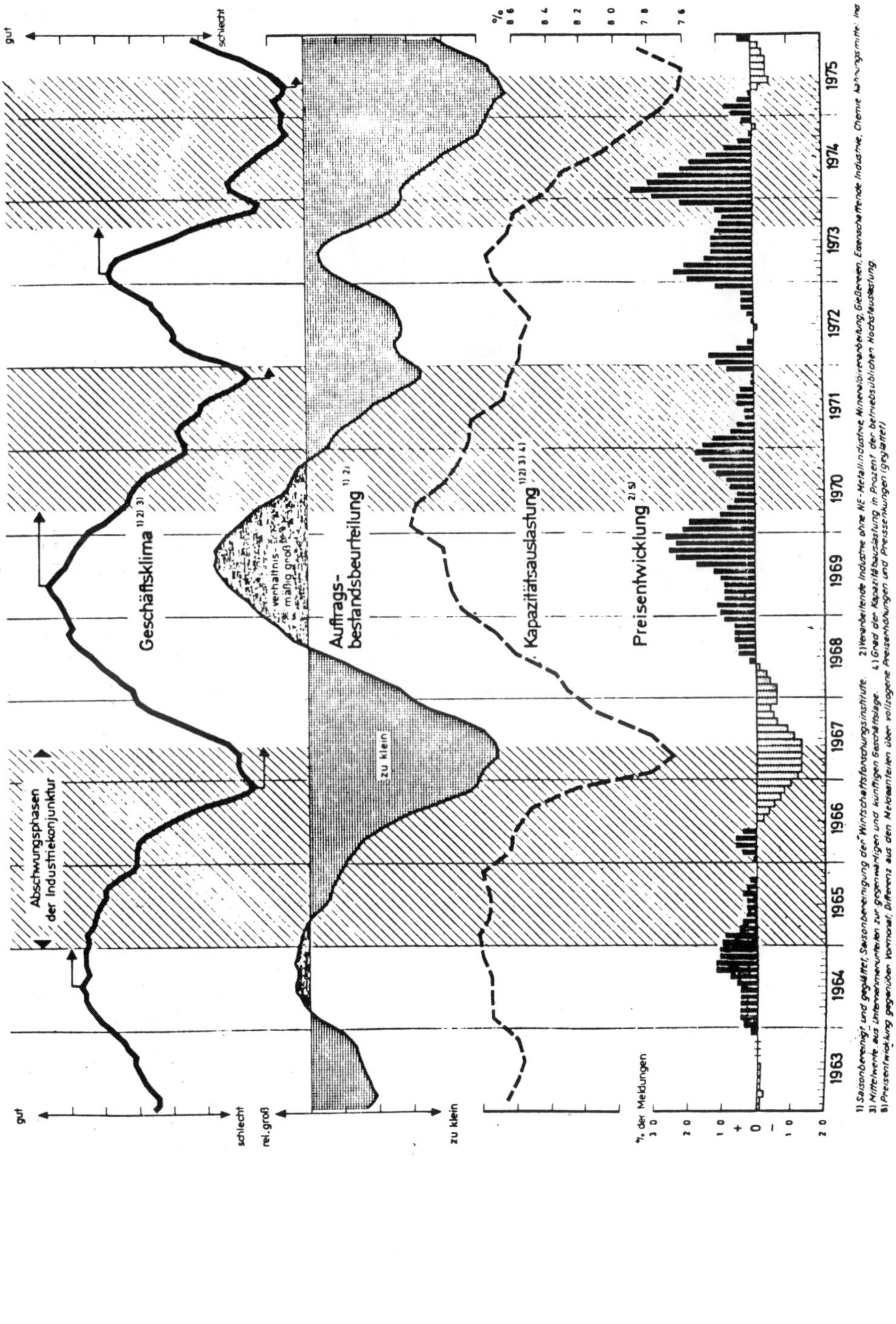

Quelle: *Werner H. Strigel*: Der Finger am Puls der Wirtschaft, S. A5.

Abb. 10: Das Geschäftsklima als Frühindikator

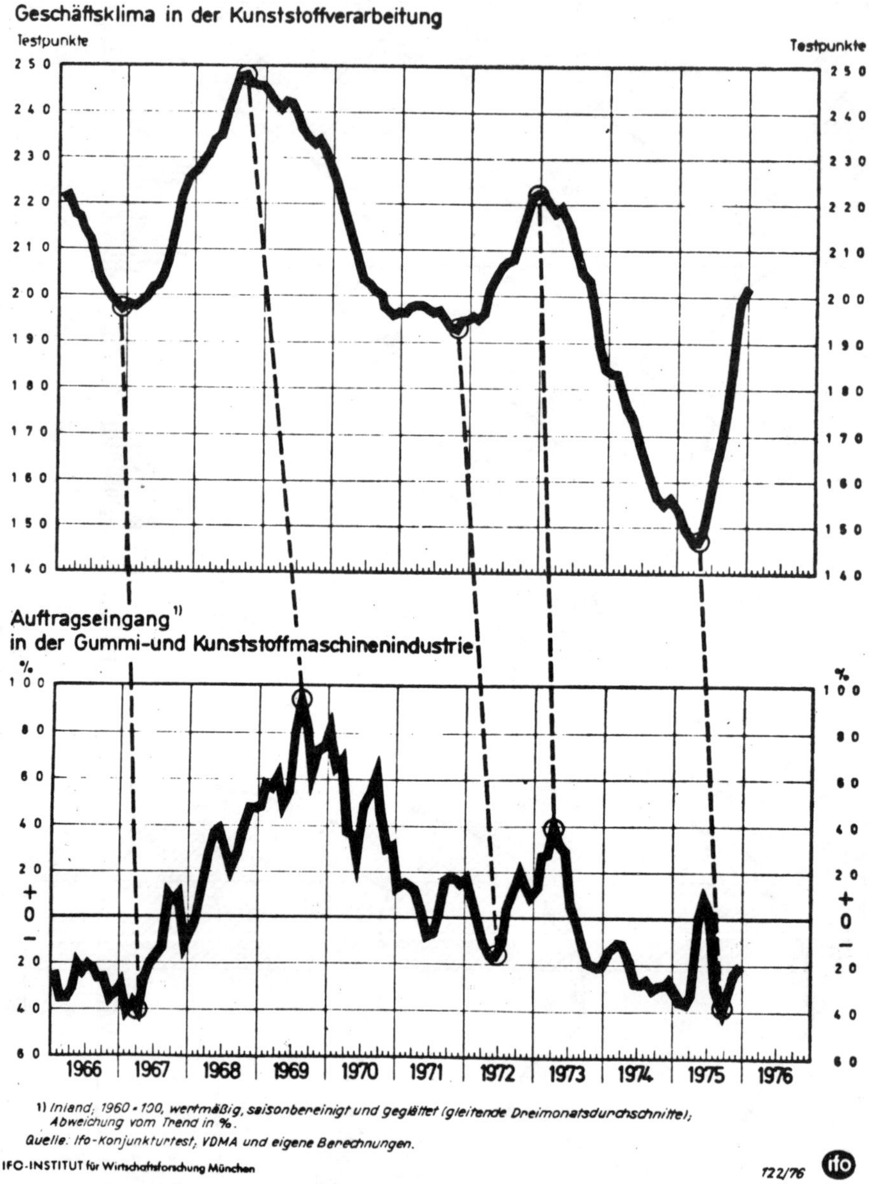

Quelle: Werner H. Strigel: Der Finger am Puls der Wirtschaft, S. A9.

Dabei erfolgt die Lag-Messung mit Hilfe der deskriptiven Methode, auf deren Probleme jedoch in einem späteren Zusammenhang noch eingegangen wird[19].

Empirische Untersuchungen, in denen dieser Statistik-Lag eingehender untersucht wurde, ermittelten relativ kurze Verzögerungszeiträume von 1 bis 2 Wochen bei Arbeitsmarktdaten[20] und von 3 bis 4 Wochen bei Kennzahlen zur Preisentwicklung[21]. Ungünstigere Ergebnisse[22] wurden bei den Auftragsbestands- und Auftragseingangsdaten (5–6 Wochen) und den Produktionskennzahlen (bis zu 8 Wochen) festgestellt. Das zeigt, daß der konjunkturpolitische Erkenntnisprozeß erst dann einsetzen kann, wenn das zur Analyse notwendige statistische Material vorliegt. Dabei muß man jedoch berücksichtigen, daß statistisch gleichartige Konjunktursituationen oft eine unterschiedliche Konjunkturbeurteilung erfordern, da sich die Dynamik und Verlaufsstruktur der Volkswirtschaft geändert haben kann. Die Konjunkturanalyse steht daher nicht nur vor dem Problem der rechtzeitigen Datenbeschaffung (d. h. Verkürzung des Statistik-Lags), sondern auch vor dem Problem der konjunkturgerechten Dateninterpretation.

2. Die Handlungsverzögerungen

a) Die Erkenntnisverzögerung

Dieser Lag hängt von der „Sensitivität" der staatlichen Willensbildung hinsichtlich ökonomischer Störungen ab, die sich zuvor in den statistischen Indikatoren niedergeschlagen haben. *Fritz Voigt* nennt jenen Zustand, der erforderlich ist, damit ein wirtschaftspolitisches Problem für die Willensbildung des Staates relevant wird, „*kritische Masse*"[23]. Dieser Schwellenwert stellt den Beginn staatlicher Willensbil-

---

19 Vgl. dazu Teil 1. B. II., S. 48 ff.

20 *E. S. Kirschen* u. a.: International vergleichende Wirtschaftspolitik, Berlin 1967, S. 306; *Stefan Diekwisch:* Das Zeitmoment in der antizyklischen Finanzpolitik der Bundesrepublik, Diss. Freiburg, o. J., S. 36.

21 *Stefan Diekwisch:* Das Zeitmoment, S. 37.

22 Ebenda.

23 *Fritz Voigt:* Theorie der Wirtschaftspolitik, S. 137. *Fritz Voigt, Hans Jörg Budischin:* Grenzen der staatlichen Wirtschaftspolitik im gesellschaftlichen und sozialen Wandel. Einflüsse der Denk- und Reaktionsfähigkeit der menschlichen Persönlichkeit (Schriftenreihe zur Industrie- und Entwicklungspolitik, hrsg. von *Fritz Voigt,* Bd. 19), Berlin 1976, S. 65.

dung dar, wobei die objektive Notwendigkeit zu wirtschaftspolitischem Handeln sowie die individuelle Willensbildung schon lange vor diesem Ereignis lagen. Dabei gilt es zu berücksichtigen, daß die Zeitspannen, die zwischen der objektiven Indikatorveränderung und dem subjektiven sowie kollektiven Bewußtwerden der konjunkturellen Störung liegen, keineswegs konstant und unveränderlich sind. Vielmehr variieren diese Lags mit dem subjektiven *Problembewußtsein* sowie der *Kommunikationsfähigkeit* der Entscheidungsträger. Die persönliche Bereitschaft, ökonomische Tatbestände zu akzeptieren, hängt im allgemeinen von der Formung und inneren Ausgestaltung der *Erlebnis-* und *Erwartungsfelder* der entscheidenden Personen ab[24].

Der Erkenntnisprozeß wirtschaftlicher Problemstellungen ist also selbst wiederum Ausdruck sowohl innerer (d. h. persönlichkeitsbestimmter) als auch äußerer (d. h. umweltbestimmter) Einflußfaktoren, wobei man sich diesen Prozeß in mehrere Phasen unterteilt denken kann[25]:

Erstens: Die technisch-bedingte Aufbereitung der statistischen Daten.

Zweitens: Die Entstehung eines staatlichen Problembewußtseins. Diese Phase ist geprägt durch die Strukturierung des Meinungsspektrums der staatlichen Handlungsträger, wobei die Rolle der öffentlichen Meinung (z. B. in Massenmedien artikuliert) besonders hervorgehoben werden muß. Diese Meinungsartikulation bewirkt dann (zusammen mit dem Komplex staatlicher „Sensoren", die hauptsächlich durch Krisen, Krisensymptome und allgemeine Unzufriedenheiten in der Vergangenheit geprägt sind), daß die Aufmerksamkeit der Handlungsträger für das in Rede stehende Problem geweckt wird.

Drittens: Die Konfrontation des geweckten Problembewußtseins mit dem (schon erwähnten) „Erlebnisfeld" der Entscheidungsträger. Denn in diesem Medium, das insbesondere durch persönliche Einflüsse sowie durch soziale Determinanten (wie z. B. Gruppenzugehörigkeit) geprägt ist, vollzieht sich die Problemerkenntnis. Der gegenwärtig dia-

---

[24] Zum Problem des Erlebnisfeldes als sich immer wieder neu bildender Komplex von Einzelerfahrungen, die der Entscheidende in unterschiedlicher Tiefe und mit unterschiedlicher Anteilnahme verarbeitet und verwertet, vgl. *Fritz Voigt:* Theorie der Wirtschaftspolitik, S. 29 ff. und *Fritz Voigt, Hans Jörg Budischin:* Grenzen der staatlichen Wirtschaftspolitik, S. 34 ff.

[25] Zu diesem Problemkreis vgl. *Fritz Voigt, Hans Jörg Budischin:* Grenzen der staatlichen Wirtschaftspolitik, S. 27 ff.

gnostizierte Ist-Zustand bestimmter Zielgrößen wird mit einem als erstrebenswert angesehenen und durch das Erlebnisfeld entscheidend mitbestimmten Soll-Zustand verglichen. Mit der Erkenntnis von Diskrepanzen zwischen diesen beiden Größen ist diese Phase abgeschlossen. Die Notwendigkeit zu stabilisierendem Handeln wird offenbar[26].

Empirische Untersuchungen[27] ermittelten einen relativ konstanten Zeitbedarf von ca. 5 Wochen für den sog. *Aufbereitungslag* (= Phase 1), während der sog. *Interpretationslag* (= Phasen 2 und 3) zwischen 3 und 5 Wochen im günstigsten und 12 bis 13 Wochen im ungünstigsten Fall schwankt[28].

b) Die Entscheidungsverzögerung

Der Grund, warum die Kenntnis von der Störung wirtschaftspolitischer Zielgrößen nicht sofort zu einer Reaktion bei den verantwortlichen Handlungsträgern führt, liegt in dem komplexen staatlichen Willensbildungsprozeß begründet, wobei das Zusammenwirken und auch das Gegenspiel verschiedener Entscheidungsgruppen (Partei, Regierung, Bürokratie, Parlament, autonome gesellschaftliche Gruppen etc.) die Entscheidungsfindung in mehr oder weniger starkem Maße beeinflußt. Denn gerade in einer parlamentarischen Demokratie durchläuft die Willensbildung staatlicher Entscheidungsträger eine Vielzahl unterschiedlicher Phasen, die ihrerseits das (notwendige) politische Handeln verzögern können.

Zahl und inhaltliche Bedeutung dieser Phasen werden in der einschlägigen Literatur unterschiedlich bestimmt. So könnte man in Anlehnung an *E. S. Kirschen*[29] sechs Phasen unterscheiden, wobei insbesondere darauf Wert gelegt wird, welche Rollen die verschiedenen Träger der Wirtschaftspolitik bei den einzelnen Phasen spielen:

---

26 Nach der *Voigt*schen Theorie der staatlichen Willensbildung ist keine genaue Abgrenzung zwischen Erkenntnisprozeß einerseits und Entscheidungsprozeß andererseits möglich. Vielmehr sind diese Phasen Bestandteile eines sehr differenziert angelegten Willensbildungsprozesses. Vgl. in diesem Sinne die Ausführungen des folgenden Kapitels III.2.b. über den Entscheidungs-Lag.

27 *Stefan Diekwisch:* Das Zeitmoment, S. 50.

28 Die Berechnung des Erkenntnis- oder Diagnoselags stößt auf sehr große Abgrenzungsschwierigkeiten. Die in den Untersuchungen zugrunde gelegten Bezugspunkte sind daher „.... alles andere als zweifelsfrei oder unumstritten, vielmehr haftet ihnen nahezu zwangsläufig ein gewisses Maß an Willkür an." Ebenda, S. 51.

29 *E. S. Kirschen* u. a.: International vergleichende Wirtschaftspolitik, S. 304.

1. Die Ermittlung statistischer Daten:
   Diese Phase ist gekennzeichnet durch die Beschaffung von Informationen über die Entwicklung einer Reihe von ökonomischen Größen. Sie deckt sich im wesentlichen mit dem zuvor dargestellten Statistik- und Erkenntnis-Lag.

2. Analyse der stabilitätspolitischen Situation:
   Darunter versteht man die Auswertung und Interpretation der statistischen Daten im Hinblick auf ihre Bedeutung für die Wirtschafts- und Stabilitätspolitik. Diese Phase bildet den Kern der Entscheidungsfindung.

3. Planung der Maßnahme:
   Diese Phase ist Ergebnis der Entscheidungsfindung. Sie kann im Rahmen der diskretionären Politik bei Vorlage von sog. „Schubladenprojekten" stark verkürzt werden.

4. Beratung über die Maßnahmenalternativen:
   Diese Phase beinhaltet die Konsultationen mit den unterschiedlichen Entscheidungs- und Einflußgruppen.

5. Parlamentarische Debatten:
   Diese Phase wird nur bei der Entstehung von Gesetzen u. ä. Vorlagen durchlaufen.

6. Durchführung der Maßnahmen.

Bei dieser Einteilung des Entscheidungsprozesses ergeben sich Überschneidungen sowohl mit dem vorgelagerten Erkenntnis-Lag als auch mit dem nachfolgenden Durchführungs-Lag. Es gilt ferner zu berücksichtigen, daß dieser Phasenablauf nicht bei allen Maßnahmen in dieser Reihenfolge stattfindet. Auch können einige Phasen entfallen, z. B. die Phase der parlamentarischen Debatten bei den geldpolitischen Maßnahmen bzw. die Phasen 2. bis 5. im Falle regelgebundener Stabilitätspolitik („formula flexibility").

Für eine Analyse der einzelnen Teilphasen wäre es darüber hinaus nötig, die *Kriterien* für den zeitlichen Beginn des entsprechenden Entscheidungsprozesses zu kennen. So müßte die Frage beantwortet werden, wann die Entscheidungsträger z. B. mit der Analyse der stabilitätspolitischen Situation oder auch mit der Planung der Maßnahmen beginnen. Im allgemeinen ist davon auszugehen, daß eine kontinuierliche Ermittlung und Analyse statistischer Daten erfolgt. Die Planung einer Maßnahme wird dagegen erst nach Überschreiten gewisser „Sensitivitätsschwellen" bei bestimmten ausgewählten Indikatoren einsetzen. Hier wäre also die Verbindung zu dem *Voigt*schen Begriff der „kritischen Masse“ hergestellt.

Im einzelnen läßt sich dieser mehr persönlichkeitsbezogene Entscheidungsprozeß in eine *individuelle* und in eine *kollektive* Komponente aufteilen. Bei *Voigt/Witte*[30] sind diese einzelnen Ablaufschemata staatlicher Willensbildung sehr gut zusammengefaßt worden[31]. So unterscheiden sie zuerst aus der Sicht des einzelnen agierenden Individuums folgende vier Teilphasen[32]:

1. Die Fixierung des *Entscheidungsfeldes*, d. h. die Bestimmung der Menge der realisierbaren Entscheidungen bzw. Alternativen, die aus den Erfahrungen der Vergangenheit (Erlebnisfeld) und aus den Vorstellungen über die zukünftige Entwicklung (Erwartungsfeld) gewonnen wurden.
2. Die Determinierung des *Zielsystems*, bezüglich dessen später die einzelnen Entscheidungen rational bewertet werden sollen.
3. Die *Bewertung* der Entscheidungen aufgrund ihrer Konsequenzen, ihres Zielerreichungsgrades bzw. ihres Nutzens („virtueller Aktionssektor“).
4. Die *Auswahl* der besten Entscheidungen als Basis für eine spätere Realisierung[33].

---

[30] *Fritz Voigt/Hermann Witte:* Ein Konzept der Theorie der Wirtschaftspolitik auf der Basis der allgemeinen Entscheidungstheorie, in: Die Mitarbeit, Zeitschrift zur Gesellschafts- und Kulturpolitik, 27. Jg. (1978), Heft 2, S. 125–133.

[31] Vgl. ebenda, Abb. 1 und 2.

[32] Die einzelnen Einflußfaktoren, die den individuellen Entscheidungsprozeß einengen können (wie z. B. Filtereffekte, Glaubenspanorama, Blendeffekte etc.), sind im folgenden jedoch aus Vereinfachungsgründen weggelassen worden. Man sollte sich in diesem Zusammenhang aber durchaus ihre Wirkung vergegenwärtigen, da sie u. U. als Ursachen für Verzögerungen im Entscheidungsprozeß herangezogen werden können.

Vgl. ebenda sowie: *Fritz Voigt:* Theorie der Wirtschaftspolitik (in Vorb.).

[33] Hinsichtlich Auswahl- und Bewertungsverfahren gibt es eine umfangreiche Literatur. Einen sehr guten Überblick über Kosten-Nutzen-Analyse, Kostenwirksamkeitsanalyse sowie das Planning-Programming-Budgeting-System (PPBS) vermittelt *Fritz Voigt:* Theorie der Wirtschaftspolitik, Kap. 2, § 3 (in Vorb.).

In diesem Zusammenhang sollte man aber berücksichtigen, daß alle Bewertungsverfahren – als Vorstufen der eigentlichen Entscheidungsfindung – mitunter sehr zeitaufwendig sind, der Entscheidungslag also sehr groß sein kann. Abhilfe kann hier nur geschaffen werden, wenn die Bewertung der Alternativen schon a-priori vorgenommen wurde, der Maßnahmeeinsatz also aufgrund regelgebundener Entscheidungsabläufe quasi determiniert wurde („formula flexibility“).

Eng verknüpft mit diesen persönlichkeitsbezogenen Komponenten der Entscheidungsfindung des einzelnen Handlungsträgers[34] ist selbstverständlich das sog. kollektive Ablaufschema des staatlichen Willensbildungsprozesses einer Demokratie[35], wobei die individuell ausgewählten und bewerteten Einzelentscheidungen im Rahmen der kollektiven Willensbildung demokratischer Entscheidungsabläufe einer Realisierung zugeführt werden sollen. Hier ergeben sich notwendigerweise gewisse Überschneidungen mit der später folgenden Phase der Durchsetzung dieser Entscheidungen. *Voigt/Witte* unterscheiden in diesem Zusammenhang drei weitere Teilphasen, und zwar:

5. Die Phase *vor* der juristisch relevanten Willensbildung:
   Hier trifft der individuelle Wille zur Entscheidung auf die schon erwähnte „kritische Masse", wobei gewisse Problemimpulse vorliegen, anhand derer die davon betroffenen Entscheidungsträger generelle Vorstellungen zur Durchführung wirtschaftspolitischer Maßnahmen gewinnen. Es kommt in dieser Phase auch zu Phänomenen, die als „Gefolgschaftsbildung" sowie „Polarisation" (der Interessengegensätze) bezeichnet werden.

6. Die Phase *während* der juristisch relevanten Willensbildung. Hier wird der Rahmen, d. h. die gesetzliche Grundlage, für die spätere Durchführung der Entscheidung getroffen.

7. Die Phase *nach* der juristisch relevanten Willensbildung:
   In der Entscheidungshaltung der Handlungsträger tritt eine Entspannung und Ermüdung ein („Paraplexie"), wobei als Folge oft eine sog. „Dogmatisierung" aber auch eine „Desintegration" der vorher interessenkongruenten Gefolgschaft auftritt: Das gemeinsame Ziel einer Beseitigung des als störend empfundenen Problemimpulses ist nun gesetzlich fixiert und damit (aus der Sicht der Handlungsträger) quasi erreicht.

Empirische Untersuchungen[36], in denen der Zeitbedarf des Entscheidungsprozesses in Deutschland insbesondere bei finanzpolitischen Maßnahmen errechnet wurde, bestätigen die Auffassung, daß

---

[34] Besser wäre hier m. E. der Ausdruck „Meinungsträger", da eine Handlung in unserem Gesellschafts- und Wirtschaftssystem i. A. erst nach Durchlauf der kollektiven (demokratischen) Phasen erfolgt.

[35] In Diktaturen entfällt i. A. diese kollektive Phase. Die Auswahl der besten Entscheidung durch den allein verantwortlichen Handlungsträger ermöglicht zugleich auch ihre Realisierung.

[36] *Stefan Diekwisch:* Das Zeitmoment, S. 58 ff.

sowohl gruppenspezifische Interessen und Zielsetzungen in der Beratungsphase, als auch administrativ prozessuale Ausgestaltungsformen des Entscheidungsgegenstandes (Gesetz, Rechtsverordnung, Ermächtigung) unterschiedliche Lag-Längen ergeben. Sie reichen von 4 Wochen (im Ermächtigungsfall) bis zu 6 Monaten (im Gesetzgebungsfall).

c) Die Durchführungsverzögerung

Dieser Lag ist Ausdruck der administrativen Flexibilität der ausführenden Organe (Regierung, Verwaltung). Er tritt insbesondere bei der Durchführung finanzpolitischer Maßnahmen auf. So können mitunter mehrere Monate vergehen, ehe wirtschaftspolitische Entscheidungen (z. B. Mehrausgaben für öffentliche Bauinvestitionen) tatsächlich durchgeführt werden (z. B. Beginn der Bauarbeiten, Einstellung der Arbeiter, Zahlung von Löhnen). Denn bevor eine Entscheidung realisiert wird, muß sie den „Instanzenweg" der Bürokratie durchlaufen, ebenfalls ein Prozeß, der sich in unterschiedliche Teilphasen aufteilen läßt. Dabei ist insbesondere der Organisationsaufbau der Verwaltung von Bedeutung, wobei allgemein die monokratischen Behörden – hier trifft jeweils der höher geordnete Beamte, letztlich der Behördenchef, die maßgebende Entscheidung – im Gegensatz zu den Kollegialbehörden als anpassungsfähiger und aktionsfähiger gelten. Ein genauer Zeitbedarf für diesen Lag läßt sich nicht angeben, da geeignete Ansatzpunkte für die empirische Messung fehlen.

3. Die Wirkungsverzögerung

Diese zum „outside-lag" gerechnete Verzögerung stellt die eigentlich wichtigste Teilphase des Gesamt-Lags dar[37], denn hier wird das Zeitintervall zwischen der Durchführung einer Maßnahme und deren Wirksamwerden betrachtet. Je nach der unterstellten Wirkungshypothese läßt sich auch diese Phase wieder in unterschiedliche Teilphasen einteilen[38].

---

37 Dieser Lag wird von verschiedenen Autoren unterschiedlich bezeichnet. So spricht z. B. *Bent Hansen* vom „effect lag", *Heinz Müller* vom „operational lag". Vgl. dazu die Ausführungen bei *Tilmann Winter:* Handlungs- und Wirkungsverzögerungen, S. 48.

38 Die Wirkungsketten geldpolitischer und finanzpolitischer Maßnahmen sind im Teil 2 in den Kapiteln A.II.1. und B.II.1. dargestellt.

Die wichtigsten Faktoren in zeitlicher Sicht sind dabei der *Wirkungsbeginn* und die *Wirkungsdauer* der eingesetzten wirtschaftspolitischen Instrumente. Probleme ergeben sich bei der Messung der Wirkungen und damit auch bei der Feststellung der Lag-Länge. Es ist daher offensichtlich, daß hier die quantitative und die zeitliche Komponente der Stabilitätsmaßnahmen eng miteinander verknüpft sind.

Viele Autoren zählen allein den Wirkungs-Lag (d. h. die Zeitspanne zwischen dem Inkrafttreten einer Maßnahme bis zur Auswirkung auf wirtschaftliche Zielgrößen) zum „outside-lag". Dabei vernachlässigen sie den ebenfalls außerhalb des Entscheidungssystems befindlichen „Statistik-Lag". Eine begriffliche Verwirrung entsteht andererseits aber auch dadurch, daß oft nur ein Teil des Wirkungs-Lags zum outside-lag gezählt wird[39]. So wird z. B. der Zeitraum, der zwischen dem Inkrafttreten stabilitätspolitischer Maßnahmen und dem Eintritt der Auswirkungen bei „zwischengeschalteten" Zielwerten liegt, von vielen Autoren ausgesondert. Man bezeichnet diesen Lag oft als „*intermediate lag*" (Zwischenzielverzögerung). Als Beispiel sei hier die Zeitspanne zwischen der Ausführung geldpolitischer Maßnahmen durch die Notenbank und der Auswirkung dieser Maßnahmen im Geschäftsbankensystem genannt („Kreditmarkt-Verzögerung").

Im folgenden soll diese Zwischenverzögerung jedoch als *erste Phase* des gesamten Wirkungs-Lags angesehen werden, während die Zeitspanne zwischen der Änderung der Zwischenzielvariablen und deren Auswirkungen auf die wirtschaftliche Aktivität als *zweite Phase* gelten soll (Kern-Wirkungsverzögerung). Viele Untersuchungen haben allein diese zweite Phase des Wirkungs-Lags zum Gegenstand. So wird z. B. oft allein die Zeitspanne zwischen der Änderung des monetären Zwischenziels (Geldmenge, Zinsniveau, Kreditvolumen etc.) und der durch sie verursachten Änderung der realwirtschaftlichen Variablen (gesamtwirtschaftliche Nachfrage, Sozialprodukt, Industrieproduktion etc.) gemessen, während die erste Phase von der Änderung der geldpolitischen Instrumente bis zur Auswirkung auf die monetären Zwischengrößen unberücksichtigt bleibt. Dabei wird oft insgeheim unterstellt, entweder

– daß der Zwischen-Lag vernachlässigbar kurz sei, oder

– daß das Interesse hauptsächlich bei den wirtschaftlichen Kernverzögerungen liege.

[39] So z. B. von *Harry G. Johnson, John W. L. Winder:* Lags in the Effects of Monetary Policy in Canada, Ottawa 1964, S. 6.

Im Gegensatz zu den zuvor genannten Handlungsverzögerungen sind die Wirkungsverzögerungen von seiten der wirtschaftspolitischen Handlungsträger nur bedingt bzw. überhaupt nicht beeinflußbar. D. h. diese Lags müssen in vielen Fällen als quasi „unvermeidbar" angesehen werden, wobei eine Effizienzsteigerung der stabilitätspolitischen Maßnahmen nur bei genauer Kenntnis der durchschnittlich zu erwartenden Lag-Länge zu erreichen ist, da dann der Einsatzzeitpunkt wirkungsoptimal gewählt werden kann. Die folgenden Ausführungen beschäftigen sich daher ausschließlich mit der Analyse der zeitlichen Wirkung von Stabilitätsmaßnahmen. Der wirtschaftspolitische Handlungsablauf wird nicht weiter untersucht.

Die Notwendigkeit der Lag-Berechnungen im Wirkungsablauf wird noch dadurch unterstrichen, daß den wirtschaftspolitischen Handlungsträgern keine Möglichkeit zur Lag-Verkürzung gegeben ist. Es ist daher nur verständlich, wenn sich sehr viele Nationalökonomen in Theorie und Praxis mit den Methoden zur Berechnung von Wirkungsverzögerungen beschäftigt haben, wobei sie im allgemeinen die Lag-Bestimmungsfaktoren als exogen gegeben ansehen. Jedoch man muß davon ausgehen, daß auch diese Einflüsse im Zeitablauf ihre Intensität ändern, zumal in vielen Fällen auch außerökonomische Gründe, wie z. B. Mode, Geschmack, Angst etc., die Wirksamkeit mancher Maßnahmen sehr stark einschränken oder auch fördern können. Der Stabilitätstheorie ist es jedoch bislang noch nicht gelungen, diese zumeist persönlichkeitsbestimmten soziologischen und psychologischen Einflußkomponenten in der Wirksamkeitsanalyse zu berücksichtigen. Aus diesem Grund beschränken sich die Untersuchungen zumeist auf eine ex-post-Analyse der Ursache-Wirkungszusammenhänge[40], wobei für die Berechnungen der Verzögerungsperioden nur unterschiedliche Methoden angewendet werden.

Im folgenden Abschnitt werden deshalb überblicksartig die derzeit diskutierten Berechnungsmethoden vorgestellt, wobei neben einer kurzen theoretischen Grundlegung auch auf ausgewählte empirische Ergebnisse insbesondere geld- und kreditpolitischer Maßnahmen eingegangen wird.

---

40 Auf der Grundlage von diversen Bestimmungs- und Verhaltensgleichungen, deren „Brauchbarkeit" ex post nachgewiesen wird, versuchen viele Autoren zur Zeit auch Aussagen über die zukünftige Entwicklung herzuleiten. Doch gerade veränderte Struktur- und Verhaltensbedingungen schränken die politische Anwendbarkeit solcher Modelle sehr stark ein. Vgl. dazu z. B. die Modellkritik von *Robert E. Lucas:* Econometric Policy Evaluation: A Critique, in: *Karl Brunner, Allan H. Meltzer* (Hrsg.): The Phillips Curve and Labor Markets (Carnegie-Rochester Conference Series on Public Policy, Vol. 1), Amsterdam u. a. 1976, S. 19–46.

B. Berechnungsmethoden zeitlicher Verzögerungen

I. Vorbemerkungen

Mit der Analyse stabilitätspolitischer, und dabei insbesondere geldpolitischer Verzögerungen ist systematisch erst nach Beendigung des Zweiten Weltkrieges begonnen worden, obwohl auch schon vorher vereinzelt Hinweise auf verzögerte Beziehungen bei monetären Größen beobachtet werden konnten. So berücksichtigte 1930 m. E. zum ersten Mal *Irving Fisher*[1] in seiner Untersuchung der Beziehungen zwischen Zins und Preisveränderungsraten zeitliche Verzögerungen. Als Meßmethode benutzte er die einfache Korrelationsanalyse. Da *Fisher* aber auch schon in früheren Schriften auf die Theorie des zeitlich *verteilten* Einflusses von Ursachenzeitreihen eingegangen war[2], muß man ihn als Begründer der „verteilten Verzögerungsanalyse" (distributed lags) ansehen.

Weitere hauptsächlich ökonometrische Untersuchungen über die zeitliche Verteilung der Reaktionen aggregierter Größen auf vorangehende Impulse wurden später noch von *Koopmanns*[3], *Alt*[4] sowie *Koyck*[5], *Klein*[6] und *Solow*[7] vorgenommen. Auf einige dieser Arbeiten (und auch einige neuere) wird in einem späteren Zusammenhang noch einzugehen sein.

Beschäftigten sich die Ökonometriker hauptsächlich mit den Verzögerungsproblemen in makroökonomischen Modellen, so ist es jedoch der Verdienst *Milton Friedmans*, das Interesse bei der Lag-Analyse auch auf den monetären Bereich gelenkt zu haben. Er untersuchte schon relativ früh die Wirkungszusammenhänge zwischen dem monetären

---

[1] *Irving Fisher:* The Theory of Interest, New York 1930. Neudruck: 1965. In deutscher Übersetzung: Ders.: Die Zinstheorie, Jena 1932, S. 341 f.

[2] Vgl. ders: The Business Cycle Largely a „Dance of the Dollar", in: Journal of the American Statistical Association, Dezember 1923, S. 5; Ders.: Our Unstable Dollar and the So-Called Business Cycle, in: Journal of the American Statistical Association, Juni 1925, S. 179-202.

[3] *T. Koopmanns:* Distributed Lags in Dynamic Economics, in: Econometrica, Vol. 10, (1942).

[4] *F. L. Alt:* Distributed Lags, in: Econometrica, Vol. 10 (1942).

[5] *L. M. Koyck:* Distributed Lags and Investment Analysis, Amsterdam 1954.

[6] *Lawrence R. Klein:* The Estimation of Distributed Lags, in: Econometrica, Vol. 26 (1958), S. 553-564.

[7] *R. M. Solow:* On an Family of Lag Distributions, in: Econometrica, Vol. 28 (1960), S. 393 ff.

Sektor einerseits und dem realwirtschaftlichen andererseits. In seinen Analysen erhielt er sehr lange und variable (einfache) Verzögerungen, die seiner Meinung nach jeden stabilitätspolitischen Erfolg geldpolitischer Maßnahmen stark in Zweifel ziehen:

„Our economy is characterized not only by price regidities but also by significant lags in other types of response. These lags make impossible any definitive statement about the actual degree of stability likely to result from the operation of the monetary and fiscal framework ...[8]"

Im Gefolge dieser Feststellungen, die von *Friedman* auch in empirischen Untersuchungen belegt wurden, wurden sehr viele Diskussionsbeiträge veröffentlicht, die z. T. die *Friedman*schen Thesen bestätigten, aber auch z. T. sehr stark abschwächten. Dabei entwickelten die Autoren oft neue Meßverfahren bzw. modifizierten bereits bestehende Methoden. Im folgenden soll ein Überblick über die theoretisch möglichen Meßverfahren gegeben werden, wobei auch kurz einige ausgewählte Ergebnisse, die mit diesen Methoden gewonnen wurden, dargestellt werden sollen. Fast alle Verfahren hatten ihren „methodischen Ursprung" in den Vereinigten Staaten. Europäische (und dabei vor allem deutsche Nationalökonomen) folgten also auch hier mit einem „time-lag" in der wissenschaftlichen Forschung und der praktischen Anwendung.

II. Die einfache deskriptive Verzögerungsanalyse

Die einfachste und daher vielfach auch einsichtigste Methode zur Bestimmung von Wirkungsverzögerungen ist die deskriptive Zeitreihenanalyse. Dabei wird der zeitliche Abstand anhand der Hoch- und Tiefpunkte in der Ursachen- und in der Wirkungszeitreihe gemessen, wobei die Lag-Hypothese von einem *eindeutigen* zeitlichen Zusammenhang zwischen den Reihen ausgeht.

1. Theoretische Grundlagen der deskriptiven Zeitreihenanalyse

Um den Vorlauf der Ursachenzeitreihe X vor der Wirkungszeitreihe Y (bzw. die Verzögerung der Wirkungsreihe gegenüber der Ursachenreihe) ermitteln zu können, sind eindeutige Bezugspunkte notwendig. Als solche Meßkriterien für die Bestimmung der Anfangs- und der End-

---

[8] *Milton Friedman:* A Monetary and fiscal Framework for Economic Stability, in: American Economic Review, Vol. 38 (1948), S. 246–64. Wiederabgedruckt (und hier zitiert nach): Ders.: Readings in Monetary Theory, London 1952, S. 381.

punkte des zeitlichen Abstandes der beiden Reihen voneinander eignen sich die entsprechenden Extrempunkte. Dabei wird unterstellt, daß steigende Zuwachsraten der ersten Reihe (z. B. Geldmenge) ebenfalls eine Akzeleration in der zweiten Reihe (z. B. Sozialprodukte) hervorrufen. Umgekehrt verursachen z. B. sinkende (oder sogar negative) Zuwachsraten eine monetäre Dezeleration.

Abb. 11: Deskriptive Lag-Messung: Schematische Darstellung einer Ursachen- und einer Wirkungsreihe

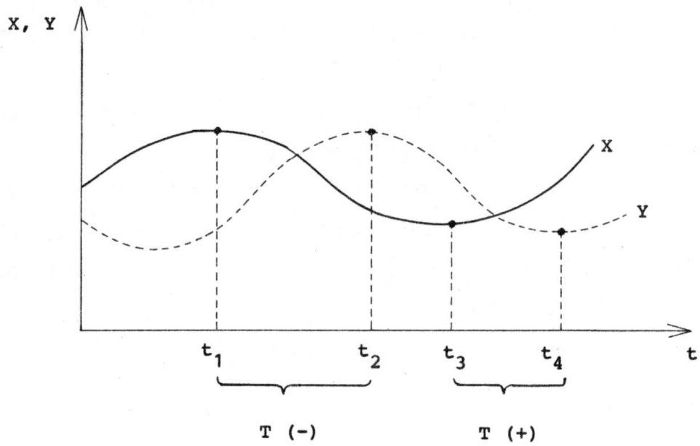

Die Lag-Messung erfolgt nun dadurch, daß der Zeitraum T zwischen den oberen (unteren) Absolutpunkten der beiden Reihen bestimmt wird, hier $T(-)$ bzw. $T(+)$. Dabei wird von der Voraussetzung ausgegangen, daß die Extrempunkte der Ursachenreihe eine Neuorientierung der Politik symbolisieren, die sich entsprechend auch in der Wirkungsreihe niederschlagen.

So könnte man den oberen Extrempunkt (Maximum) einer geldpolitischen Zeitreihe interpretieren als den Beginn einer mehr kontraktiven Politik, während der untere Extrempunkt (Minimum) einen Übergang zu expansiver Politik darstellt.

Die Wirkungsverzögerungen T kontraktiver (–) und expansiver (+) Politik sind dann wie folgt definiert:

$$T(-) = |t_1 - t_2|$$

$$T(+) = |t_3 - t_4|$$

Dabei gelten für die Ereigniszeitpunkte t_1 bis t_4 folgende Beziehungen:

$$t_1 = t\,(X_t^{\max})$$

$$t_2 = t\,(Y_t^{\max})$$

$$t_3 = t\,(X_t^{\min})$$

$$t_4 = t\,(Y_t^{\min})$$

Schwierigkeiten ergeben sich bei der Auswahl der repräsentierenden Reihen (Indikatorproblem). *Friedman* behauptete beispielsweise in seinen ersten Untersuchungen, daß als Maßstab für die monetären Änderungen die *Wachstumsraten* des Geldangebots (W_M) genommen werden sollten, während die Wirkung auf realwirtschaftliche Größen am besten durch die Änderungen des *Niveaus* der Sozialproduktsentwicklung (Y) widergespiegelt wird. Danach läßt sich der Lag messen als die Zeitspanne zwischen der höchsten (niedrigsten) Wachstumsrate des Geldangebots und dem absolut höchsten (niedrigsten) Punkt der wirtschaftlichen Aktivität.

Dieser Auffassung widersprach jedoch *John M. Culbertson*[9]. Seiner Meinung nach ist es unzulässig, Wachstumsraten der einen Variablen mit Niveaugrößen der anderen Variablen zu vergleichen. Durch diese Methode würde der Lag zwischen den Reihen „künstlich" verlängert. Denn die absolut höchsten (niedrigsten) Wachstumsraten liegen immer *vor* den absolut höchsten (niedrigsten) Niveaugrößen. Aus Konsistenzgründen sollten daher entweder nur Niveaugrößen oder nur Wachstumsraten miteinander verglichen werden[10].

Inzwischen revidierte auch *Friedman* seine ursprünglichen Überlegungen. In einer 1970 vorgelegten Studie vergleicht er nicht mehr Niveaugrößen mit Wachstumsraten, sondern nur noch Wachstumsraten miteinander[11]. Dadurch verkürzt sich der ursprünglich gemessene Lag erheblich von durchschnittlich 12 bis 16 Monaten[12] auf 6 bis 9 Monate[13].

---

9 *John M. Culbertson:* Friedman on the Lag in Effect of Monetary Policy, in: Journal of Political Economy, Vol. 78 (1960), S. 617–621.

10 Auf den methodischen Fehler („statistical artifact"), Wachstumsraten des Geldangebots mit dem Niveau der ökonomischen Aktivität zu vergleichen, haben auch *Ando, Brown, Kareken* und *Solow* in einer gemeinsamen Untersuchung über Zeitverzögerungen hingewiesen. Vgl. Dieselben: Lags in Fiscal and Monetary Policy, in *Commission on Money and Credit* (Hrsg.): Stabilization Policies, Englewood Cliffs, 1963, S. 3 und S. 14 ff.

Faßt man nun alle oben genannten Ausführungen zusammen, dann lassen sich die Beziehungen zwischen zwei korrespondierenden Reihen wie folgt darstellen, wobei darüber hinaus auch steigende Trends in den Niveau-Reihen berücksichtigt werden[14]:

Abb. 12: Bezugspunkte der deskriptiven Lag-Messung

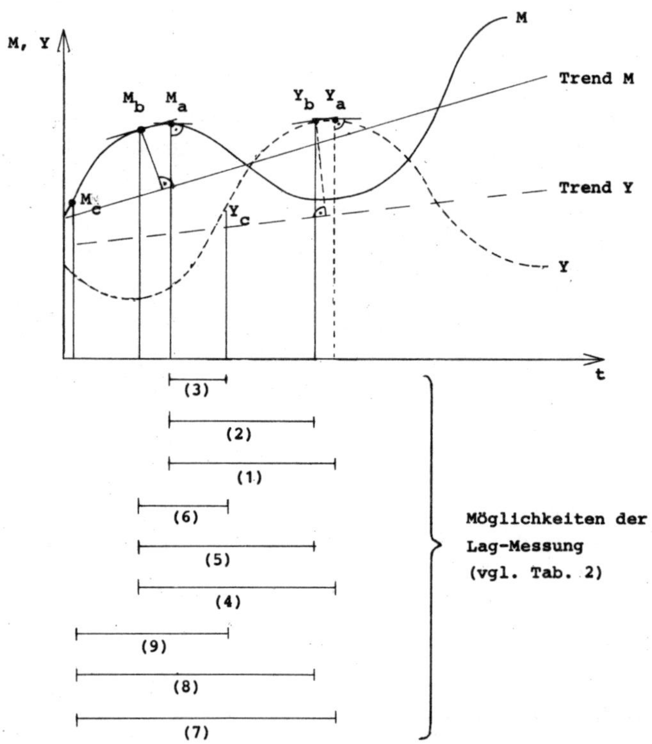

Erläuterung:

M_a / Y_a ... Absolute Niveau-Maxima von M bzw. Y

M_b / Y_b ... Trendberücksichtigende absolute Niveau-Maxima

M_c / Y_c ... Zyklische Wendepunkte der Niveau-Reihen (= maximale Wachstumsraten)

Danach ergeben sich 9 verschiedene Möglichkeiten, anhand derer man Lags bestimmen kann:

---

[11] *Milton Friedman:* Die Gegenrevolution in der Geldtheorie, in: *Kalmbach, Peter* (Hrsg.): Der neue Monetarismus, München 1973, S. 63.

[12] Vgl. unten Abschnitt B.II.2.a.; Tabelle 3.

[13] Vgl. *Milton Friedman:* Die Gegenrevolution, S. 63.

Tab. 2: Möglichkeiten der deskriptiven Lag-Messung

Ursachen-reihe	Wirkungsreihe		
	A	B	C
A	(1) $M_a Y_a$	(2) $M_a Y_b$	(3) $M_a Y_c$
B	(4) $M_b Y_a$	(5) $M_b Y_b$	(6) $M_b Y_c$
C	(7) $M_c Y_a$	(8) $M_c Y_b$	(9) $M_c Y_c$

Dabei bedeuten:

A... Absolute Niveau-Maxima
B... Trendberücksichtigende Niveau-Maxima
C... Zyklische Wendepunkte der Niveau-Reihe (= absolute Wachstumsrate)

Es stellt sich also heraus, daß die Wahl der Bezugspunkte entscheidend für die Ermittlung der empirisch zu berechnenden (eindeutigen) Lag-Länge ist. Von den 9 theoretischen Möglichkeiten der Lag-Messung sind aus methodischen Gründen nur drei sinnvoll, und zwar Nr. 1, 5 und 9, da Ursprungs- und Wirkungsreihe in diesen Fällen die gleichen Ansatzpunkte aufweisen.

Praktische Probleme ergeben sich aber auch noch dadurch, daß wirtschaftspolitische Zeitreihen in der Praxis oft nicht in der geglätteten und ausgeprägten Form wie in Abb. 11 und 12 vorkommen. Vielmehr beobachtet man häufig einen sehr unregelmäßigen und sprunghaften Verlauf[15]. Es ist daher sehr schwierig, geeignete Hoch- und Tiefpunkte als eindeutige Bezugskriterien auszuwählen, da oft mehrere Zeitpunkte gleichberechtigt in Frage kommen können. Deshalb schlug

---

14 Eine ähnliche Darstellung findet sich auch bei *Volbert Alexander:* Time-Lags in der Geldpolitik, in: WISU - Das Wirtschaftsstudium, 3. Jg., Nr. 12, 1974, S. 588.

15 *Friedman* spricht in diesem Zusammenhang von einer „charakteristischen Sägeblatt-Form" (saw-tooth-appearence). Dergl.: The Monetary Studies of the National Bureau, in: Dergl.: The Optimum Quantity of Money and other Essays, London 1969, S. 268.

Abb. 13: Treppenfunktionen ausgewählter Zeitreihen der Bundesrepublik Deutschland

Geldmenge, Bruttosozialprodukt und inländische Ausgaben 1955-1973
- Zuwachsraten gegenüber dem Vorquartal -

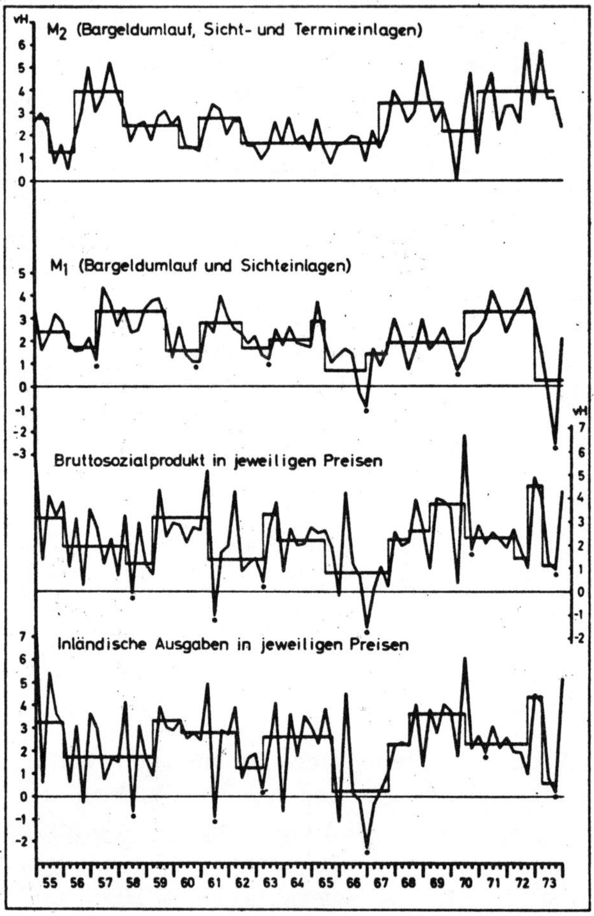

Quelle: Peter Trapp: Geldmenge, Ausgaben und Preisanstieg, S. 98

Friedman eine Approximation der Reihen zu sog. „*step-functions*" vor, wobei der Zeitabstand zwischen den Enden der jeweiligen Stufen-Maxima (Stufen-Minima) gemessen wurde[16].

Leider fehlt in allen seinen Schriften ein näherer Hinweis auf die Ermittlung dieser Stufenfunktionen[17]. Die Abgrenzung erscheint in vielen Fällen sehr willkürlich, so daß diese Methode für die zeitliche Analyse der Verzögerungen nur bedingt aussagefähig ist.

Zur Veranschaulichung seien hier in Abb. 13 einige Stufenfunktionen angeführt, wie sie z. B. *Peter Trapp* für die Bundesrepublik Deutschland „berechnet" hat[18]. Aber auch er gibt in seiner Untersuchung keine genauen Abgrenzungshinweise an.

2. Empirische Untersuchungen mit Hilfe der deskriptiven Zeitreihenanalyse

a) Untersuchungen für die USA

Die ersten empirischen Untersuchungen, die sich systematisch mit den Lag-Berechnungen geldpolitischer Zeitreihen befaßten, wurden (wie schon mehrfach erwähnt) von *Milton Friedman* und *Anna Schwartz* gemacht. Sie sind als „Nebenprodukt" der großangelegten Studie über die amerikanische Geldgeschichte[19] entstanden, wobei als Indikator für die geldpolitische Ursachenzeitreihe die Wachstumsrate der Geldmenge (W_M) genommen wurde, während die Wirkungsreihe durch das Niveau des Bruttosozialprodukts (Y) repräsentiert wurde[20]. Auf die Kritik an diesem inkonsistenten Ansatz (Vergleich zwischen Wachstumsrate und Niveaugröße) ist bereits an anderer Stelle eingegangen worden[21].

---

16 „We call the date at which a high step ends, the date of a step peak, the date at which a low step ends, the date of a step through." *Milton Friedman, Anna Schwartz:* Money and Business Cycles, in: *Milton Friedman:* The Optimum Quantity, S. 196.

17 An einer anderen Stelle verglich *Friedman* sein Vorgehen mit der Annäherung an eine Zeitreihe zusammenhängender halblogarithmischer, geradliniger Segmente. *Milton Friedman:* The Lag in Effect of Monetary Policy, in: Ders.: The Optimum Quantity, S. 251.

18 *Peter Trapp:* Geldmenge, Ausgaben und Preisanstieg in der Bundesrepublik Deutschland, (Kieler Studien Nr. 138), Tübingen 1976, S. 98.

19 *Milton Friedman, Anna Schwartz:* A Monetary History of the United States 1867-1960, Princeton 1963, insb. S. 686–695.

20 Zu den folgenden Ausführungen vgl. *Jorg-Günther Grunwald:* Geldpolitische Lag-Berechnungen mit Hilfe der deskriptiven Zeitreihenanalyse, in: Mitteilungen (hrsg. von der Gesellschaft zur Förderung der wissenschaftlichen Forschung über das Spar- und Girowesen), Nr. 5, März 1977, S. 25–31.

21 Vgl. oben Abschnitt B.II.1.

Friedman/Schwartz verwendeten nun für ihre deskriptiven Wendepunktberechnungen neben einer Stichprobe von 18 vollständigen Konjunkturzyklen zwischen 1870 und 1960, bei der größtenteils jährliche bzw. halbjährliche Daten verwendet wurden, auch eine Stichprobe monatlicher Daten von 1907 bis 1960. Die Ergebnisse beider Stichprobenuntersuchungen weichen im Durchschnitt nicht wesentlich voneinander ab[22]: So dauert es durchschnittlich 16 Monate, bis sich eine expansive Geldpolitik auf das Niveau des Sozialprodukts auswirkt, während eine kontraktive Politik schon nach 11–12 Monaten das Sozialprodukt beeinflußt.

Tab. 3: Deskriptive Lag-Berechnungen für die USA
(in Monaten)

Bezugspunkt	kürzester Lag		längster Lag		durchschnittl. Lag	
(W_M, Y)	(1)	(2)	(1)	(2)	(1)	(2)
Minima der Zeitreihen (Expansive Geldpolitik)	6	13	29	24	16	16
Maxima der Zeitreihen (Kontraktive Geldpolitik)	4	5	22	21	12	11

Quellen:

(1) *Milton Friedman:* A Programm for Monetary Stability, 3. Aufl. New York 1963, S. 87 (Ursprungszahlen von 1870–1960)

(2) *Milton Friedman:* Geldangebot, Preis- und Produktionsänderungen, in: *Ernst Dürr* (Hrsg.): Geld- und Bankpolitik, Köln – Berlin 1969, S. 123 (Ursprungszahlen von 1907–1960)

b) Untersuchungen für die Bundesrepublik

Deskriptive Lag-Messungen für die Bundesrepublik Deutschland wurden u. a. von *Siebke/Willms*[23] und von *Gerhard Honeck*[24] durchgeführt. In beiden, auf Quartalsdaten basierenden Untersuchungen wird

[22] Vgl. Tabelle 3.

ebenfalls die einfache Extrempunktanalyse *Friedmans* angewandt. Während jedoch *Siebke* und *Willms* die zeitliche Beziehung zwischen den Wachstumsraten der Geldmenge (W_M) und des Bruttosozialprodukts (W_Y) für ausgewählte drei Konjunkturzyklen in der BRD zwischen 1955 und 1967 untersuchten, analysierte *Honeck* für den Zeitraum 1955 bis 1972 die Wirkungsverzögerung der Notenbankpolitik am „Umschwung in der Nachfrageentwicklung". Darunter versteht er einen „deutlichen Rückgang bzw. Anstieg in der Änderungsrate des nominalen Bruttosozialprodukts gegenüber dem gleichen Vorjahreszeitraum"[25]. Eine nähere Erklärung der Maßeinheit „deutlich" gibt er jedoch nicht an.

Ein weiterer Unterschied zu *Siebke/Willms* besteht darin, daß der Geldpolitikindikator nicht durch die Entwicklung oder Veränderung der Geldmenge repräsentiert wurde, sondern *Honeck* betrachtete die Zeitpunkte des *erstmaligen* Einsatzes von ausgewählten Notenbankmaßnahmen, wie z. B. Änderung des Diskontsatzes, der Mindestreservesätze oder die bewußte Tolerierung der Markteinflüsse auf die Bankenliquidität. Außenwirtschaftlich begründete Diskont- und Reservesatzänderungen blieben dagegen unbeachtet.

Ein Vergleich der Ergebnisse in Tabelle 5 zeigt, daß die Verzögerungen *Honecks* zwischen 1 und 5 Quartale länger ausfallen als bei *Siebke/Willms*. Das liegt daran, daß *Siebke/Willms* einen geldpolitischen Indikator genommen haben, der selbst verzögert auf geldpolitische Impulse reagiert. In diesem Fall wurde nämlich die sog. Zwischenverzögerung vernachlässigt. Als Ansatzpunkte eignen sich daher besser die Zeitpunkte des Ergreifens erster kontraktiver oder expansiver Maßnahmen durch die Bundesbank, so wie es *Honeck* gemacht hat.

Der Variantionskoeffizient (V), der das Verhältnis von der Standardabweichung (S) zum Durchschnittslag (l) angibt,

$$V = \frac{S}{l}$$

---

[23] *Jürgen Siebke, Manfred Willms:* Geldpolitik und Konjunktur, in: Wirtschaftsdienst, 50. Jg. (1970), S. 329–334.

[24] *Gerhard Honeck:* *Friedman*-Plan und potentialorientierte Kreditpolitik, (Veröffentlichungen des Instituts für Empirische Wirtschaftsforschung, Bd. 14), Berlin 1975, insbes. S. 195 ff.

[25] *Gerhard Honeck:* *Friedman*-Plan und potentialorientierte Kreditpolitik, S. 203.

Tab. 4: Deskriptive Lag-Berechnungen für die BRD (I)

Konjunkturphase	Geldpolitikindikator*		Nachfrageindikator**		Verzögerung (in Quartalen)	
	Siebke/Willms	*Honeck*	*Siebke/Willms*	*Honeck*	*Siebke/Willms*	*Honeck*
Aufschwung	1955/III	1955/III	1956/I	1956/II	2	3
	1959/III	1959/III	1960/I	1960/II	2	3
	1965/II	1964/III	1966/I	1966/II	3	7
	-	1969/II	-	1971/II	-	8
Abschwung	1957/I	1956/III	1958/I	1958/IV	4	9
	1961/I	K. A.	1961/III-IV	K. A.	2–3	K. A.
	1967/II	1966/III	1967/II	1967/IV	0	5
	-	1970/IV	-	1972/IV	-	8

Quellen: Siebke/Willms: Geldpolitik, S. 332; *Honeck:* Friedman-Plan, S. 203.

* Bei *Siebke/Willms:* Wachstumsrate der Geldmente M_1: bei *Honeck:* Erste Maßnahmen der Notenbank. – ** Wachstumsrate des nominalen Bruttosozialprodukts gegenüber dem gleichen Vorjahreszeitraum. – K. A. = Keine Angaben.

läßt sich in diesem Zusammenhang als Prüfmaß für die relative Streuung verwenden.

Danach kommen die beiden Untersuchungen zu entgegengesetzten Ergebnissen: Die Variabilität in der Analyse von *Siebke/Willms* ist im Aufschwung mit 25 % noch recht gering, während sie im Abschwung mit 93 % ungeheuer groß ist. Genau umgekehrt ist es bei *Honeck*, bei dem im Abschwung eine geringere relative Streuung (28 %) als im Aufschwung (44 %) ermittelt werden konnte.

Tab. 5: Statistische Maßzahlen der deskriptiven Lag-Messung (I)
(in Quartalen)

Maßzahlen	Aufschwung		Abschwung	
	S/W	*Ho*	*S/W*	*Ho*
Durchschnitts-Lag	2,30	4,00	2,17	7,30
Standardabweichung	0,50	1,78	2,02	2,08
Variationskoeffizient	0,25	0,44	0,93	0,28

Quelle: Eigene Rechnung nach Tabelle 4.
Erläuterungen: *S/W* ... *Siebke/Willms*
Ho ... *Honeck*

In Anlehnung an die Berechnungen von *Honeck* läßt sich die deskriptive Lag-Analyse weiter fortführen. Als monetärer Einflußindikator wird die Reihe der Einsatzzeitpunkte stabilitätspolitischer Maßnahmen durch die Bundesbank gewählt[26], während als realwirtschaftliche Wirkungsreihen die zweimonatlich saisonbereinigte Industrieproduktion und der Auftragseingang genommen wurden[27]. Bei diesen Zeitreihen entscheiden die Extrempunkte in den Trendabweichungen über den entsprechenden Beginn der monetären Wirkung.

Die Ergebnisse lassen sich thesenartig wie folgt zusammenfassen:

1. Der durchschnittliche Lag geldpolitischer Maßnahmen beträgt bei dem Auftragseingang im Aufschwung ein halbes Jahr und im Abschwung etwas über ein Jahr.
2. Die durchschnittliche Verzögerung zwischen Auftragseingang und Industrieproduktion beträgt fast 4 Monate, so daß die Industriepro-

[26] Vgl. dazu die Chronik geldpolitischer Maßnahmen in Tabelle 14.

[27] Vgl. *Deutsche Bundesbank:* Statistische Beihefte zu den Monatsberichten, Reihe 4, Saisonbereinigte Wirtschaftszahlen, lfd. Monate.

duktion im Durchschnitt zwischen 10,5 Monaten (im Aufschwung) und 18,9 Monaten (im Abschwung) der Geldpolitik nacheilt.

3. Der Einsatz kontraktiver Instrumente im Aufschwung ist wesentlich effizienter, da im Durchschnitt der Wirkungslag um 8-9 Monate

Abb. 14: Ausgewählte realwirtschaftliche Indikatoren

a) Auftragseingang (Volumen)

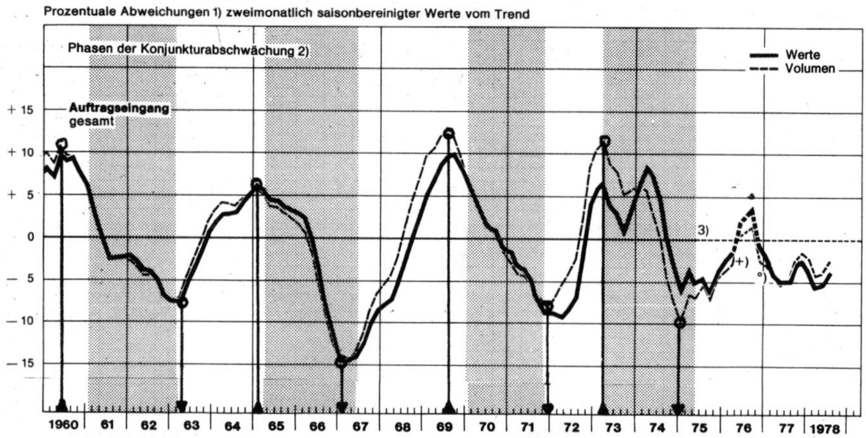

*) Verarbeitendes Gewerbe ohne Nahrungs- und Genußmittelgewerbe.- 1) Ergebnisse mit einem gleitenden 3-Periodendurchschnitt geglättet.- 2) Gemessen an dem Rückgang der trendbereinigten Werte der Industrieproduktion (Produzierendes Gewerbe ohne Baugewerbe und Energiewirtschaft).- 3) Kurvenniveau ab Mitte 1975 wegen der am Reihenende erforderlichen Trendextrapolation unsicher.- +) Der Verlauf des gleitenden Durchschnitts ist in dem besonders markierten Teil der Kurve durch Großaufträge im Juli 1976 beeinflußt.- °) Wegen der Umstellung auf ein neues Erhebungskonzept ist die Kontinuität der Reihen nicht voll gewahrt.

b) Industrieproduktion

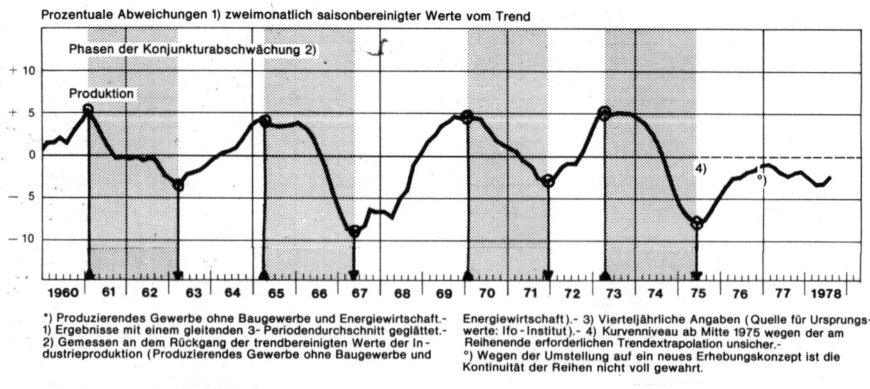

*) Produzierendes Gewerbe ohne Baugewerbe und Energiewirtschaft.- 1) Ergebnisse mit einem gleitenden 3- Periodendurchschnitt geglättet.- 2) Gemessen an dem Rückgang der trendbereinigten Werte der Industrieproduktion (Produzierendes Gewerbe ohne Baugewerbe und Energiewirtschaft).- 3) Vierteljährliche Angaben (Quelle für Ursprungswerte: Ifo-Institut).- 4) Kurvenniveau ab Mitte 1975 wegen der am Reihenende erforderlichen Trendextrapolation unsicher.- °) Wegen der Umstellung auf ein neues Erhebungskonzept ist die Kontinuität der Reihen nicht voll gewahrt.

Quelle: Deutsche Bundesbank: Statistische Beihefte, Reihe 4.

kürzer ist als beim Einsatz expansiver Instrumente im Abschwung. Ebenso ist die absolute Streuung der Stichprobenwerte (gemessen durch die Standardabweichung) wesentlich geringer.

4. Im Vergleich zu den Ergebnissen von *Honeck* sind die Verzögerungen der Industrieproduktion zwischen 1,5 Monaten (im Aufschwung) und 3 Monaten (im Abschwung) kürzer ausgefallen. Die These, daß die Geldpolitik in den letzten Jahren insgesamt effizienter wurde, muß jedoch dahingehend relativiert werden, daß die Variabilität (gemessen am Variationskoeffizienten) der Ergebnisse vor allem im Abschwung wesentlich zugenommen hat.

Tab. 6: Deskriptive Lag-Berechnungen für die BRD (II)
(in Quartalen)

Bezugspunkte (Konjunkturphase)	Erste monetäre Maßnahme	Realwirt. Indikatoren		Verzögerungen	
		AE	IP	AE	IP
Maxima der Zeitreihen (Kontraktive Maßn. im *Aufschwung*)	III/59	II/60	I/61	3	6
	III/64	I/65	II/65	2	3
	II/69	III/69	I/70	1	3
	IV/72	II/73	II/73	2	2
Minima der Zeitreihen (Expansive Maßn. im *Abschwung*)	IV/60	I/63	II/63	9	10
	IV/66	I/67	III/67	1	3
	II/70	IV/71	IV/71	6	6
	I/74	I/75	III/75	4	6

Quellen: Eigene Berechnungen nach Angaben der *Deutschen Bundesbank:* Statistische Beihefte, Reihe 4.

Erläuterungen: AE = Auftragseingang
IP = Industrieproduktion

Tab. 7: Statistische Maßzahlen der deskriptiven Lag-Messung (II)
(in Quartalen)

Maßzahlen	Aufschwung		Abschwung	
	AE	IP	AE	IP
Durchschnittlicher Lag	2,00	3,50	5,00	6,30
Standardabweichung	0,82	1,73	3,37	2,87
Variationskoeffizient	0,41	0,49	0,67	0,46

Erläuterungen: siehe Tabelle 6.

Ungeachtet der Einwände, die gegen diese einfache deskriptive Methode vorzubringen sind, läßt sich als zentrales Ergebnis ableiten, daß die durchschnittlichen Verzögerungen im Aufschwung wesentlich geringer sind als im Abschwung. Hier ergibt sich also eine Übereinstimmung mit der Analyse *Honecks.* Die These, daß geld- und kreditpolitische Maßnahmen zur Beseitigung einer Übernachfragesituation besser geeignet sind als zur Stimulierung der Gesamtnachfrage[28], wird durch diese Untersuchungen gestützt.

Daneben ist noch eine weitere Feststellung von Interesse. So finden nämlich (unter den schon genannten Vorbehalten) die „long lag"-Hypothesen von *Friedman/Schwartz* in der Bundesrepublik eine Bestätigung. Denn auch in den USA ergab sich für die expansive Geldpolitik ein längerer Lag als für die kontraktive Politik, jedoch mit dem Unterschied, daß in den Berechnungen der „intermediate lag" vernachlässigt wurde, auf der anderen Seite aber der Lag durch einen inkonsistenten Zeitreihenvergleich eine „künstliche" Verlängerung erfuhr[29].

III. Korrelationsanalytische Berechnungsmethoden zeitlicher Verzögerungen

Bei den bisherigen Betrachtungen wurde stillschweigend von der Gültigkeit der unterstellten Wirkungshypothesen ausgegangen. Jedoch aus Abb. 11 ließe sich auch ein umgekehrter Kausalzusammenhang herleiten: Die Geldmengenänderungen wären also nicht mehr ursächlich für die Veränderungen in der Nachfrage- und Preisentwicklung, sondern umgekehrt die Veränderungen der wirtschaftlichen Aktivität würden zeitverzögert die monetäre Entwicklung beeinflussen[30].

---

[28] Nach allgemeinen keynesianischen Vorstellungen ist eine Anregung der Nachfrage am einfachsten und schnellsten durch zusätzliche Staatsausgaben zu erreichen, da der Einsatz finanzpolitischer Instrumente direkt und ohne Umwege über monetäre Zwischenziele die realwirtschaftlichen Zielvariablen zu beeinflussen vermag.

[29] Auch in anderen Untersuchungen sind ähnlich lange Wirkungsverzögerungen bundesdeutscher Geldpolitik festgestellt worden. Vgl. dazu zum Beispiel die Übersicht bei *Artur Woll:* Einige geldpolitische Aspekte in der monetären Theorie der Gegenwart, in: *C. A. Andrae,* u. a.: Geldtheorie und Geldpolitik, Berlin 1968, S. 70 ff.

[30] Zu dem Problem der „Kausalität" oder „Endogenität" des Geldes vgl. die Ausführungen bei *Dieter Duwendag, Karl-Heinz Ketterer, Wim Kösters, Rüdiger Pohl, Diethard B. Simmert:* Geldtheorie und Geldpolitik, Köln 1974, S. 140–147.

Um nun die Aussagefähigkeit der einen oder der anderen Hypothese zu testen, läßt sich als Meßmethode die Kreuz-Korrelationsanalyse anwenden. Dabei wird die Beziehung zwischen den entsprechenden Variablen (hier z. B.: Geldmenge und Bruttosozialprodukt) unter der Annahme unterschiedlicher zeitlicher Beziehungen untersucht. Man unterscheidet dabei zum einen den schon erwähnten *Wirkungslag* der Geldmenge, zum anderen aber auch einen entsprechenden *Reaktionslag* der Geldmenge (= Wirkungslag des Sozialprodukts). Dieser letztgenannte Lag tritt auf, wenn die Geldmenge der Einkommensentwicklung nicht vorgelagert, sondern nachgelagert ist.

1. Theoretische Grundlagen der Kreuz-Korrelogrammanalyse

Die Ursache-Wirkungsbeziehung, die zwischen zwei ökonomischen Größen angenommen wird, ist (wie gesagt) in vielen Fällen nicht eindeutig. Zu jeder Wirkungshypothese läßt sich häufig eine Gegenhypothese aufstellen, wobei die zeitlichen Verwerfungen zwischen den entsprechenden Ausprägungen der beiden Zeitreihen entweder als Vorlauf (lead) oder als Verzögerung (lag) gedeutet werden können. Betrachtet man die Beziehung zwischen Geldmenge und Sozialprodukt, so existieren folgende konkurrierende Hypothesen:

1. Die Änderung der Geldmenge zum Zeitpunkt t beeinflußt die Sozialproduktsentwicklung nach $t + i$ Perioden:

$$\Delta M_t \rightarrow \Delta Y_{t+i} \qquad i = 0 \ldots n.$$

2. Die Sozialproduktsentwicklung in der Periode t bestimmt die Geldmengenänderung der Perioden $t + j$:

$$\Delta Y_t \rightarrow \Delta M_{t+j} \qquad j = 0 \ldots \mathrm{m}.$$

Diese Beziehungen lassen sich in reduzierter Gleichungsform[31] wie folgt darstellen:

Zu 1. $$\Delta Y_t = f\,(\Delta M_{t-\mathrm{i}}) \qquad i = 0 \ldots n$$

Die Sozialproduktsentwicklung in der Periode t ist eine Folge der Geldmengenentwicklung der Vorperioden (*Wirkungslag* der Geldmenge)

---

[31] Der Vorteil von Gleichungen in sog. reduzierter Form liegt darin, daß sie zur Bestimmung der Werte der jeweiligen endogenen Variablen benutzt werden können - sofern die Werte der exogenen Variablen und deren Parameter bekannt sind.

Zu 2. $$\Delta M_t = f\,(\Delta Y_{t-j}) \qquad j = 0 \ldots m$$

Die Änderung der Geldmenge in t wird durch die Sozialproduktsentwicklung der Vorperioden bestimmt (*Reaktionslag* der Geldmenge).

Die Frage nach den Beziehungen zwischen den Größen M und Y reicht dogmengeschichtlich zurück bis in die erste Hälfte des 19. Jahrhunderts. So vertraten damals die Vertreter der „Currency-Schule" die Kausalitätsbeziehung (1), während die „Banking"-Theoretiker mehr der Endogenitätsbeziehung (2) zuneigten. Diese unterschiedlichen Auffassungen haben auch in der modernen geldtheoretischen Diskussion ihre Widerspiegelung gefunden, und zwar in der Kontroverse zwischen Monetaristen (1) und Fiskalisten (2), die, abgesehen von neuen Begriffen und Bezeichnungen, im wesentlichen denselben Sachverhalt umschreiben.

Nimmt man nun diskrete zeitliche Verwerfungen zwischen den beiden Variablen M und Y an, dann lassen sich diese beiden gegensätzlichen Hypothesen wie folgt testen: Unter Konstanthaltung der einen Variable, z. B. M_t, werden Korrelationskoeffizienten bei sukzessiver zeitlicher Verschiebung der anderen Variable ($Y_{t+n}, \ldots, Y_t, \ldots Y_{t-m}$) errechnet.

Es sind also $N = n + m + 1$ Rechnungen durchzuführen, wobei für die einzelnen MY-Kombinationen folgende zeitliche Beziehungen angenommen werden:

$$(M_t,\ Y_{t+k}) \begin{cases} k < 0\text{: Das Sozialprodukt folgt der Geldmenge zeitverzögert } (k = -1, \ldots, -m) \\ k = 0\text{: Zwischen Geldmenge und Sozialprodukt gibt es keine zeitliche Verschiebung} \\ k > 0\text{: Die Geldmenge folgt dem Sozialprodukt zeitverzögert } (k = 1 \ldots n). \end{cases}$$

Der *Korrelationskoeffizient* gilt als Maßzahl für das Ausmaß an zahlenmäßiger Abhängigkeit zwischen zwei Variablen. Er wird definiert als das Durchschnittsprodukt der relativen Abweichungen dieser Variablen. Sein Wert liegt zwischen +1 (strenger positiver Zusammenhang) und −1 (strenger negativer Zusammenhang), wobei jedoch keine Aussagen hinsichtlich der Kausalitätsbeziehungen gemacht werden können[32]. Er läßt allein Aussagen über die Stärke des Parallelverlaufs

[32] Diese Einschränkung muß jedoch bei allen statistischen Verfahren gemacht werden.

(unter Berücksichtigung wechselnder lead- oder lag-Annahmen) von Zeitreihen zu.

Für die praktische Berechnung eignet sich am besten folgende Schätzformel[33]:

$$r = \frac{\sum_i M_i Y_i - \frac{1}{N}(\Sigma M_i)(\Sigma Y_i)}{\sqrt{\left[\Sigma M_i^2 - \frac{1}{N}(\Sigma M_i)^2\right]\left[\Sigma Y_i^2 - \frac{1}{N}(\Sigma Y_i)^2\right]}}$$

Der Zusammenhang zwischen M_t und Y_{t+k} $(k = -m\,..,0,\ldots n)$ läßt sich graphisch durch ein sog. *Kreuz-Korrelogramm* darstellen. Dabei wird der Verlauf der Korrelationskoeffizienten bei sukzessiver zeitlicher Verschiebung der Sozialproduktsreihe aufgezeigt. Die Quadranten des Kreuz-Korrelogramms können wie folgt interpretiert werden:

Abb. 15: Die Quadranten eines Kreuz-Korrelogramms

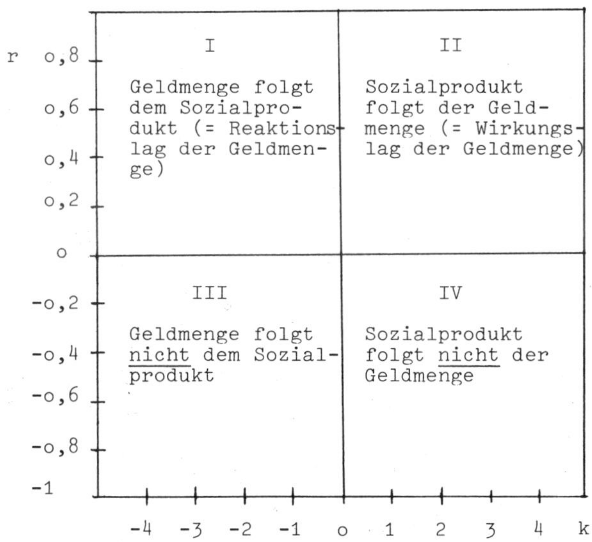

Der Verlauf des Graphen im Kreuz-Korrelogramm dient somit zur Überprüfung der beiden konkurrierenden Hypothesen, wobei für die

[33] *Johann Pfanzagl:* Allgemeine Methodenlehre der Statistik II, 2. verb. Aufl., Berlin 1966, S. 271.

Lage der Beobachtungspunkte der entsprechenden Korrelationskoeffizienten folgende Aussagen möglich sind:

1. Liegen die r_k hauptsächlich in den Quadranten II und/oder III, dann besteht ein positiver zeitlicher Zusammenhang zwischen M_t und Y_{t+k} (*Wirkungslag* der Geldmenge).
2. Liegen die r_k dagegen vorwiegend in den Quadranten I und/oder IV, dann besteht ein negativer zeitlicher Zusammenhang zwischen M_t und Y_{t+k} (*Reaktionslag* der Geldmenge).
3. Sind die r_k gleichmäßig in allen vier Quadranten verteilt, dann läßt sich statistisch kein zeitlicher Zusammenhang herleiten.

Problematisch ist in diesem Zusammenhang die Tatsache, daß sehr viele Zeitreihen einen starken gemeinsamen Trend aufweisen. Hohe Korrelationskoeffizienten sagen daher nichts Wesentliches über die „wahre" Kausalstruktur aus. Um den „Trend-Effekt" zu vermeiden, empfiehlt es sich deshalb, trend- (aber auch saison-) bereinigte Daten zu verwenden[34].

Selbstverständlich kann die Korrelationsanalyse zeitlicher Beziehungen zwischen M und Y auch in umgekehrter Weise erfolgen: Man korreliert dann einen bestimmten Wert Y_t mit den sukzessiv zeitlich verschobenen M_{t+k} ($k = -n, .., 0, .., m$). Die Aussagen im Kreuz-Korrelogramm müssen dann nur entsprechend umgekehrt werden[35].

2. Empirische Untersuchungen mit Hilfe von Kreuz-Korrelogrammen

a) Untersuchungen für Großbritannien

Die Korrelationsanalyse zur Überprüfung der lead-lag-Beziehung zwischen geldpolitischen Zeitreihen einerseits und der ökonomischen Aktivität andererseits wurde erst relativ spät angewandt. Als Folge des Methodenstreiks über die stabilitätspolitische Bedeutung geld- und/oder finanzpolitischer Maßnahmen, der Ende der 60er Jahre akut wurde, untersuchte die Bank von England 1970 Struktur und Stabilität

---

[34] Auf der anderen Seite treten bei saison- und trendbereinigten Daten ebenfalls Verzerrungen auf, die z. B. zu Verschiebungen der Hoch- und Tiefpunkte führen können. Diese Effekte werden etwas gemildert, wenn die korrespondierenden Reihen nach dem gleichen Verfahren gefiltert werden.

[35] Diese Art des Vorgehens wählten z. B. die Bank von England und *Peter Trapp*, deren Analysen im folgenden Kapitel dargestellt werden.

der zeitlichen Beziehungen monetärer und realer Variablen für den Bereich von Großbritannien[36]. Sie benutzte trendbereinigte Quartalszahlen folgender *monetärer Aggregate* bzw. Komponenten:

- Geldmenge in „enger“ und „weiterer“ Abgrenzung (M_1 bzw. M_2)
- Zinssätze (z. B.: the local authority three-months deposit rate)
- Kredite der Geschäftsbanken an Nichtbanken (und zwar: advances and commercial bills)
- Geldmenge abzüglich Kredite an Nichtbanken.

Als *realwirtschaftliche Indikatoren* wurden benutzt:

- Bruttoinlandsprodukt (G. D. P.)
- Private Nachfrage (private expenditure)
- Konsumnachfrage (consumers expenditure)
- Private Investitionen (private fixed investment)
- Lagerhaltung (stockbuilding).

Im Gegensatz zu der Darstellung im vorigen Abschnitt wurden hier die realwirtschaftlichen Indikatoren mit den sukzessiv zeitlich verschobenen monetären Größen korreliert. Die Interpretation muß nach Abb. 15 daher entsprechend umgekehrt erfolgen.

Im einzelnen ergaben sich folgende Ergebnisse, die hier nur stichwortartig wiedergegeben werden:

Die „engere“ Geldmengendefinition zeigt einen „pronunzierteren“ Zusammenhang als die „weitere“ Definition gegenüber den realen Indikatoren, wobei die höchsten signifikanten Korrelationskoeffizienten bei einem Vorlauf der Geldmenge von vier Quartalen sowohl gegenüber dem Sozialprodukt ($r = 0{,}34$), als auch gegenüber den gesamten privaten Ausgaben ($r \sim 0{,}4$) zu verzeichnen waren. Ähnliche Ergebnisse erhielt die Bank von England bei den privaten Investitionen und bei der Lagerhaltung, wobei darüber hinaus sich auch ein relativ starker negativer Zusammenhang für einen Lag der Geldmenge von vier Quartalen gegenüber den Privatinvestitionen ($r \sim -0{,}45$) herausstellte.

---

36 *Bank of England:* Timing Relationships between Movements of Monetary and National Income Variables, in: Diesselbe: Quarterly Bulletin, Vol. 10 (1970), No. 4, S. 459-468. Wiederabgedruckt in (und hier zitiert nach): *Harry G. Johnson* u. a. (Hrsg.): Readings in British Monetary Economics, Oxford 1972, S. 90-109.

Abb. 16: Ausgewählte Ergebnisse einer Kreuz-Korrelogramm-Analyse für Großbritannien

a) Die Beziehung zwischen Geldmenge (*M*) und Sozialprodukt (G. D. P.)

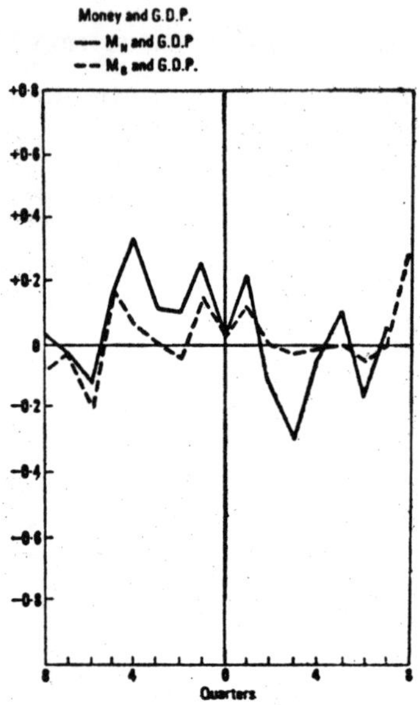

b) Die Beziehung zwischen M_N und den privaten Ausgaben

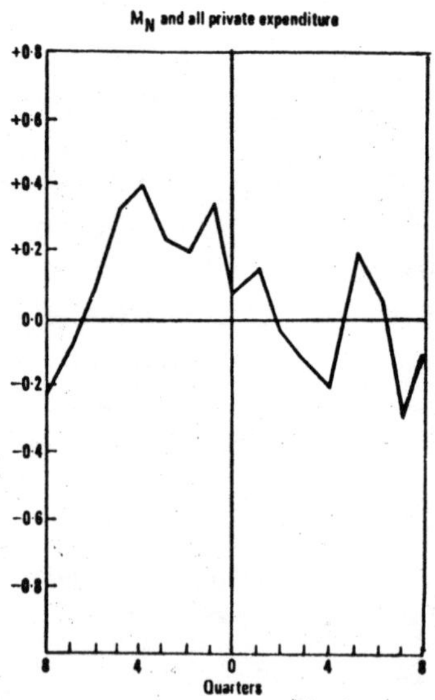

c) Die Beziehungen von Geldmenge M_N und von Bankkrediten zu den privaten Anlageinvestitionen

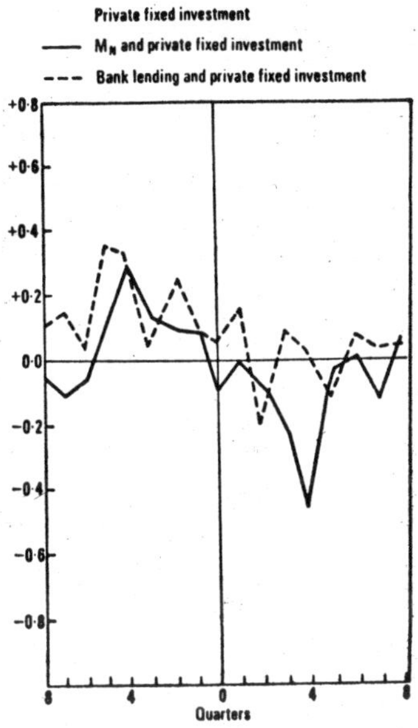

Quelle: Bank of England: Timing Relationships, S. 98 ff.

b) Untersuchungen für die Bundesrepublik

Im Rahmen eines Forschungsprojekts des Bundesministeriums für Wirtschaft untersuchte *Peter Trapp* 1975 die zeitlichen Beziehungen zwischen Geldmenge, Ausgaben und Preisniveau in der Bundesrepublik Deutschland von 1954–1973[37]. Dabei lehnte er sich in seiner Kreuz-Korrelogramm-Analyse sehr stark an die Methodik der Bank von England an. Die Ergebnisse zeigten auch hier deutlich, daß die monetären Änderungen denen der wirtschaftlichen Aktivität und des Preisniveaus vorausgingen. Als Wirkungslag der Geldpolitik in bezug auf die wirtschaftliche Aktivität (gemessen an den Veränderungen von M_1) ergab sich bei *Trapp* im Durchschnitt ein Zeitraum von drei Quartalen, wobei in einigen untersuchten Teilperioden die Verzögerungen um ein bis zwei Quartale kürzer (oder auch länger) ausfielen. Berechnungen mit

---

[37] *Peter Trapp:* Geldmenge, Ausgaben und Preisanstieg, S. 102 ff.

realen Größen (M_1/P bzw. inländische Ausgaben, Anlageinvestitionen und privater Verbrauch jeweils zu konstanten Preisen) ergaben wesentlich engere Beziehungen[38]. Einige ausgewählte Ergebnisse sind in den folgenden Abbildungen dargestellt.

Abb. 17: Ausgewählte Ergebnisse einer Kreuz-Korrelogramm-Analyse für die BRD

a) Die Beziehung zwischen Geldmenge (M_1) und inländischen Ausgaben in jeweiligen Preisen[a] 1954–1973

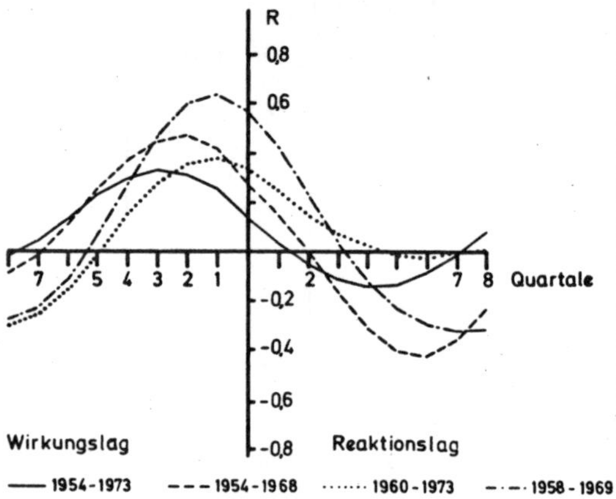

[a] Für die Berechnung der Korrelationskoeffizienten wurden gleitende 3-Phasen-Durchschnitte der Abweichung vom Trend verwendet.

b) Die Beziehung zwischen Geldmenge (M_2) und inländischen Ausgaben in jeweiligen Preisen[a] 1954–1973

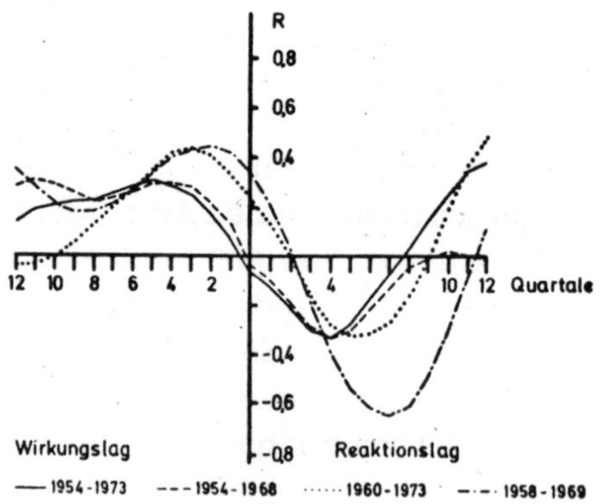

[a] Vgl. (a).

c) Die Beziehung zwischen realer Geldmenge (M_1/P) und privatem Verbrauch in Preisen von 1962[a] 1954–1973

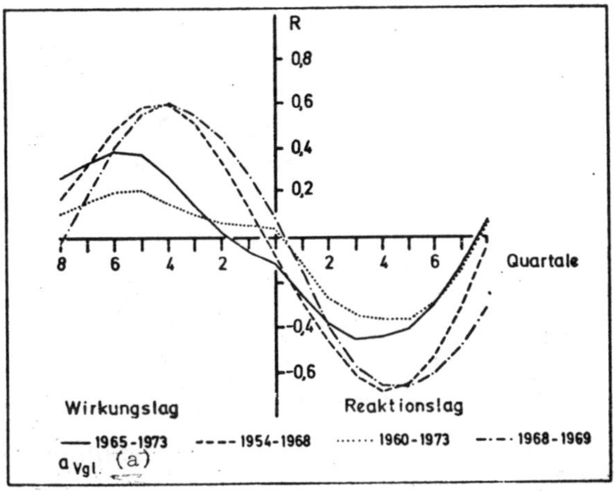

d) Die Beziehung zwischen realer Geldmenge (M_1/P) und Anlageinvestitionen in Preisen von 1962[a] 1954–1973

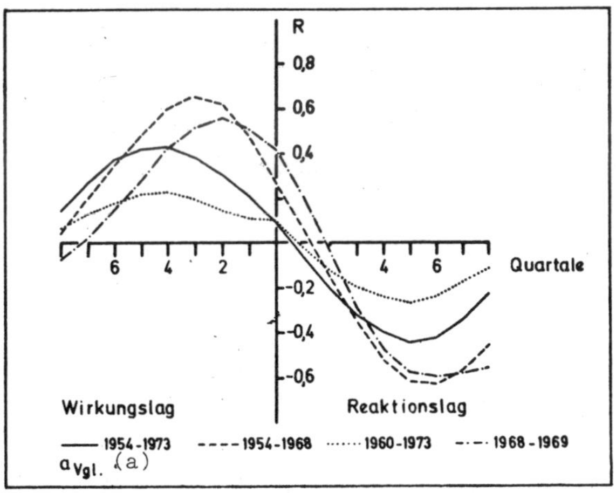

Quelle: Peter Trapp: Geldmenge, Ausgaben und Preisanstieg, S. 107 ff.

[38] Vgl. dazu Abb. 17.

IV. Parametrische Berechnungsmethoden zeitlicher Verzögerungen

Während durch die Korrelationsanalyse allein die *Stärke* des Zusammenhangs zweier Variablen ermittelt wird, ist es das Ziel der Regressionsanalyse, etwas über die *Form* dieses Zusammenhangs auszusagen. In den folgenden Betrachtungen wird der Einfachheit halber von einem linearen Zusammenhang zwischen den Einfluß- und Zielvariablen ausgegangen, wobei die einzelnen Parameter mit Hilfe der Kleinst-Quadrate-Methode geschätzt werden können[39].

1. Theoretische Grundlagen der parametrischen Verzögerungsanalyse

a) Allgemeines Regressionsmodell mit Wirkungsverteilung

Ausgangspunkt der Überlegungen ist die Darstellung der ökonomischen Beziehung zwischen zwei Variablen, einer unabhängigen X und einer abhängigen Y. Dabei wird der sog. Wirkungsaspekt[40] zugrundegelegt. Die abhängige Variable folgt demzufolge mit einer Zeitverzögerung von mehreren Perioden der unabhängigen, wobei aus Vereinfachungsgründen vorerst ein *endlicher* Einflußhorizont angenommen wird:

(1) $$Y_t = f\,(X_t, X_{t-1}, \ldots, X_{t-n})$$

Stärke und Form des *kausalen Zusammenhangs* werden üblicherweise mit Hilfe von Einfach- oder auch multiplen Regressionen nach der Methode der kleinsten Quadrate gemessen. Statistisch sinnvolle Aussagen erhält man dabei oft nur über den Korrelationskoeffizienten und die Vorzeichen bei der Summe der Regressionskoeffizienten, denn dadurch sind Rückschlüsse auf den Gesamtzusammenhang möglich. Problematisch wird es aber dann, wenn die zeitverschobenen unabhän-

---

[39] Es ist nicht die Aufgabe der folgenden Ausführungen, Probleme der empirischen parametrischen Schätzung zu diskutieren. Es sollen lediglich die wichtigsten Annahmen und theoretischen Überlegungen aufgezeigt werden, die der Analyse von „distributed lags" zugrunde liegen. Aus der umfangreichen ökonometrischen Literatur ist in diesem Zusammenhang besonders zu empfehlen: *Jan Kmenta:* Elements of Econometrics, New York, London 1971, S. 473 ff. Einen sehr guten Überblick über verschiedene Lag-Verteilungsmodelle vermittelt auch: *Peter Schönfeld:* Methoden der Ökonometrie, Bd. II, Stochastische Regressoren und simultane Gleichungen, München 1971, S. 69 ff.

[40] Vgl. oben Teil 1. B.I.2.e.

gigen Variablen z. B. durch Trendveränderungen interkorreliert sind, d. h. das Phänomen der „Multikollinearität“ vorliegt. Die einzelnen Regressionskoeffizienten schwanken in diesen Fällen sehr stark und sind darüber hinaus statistisch nur selten gut gesichert. Aus diesem Grund sind Aussagen über den *zeitlichen Zusammenhang* nicht (oder nur sehr schwer) möglich.

Um diese Schwierigkeiten zu umgehen, und um die zeitlichen Verzögerungen in den Beziehungen zwischen den Variablen in das Konzept mit einzubeziehen, müssen die Wirkungsanteile der Einflußvariablen so gewählt werden, daß die Koeffizienten eines allgemeinen Regressionsmodells den Wirkungsdiagrammen bei zeitlichen Verzögerungen entsprechen. D. h. es müssen spezielle Annahmen über die Verteilung der Höhe des Regressionskoeffizienten getroffen werden. Dabei tritt dann die erklärende Variable X mit Lags unterschiedlicher Länge auf, deren Werte einer Häufigkeitsverteilung mit den relativen Häufigkeiten w_i folgen:

$$Y_t = f\,(w_i\, X_{t-i}) \qquad i = 0, 1, 2, \ldots n$$

Abb. 18: Häufigkeitsverteilung einer allgemeinen Lag-Struktur

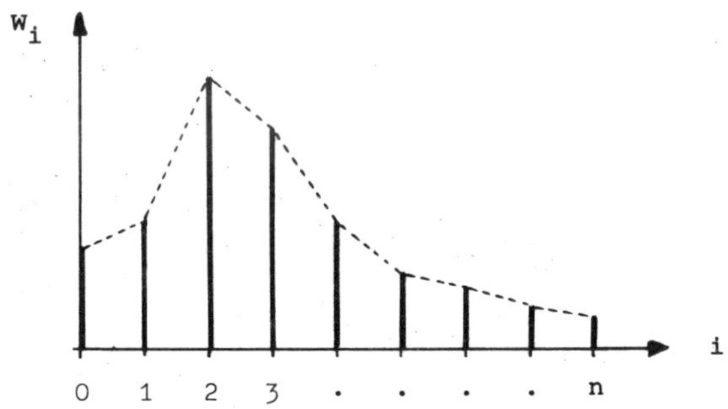

Diese Verteilungsfunktion läßt sich als Spiegelbild der Wirkungsanteile der Einflußvariablen X_{t-i} im Hinblick auf die Zielvariable Y_t interpretieren, wobei der Index i die zeitverschobenen Einflußperioden der Vergangenheit symbolisiert. Es werden üblicherweise folgende Annahmen getroffen:

(2a) $$0 \leq w_i \leq 1$$

(2b) $$\sum_{i=0}^{n} w_i = 1$$

Bevor nun die Gewichte w_i in das Regressionsmodell (1) eingebaut werden, soll kurz noch auf die wesentlichsten Voraussetzungen eingegangen werden, die bei der Anwendung der Kleinst-Quadrate-Schätzung berücksichtigt werden müssen. Zu diesem Zweck wird Gleichung (1) in Form einer *linearen Differenzengleichung*[41, 42] spezifiziert:

(3) $$Y_t = \alpha + \beta_0 X_t + \beta_1 X_{t-1} + \ldots + \beta_n X_{t-n} + \varepsilon_t$$

wobei
α ... konstanter Parameter
β_i ... Regressionskoeffizienten $i = 0 \ldots n$
ε_t ... stochastische Größe $t = 1, \ldots m$

In dieser Gleichung sind die Regressionsparameter α und β unbekannt, Zielvariable (Y_t) und Einflußvariable (X_{t-i}) dagegen aus Zeitreihen beobachtbar. Aus Vereinfachungsgründen wird im allgemeinen angenommen, daß die Einflußvariable X nicht stochastisch sei, wohingegen in den Werten von Y durch die Berücksichtigung eines stochastischen Störgliedes ε_t der „Unsicherheitseinfluß" abgefangen werden kann.

Die Einflüsse der zeitlich weiter zurückliegenden unabhängigen Variablen X_{t-i} auf die Zielvariable Y_t werden in den Regressionskoeffizienten durch folgenden linearen Ansatz berücksichtigt:

$$\beta_i = \beta \cdot w_i.$$

Dabei wird angenommen, daß alle Regressionskoeffizienten proportional zu der unterstellten Verzögerungsverteilung sind. In diesem Sinne modifiziert sich Gleichung (3) wie folgt:

(4) $$Y_t = \alpha + \beta \sum_{i=0}^{n} w_i X_{t-i} + \varepsilon_t.$$

---

[41] Die Annahme *linearer* Differenzengleichungen erweist sich als zweckmäßig, da in der Praxis die einzelnen Parameter besser geschätzt werden können, als bei Differenzengleichungen höherer Ordnung.

[42] Da in der Praxis nur diskrete Zeitwerte beobachtbar sind, werden im folgenden nur *Differenzengleichungen* betrachtet. Für den Fall kontinuierlicher Beziehungen müßten Differentialgleichungen benutzt werden. Vgl. dazu *Alfred Eugen Ott:* Einführung in die dynamische Wirtschaftstheorie, S. 28 ff.

Diese Gleichung läßt sich durch die Einführung eines *Lag-Operators* L[43] in einfacherer Form darstellen. Es gelte:

$$\begin{aligned} X_{t-1} &= X_t \cdot L \\ X_{t-2} &= X_t \cdot L^2 \\ &\vdots \\ X_{t-i} &= X_t \cdot L^i \end{aligned}$$

In diesem Sinne folgt dann für Gleichung (4):

(5) $$Y_t = \alpha + \beta \left[\sum_{i=0}^{n} w_i L^i\right] \cdot X_t + \varepsilon_t.$$

Der Ausdruck in der Klammer wird „*Lag-erzeugende-Funktion*" $W(L)$ genannt, da er die Struktur des zeitverzögerten Einflusses widerspiegelt:

$$W(L) = \sum_{i=0}^{n} w_i L^i.$$

Die Summe der Regressionskoeffizienten, die annahmegemäß endlich sein soll, zeigt den Gesamteffekt an, den die Einflußfaktoren X_{t-i} auf die Zielvariable Y_t ausüben. Die Zeitspanne, die vergeht, bis sich genau die Hälfte dieses Effektes ausgewirkt hat, wird als *mittlerer Lag* $\bar{i}$ bezeichnet[44]. Er entspricht dem gewogenen Mittel der gesamten Lag-Verteilung und dient vielfach zur Bestimmung der Durchschnittsverzögerung:

$$\bar{i} = \frac{\sum_{i=0}^{n} w_i \cdot i}{\sum_{i=0}^{n} w_i}$$

Für die *Varianz des Lags* folgt dementsprechend:

$$\sigma^2 = \frac{\sum_{i=0}^{n} (i - \bar{i})^2 \cdot w_i}{\sum_{i=0}^{n} w_i}$$

---

[43] Diese Darstellungsform geht zurück auf *Zvi Griliches:* Distributes Lags: A Survey, in: Econometrica, Vol. 35 (1967), S. 21 sowie *Dale W. Jørgenson:* Rational Distributed Lag Functions, in: Econometrica, Vol. 34 (1966), S. 137.

[44] In der Terminologie von Teil 1.A.I.2. bedeutet das: Der *Wirkungskoeffizient* hat den Wert 50 % und das *Wirkungspotential* zum Zeitpunkt $t + \bar{i}$ beträgt ebenfalls noch 50 %.

Über die bisher noch unspezifizierten Gewichte w_i gibt es eine Reihe von speziellen Annahmen, die ihrerseits die Form der Wirkungsverteilung widerspiegeln sollen[45]. Die wichtigsten werden im nächsten Abschnitt in Form eines Exkurses kurz dargestellt. Dabei muß jedoch wiederholt auf folgende Problematik hingewiesen werden: Einige spezielle Lag-Verteilungsmodelle zielen aus Signifikanzgründen darauf ab, durch die Verwendung zusätzlicher a-priori-Informationen das Problem der Multikollinearität zu umgehen. Jedoch gerade bei einer Analyse wirtschafts- und stabilitätspolitischer Maßnahmereihen läßt sich leicht zeigen, daß der Instrumenteneinsatz in vielen Fällen gerade von seiner eigenen Vergangenheit abhängt. Es besteht also ein Dilemma zwischen einer methodisch notwendigen Umgehung der Multikollinearität einerseits und einer ökonomisch notwendigen Berücksichtigung autokorrelierter Zusammenhänge andererseits[46].

b) Exkurs: Spezielle Verteilungsmodelle zeitlicher Verzögerungen

α) Einfache arithmetische Verteilungsmodelle

Die einfachste Verteilung ergibt sich, wenn eine endliche Anzahl der Gewichte w_i von Null verschieden ist und wenn die w_i in einem bestimmten parametrischen Verhältnis zu einem oder mehreren konstanten Faktoren stehen. Man unterscheidet folgende Formen:

– *Die Gleichverteilung*

Die w_i hängen nur von einer natürlichen Zahl p ab, z. B.:

$$w_i = \begin{cases} \frac{1}{p+1} & \text{für } i = 0, 1 \ldots, p \\ 0 & \text{für } i > p \end{cases}$$

In diesem Modellfall gehen sämtliche Impulse der Vorperioden mit dem gleichen Gewicht in die Bestimmung der Zielvariable ein. Diese Verteilung erscheint für stabilitätspolitische Zwecke jedoch als ziemlich unrealistisch, da

---

45 Während in Teil 1.A.I.2.c. die Formen der Wirkungsverteilung aus der Sicht der Einflußvariablen (Ursachenaspekt) betrachtet wurden, wird hier jedoch der Wirkungsaspekt zugrundegelegt.

46 Auf die Schwierigkeiten, die bei der Vorgabe von a-priori-Informationen in Lag-Verteilungsmodellen entstehen können, wies in einem anderen Zusammenhang schon *Klaus Lange* hin. Vgl. ders.: Über die Verwendung zusätzlicher a-priori-Information in Distributed-Lag-Modellen bei Multikollinearität, Diss. Hamburg 1970, insbes. S. 101 ff.

die Höhe der Gewichte allein von der Länge des Lag-Horizonts abhängt. Auch läßt sich der abrupte Bruch nach der Periode p nur schwer interpretieren.

Abb. 19: Die Gleichverteilung

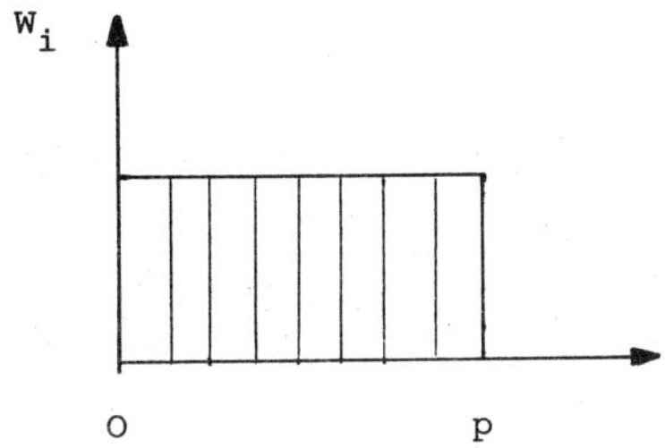

– *Die linear-dregressive Verteilung*

Bei dieser, auf *Fisher*[47] zurückgehenden Lag-Verteilung fallen die Gewichte der Perioden 1 bis p (vom Gegenwartszeitpunkt aus gesehen) in arithmetischer Folge linear ab. Sie hängen nur von 2 Parametern (p und q) ab, wobei der laufenden Periode ($i = 0$) der höchste Einfluß zugewiesen wird, z. B.:

$$w_i = \begin{cases} 1 - q & \text{für } i = 0 \\ \dfrac{2q}{p} \left(1 - \dfrac{i}{p+1}\right) & \text{für } i = 1, \ldots, p \\ 0 & \text{für } i > p \end{cases}$$

Bei dieser Verteilungsform steht die Annahme dahinter, daß stabilitätspolitische Impulse den höchsten Effekt zum Zeitpunkt ihres Einsatzes haben, während er in den nachfolgenden Perioden linear abnimmt.

---

47 Nach *Fisher* verteilt sich der Einfluß der unabhängigen Variablen in fallender arithmetischer Folge, wobei die Gewichte von der Länge des betrachteten endlichen Zeitintervalls p abhängen. Zum Zeitpunkt $i = 0$ wird kein Einfluß angenommen. Es gilt:

$$w_i = p + r - i, \qquad i = r, (r + i), \ldots, (r + p)$$

wobei r die Periode mit der ersten Wirkung ist. Vgl. *Irving Fisher*, Die Zinstheorie, S. 343.

Beispiel: $p = 6, r = 2$

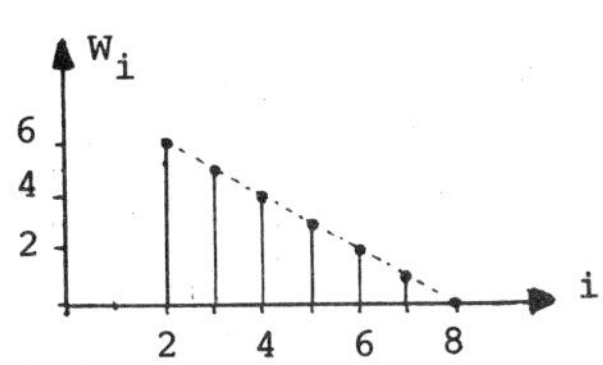

Abb. 20: Die linear-degressive Verteilung

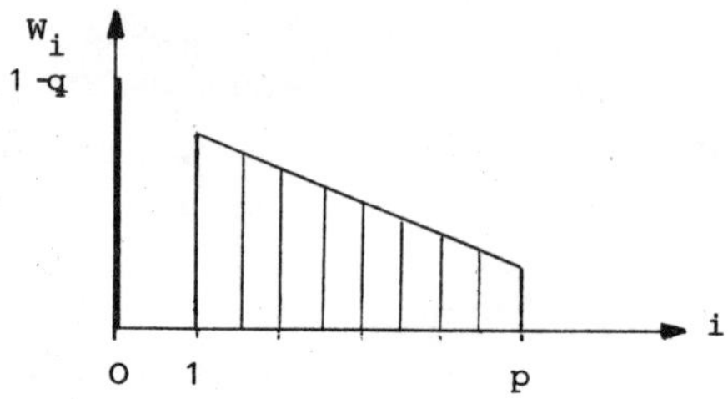

– *Die Dreiecksverteilung*

Diese Verteilung (von vielen Autoren auch als „umgekehrte *V*-Verteilung" bezeichnet) ist wiederum nur von einem einzigen Parameter *p* abhängig. Es gilt z. B.:

$$w_i = \begin{cases} \dfrac{i+1}{(p+1)^2} & \text{für } 0 \leqslant i < p \\[2ex] \dfrac{2p-i+1}{(p+1)^2} & \text{für } p \leqslant i \leqslant 2p \\[2ex] 0 & \text{für } i > 2p \end{cases}$$

Abb. 21: Die Dreiecksverteilung

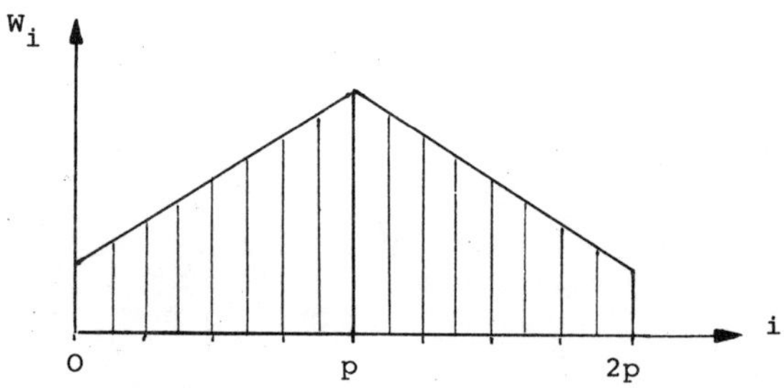

Bei dieser Verteilung ist der Einfluß aus der Periode *p* am größten, während vor- wie rückgelagerte Perioden mit zunehmender Entfernung von *p* abnehmende Gewichte zugewiesen bekommen.

Zwar sind diese endlichen arithmetischen Verteilungen leicht zu errechnen, sie erweisen sich jedoch für die statistische Lag-Analyse als unzweckmäßig, da das Multikollinearitätsproblem nicht beseitigt werden konnte. Ebenso erscheint die exakte Gleichheit und die starre Gewichtsstruktur im Zeitablauf als ziemlich unrealistisch. Es empfiehlt sich daher, höher entwickelte Verfahren zu benutzen.

β) Die geometrische Verteilung

Dieses Verfahren wurde erstmalig von *Koyck*[48] entwickelt. Die Gewichte hängen nur von *einem* Paramter p ab. Ebenso wie bei der linear-degressiven Verteilung wird von einer stetig abnehmenden Gewichtung ausgegangen. Es besteht jedoch *keine* zeitliche Begrenzung des Einflusses.

$$w_i = (1 - p) \cdot p^i \qquad \text{für } i = 0, 1, 2, \ldots$$

Abb. 22: Die geometrische Verteilung

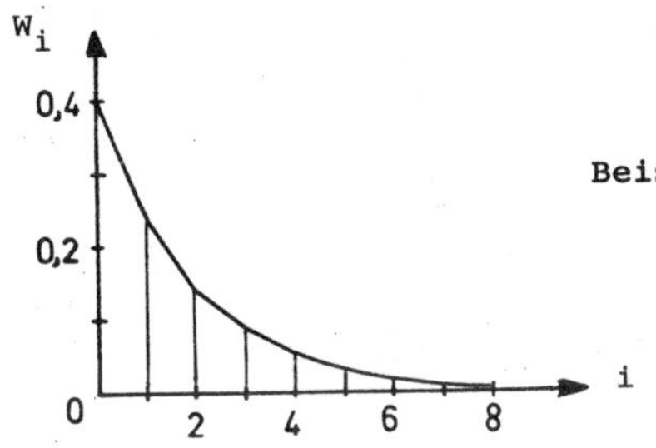

Weitere Kennzeichen dieser Verteilung sind:

Mittlerer Lag: $\bar{i} = \dfrac{p}{1-p}$

Varianz: $\sigma^2 = \dfrac{p}{(1-p)^2}$

Lag-erzeugende Funktion:

$$W(L) = (1-p)\left[1 - p \cdot L + p^2 L^2 + \ldots\right]$$

$$W(L) = \frac{1-p}{1-pL}$$

Jedoch auch bei dieser Vorstellung konnte die Interkorrelation nicht ausgeschaltet werden, da die Werte der verzögerten Einflußvariablen nicht stochastisch unabhängig sind[49]. Auf der anderen Seite läßt sich dieses Modell für stabilitätspolitische Fragestellungen recht gut verwenden, da es in einfacher Form demonstriert, welche Plausibilitätserwägungen zugrunde gelegt werden kön-

---

48 *L. M. Koyck:* Distributed Lags and Investment Analysis, Amsterdam 1954.

49 In diesem Sinne äußerten sich *R. R. Glauber, D. E. Farrar:* Multicollinearity in Regression Analysis, in: The Review of Economics and Statistics, Vol. 49 (1967), S. 92–107, hier: S. 94 ff.

nen. In vielen Fällen ist es das Modell mit korrigierten Erwartungen (adaptive expectations model), das von der Annahme ausgeht, die Entwicklung der Zielvariablen wird von der Differenz zwischen erwarteten und tatsächlichen Werten der Einflußfaktoren determiniert. Die Anpassungsgeschwindigkeit bzw. der Wirkungseinfluß nimmt mit zunehmender Annäherung an den Erwartungswert ab[50].

γ) Die Pascalsche Verteilung

Die Gewichte hängen in diesem Fall von *zwei* Parametern ab (p, q), wobei q die Anzahl der Faltungen von geometrischen Lag-Verteilungen angibt, so daß für den Spezialfall $q = 1$ die Pascalsche Lag-Verteilung in den geometrischen Lag übergeht[51]. Nur in diesem Fall beginnt die Verteilung mit dem höchsten Wert, während sie in den anderen Fällen den Gipfel bei einer Verzögerung erreicht, deren Länge von der Zahl der Faltungen abhängt. Für die Gewichte gilt:

$$w_i = \left[\begin{matrix} q+i-1 \\ i \end{matrix} \right] (1-p)^q \cdot p^i$$

$$w_i = \frac{(q+i-1)!}{i!\,(q-1)!} (1-p)^1 \cdot p^i \qquad \text{für } i = 0, 1, 2, \ldots$$

Abb. 23: Die Pascalsche Verteilung

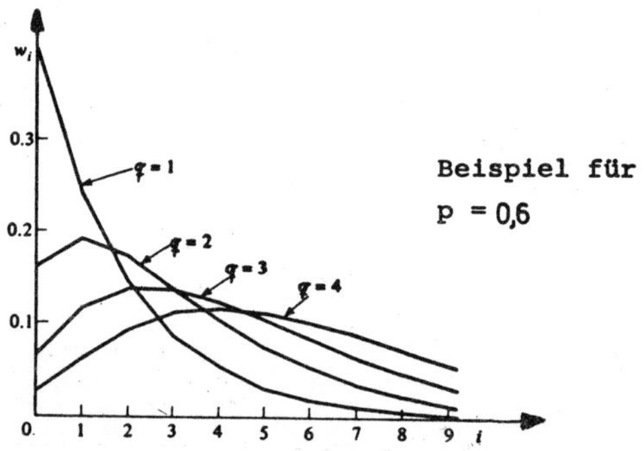

Weitere Kennzeichen dieser Verteilung sind:

Mittlerer Lag: $$\bar{i} = \frac{p \cdot q}{1-p}$$

Varianz: $$\sigma^2 = \frac{p \cdot q}{(1-p)^2}$$

Lag-erzeugende Funktion:

$$W(L) = \frac{(1-p)^q}{(1-pL)^q}$$

δ) Die Jørgenson-Verteilung

Der sog. rationale Lag gilt als die allgemeinste Form aller vorangegangenen Verteilungen. Er wurde 1966 zum ersten Mal von *Jørgenson* vorgestellt[52].

Als Ausgangspunkt ist folgende Gleichung anzusehen, wobei auch die Zielvariablen zeitverzögert berücksichtigt werden:

$$Y_t + b_1 Y_{t-1} + b_2 Y_{t-2} + \ldots + b_n Y_{t-n} = a_0 X_t + a_1 X_{t-1} + \ldots + a_m X_{t-m} + \xi_t$$

Für die Gewichte w_i des zeitverzögerten Einflusses gilt dann:

$$w_i = \begin{Bmatrix} b_j \\ a_k \end{Bmatrix} \qquad \begin{matrix} j = 1, \ldots, n \\ k = 1, \ldots, m \end{matrix}$$

Die Lag-erzeugende Funktion wird hier dargestellt als Quotient zweier endlicher Polynome in L:

$$W(L) = \frac{A(L)}{B(L)}$$

mit den Koeffizienten b_j und a_k. Alle anderen Verteilungsformen können durch geeignete Wahl der Polynome $A(L)$ und $B(L)$ approximiert werden.

Zum Beispiel[53] läßt sich ein endlicher arithmetischer Lag der Form

$$Y_t = \sum_{i=0}^{m} a_i X_{t-i}$$

darstellen durch:

$$A(L) = \sum_{i=0}^{m} a_i L^i$$

$$B(L) = 1$$

Bei einem Pascalschen Lag werden die Polynome wie folgt konkretisiert:

$$A(L) = (1 - p)^q$$

---

50 Ein weiteres Anpassungsmodell ist das „Modell der partiellen Anpassung", bei dem die Differenz zwischen der „heutigen" Plangröße und der „gestrigen" Istgröße nicht in voller Höhe ausgeglichen wird, sondern nur zum Teil. Vgl. *Peter Schönfeld:* Methoden, Bd. II, S. 84 f.

51 *Robert M. Solow:* On a Family of Lag Distributions, in: Econometrica, Vol. 28 (April 1960), S. 391-406.

52 *Dale W. Jørgenson:* Rational Distributed Lag Functions, in: Econometrica, Vol. 32 (January 1966), S. 135–149.

53 Beispiele für den rationalen Lag finden sich auch bei *Gerhard A. Aschinger:* Der Lag und seine Anwendung in ökonomischen Systemen, in: Zeitschrift für die gesamte Staatswissenschaft, Bd. 128 (1972), S. 393–406, hier: S. 400 sowie bei *Peter Schönfeld:* Methoden, Bd. II, S. 77 ff.

$$B(L) = (1 - p \cdot L)^q.$$

Setzt man in diesem Fall $q = 1$, dann beinhaltet der rationale Lag auch *Koycks* geometrischen Lag. Somit läßt sich jede beliebige Form des Lags mit jeder gewünschten Genauigkeit durch einen rationalen Lag annähern[54]. Der Vorteil dieses Ansatzes besteht darin, daß keine ex-ante Hypothesen über die wahrscheinliche Verteilung für die empirische Schätzung zugrunde gelegt werden brauchen. Vielmehr ergibt sich die Form aus der Berechnung mit empirischen Daten[55]. Nachteilig ist jedoch die Empfindlichkeit dieser Methode gegenüber kleinen Veränderungen in den Koeffizienten:

„rather small differences in these coefficients imply very different lag distributions.“[56]

Aufgrund dieser Tatsache muß man sich tatsächlich fragen, ob diese Verallgemeinerung zu einer sehr komplizierten Formel überhaupt vorteilhaft ist:

„This sensitivity raises the question whether the generalization to more complicated shapes of the distribution is worth the trouble if we cannot determine this shape with any degree of accuracy.“[57]

ε) Die polynominale Verteilung

Als Spezialfall des Pascal-Lag-Modells gilt das von *Shirley Almon*[58] entwickelte Interpolations-Verfahren, wobei die Gewichte w_i einem Polynom vom Grade $q + 1$ entsprechen sollen. Da dieses Modell endlich ist, muß zur Spezifikation der Parameter sowohl die Anzahl der Verzögerungsperioden (m) als auch der Polynomgrade $q + 1$ ($q << m$) festgelegt werden.

Sind q und m bestimmt, dann brauchen nur $q + 2$ Koeffizienten b_i ($i = 0, 1, \ldots q + 1$) geschätzt werden (also nur ein Koeffizient mehr als das Polynom Grade hat). Zu diesem Zweck werden solche Zeitpunkte ausgewählt, die ziemlich weit auseinander liegen, damit das Problem der Multikollinearität umgangen werden kann.

Kennt man diese $q + 2$ Koeffizienten b_i, dann lassen sich mit Hilfe sog. *Lagrangescher Interpolationspolynome*[59] $\Phi_j(i)$, ($i = 0, 1, \ldots, m - 1$) alle übrigen $m - (q + 2)$ Koeffizienten berechnen.

---

54 Je genauer die Approximation, desto größer wird natürlich der Rechenaufwand, da eine größere Anzahl von Parametern geschätzt werden muß. Vgl. *Dale W. Jorgenson:* S. 142.

55 Vgl. *Axel Siedenberg:* Investitionsorientierte Fiskalpolitik, Berlin 1976, S. 262.

56 *Zvi Griliches:* Distributed Lags: A Survey, in: Econometrica, Vol. 35, No. 1 (January 1967), S. 16–49, hier S. 29.

57 Ebenda, S. 30.

58 *Shirley Almon:* The Distributed Lag Between Capital Appropriations and Expenditures, in: Econometrica, Vol. 33 (January 1965), S. 178–196.

Für die Gewichte erhält man dann:

$$
(1) \qquad w_i = \begin{cases} 0 & \text{für } i < 0 \\ \sum_{j=0}^{q+1} \Phi_j(i)\, b_j & \text{für } i = 0, 1, \ldots, m-1 \\ 0 & \text{für } i > m \end{cases}
$$

wobei: w_i ... Werte eines Polynoms $w(X)$ vom Grade $q+1$ an den Stellen $X = 0, 1, \ldots, m-1$, wobei m den Lag-Horizont symbolisiert $(q < m)$

$\Phi_j(i)$ ... Werte von Lagrangeschen Interpolationen des Polynoms $w(X)$ an den Stellen $X = i$ $(i = 0, 1, \ldots, m-1)$

b_j ... A-priori vorgegebene Gewichte an den zur Festlegung des Polynoms vom Grade $q+1$ notwendigen Stellen $X_0, \ldots, X_{q+1}$, wobei:

$$
\begin{aligned} b_0 &= w(X_0) \\ b_1 &= w(X_1) \\ &\vdots \\ b_{q+1} &= w(X_{q+1}) \end{aligned}
$$

Die Gewichte sind an den Stellen $i < 0$ und $i > m$ definitionsgemäß gleich Null:

$$
w(-1) = w(m) = 0.
$$

[59] Die Lagrange'schen Interpolationspolynomen werden wie folgt errechnet:

$$
\Phi_0(X) = \frac{(X - X_1)(X - X_2) \ldots . (X - X_{q+1})}{(X_0 - X_1)(X_0 - X_2) \ldots . (X_0 - X_{q+1})}
$$

$$
\Phi_1(X) = \frac{(X - X_0)(X - X_2) \ldots . (X - X_{q+1})}{(X_1 - X_0)(X_1 - X_2) \ldots . (X_1 - X_{q+1})}
$$

$$
\vdots
$$

$$
\Phi_{q+1}(X) = \frac{(X - X_0)(X - X_1) \ldots . (X - X_q)}{(X_{q+1} - X_0)(X_{q+1} - X_1) \ldots . (X_{q+1} - X_q)}
$$

Die besondere Eigenschaft dieser Interpolationspolynome liegt nun darin, daß folgende Beziehungen gelten:

$$
\Phi_j(X_j) = 1 \qquad \text{für: } j = 0, \ldots, q+1
$$

$$
\Phi_j(X_k) = 0 \qquad \text{für: } j = k;\ j = 0, \ldots, q+1;\quad k = 0, \ldots, q+1
$$

Für den Fall der Gültigkeit von $X = i$ und $w(X_j) = b_j$ ergibt sich demnach folgender Zusammenhang:

$$X_0 = -1$$

$$X_{q+1} = m \qquad b_0 = b_{q+1} = 0.$$

In diesem Sinne vereinfacht sich Gleichung (1) zu:

$$w_i = \sum_{j=1}^{q} \Phi_j\,(i)\,b_j .$$

Für die Lag-erzeugende Funktion erhält man somit:

$$W(L) = \sum_{i=0}^{m} \sum_{j=1}^{q} \Phi_j\,(i)\,b_j$$

Da das *Almon*-Lag-Verfahren zur Zeit sehr gebräuchlich ist, werden zur besseren Erläuterung zwei kurze Beispiele gebracht:

Im Falle einer Geraden (Polynom vom Grade 1) mit $q = 0$ gilt folgende Gewichtungsfunktion:

$$w_i = \alpha + \beta \cdot i$$

Dabei sind zwei Punkte vorzugeben:

$$(i_0/b_0) \text{ und } (i_1/b_1)$$

Die übrigen Ordinatenwerte an den Stellen i werden interpoliert. In diesem Spezialfall geht die Gewichtungsfunktion (Polynom ersten Grades) in die bekannte Zweipunktformel für die Gerade über:

$$w_i = \frac{i - i_1}{i_0 - i_1}\,b_0 + \frac{i - i_0}{i_1 - i_i}\,b_1$$

$$w(i) = \Phi_0\,(i)\,b_0 + \Phi_1\,(i) \cdot b_1$$

Die Berechnung wird entsprechend komplizierter, je höher der Polynomgrad wird. Bei einem Polynom 4. Grades ($q = 3$) sind a-priori 5 Gewichte festzulegen. Wird ein Lag-Horizont von $m = 9$ Perioden angenommen, dann gilt entsprechend:

$$X_0 = -1 \rightarrow b_0 = 0$$

$$X_1 = 1 \rightarrow b_1$$

$$X_2 = 4 \rightarrow b_2$$

$$X_3 = 7 \rightarrow b_3$$

$$X_4 = 9 \rightarrow b_4 = 0$$

Für den Fall, daß $b_1 = b_2 = b_3$ angenommen wird, ergibt sich eine Verteilung, wie sie in Abb. 24 dargestellt ist:

Abb. 24: Die polynominale Verteilung

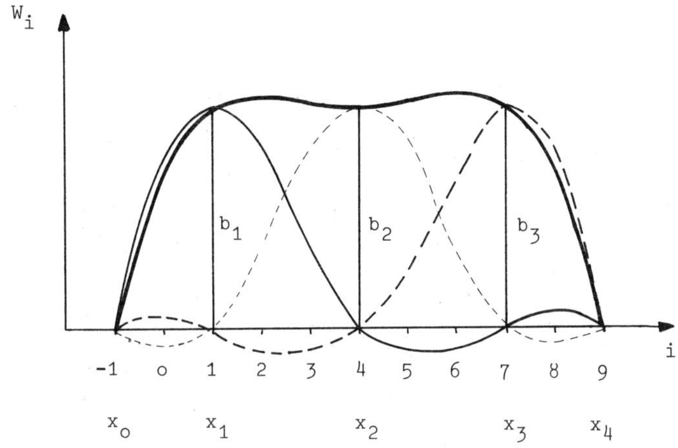

2. Empirische Untersuchungen mit Hilfe wirkungsverteilter Regressionsmodelle

Aus der Fülle empirischer Berechnungen, die auf der Grundlage der „distributed lag"-Analyse ermittelt wurden, können naturgemäß nur einige wenige dargestellt werden. Exemplarisch werden zwei Untersuchungen vorgestellt, die geldpolitische Lag-Berechnungen der Bundesrepublik Deutschland zum Gegenstand haben. Es handelt sich hierbei um Analysen von *Peter Trapp* und *Matthijs van den Adel*, die in den Jahren 1975 bzw. 1973 durchgeführt wurden[60].

a) Untersuchungen von Trapp

Ausgehend von einem einfachen quantitätstheoretischen Modell untersuchte *Peter Trapp* zum einen den Einfluß, den Geldmengenänderungen (ΔM) sowie Preisniveauänderungen (ΔP) auf die inländischen

60 *Matthijs van den Adel:* Geldentwertung und monetäre Stabilisierungspolitik. Eine ökonometrische Studie für die BRD, Berlin 1973.

Peter Trapp: Geldmenge, Ausgaben und Preisanstieg, S. 114 ff.

Tab. 8: Regressionsanalytische Lag-Berechnungen für die BRD
(Schätzungen mit Hilfe eines Koyck-Lags und verzögerten Zielvariablen)

Nr.	Abhängige Variable	Konstante	Geschätzte Koeffizienten der erklärenden Variablen													R²
			ΔM_t	ΔM_{t-1}	ΔM_{t-2}	ΔM_{t-3}	ΔP_t	ΔP_{t-1}	ΔP_{t-2}	ΔP_{t-3}	Δy_t	Δy_{t-1}	Δy_{t-2}	Δy_{t-3}	verzögerte abhängige Variable	R^2
			$M = M_1$													
(1)	ΔA_t	0,007	0,146 (1,86)*												0,779 (11,68)*	0,6920 (80,90)*
(2)	ΔA_t	0,007	0,202 (1,32)	−0,071 (0,43)											0,788 (11,21)*	0,6928 (53,88)*
(3)	ΔA_t	0,005	0,278 (1,48)	−0,250 (0,82)	0,137 (0,68)										0,774 (10,62)*	0,6866 (37,79)*
(4)	ΔA_t	0,011	0,229 (1,23)	−0,282 (0,88)	0,390 (1,12)	−0,231 (1,04)									0,767 (10,46)*	0,6828 (28,84)*
(5)	Δa_t	0,009	0,160 (2,16)*				0,313 (2,67)*								0,765 (11,73)*	0,7074 (56,42)*
(6)	Δa_t	0,011	0,145 (0,90)	0,027 (0,17)			−0,071 (0,25)	−0,275 (0,93)							0,735 (9,76)*	0,7111 (33,48)*
(7)	Δa_t	0,010	0,216 (1,09)	−0,120 (0,37)	0,108 (0,51)		−0,068 (0,24)	−0,161 (0,40)	−0,140 (0,42)						0,715 (8,28)*	0,7125 (23,36)*
(8)	Δa_t	0,013	0,272 (1,42)	−0,072 (0,22)	0,007 (0,02)	0,057 (0,25)	−0,130 (0,45)	−0,024 (0,06)	0,486 (1,17)	−0,804 (2,61)*					0,626 (6,21)*	0,7252 (18,47)*
(9)	ΔP_t	−0,001	0,008 (0,24)								0,065 (1,66)*				0,927 (15,84)*	0,8025 (94,83)*
(10)	ΔP_t	−0,003	0,120 (2,06)*	−0,121 (2,07)*							−0,077 (1,48)	0,197 (4,20)*			0,952 (17,58)*	0,8489 (76,43)
(11)	ΔP_t	−0,004	0,152 (2,14)*	−0,198 (1,73)*	0,052 (0,70)						−0,086 (1,63)	0,161 (2,70)*	0,045 (0,93)		0,936 (16,58)*	0,8519 (54,25)*
(12)	ΔP_t	−0,002	0,149 (2,12)*	−0,275 (2,28)*	0,243 (1,87)*	−0,148 (1,80)*					−0,079 (1,53)	0,169 (2,84)*	0,089 (1,51)	−0,062 (1,26)	0,966 (16,74)*	0,8642 (44,56)*

			$M = M_3$													
(13)	ΔA_t	0,005	0,121 (1,72)*												0,796 (12,01)*	0,6817 (76,04)*
(14)	ΔA_t	0,006	0,155 (0,58)	−0,040 (0,24)											0,799 (11,73)	0,6820 (50,04)*
(15)	ΔA_t	0,005	0,179 (1,09)	−0,157 (0,63)	0,127 (0,76)										0,768 (11,20)	0,6798 (36,09)*
(16)	ΔA_t	0,005	0,176 (1,06)	−0,165 (0,65)	0,168 (0,66)	−0,038 (0,22)									0,769 (11,07)*	0,6800 (28,47)*
(17)	Δa_t	0,010	0,115 (1,65)				−0,351 (2,80)*								0,810 (12,63)*	0,6996 (54,33)*
(18)	Δa_t	0,012	0,021 (0,13)	0,102 (0,65)			−0,179 (0,60)	−0,198 (0,66)							0,786 (10,85)*	0,7025 (32,12)*
(19)	Δa_t	0,011	0,046 (0,27)	0,014 (0,05)	0,076 (0,44)		−0,196 (0,64)	−0,203 (0,52)	0,016 (0,05)						0,786 (9,90)*	0,7036 (22,38)*
(20)	Δa_t	0,014	0,069 (0,41)	0,041 (0,16)	−0,036 (0,14)	0,088 (0,51)	−0,286 (0,95)	−0,054 (0,14)	0,474 (1,17)	0,607 (2,05)*					0,725 (8,76)*	0,7038 (16,63)*
(21)	ΔP_t	−0,004	0,052 (1,73)*								0,059 (1,56)				0,902 (15,24)*	0,8105 (99,80)*
(22)	ΔP_t	−0,006	0,136 (2,36)*	−0,092 (1,55)							−0,093 (1,84)*	0,194 (4,22)*			0,911 (16,88)*	0,8535 (79,24)*
(23)	ΔP_t	−0,008	0,199 (3,19)*	−0,222 (2,40)*	0,095 (1,55)						−0,113 (2,27)*	0,125 (2,18)*	0,098 (1,99)*		0,873 (15,88)*	0,8651 (60,48)*
(24)	ΔP_t	−0,007	0,206 (3,27)*	−0,256 (2,62)*	0,119 (1,24)	−0,001 (0,02)					−0,117 (2,35)*	0,124 (2,09)*	0,149 (2,32)*	−0,057 (1,13)	0,897 (15,23)*	0,8708 (47,17)*

Quelle: Peter Trapp: Geldmenge, Ausgaben und Preisanstieg, S. 132 f.

Realausgaben (Δa) ausüben, und zum anderen analysierte er die Beziehungen zwischen Geldmengenänderungen (ΔM) und Änderungen des realen Volkseinkommens (Δy) in bezug auf Preisniveauveränderungen (ΔP). Es wurden von ihm sowohl jährliche als auch vierteljährliche logarithmierte Zahlenangaben von 1952 bis 1973 benutzt, wobei die Jahresanalyse aufgrund des hohen Aggregationsgrades keine genauen zeitlichen Aussagen zuläßt. Es wird daher im folgenden nur die Vierteljahresanalyse betrachtet[61]. Die Modellfunktionen lauten – vereinfacht – wie folgt:

$$\Delta A_t = f(\Delta M_{t-i})$$

$$\Delta a_t = f(\Delta M_{t-i}, \Delta P_{t-i})$$

$$\Delta P_t = f(\Delta M_{t-i}, \Delta y_{t-i})$$

wobei

P_t = Preisindex des Bruttosozialprodukts

A_t = inländische Ausgaben in laufenden Preisen

a_t = reale inländische Ausgaben (in Preisen von 1962)

M_{t-i} = Geldmenge M_1 (bzw. M_2) der Vorperioden

y_{t-i} = reales Bruttosozialprodukt der Vorperioden (in Preisen von 1962)

Als Gewichtungsmodelle der zeitlich verteilten Einflüsse lagen *Koyck*-Lag und *Almon*-Lag zugrunde. Dabei ergaben sich folgende Ergebnisse:

– Das Bestimmtheitsmaß R^2 als Prüfmaß für die Stärke des Zusammenhangs ist dort am höchsten, wo *alle* zeitverzögerten Einflüsse berücksichtigt wurden: Beim *Koyck*-Ansatz wurden nur maximal 3 Vorperioden ausgewiesen (Gleichungen Nr. 8, 12, 20, 24 in Tabelle 8), während die Analyse nach dem *Almon*-Modell die besten Ergebnisse bei Wirkungslags von sieben bis neun Quartalen (und einem Polynom 3. Grades) erbrachte (Abb. 25).

– Die Veränderungen der Geldmenge M_1 lieferten als Erklärungsursachen für Ausgabenänderungen bessere Ergebnisse als M_2.

– Der quantitative Effekt der *Koyck*-verzögerten Einflüsse aus den ersten drei Perioden ist insgesamt gesehen jedoch sehr gering, zum Teil heben sich die Wirkungen gegenseitig wieder auf (vgl. z. B. Gleichung 24 in Tabelle 8).

---

[61] Vgl. *Peter Trapp:* Geldmenge, Ausgaben und Preisanstieg, S. 128 ff.

Abb. 25: Regressionsanalytische Lag-Berechnungen für die BRD mit Hilfe des Almon-Lags

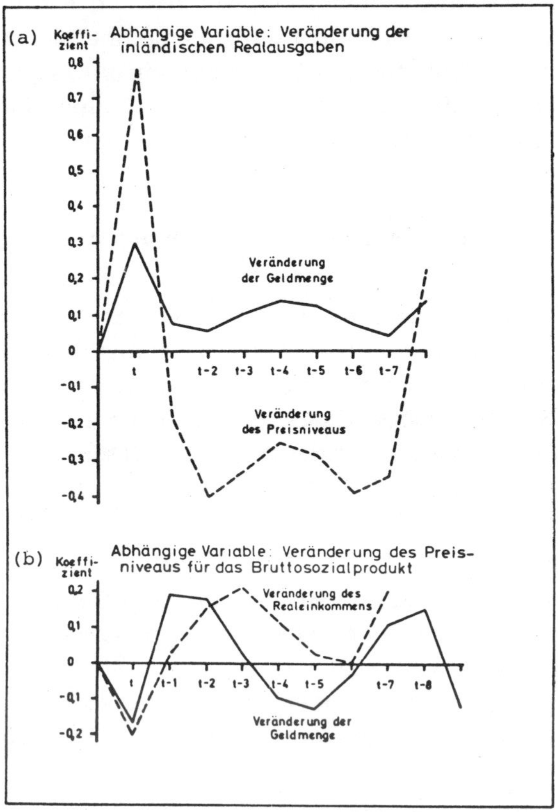

Quelle: Peter Trapp: Geldmenge, Ausgaben und Preisanstieg, S. 135

– *Trapp* zieht aus den in Tabelle 8 dargestellten Regressionsergebnissen den Schluß, daß Geldmengenänderungen vor allem *kurzfristig* einen Einfluß auf die realen Ausgaben ausüben, während *langfristig* hauptsächlich Preisniveauveränderungen bewirkt werden. Diese Aussage scheint zwar die monetaristische Position zu bestätigen, sie ist jedoch aufgrund der oft mangelhaften Signifikanz der Schätzergebnisse und dem theoretisch oft nicht zu begründenden Vorzeichenwechsel der Koeffizienten ziemlich gewagt:

– Nach dem *Almon*-Verfahren (vgl. Abb. 25) ergibt sich nämlich auch langfristig über den gesamten Lag-Horizont von 8 Perioden ein positiver Zusammenhang zwischen ΔM und Δa, während Preisniveauänderungen nur in der laufenden Periode positiv mit Δa korreliert sind.

- Bei den Berechnungen des *Almon*-verzögerten Einflusses von ΔM und ΔY auf ΔP stellt sich ein ziemlich uneinheitlicher Verlauf der Regressionskoeffizienten im Zeitablauf ein. Aussagen sind daher nicht möglich, zumal *Trapp* hier auch auf eine Wiedergabe der gesamten Regressionsgleichung mit ihren statistischen Prüfmaßen verzichtet hat.

b) Untersuchungen von van den Adel

Van den Adel geht in seinen Untersuchungen nun sowohl von keynesianischen Überlegungen (bei der Geldnachfragehypothese) als auch von monetaristischen Vorstellungen (bei der Geldangebotshypothese) aus. Als Lag-Berechnungsmethode verwendet er allein die *Almon*-Technik, wobei ebenfalls logarithmierte Quartalsdaten, diesmal aber von 1958 bis 1970, zugrundelagen. Der Vorteil von logarithmierten Variablen liegt darin, daß die Koeffizienten sich gleichzeitig als Elastizitäten interpretieren lassen.

Untersuchungsgegenstände sind neben dem Geldangebot und der Geldnachfrage (auf die hier jedoch nicht näher eingegangen wird) hauptsächlich die Preisniveauveränderungen sowie die Interdependenzbeziehungen zwischen monetärem und realwirtschaftlichem Sektor, die durch Veränderungen der Geldmenge und des Sozialprodukts symbolisiert werden:

- Die relative Bedeutung der Geldmengenänderung ΔM zur Beeinflussung der volkswirtschaftlichen Aktivität (ΔY) und umgekehrt wird durch folgende Schätzgleichungen wiedergegeben[62]:

(I) $$\log \Delta M_t = 0{,}942 + \sum_{i=0}^{6} b_i \log \Delta Y_{t-i} + u_t$$

$$R^2 = 0{,}15 \qquad DW = 1{,}123$$

(II) $$\log \Delta Y_t = 0{,}942 + \sum_{i=0}^{6} c_i \log \Delta M_{t-i} + u_t$$

$$R^2 = 0{,}38 \qquad DW = 0{,}5$$

---

[62] *Matthijs van den Adel:* Geldentwertung, S. 133.

Die Gewichte b_i und c_i der zeitverzögerten Einflüsse wurden unter Zugrundelegung eines Lag-Horizonts von 6 Perioden und eines Polynoms vom Grade 2, die die besten Ergebnisse ergeben haben, ermittelt. Kriterien für die Auswahl des „bestmöglichen" Gewichtungsschemas (Polynomgrad und Lag-Horizont) sind Bestimmtheitsmaß R^2, Standardfehler (t-Werte) und Summenkoeffizient.

Tab. 9: Gewichte von Almon-Lag-verteilten Einflußvariablen der güter- und geldwirtschaftlichen Interdependenz

i	b_i	c_i
0	0,377	0,227*
1	0,217*	0,136*
2	0,096	0,075
3	0,046	0,046
4	−0,027	0,047
5	−0,029	0,079
6	0,007	0,141
Σ	0,675	0,750*

* Die Koeffizienten sind mit 5 %iger Irrtumswahrscheinlichkeit signifikant von Null verschieden.

Abb. 26: Gewichte des Almon-Lag-verteilten Einflusses von Volkseinkommensänderungen auf die Geldmenge

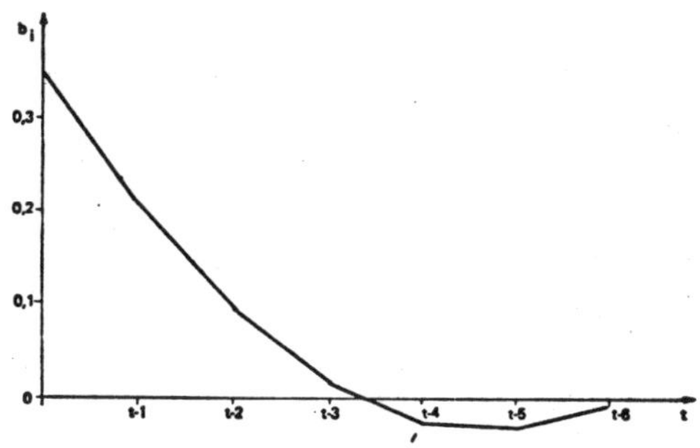

Abb. 27: Gewichte des Almon-Lag-verteilten Einflusses von Geldmengenänderungen auf das Volkseinkommen

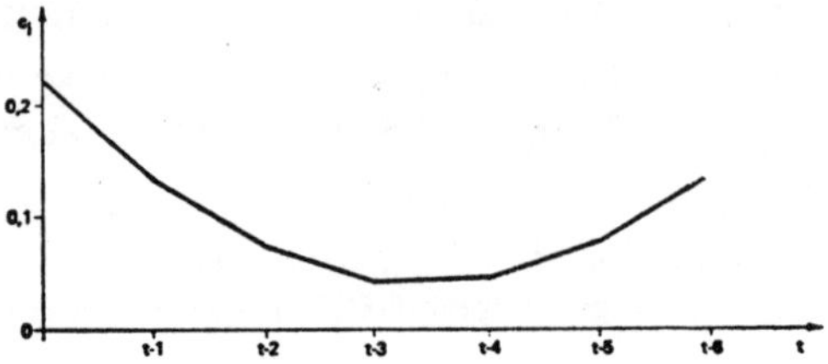

Van den Adel kommt nun zu dem Schluß, daß es zwischen realwirtschaftlichem und monetärem Sektor sehr wohl Interdependenzbeziehungen gibt, „... wobei jedoch die Bedeutung der Geldmenge für die wirtschaftliche Aktivität größer ist als umgekehrt“[63].

Doch zeigt das insgesamt sehr niedrige Bestimmtheitsmaß R^2 an, daß die Regressionsgleichungen nur einen geringen Prozentsatz der Gesamtvarianz erklären. Hinzu kommt, daß nur sehr wenige der errechneten Koeffizienten signifikant von Null verschieden sind. Aus diesen Gründen ist das Ergebnis, daß z. B. eine 1 %ige Änderung der Geldmenge nach Ablauf des Anpassungsprozesses von anderthalb Jahren zu einer Expansion bzw. Kontraktion des Volkseinkommens von 0,75 % führt und daß der Großteil dieser Gesamtwirkung (nämlich 58 %) bereits im ersten halben Jahr nach der Geldmengenänderung stattfindet[64], nur unter Vorbehalt zu akzeptieren.

– Ein weiterer Untersuchungsschwerpunkt *van den Adels* liegt bei der Analyse der Preisniveauveränderungen in der Bundesrepublik Deutschland. Grundlage ist ein ebenfalls logarithmisch-lineares Regressionsmodell, das sich - vereinfacht - wie folgt darstellen läßt:

$$\begin{aligned}\log \Delta P_t = \alpha_0 &+ \sum_{i=0}^{m} \delta_i \log \Delta Y_{t-i} \\ &+ \sum_{i=0}^{n} \varepsilon_i \log \Delta r_{t-i} \\ &+ \sum_{i=0}^{q} \zeta_i \log \Delta M_{t-i} \\ &+ \sum_{i=0}^{u} \Psi_i \log \Delta P_{t-i} + u_t\end{aligned}$$

---

[63] *Matthijs van den Adel:* Geldentwertung, S. 133.

[64] Vgl. Tabelle 9.

Tab. 10: Regressionsanalytische Berechnungen des Einflusses auf die Preisentwicklung (ΔP_t) in der BRD *, **

Nr.	Geschätzte Koeffizienten der erklärenden Variablen												R^2	DW	t_k
	Konst.	ΔY_t	Δr_t	ΔM_t	ΔP_{t-1}	ΔY_{t-i}	Δr_{t-i}	ΔM_{t-i}	ΔP_{t-1-i}	Y_{t-1}	r_{t-1}	M_{t-1}			
(1)	1,831 (0,467)		−0,214 (2,714	+0,091 (0,464)	+0,286 (2,160)	$+\sum_{i=0}^{7} \delta_i$				−1,255 (1,311)	+2,039 (2,105)	−0,016 (0,011)	0,556	1,586	2,048
(2)	−0,422 (0,114)	−0,164 (3,218)		+0,765 (4,466)	+0,229 (1,598)		$-\sum_{i=0}^{6} \varepsilon_i$			−0,113 (0,121)	+4,332 (4,288)	−0,957 (0,653)	0,500	1,320	2,052
(3)	−1,165 (0,453)	−0,123 (1,829)	−0,033 (0,626)		+0,090 (1,022)			$+\sum_{i=0}^{8} \zeta_i$		−0,014 (0,023)	+0,757 (1,180)	−0,568 (0,558)	0,800	2,153	2,045
(4)	+8,105 (1,204)	+0,137 (1,158)	−0,122 (1,439)	−0,130 (0,663)					$-\sum_{i=0}^{16} \varphi_i$	−0,364 (0,376)	+2,158 (1,626)	−1,174 (0,532)	0,794	2,313	2,131

Quelle: Matthijs van den Adel: Geldentwertung, S. 112–122.

* Für die Regressionsanalyse sind logarithmierte Variablen zugrundegelegt worden. – ** Die Zahlen in den Klammern sind die entsprechenden Werte der t-Statistik. Sie geben darüber Auskunft, ob die errechneten Regressionskoeffizienten bei Vorgabe einer 5 %igen Irrtumswahrscheinlichkeit und der Anzahl der Freiheitsgrade signifikant von Null verschieden sind. Prüfgröße ist der kritische Wert t_k: $t > t_k$: Die Koeffizienten sind gegen Null gesichert.

Das Bestimmtheitsmaß R^2 beschreibt die Strenge des Zusammenhangs zwischen den Einflußvariablen und der Zielvariablen. Der Richtwert ist 1.

Der Darwin-Watson-Koeffizient DW trifft eine Aussage über die Abhängigkeit der Restschwankungen untereinander.

Tab. 11: Gewichte von Almon-Lag-verteilten Einflußvariablen auf die Preisentwicklung in der BRD

Nr.	(1)	(2)	(3)	(4)
Einfluß-variable	ΔY_{t-i}	Δr_{t-i}	ΔM_{t-i}	ΔP_{t-1-i}
Polynomgrad	2	3	2	2
Gewichte / Periode i	δ_i	ε_i	ζ_i	φ_i
0	0,022	−0,154*	0,154*	−0,026
1	0,066	−0,210*	0,173*	−0,204
2	0,098*	−0,156*	0,180*	−0,335*
3	0,118*	−0,050	0,177*	−0,425*
4	0,125*	0,047	0,163*	−0,479*
5	0,120*	0,078*	0,139*	−0,501*
6	0,102*	−0,016	0,103*	−0,496*
7	0,072		0,057*	−0,469*
8			0,000	−0,424*
9				−0,366*
10				−0,300*
11				−0,231*
12				−0,163
13				−0,102
14				−0,051
15				−0,015
16				−0,0002
Σ	0,724*	0,461*	1,147*	−4,689*

* Mit 5 %iger Irrtumswahrscheinlichkeit signifikant von Null verschieden.

Die Preisniveauänderungen hängen in diesem Modell von Veränderungen und dem Niveau des Einkommens (Y), von Veränderungen und dem Niveau der Zinssätze (r), von Veränderungen und dem Bestand der Geldmenge (M) sowie von der allmählichen Geldentwertung (ΔP) ab. Die geschätzten Koeffizienten sind in den Tabellen 10/11 überblickartig zusammengestellt worden. Dabei stellt sich ebenfalls heraus, daß durch diese Schätzgleichungen mitunter nicht mehr als 50 % der Gesamtvarianz (gemessen am Bestimmtheitsmaß R^2)

erklärt wird. Auch ist in vielen Fällen keine Signifikanz der Koeffizienten vorhanden. Die Schlußfolgerungen, die aus der Analyse für den stabilitätspolitischen Einsatz der Geldpolitik gezogen werden können, müssen daher mit der nötigen Vorsicht beurteilt werden.

Abb. 28: Gewichte von Almon-Lag-verteilten Einflußvariablen auf die Preisentwicklung in der BRD

a) Einkommensänderungen (Polynomgrad 2) δ_i

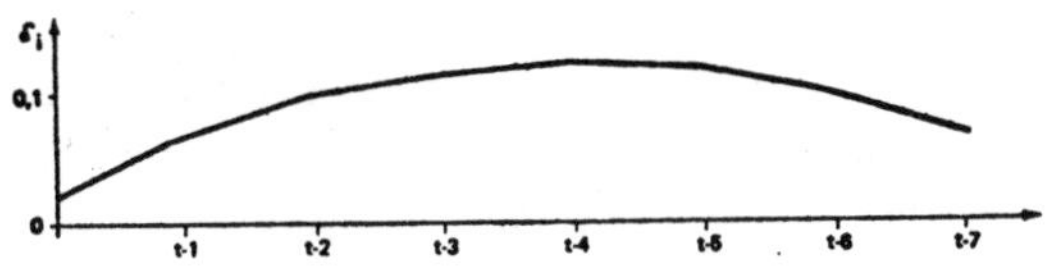

b) Zinsänderungen (Polynomgrad 3) ε_i

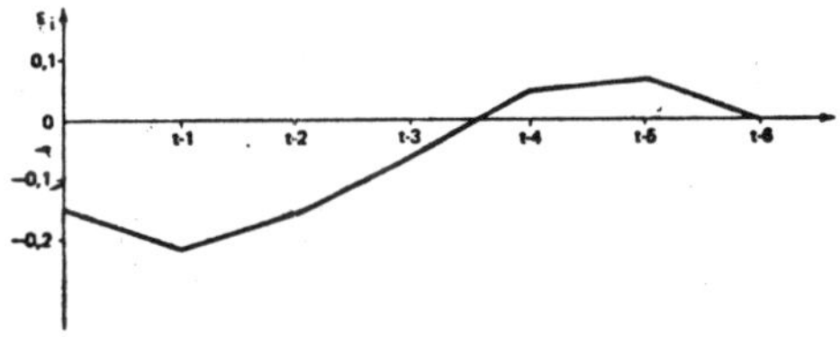

c) Geldmengenänderungen (Polynomgrad 2) ζ_i

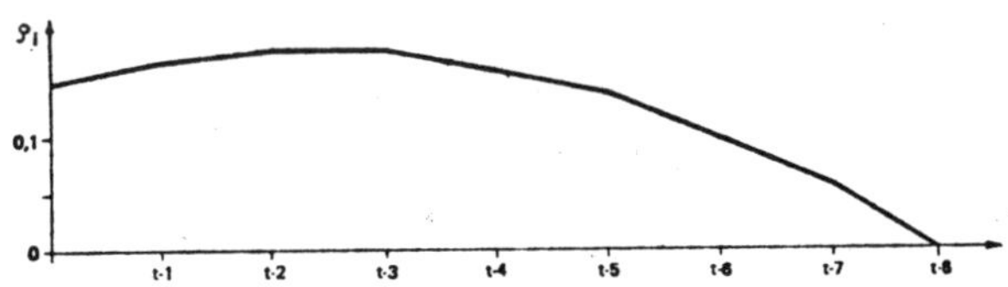

d) Preisänderungen der Vorperiode (Polynomgrad 2) Ψ_i

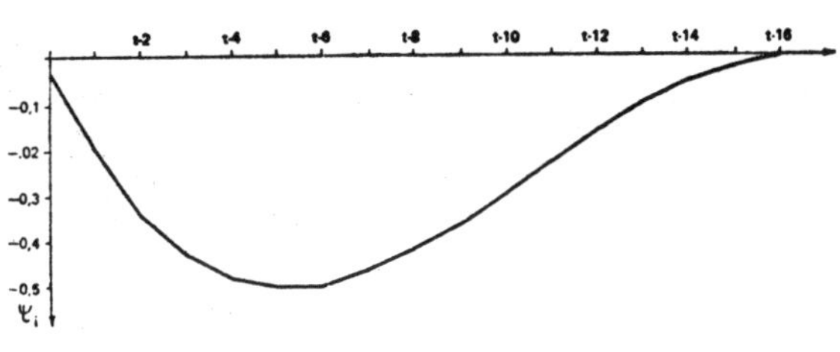

Danach findet die Hypothese von der Beeinflussung realwirtschaftlicher Größen durch den Zins eine Bestätigung. Zinsänderungen erzielen ihre maximale dämpfende Wirkung auf das Preisniveau bereits nach einem Quartal, wobei - trotz eines zeitweise preisverstärkenden Einflusses im 4. und 5. Quartal nach dem induzierenden Impuls - insgesamt bei dem betrachteten Lag-Horizont von 6 Quartalen eine Zinserhöhung von 1 % zu einer Preisdämpfung von fast 0,5 % beiträgt. Daraus folgt, daß die geldpolitischen Entscheidungsträger im Hinblick auf das Preisstabilitätsziel verstärkt ihre zinspolitischen Instrumente einsetzen sollten.

Auf der anderen Seite wird die Problematik der mengenorientierten Geldpolitik verdeutlicht. Denn die Untersuchungen erbrachten über den gesamten Lag-Horizont von 8 Quartalen positive Evidenz für den preistreibenden Einfluß, den die Änderung der Geldmenge im Hinblick auf die Änderung des allgemeinen Preisniveaus hat. Der Grund wird hauptsächlich in den Veränderungen der realen Geldnachfrage gesehen, die über die Determinanten Einkommen, Zins und Preiserwartungen bei Parameteränderungen zu Anpassungsreaktionen gemäß der Theorie der relativen Preise führen können.

Nach diesen Untersuchungen von *van den Adel* besteht Evidenz dafür, daß die Geldentwertungsrate der Vorperioden die gegenwärtige Preisentwicklung dämpft. Diese langfristig preisstabilisierende Bedeutung der kurzfristigen Preisniveauänderung beruht jedoch auf der These der regressiven Erwartungsbildung, wie sie beispielsweise in dem Untersuchungszeitraum bis 1970 zutreffend gewesen sein mag. Seit 1970 jedoch muß man zunehmend mit extrapolativen Erwartungen rechnen, wobei eine zunehmende Geldentwertung einen sich selbst erzeugenden Prozeß des Preisauftriebs induzieren dürfte.

– Die Analyse des Geldangebots basiert nun auf der monetaristischen Hypothese, daß die Änderung des Geldvolumens (ΔM_t) auf Änderungen der Geldbasis aus den Vorperioden beruht (ΔB_{t-i})[65]. Da jedoch das Bestimmtheitsmaß außerordentlich gering ist ($R^2 = 0{,}14$) und da sämtliche Regressionskoeffizienten nicht signifikant sind, muß notwendigerweise die Bedeutung der Geldbasis (Zentralbankgeldmenge) für das Geldangebot nach dieser Berechnung in Zweifel gezogen werden. Auf eine Darstellung der Ergebnisse wird deshalb hier verzichtet[66].

[65] Vgl. Teil 2.A.II.2.c. (α) und (β).

[66] Vgl. stattdessen bei *Matthijs van den Adel:* Geldentwertung, S. 139.

Vergleicht man nun die Berechnungen *van den Adels* mit denen von *Trapp*, dann ergibt sich eine relative Übereinstimmung der *Almon*-Koeffizienten bei der Beziehung zwischen Geldmengenänderung und Änderung der volkswirtschaftlichen Aktivität (Volkseinkommen bzw. inländische Realausgaben). Der Einfluß von ΔM auf Δy (bzw. Δa) ist in beiden Modellen in der laufenden Periode am größten und über einen relativ langen Zeitraum hinweg (6 bzw. 8 Quartale) positiv verteilt. Diese Ergebnisse würden demzufolge die These von den langen geldpolitischen Wirkungslags bestätigen. Doch fehlende Signifikanz (bei *van den Adel*) bzw. fehlende Angaben überhaupt (bei *Trapp*) relativieren diese Aussagen wieder.

Diese Unsicherheiten empirischer Berechnungen werden bestätigt, wenn man die zeitlich verteilten Einflußwirkungen von Geldmengen- sowie Einkommensänderungen auf die Preisentwicklung in der Bundesrepublik Deutschland vergleicht[67]. Der unregelmäßige Verlauf der Koeffizienten bei *Trapp* läßt keine genauen Aussagen über die Einflußrichtung zu, während *van den Adel* einen langanhaltenden positiven Einfluß auf das Preisniveau berechnen konnte.

Die Gründe für diesen ungleichartigen Verlauf sind hauptsächlich auf unterschiedliche a-priori-Annahmen bezüglich Polynomgrad und Lag-Dauer zurückzuführen. Da aber auch eine unterschiedliche Datenbasis zugrunde lag, kann von keiner stabilen Beziehung im Zeitablauf gesprochen werden (falls sie überhaupt vorhanden ist). Empirische Berechnungen dieser Art bestätigen somit nur die Relativität der Ergebnisse, wobei unterschiedliche Daten, Indikatoren sowie Methoden ursächlich dafür sein können.

V. Spektralanalytische Berechnungsmethode zeitlicher Verzögerungen

Während die bisher dargestellten Methoden zur Lag-Messung vorwiegend an der Kausalstruktur zweier Zeitreihen orientiert waren, wird im folgenden versucht, die Verzögerungen aufgrund von *Phasenverschiebungen im Frequenzbereich* der betrachteten Zeitreihen zu ermitteln. Der Vorteil dieser Methode liegt darin, daß zwei Zeitreihen unabhängig von einem unterstellten Kausalzusammenhang analysiert werden können, und daß aufgrund angenommener Autokorrelation

[67] Vgl. Abb. 25 (b) und Abb. 28 (a) und (c).

der zeitverschobenen Einflußkomponenten einer Zeitreihe die „vergangenheitsbezogenen" Maßnahmeneinsätze der Wirtschafts- und Stabilitätspolitik realitätsnäher berücksichtigt werden können. Nachteilig ist dagegen die Tatsache, daß bei dieser Methode ein eindeutiger Lag-Zusammenhang unterstellt wird, und daß vor allem nicht-stationäre Prozesse vernachlässigt werden.

1. Theoretische Grundlagen der Spektralanalyse

a) Ein methodischer Überblick

Unter der Spektralanalyse ist eine bestimmte Technik der Zeitreihenanalyse zu verstehen, deren Besonderheit darin liegt, daß die Merkmalswerte aus dem Zeitbereich in den Frequenzbereich transformiert werden[68]. Dabei liegt die Überlegung zugrunde, daß jede zyklische Zeitreihe als eine Überlagerung von mehreren Sinus- und Kosinusschwingungen angesehen werden kann. In diesem Sinne ist es also möglich, jede Zeitreihe, die in der Regel als ein *stochastischer stationärer Prozeß* im Zeitbereich aufzufassen ist, in seine orthogonalen Komponenten zu zerlegen. Beispiel:

$$X(t) = a \cdot \cos f \cdot t + b \cdot \sin f \cdot t$$

wobei

f ... Frequenz $\left[\frac{\text{Schwingungen}}{\text{Periode}}\right]$

a/b... Zufallsvariablen.

Jeder dieser Teilzyklen, die als Komponenten der Gesamtreihe anzusehen sind, kann dann einer spezifischen Periode bzw. Frequenz zugeordnet werden. Dabei gibt die *Frequenz* (f) an, wie oft eine Schwingung sich innerhalb einer Erfassungsperiode (T) realisiert: $f = \frac{1}{T}$. Das *Spektrum* („power spectrum") ist nun einfach eine Darstellung der Amplitu-

---

68 Aus der Fülle spektralanalytischer Literatur seien insbesondere folgende Einführungswerke empfohlen: *Bernd Leiner:* Spektralanalyse. Einführung in Theorie und Praxis moderner Zeitreihenanalyse, Opladen 1976; sowie *Heinz König, Jürgen Wolter:* Einführung in die Spektralanalyse ökonomischer Zeitreihen, Meisenheim am Glan 1972. Einen kurzen Überblick über die univariate Spektralanalyse gibt auch *Wolfgang Wetzel:* Statistische Methoden der Zeitreihenanalyse und ihre praktischen Anwendungsmöglichkeiten, in: Allgemeines Statistisches Archiv, Bd. 53 (1969), S. 3–34, insbes. S. 15 ff.

den der einzelnen Einflußkomponenten im Frequenzraum, wobei ausgeprägte Maxima an verschiedenen Stellen des Frequenzbandes darauf hindeuten, daß Zyklen entsprechender Länge signifikant sein können. Weist andererseits das geschätzte Spektrum keine nennenswerten Erhebungen auf, dann bedeutet das, daß Abweichungen vom Trend rein zufallsbestimmt sind.

Nimmt man realistischerweise an, daß ein durchschnittlicher Konjunkturzyklus in der Bundesrepublik Deutschland ca. fünf Jahre dauert, dann erhält man auf der Basis von Monatsdaten eine Frequenz von $f = \frac{1}{60} = 0{,}0167$ Zyklen pro Monat. D. h. innerhalb eines Monats wird $\frac{1}{60}$ der Fünfjahresschwingung realisiert. Konzentriert sich nun die spektrale Masse einer Zeitreihe auf dem Frequenzband bei $f = 0{,}0167$, dann dürfte ersichtlich sein, daß bei dem in Rede stehenden Prozeß ein ausgeprägter Zyklus mit einer Länge von ungefähr 60 Monaten vorliegt. Weitere Konzentrationen spektraler Masse an anderen Stellen des Frequenzbandes deuten dann auf das Vorhandensein weiterer überlagernder Zyklen hin (z. B.: jährliche Saisonschwankungen bei der Frequenz $f = \frac{12}{60} = 0{,}2$).

Für die Analyse von mehr als einer Zeitreihe und vor allem für die Analyse der Lag-Struktur zwischen zwei Reihen empfiehlt sich nun besonders die *Kreuz-Spektraltechnik.* Dabei läßt sich ein Lag durch die Phasenverschiebung bestimmen, die zwischen den jeweiligen spektralen Dichtefunktionen zweier Prozesse im Frequenzbereich auftritt. Um diesen sog. *Phasenwinkel* (als Maß für die lead-lag-Struktur zweier Zeitreihen) errechnen zu können, sind jedoch komplizierte mathematische Operationen notwendig.

b) Exkurs: Eine formale Darstellung

Im folgenden soll ein kurzer mathematischer Abriß der spektralanalytischen Zeitreihenanalyse gegeben werden. Bevor jedoch die für die Lag-Analyse wichtigen Kreuzspektren betrachtet werden, wird zuerst kurz auf die univariate Spektralanalyse eingegangen.

α) Univariate Spektralanalyse

Ausgangspunkt der Spektraltheorie ist eine Zeitreihe, die (wie schon gesagt wurde) als ein *stationärer stochastischer Prozeß* im Zeitbereich geschrieben werden kann: In diesem Fall hängt dieser Prozeß nur von den Zufallvariablen X und der Zeit t ab, wobei die Verteilungsfunktion folgende Eigenschaften aufweist:

$$(1)\ F(X_1, X_2, \ldots, X_n, t_1, t_2, \ldots, t_n) = F(X_1, X_2, \ldots, X_n, t_1 + \tau, t_2 + \tau, \ldots, t_n + \tau).$$

Die Besonderheit „stationärer“ Prozesse liegt also darin, daß die Verteilungsfunktion für alle $t_i \in T$ $(i = 1 \ldots n)$ gegenüber zeitlichen Transformationen *invariant* ist, nach einer Phasenverschiebung von τ Zeiteinheiten also die gleichen Merkmalsausprägungen aufweist. Beispiele für solche „periodischen Funktionen“ sind die Sinus- und Kosinusfunktion, deren Erscheinungsbild sich jeweils nach 2π-Perioden wiederholt ($\tau = 2\pi$). Da nun jede ökonomische Zeitreihe als Resultierende aus mehreren Sinus- und Kosinusschwingungen darzustellen ist, läßt sich ein stationärer stochastischer Prozeß auch in *trigonometrischer* Schreibweise schreiben:

$$(2)\qquad X(t) = a \cdot \cos \lambda t + b \cdot \sin \lambda t.$$

Durch Umformung erhält man:

$$(3)\qquad X(t) = A \cdot \sin(\lambda t + \varphi)$$

wobei

A ... Amplitude (einer harmonischen Schwingung), hier:
$A = \sqrt{a^2 + b^2}$

φ ... Phasenverschiebung zwischen der Sinus- und Kosinusschwingung, hier:
$\varphi = \arctan \frac{a}{b}$

λ ... Kreisfrequenz = Anzahl der Schwingungen pro Periode T
$\lambda = \frac{2\pi}{T}$

Aus Gründen leichterer mathematischer Behandlung (insbesondere bei der multivariaten Spektralanalyse) hat es sich als zweckmäßig erwiesen, harmonische Prozesse auch in *komplexer Schreibweise* darzustellen, wobei die *Euler*sche Formel für komplexe Zahlen angewandt wird. In diesem Sinne erhält man beispielsweise aus dem einfachen harmonischen Prozeß (2) folgenden Ausdruck[69]:

$$(4)\qquad X(t) = \frac{1}{2} \cdot (a - ib)\, e^{i\lambda t} + \frac{1}{2}\, (a + ib)\, e^{-i\lambda t}$$

wobei $i^2 = -1$

---

69 Auf einen Beweis, daß die Gleichung (2) in komplexer Schreibweise geschrieben werden kann, wurde hier verzichtet. Vgl. stattdessen *Heinz König, Jürgen Wolters:* Einführung, S. 35.

$e^{\pm i\lambda t}$ = harmonische Schwingung in komplexer Schreibweise.

Im allgemeinen Fall erhält man dann folgende vereinfachte Beziehung:

$$X(t) = A(\cos \lambda t + i \cdot \sin \lambda t) = A \cdot e^{i\lambda t}.$$

Es wird nun angenommen, daß dieser Zufallsprozeß nur von seiner „eigenen Vergangenheit" abhängt, d. h. allein Merkmalswerte vorgelagerter Zeitabschnitte haben einen Einfluß auf gegenwärtige Merkmalsausprägungen. Aus diesem Grund läßt sich ein stationärer stochastischer Prozeß nicht nur durch seinen Erwartungswert, sondern auch durch seine *Autokovarianzfunktion* $R(\tau)$ vollständig charakterisieren[70, 71]. Die hier betrachteten Prozesse sollen in diesem Sinne folgende spezielle Eigenschaften besitzen:

Der Erwartungswert der Zeitreihe (Trend) sei eine Konstante (hier: Null)

(5/1) $$E[X(t)] = \mu = 0.$$

Die Autokovarianz einer (schwach) stationären Zeitreihe sei nur eine Funktion der Zeitdifferenz τ, die zwischen zwei Merkmalsausprägungen von X liegt.

(5/2) $$E[X(t), X(t + \tau)] = R_{xx}(\tau).$$

Die Autokovarianzfunktion (5/2) der oben definierten stationären Zeitreihe läßt sich auch in folgender Darstellung als sog. *Stieltjes* Integral schreiben[72]:

(6) $$R_{xx}(\tau) = \int_{-\pi}^{\pi} e^{i\lambda\tau} f_{xx}(\lambda)\, d\lambda$$

wobei

---

70 In vielen Untersuchungen wird auch anstelle der Autokovarianzfunktion $R(\tau)$ die *Autokorrelationsfunktion* $r(\tau)$ des Prozesses betrachtet, wobei jedoch $r(\tau)$ als „Normierung" von $R(\tau)$ anzusehen ist:

$$r(\tau) = \frac{R(\tau)}{R(O)}; \ \tau \in T \text{ mit } r(O) = 1$$

Vgl. *Heiner Abels:* Eine statistische Analyse, S. XI.

71 Die empirische Autokovarianz ist wie folgt definiert:

$$R_{xx}(\tau) = \frac{1}{n(\tau)} \sum_{t=1}^{n-(\tau)} (X_t - \bar{X})(X_{t+\tau} - \bar{X}),$$

wobei $$\bar{X} = \frac{1}{n} \sum_{t=1}^{n} X_t$$

Vgl. *Wolfgang Wetzel:* Statistische Methoden, S. 16.

72 Vgl. den Beweis bei *H. Wold:* A Study in the Analysis of Stationary Time Series, 2nd edition with an Appendix by *P. Wittle,* Stockholm 1954, S. 66 ff. Zitiert nach: *Heinz König, Jürgen Wolters:* Einführung, S. 39.

$f_{xx}(\lambda)$ ... *Spektrum* des Prozesses mit folgender Eigenschaft:

$$f_{xx}(\lambda) = \frac{d\,F_{xx}(\lambda)}{d\lambda}$$

In diesem Fall ist $F_{xx}(\lambda)$ das sog. *kumulierte Spektrum* des Prozesses[73].

Gleichung (6) ist eine Transformation der Gleichung (5/2) aus dem Zeitbereich in den Frequenzbereich, wobei Autokovarianzfunktion und Spektrum als ein Paar von *Fourier-Transformierten* angesehen werden[74].

Durch formale Inversion erhält man aus (6) folgende Formel für das Spektrum:

$$(7) \qquad f_{xx}(\tau) = \frac{1}{2\pi} \sum_{\tau=-\infty}^{\infty} R_{xx}(\tau)\, e^{-i\lambda\tau}$$

wobei $\frac{1}{2\pi} R_{xx}(-\tau)$ als *Fourier*-Koeffizient aufgefaßt werden kann.

Mit Hilfe des Spektrums ist es nun möglich festzustellen, welche Komponenten in welchem Umfang zur Erklärung der gesamten Varianz eines Prozesses beitragen.

Für den bei wirtschaftlichen Zeitreihen üblichen Fall, daß *nur reelle Prozesse* betrachtet werden, ergibt sich unter Berücksichtigung von

$$(8) \qquad R_{xx}(-\tau) = R_{xx}(\tau) \qquad \text{für alle } \tau,$$

und unter Beachtung der *Euler*schen Identität für die Autokovarianzfunktion (6) folgender Ausdruck:

$$(9) \qquad R_{xx}(\tau) = \int_0^{\pi} \cos \lambda\tau \cdot f_{xx}(\lambda)\, d\lambda \qquad \text{für alle } \tau = 0, 1, 2, \ldots$$

Entsprechend verändert sich auch das Spektrum (7):

$$(10) \qquad f_{xx}(\lambda) = \frac{1}{2\pi} \left[R_{xx}(0) + 2 \sum_{\tau=1}^{\infty} R_{xx}(\tau) \cos \lambda\tau\right]$$

wobei

$$0 \leq \lambda \leq \pi.$$

Für den Fall eines reellen Prozesses (ohne streng periodische Komponenten) ergibt sich die Gesamtvarianz aus (9) wie folgt, wobei nur für $\tau = 0$ gesetzt werden muß:

---

[73] Für den Fall, daß man anstelle der Autokovarianzfunktion die Autokorrelationsfunktion betrachtet, wird $f(\tau)$ als *Spektraldichtefunktion* bezeichnet, da sie die gleichen formalen Eigenschaften wie die Dichtefunktion einer Zufallsvariablen besitzt. $F(\tau)$ heißt analog dann spektrale Verteilungsfunktion des Prozesses. Vgl. *Heiner Abels:* Eine statistische Analyse, S. XII.

[74] Analog dazu sind auch die „Autokorrelationsfunktion" und die „spektrale Dichtefunktion" ein Paar von *Fourier*-Transformierten.

(11) $$R_{xx}(0) = \text{Var}\, X(t) = 2 \int_0^{\pi} f_{xx}(\lambda)\, d\lambda.$$

Dabei stellt sich heraus, daß die Gesamtvarianz allein von den Frequenzen abhängt, wobei die einzelnen Teilvarianzen zu den verschiedenen Frequenzbändern zugeordnet werden.

Da in vielen Fällen bei den Analysen anstelle der Ursprungszahlen einer Zeitreihe gefilterte Werte verwendet werden (z. B. erste Differenzen, Wachstumsraten, gleitende Durchschnitte etc.) soll noch kurz auf das Problem *linearer* zeitvarianter Filter eingegangen werden[75], wobei darunter eine Umwandlung einer Ursprungszeitreihe $X(t)$ zu einer gefilterten Reihe $Z(t)$ entsprechend folgender Definition zu verstehen ist:

(12) $$Z(t) = L[X(t)] \qquad L \ldots \text{Filter}$$

$$= \sum_{k=0}^{p} \alpha_k X(t-k) \qquad \alpha_k \text{ sei reell.}$$

Für das Spektrum der gefilterten Reihe ergibt sich:

(13) $$f_{zz}(\lambda) = [A(\lambda)]^2 \cdot f_{xx}(\lambda)$$

wobei

$A(\lambda)$ ... Filterfunktion von L.

In diesem Fall:

$$A(\lambda) = \sum_{k=0}^{p} \alpha_k e^{-i\lambda k}.$$

β) Bivariate Spektralanalyse

Es werden nun die Beziehungen zwischen zwei stationären Zeitreihen $X(t)$ und $Y(t)$ mit $t \in T$, näher untersucht. Dabei sollen für die Erwartungswerte und Autokovarianzen die gleichen Eigenschaften wie bei (5/1) und (5/2) gelten. Für die *Kreuz-Kovarianz* ergibt sich dann entsprechend:

(14) $$R_{xy}(\tau) = E[X(t), Y(t+\tau)],\ \tau \in T.$$

Diese Funktion beschreibt die Beziehungen zwischen den beiden Prozessen im Zeitbereich[76]. Analog zu dem univariaten Fall läßt sich auch hier eine Darstellung im Frequenzbereich formulieren:

---

75 Zur eingehenderen Behandlung vgl. *Bernd Leiner:* Spektralanalyse, S. 65–80.

76 Analog zum univariaten Fall ist die *Kreuz-Korrelationsfunktion* $r_{xy}(\tau)$ als „Normierung" der Kreuz-Kovarianz $R_{xy}(\tau)$ zu verstehen. Sie ist wie folgt definiert:

$$r_{xy}(\tau) = \frac{R_{xy}(\tau)}{\sqrt{R_{xx}(O)\, R_{yy}(O)}}$$

(15) $$R_{xy}(\tau) = \int_{-\pi}^{\pi} e^{i\lambda\tau} f_{xy}(\lambda)\, d\lambda$$

wobei

$f_{xy}(\lambda)$ ... *Kreuzspektrum* von $X(t)$ und $Y(t)$ mit folgender Eigenschaft:

$$f_{xy}(\lambda) = \frac{d\, F_{xy}(\lambda)}{d\lambda}$$

wobei $F_{xy}(\lambda)$ das *kumulierte Kreuzspektrum* ist.

Kreuz-Kovarianz und Kreuz-Spektrum sind also ebenfalls ein Paar von *Fourier*-Transformierten. Somit ergibt sich nach formaler Inversion aus der Kreuz-Kovarianz (15) das Kreuz-Spektrum wie folgt:

(16) $$f_{xy}(\lambda) = \frac{1}{2\pi} \sum_{\tau=-\infty}^{\infty} R_{xy}(\tau)\, e^{-i\lambda\tau}$$

Im Gegensatz zum Spektrum (7) ist das Kreuzspektrum (16) *immer eine komplexe Größe*, da $R_{xy}(\lambda)$ im allgemeinen keine gerade Symmetrie besitzt[77] und der Imaginärteil deshalb nicht verschwindet. Es empfiehlt sich daher $f_{xy}(\lambda)$ in einen Real- und einen Imaginärteil aufzuspalten:

(17) $$f_{xy}(\lambda) = C_{xy}(\lambda) + i \cdot q_{xy}(\lambda)$$

wobei

$C_{xy}(\lambda)$ ... *Kohärenz-Spektrum* (Kospektrum) als Fouriertransformierte derjenigen Komponenten von $X(t)$ und $Y(t)$, die in Phase liegen:

(18/1) $$C_{xy}(\lambda) = \frac{1}{2\pi} \left[R_{xy}(0) + \sum_{\tau=1}^{\infty} [R_{xy}(\tau) + R_{yx}(\tau)] \cos\lambda\tau\right]$$

und

$q_{xy}(\lambda)$ ... *Quadratur-Spektrum* als Fouriertransformierte der Kovarianzen derjenigen Komponenten, die um 90 Grad phasenverschoben sind:

(18/2) $$q_{xy}(\lambda) = \frac{1}{2\pi} \left[\sum_{t=1}^{\infty} [R_{yx}(\tau) - R_{xy}(\tau)] \sin\lambda\tau\right]$$

Da eine Interpretation von Kospektrum und Quadraturspektrum schwierig ist, empfiehlt sich ebenfalls eine Zerlegung von $f_{xy}(\lambda)$ in Betrag (oder Amplitude) und Phasenwinkel:

(19) $$f_{xy}(\lambda) = H_{xy}(\lambda) \cdot e^{i\varphi(\lambda)}$$

wobei

$H_{xy}(\lambda) = |f_{xy}(\lambda)|$ ... Betrag

$\varphi(\lambda)$ ... Phasenwinkel.

---

77 Es gilt vielmehr: $R_{xy}(\tau) = R_{yx}(-\tau)$. Zum Beweis vgl. *Heinz König, Jürgen Wolters:* Einführung, S. 112.

Für den Betrag (bzw. auch *Kreuz-Amplitudenspektrum* genannt) ergibt sich wegen (17) folgender Ausdruck:

$$H_{xy}(\lambda) = \sqrt{C_{xy}^2(\lambda) + q_{xy}^2(\lambda)} \tag{20/1}$$

Dabei gibt $H_{xy}(\lambda)$ ungefähr an, wie die Amplitude von Prozeß X an einer bestimmten Frequenz mit derjenigen des Prozesses Y an der gleichen Frequenz zusammenhängt. Jedoch läßt sich kein kausaler Zusammenhang herleiten.

Der *Phasenwinkel* (bzw. das Phasenspektrum) ist wie folgt definiert:

$$\varphi(\lambda) = \arctan \frac{q_{xy}(\lambda)}{C_{xy}(\lambda)}. \tag{20/2}$$

$\varphi(\lambda)$ gibt die Phasenverschiebung zwischen den entsprechenden Komponenten der beiden Prozesse wieder. Ist $q_{xy}(\lambda) = 0$ dann gilt $\varphi(\lambda) = 0$, d. h. die Frequenzkomponenten von $X(t)$ und $Y(t+\tau)$ liegen „in Phase" (oder sie sind um 180° phasenverschoben).

Durch die Aufspaltung des komplexwertigen Kreuzspektrums

– in realen und imaginären Teil und

– in Amplitude und Phasenwinkel

lassen sich nun aussagekräftige Maßstäbe herleiten, die vollständig die Beziehungen zwischen den beiden stationären Prozessen charakterisieren, wobei jedoch die Interpretation aufgrund der Komplexwertigkeit des Kreuzspektrums auf Schwierigkeiten stößt.

(A) Kohärenzfunktion

Sie ist definiert als

$$K_{xy}^2(\lambda) = \frac{C_{xy}^2(\lambda) + q_{xy}^2(\lambda)}{f_{xx}(\lambda) \cdot f_{yy}(\lambda)} = \frac{|f_{xy}|^2}{f_{xx} \cdot f_{yy}} \tag{21}$$

wobei

$$0 \leqslant K^2 \leqslant 1.$$

Die Kohärenz dient als Maß für die *Straffheit* des linearen Zusammenhangs zwischen korrespondierenden Frequenzkomponenten der zwei Prozesse $X(t)$ und $Y(t)$. K^2 ist analog zum Quadrat des Korrelationskoeffizienten im linearen Regressionsmodell zu verstehen.

(B) „Gain"

Der „gain" ist definiert als Quotient aus Kreuz-Amplitudenspektrum und Spektrum des „erklärenden" Prozesses X:

$$G_{xy}(\lambda) = \frac{|f_{xy}(\lambda)|}{f_{xx}(\lambda)} = \frac{\sqrt{C_{xy}^2(\lambda) + q_{xy}^2(\lambda)}}{f_{xx}(\lambda)}. \tag{22}$$

Diese Größe gibt an, wie die Komponenten des einen Prozesses verändert werden müssen, um die entsprechenden Komponenten des anderen Prozesses zu erhalten. G entspricht dem Regressionskoeffizienten zweier Reihen im Zeitbereich, wobei hier jedoch der lineare Zusammenhang im Frequenzbereich beschrieben wird.

(C) Phasenfunktion

Der Phasenwinkel wurde schon oben definiert als:

(20/2) $$\varphi_{xy}(\lambda) = \arctan \frac{q_{xy}(\lambda)}{C_{xy}(\lambda)}.$$

Diese Funktion ist wesentlich für die Analyse der lead-lag-Struktur der beiden Prozesse, wobei zwischen $\varphi(\lambda)$ und der Zeitverschiebung τ zweier Zeitreihen folgende Beziehung angenommen werden kann[78]:

(23) $$\tau = \frac{\varphi(\lambda)}{\lambda}.$$

Somit folgt:

$$Y(t) = X\left[t + \frac{\varphi(\lambda)}{\lambda}\right].$$

Im allgemeinen ist die lead-lag-Struktur wie folgt definiert:

$$\tau \begin{cases} > 0\text{: Lag von } X \text{ gegenüber } Y \\ = 0\text{: Kein Lag und kein Lead} \\ < 0\text{: Lead von } X \text{ gegenüber } Y. \end{cases}$$

Angenommen, zwei Prozesse haben für alle Komponenten eine konstante Phasenverschiebung $\varphi(\lambda) \equiv \pi$, dann sind diese beiden Prozesse äquivalent, jedoch mit negativem Vorzeichen. Im Falle 2π-periodischer Funktionen, wie das bei Sinus- und Kosinusschwingungen der Fall ist, ergibt sich also die Schwierigkeit, daß ohne zusätzliche Information nicht eindeutig bestimmbar ist, welche Zeitreihe gegenüber der anderen vor- oder nacheilt.

2. Empirische Untersuchungen mit Hilfe spektralanalytischer Methoden

a) Untersuchungen von Abels

In einer statistisch sehr aufwendigen Arbeit (36 Reihen auf der Basis von Quartalswerten 1955–1972, 39 Reihen mit Monatswerten 1961–1972) untersuchte *Heiner Abels* die Lag-Beziehungen konjunkturrelevanter makroökonomischer Zeitreihen in der Bundesrepublik Deutschland[79], wobei er nicht nur die Existenz und Länge von Einkommens-, Kon-

[78] Zur Herleitung vgl. *Heinz König, Jürgen Wolters:* Einführung, S. 118.

[79] *Heiner Abels:* Eine statistische Analyse der lag-Beziehungen zwischen konjunkturrelevanten, makroökonomischen Zeitreihen für die Bundesrepublik Deutschland, Meisenheim am Glan 1974.

sum–, Produktions- und Investitions-Lags mit Hilfe der Kreuzspektraltechnik nachzuweisen versuchte, sondern er analysierte auch die Stabilität dieser Lags anhand der sog. *komplexen Demodulationstechnik* – einem Verfahren, das jedoch von *Abels* an keiner Stelle näher erläutert wurde.

Die Durchschnittsergebnisse der Lag-Untersuchungen wurden tabellarisch in Form von sog. Lag-Hierarchien sowie durch Lag-Matrizen übersichtlich geordnet, jedoch lassen sich eine ganze Reihe von Lag-Beziehungen nicht mehr unmittelbar kausal-theoretisch „plausibel" interpretieren. Es wird vielmehr nur der zeitliche Vor- und Nachlauf der entsprechenden Reihe vor der als Referenzreihe angesehenen industriellen Nettoproduktion angezeigt[80]:

Die Ergebnisse von *Abels* lassen sich wie folgt zusammenfassen:

1. Der Diskontsatz als einer der wichtigsten geldpolitischen Instrumente der Zentralbank folgt der industriellen Nettoproduktion mit einem Lag von 17 Monaten, dem Geldvolumen M_2 dagegen sogar von 31 Monaten nach. Dieses nicht sehr plausible Ergebnis spricht gegen eine zeitgerechte Wirksamkeit dieses Instruments im Hinblick auf Zwischen- und Endziel. Im Gegenteil: Die Bundesbank scheint danach mit ihren Diskontsatzänderungen nur „konstatierend" der allgemeinen Zinsentwicklung zu folgen, da die Emissionsrendite immerhin einen Lead von vier Monaten und die Umlaufsrendite noch von einem Monat aufweist[81]. Die Stabilitätsuntersuchung zwischen dem Index der industriellen Nettoproduktion und dem Diskontsatz zeigt jedoch eine ziemlich große Variabilität, da die Lag-Beziehung von 6 Monaten (1963) über 22 Monate (1965) wieder bis zu 10 Monaten (Ende 1970) reicht[82].

---

[80] Während die „industrielle Nettoproduktion" bei den monatlichen Zeitreihen Referenzgröße ist, ist das „Bruttosozialprodukt" als Maßstab bei den Quartalswerten benutzt worden. Auf eine Darstellung der Lag-Hierarchie der Vierteljahresreihen wurde hier jedoch verzichtet, da dort keine monetären Reihen enthalten sind. Vgl. deshalb die Aufstellung bei *Heiner Abels:* Eine statistische Analyse, S. 170.

[81] Zu ähnlichen Ergebnissen gelangte auch *Vincenz Timmermann*, der zwischen 1950 und 1969 dem Diskontsatz bei insgesamt 27 beobachteten Änderungen nur in drei Fällen (!) gegenüber den Geldmarktsätzen eine absolute Führungsrolle zuerkannte: „Es überwiegt die Anpassung an den Geldmarkt." Derselbe: Zur Refinanzierung der Banken beim Zentralbanksystem. Eine empirische Analyse für die Bundesrepublik Deutschland, 1955–1068 (Discussion Paper Nr. 22). Mannheim 1970, S. 7. Vgl. auch unten Abschn. b. (Untersuchungen von *König* und *Wolters*).

[82] Vgl. *Heiner Abels:* Eine statistische Analyse, S. 128.

Tab. 12: Lag-Hierarchie ausgewählter makroökonomischer Zeitreihen
(Monatswerte 1961–1972)

Zeitreihe	Entwicklung gegenüber der Industrieproduktion	
	Vorlauf	Nachlauf
Realzins	+18	
Quasigeldbestände	+18	
Geldvolumen M2	+14	
Girale Verfügungen von Nichtbanken	+12	
Kredite an Unternehmen und Privatpersonen	+10	
Anteil des Auftragseingangs am Umsatz der gesamten Industrie	+ 9	
Anteil des Auftragseingangs am Umsatz der Verbrauchsgüterindustrien	+ 9	
Aktienindex	+ 8	
Anteil des Auftragseingangs am Umsatz der Investitionsgüterindustrien	+ 7	
Auftragseingang der Verbrauchsgüterindustrie	+ 2	
Auftragseingang der Investitionsgüterindustrie	+ 2	
Sichteinlagen	+ 2	
Auftragseingang der gesamten Industrie	+ 1	
Offene Stellen	+ 1	
Anteil des Auftragseingangs am Umsatz der Investitionsgüterindustrien (Inland)	+ 1	
Anteil des Auftragseingangs am Umsatz der gesamten Industrie (Ausland)	+ 1	
Nettoproduktion der gesamten Industrie	0	0
Nettoproduktion der Verbrauchsgüterindustrie		− 1
Nettoproduktion der Investitionsgüterindustrie		− 2
Geleistete Arbeitsstunden		− 2
Umsatz der gesamten Industrie		− 3
Beschäftigte der gesamten Industrie		− 4
Bruttolohnsumme		− 5
Kurzfristige Kredite an Unternehmen und Privatpersonen		− 9
Ausgaben für den Privaten Verbrauch		−10
Erzeugerpreise für Verbrauchsgüter		−10
Bruttogehaltssumme		−12
Erzeugerpreise industrieller Produkte		−13
Emissionsrenditen		−13
Bargeldumlauf		−14
Spareinlagen		−14
Dividendenzahlungen		−15
Erzeugerpreise für Investitionsgüter		−15
Umlaufsrenditen		−16
Diskontsatz		−17
Aktienrenditen		−17
Einzelhandelspreise		−18
Preisindex für die Lebenshaltung		−21

Quelle: Heiner Abels: Eine statistische Analyse, S. 172.

2. Die *langfristigen* Komponenten der Geldmenge M_2 sind dagegen der Entwicklung der industriellen Nettoproduktion vorgelagert. So ergibt sich ein durchschnittlicher Lead der Quasigeldbestände (Termingelder mit Befristung bis unter vier Jahren) von +18 Monaten. Im Zeitablauf betrachtet hat sich dieser Vorlauf aber von über 36 Monaten (1963) auf fast 0 Monate (1970) verringert, wobei der Rückgang des Lead nahezu kontinuierlich erfolgt war[83].

3. Die Sichteinlagen weisen im Gegensatz dazu nur einen durchschnittlichen Lead von zwei Monaten auf, während der Bargeldumlauf sogar mit einem Lag von durchschnittlich 14 Monaten ungewöhnlich spät erst der allgemeinen Konjunkturentwicklung folgt. Da jedoch Bargeldumlauf und Sichteinlagen zusammen das Geldvolumen M_1 ergeben, und da dieser zusammen mit dem Quasigeldbestand die Geldmenge M_2 ausmacht, erscheinen die stark differenzierenden Lag-Beziehungen zwischen den einzelnen Komponenten (trotz entsprechender Gewichtung am Anteil von M_2) ziemlich unerklärlich, da sie in keiner Weise eine Übereinstimmung ergeben.

4. Die Preisentwicklung folgt der allgemeinen konjunkturellen Entwicklung mit einem Lag von 1–2 Jahren nach, wobei der Preisindex für die private Lebenshaltung den mit Abstand längsten Durchschnittsverzug aufweist, sowohl gegenüber der industriellen Nettoproduktion (21 Monate) als auch gegenüber dem Bruttosozialprodukt (18 Monate). Die Stabilitätsuntersuchungen der Lag-Beziehung gegenüber dem nominalen Bruttosozialprodukt zeigen deutlich abnehmende Tendenz im Abschwung und steigende Tendenz im Aufschwung[84].

b) Untersuchungen von König und Wolters

In einer schon etwas länger zurückliegenden Untersuchung überprüften *Heinz König* und *Jürgen Wolters* mit Hilfe der Spektraltechnik speziell den Zusammenhang zwischen den kurz- und langfristigen Zinssätzen in der Bundesrepublik Deutschland für die Jahre 1956–1967[85]. Sie kamen zu dem Ergebnis,

---

[83] Vgl. ebd., Abbildung S. 129.

[84] Vgl. *Heiner Abels:* Eine statistische Analyse, S. 126.

[85] *Heinz König, Jürgen Wolters:* Über den Zusammenhang zwischen kurz- und langfristigem Zinssatz: Eine Spektralanalyse der westdeutschen Zinsstruktur (Institut für Statistik und Ökonometrie und Institut für Wirtschaftsforschung an der Universität Mannheim: Discussion Paper No. 6/68), Mannheim 1968.

- daß zwischen den Instrumentvariablen der Deutschen Bundesbank (Diskontsatz, Abgabesätze für Schatzwechsel und -anweisungen) einerseits und den kurzfristigen Zinssätzen (Tagesgeld- und Dreimonatsgeldsatz) andererseits eine hohe Kohärenz besteht, während der Zusammenhang zwischen den Instrumentvariablen und den langfristigen Sätzen vergleichsweise gering ist[86],
- daß in zeitlicher Hinsicht der Diskontsatz nicht nur dem Abgabesatz für Schatzanweisungen mit ca. 1 Monat Verzögerung folgt, sondern auch einen Lag von ungefähr 2 Monaten gegenüber dem Tagesgeldsatz aufweist. Während auf der einen Seite also die Instrumentvariablen der Zentralbank den kurzfristigen Zinssätzen auf dem Geldmarkt fast 2 Monate nachgelagert sind, ergibt sich zu den langfristigen Zinssätzen (Umlaufs- und Emissionsrendite von Pfandbriefen und Kommunalobligationen) ein Lead von ebenfalls 2 Monaten[87].

Diese Ergebnisse scheinen die These zu bestätigen, daß die Bundesbank in ihrer Diskontpolitik mit einer Zeitverzögerung auf Zinsänderungen *reagiert*, die auf dem Geldmarkt (im allgemeinen auch in der gleichen Größenordnung) bereits stattgefunden haben, während sich auf der anderen Seite der Kapitalmarkt seinerseits zeitverzögert an die Bundesbankpolitik anzupassen scheint[88]:

VI. Nicht-parametrische Berechnungsmethoden zeitlicher Verzögerungen

1. Die qualitative Erfassung von Einfluß- und Wirkungsreihen

Alle bisher dargestellten Lag-Berechnungsmethoden setzten eine quantitative Erfaßbarkeit der betrachteten Variablen voraus. Doch es lassen sich nicht in jedem Fall die Einflüsse bzw. die Wirkungen in kontinuierlichen Zeitreihen angeben. Vielmehr sind oft nur qualitative Ausprägungen über die Richtung (expansiv bzw. kontraktiv) möglich. Man denke hier z. B. an das Bündel zentralbankpolitischer Maßnahmen (Diskontpolitik, Offenmarktpolitik, Mindestreservepolitik, „moral suasion"), die in der Regel nie isoliert angewandt werden. Aus

---

[86] *Heinz König, Jürgen Wolters:* Über den Zusammenhang, S. 20.

[87] Ebenda, S. 20.

[88] Zu ähnlichen Ergebnissen kam auch *Jürgen Siebke* in seiner unveröffentlichten Habilitationsschrift: Ders.: Geldangebotstheorie und Geldangebotsprozeß in der BRD, unveröffentlichtes Manuskript, Bonn 1969, S. 40.

diesem Grund soll im folgenden eine neue, qualitative Lag-Berechnungsmethode vorgestellt werden, die als Basis für die empirischen Rechnungen im Teil 2 dieser Arbeit dienen soll.

Bei der Suche nach einem aussagefähigen Politikindikator, der die Einflüsse aller Maßnahmen beinhalten soll, gelangt man i. d. R. zu einem „*Qualitätsindex*", bei dem die entsprechenden qualitativen Teil-Aussagen zu einem qualitativen „Gesamtindikator" aggregiert werden. Somit kann jede beliebige Zeitreihe durch die Angabe von bestimmten Normwerten und Toleranzschwellen in eine endliche Zahl von Qualitätsstufen überführt werden (Qualitätstransformation). Diese Qualifizierung instrumenteller Einflüsse auf die ökonomische Realität erscheint darüber hinaus aber auch aus *Praktikabilitätsüberlegungen* in der Konjunkturanalyse angebracht. Denn in vielen Fällen sind die ökonomischen Wirkungen wirtschaftspolitischer Maßnahmen – sowohl in quantitativer als auch in zeitlicher Hinsicht – nicht einfach abzuschätzen. Vielmehr können sie aufgrund nicht näher spezifizierter und mit Hilfe der gegenwärtigen Theorie noch nicht faßbarer Einflüsse in ihrer Effizienz entweder verstärkt oder gedämpft werden. Zwar ließen sich u. U. eine Reihe der interdependenten Zusammenhänge mit Hilfe großangelegter Modelle erklären[89]; doch die Probleme von Unsicherheit und Risiko relativieren den Aussagegehalt insbesondere der parametrischen Analysen.

Denn die Koeffizienten, die die Intensität der Einflüsse der Instrumentvariablen auf das Zielsystem widerspiegeln, müssen infolge sich laufend ändernder Strukturbedingungen fortwährend angepaßt werden. Dazu kommt, daß die Einflüsse von Unsicherheit und Irrationalität in den Verhaltensgleichungen nur unter Zugrundelegung von sehr einschränkenden Annahmen (Wahrscheinlichkeitsverteilungen, Annahmen über die „Risikowilligkeit" etc.) berücksichtigt werden können. Diese „Abstraktion auf das Machbare" ist theoretisch notwendig; außerdem ermöglicht sie – jedenfalls modellhaft – das Abschätzen der

---

89 So meint z. B. *Wilhelm Krelle*, „. . .daß die Wirtschaftstheorie in Verbindung mit der Ökonometrie und dem fortschreitenden Ausbau der Statistik allmählich die Möglichkeit eröffnet hat, jedenfalls in manchen Einzelproblemen der Wirtschaftspolitik von diesem subjektiven und gefühlsmäßigen „Abwägen" verschiedener Auswirkungen einer wirtschaftspolitischen Maßnahme abzukommen und dafür mit einiger Sicherheit zu sagen, was die Auswirkungen sein werden." *Wilhelm Krelle:* Neue Hilfen der Wirtschaftstheorie und Ökonometrie für die Wirtschaftspolitik: Ökonomische Prognosesysteme, in: *Sigurd Klatt, Manfred Willms:* Strukturwandel und makroökonomische Steuerung. Festschrift für *Fritz Voigt*, Berlin 1975, S. 39-79, hier: S. 43.

Auswirkungen; jedoch infolge der Nichtberücksichtigung wichtiger sozioökonomischer und auch wirtschaftspsychologischer Informationen wird der Aussagegehalt der Ergebnisse sehr stark eingeschränkt[90].

Aufgrund dieser theoretischen Unzulänglichkeiten insbesondere der parametrischen Analysen erscheint daher vorerst die einfache Indikatorenanalyse eine immer noch brauchbare Erkenntnisquelle zu sein, zumal sie im folgenden auch nur als Hilfsmittel zur statistischen Überprüfung bestimmter Lag-Hypothesen angewendet wird. Als Beispiel für die Anwendung einer qualitativen Zeitreihen-Aggregation kann man den modifizierten *Diffussionsindex* anführen, den der *Sachverständigenrat* bei seinem inzwischen jedoch wieder aufgegebenen Gesamtindikator-Konzept zur Konjunkturdiagnose angewandt hatte[91]. Der gewogene Durchschnitt der in 4 Qualitätsstufen eingeteilten Einzelzeitreihen ergab einen Indexwert, der somit nur etwas über die *Tendenz,* aber der nichts über die Stärke der Konjunkturbewegungen aussagen konnte.

Die Indikatoranalyse stützt sich auf die Annahme, daß das Verhalten der Indikatoren im Zeitablauf relativ unveränderlich (symptomatisch) ist. Das hat zur Folge, daß der Konjunkturablauf relativ mechanistisch erfaßt wird. Zwar müssen sich diese „symptomatologischen Verfahren" den Vorwurf einer zu großen Theorieferne vorwerfen lassen, jedoch eignen sie sich solange noch recht gut zur Konjunkturanalyse, so lange sie die politischen Entscheidungsträger über Zustand und

---

[90] Die Grenzen der Aussagefähigkeit der diesen Modellen zugrunde liegenden makroökonomischen Sammelbegriffe versuchte auch schon *Fritz Voigt* nachzuweisen, wobei er zu dem Ergebnis gelangte, daß insbesondere die soziale Schichtung der betroffenen Wirtschaftssubjekte, die räumlichen Reflexe im Prozeßablauf sowie die prägende Kraft der Institutionen von den theoretischen Modellbauern vernachlässigt wurden. *Fritz Voigt:* Aussagefähigkeit und Erkenntnisgrenzen der modernen Wirtschaftstheorie, in: *Fritz Voigt* u. a.: Beiträge zur Theorie des Sparens und der wirtschaftlichen Entwicklung (Untersuchungen über das Spar-, Giro- und Kreditwesen, Bd. 1), Berlin 1958, S. 7-84.

[91] *Sachverständigenrat* zur Begutachtung der gesamtwirtschaftlichen Entwicklung: Jahresgutachten 1970 (Deutscher Bundestag: Drucksache VI/1470), Ziff. 142 ff.

Einen Überblick über die Methodik des Diffusionsindex sowie die Grundstruktur des Sachverständigenrats-Index vermitteln *Mathias E. Kamp* u. a.: Finanzpolitik, Köln – Bonn, 1974, S. 177-199.

Eine eingehendere Untersuchung wurde durchgeführt von *Manfred Sturm:* Ein Gesamtindikator zur Konjunkturdiagnose, Alternativvorschlag zum Sachverständigenrats-Indikator: in: Berichte des Deutschen Industrieinstituts zur Wirtschaftspolitik, Jg. 5 (W), Nr. 9, Köln 1971. In diesem Beitrag findet sich auch eine Darstellung des Diffusionsprinzips; vgl. ebenda, S. 5.

Entwicklung einer Volkswirtschaft schneller (und nicht einmal so falsch)unterrichten, als groß angelegte und komplizierte Modelle, deren Strukturen laufend anzupassen sind[92].

Trotz der Reduzierung quantitativer Informationen auf eine endliche Anzahl von Qualitätsbereichen läßt sich die Indikator-Methode auch zur Ermittlung *zeitlicher*Beziehungen heranziehen, wobei der Qualitätsindex als eine Art *Zeitreihenglättung* angesehen werden kann[93]. Er ordnet jedem Reihenwert alternativ die stabilitätspolitisch interessanten Ausprägungen „expansiv" (+), „kontraktiv" (–) oder „neutral" (0) zu.

Dabei wird es notwendig, einen „oberen" und einen „unteren" Schwellenwert für den Neutralitätsbereich anzugeben. Je größer dieser Bereich angenommen wird, desto geglätteter erscheint der Indikator, da kleine Abweichungen von der Gleichgewichts- und Normallage nicht in Erscheinung treten. Wird dieser Bereich dagegen sehr klein gehalten, so kann es vorkommen, daß der Indikator einen sehr unruhigen Verlauf annimmt, da die „Sensitivität" erhöht wird.

Dieses Problem ließe sich dadurch lösen, daß die Anzahl der Qualitätsstufen, die eine konjunkturpolitisch expansive oder kontraktive Phase kennzeichnen, entsprechend erhöht wird. So könnten z. B. jeweils vier Kategorien für die Stärke der expansiven oder kontraktiven Entwicklung festgelegt werden. Empirische Untersuchungen in den USA, die auf einem erweiterten Konzept basierten, haben aber ergeben, daß eine Differenzierung des Qualitätsindex zum Zwecke der stärkeren Berücksichtigung quantitativer Aussagen für die zeitliche Analyse keine weiteren Erkenntnisse erbringt[94]. Denn der *zeitliche* Aussagegehalt wird dadurch nicht wesentlich erhöht, da es allein auf Tendenzänderungen in den Zeitreihen ankommt.

---

[92] In diesem Sinne äußerten sich auch *Mathias E. Kamp* u. a.: Finanzpolitik, S. 173.

[93] Die Indikatormethode zur Konjunkturanalyse wird insbesondere vom National Bureau of Economic Research (NBER) systematisch angewendet, wobei - trotz erkannter Schwächen der Methode - letztendlich das Motiv der schnellen wirtschaftspolitischen Entscheidungshilfe ausschlaggebend ist.

[94] Vgl. *Gene C. Uselton:* Lags in the Effects of Monetary Policy. A non parametric Analysis, New York 1974, S. 79.

2. Theoretische Grundlagen der nicht-parametrischen Verzögerungsanalyse

a) Allgemeine Methodik der Teststatistik

Die Aufgabe der Teststatistik besteht darin, statistische Hypothesen, die über Parameter und Verteilungen einer Population aufgestellt wurden, anhand einer Stichprobe ("sample") meist im Zusammenhang mit einer Alternativhypothese zu überprüfen[95].

In diesem Sinne lassen sich bestimmte Vermutungen über verzögerte Kausalzusammenhänge zwischen zwei Zeitreihen dadurch testen, daß Stichprobenergebnisse mit den erwarteten Ergebnissen eines unterstellten Lag-Zusammenhangs verglichen werden. Die Abweichungen zwischen einer tatsächlich beobachteten und einer hypothetisch vermuteten Datenkonstellation müssen darauf untersucht werden, ob sie rein zufallsbedingt sind oder nicht.

Die Hypothese, die einem Test unterworfen wird, heißt *Nullhypothese* (H_0), da sie die Vermutung unterstellt, daß in der jeweiligen statistischen Grundgesamtheit zwischen den Einflußvariablen und der Zielvariable keine Beziehung besteht. Anhand einer Wahrscheinlichkeitsverteilung können dann mit Hilfe bestimmter Testverfahren bestimmte wahrscheinliche Bereiche (Konfidenzintervalle) errechnet werden, die Aussagen darüber ermöglichen, ob die Stichprobenverteilung unter Berücksichtigung einer bestimmten Fehlerwahrscheinlichkeit der hypothetischen Verteilung entspricht oder nicht, ob die Nullhypothese also verworfen werden kann oder akzeptiert werden muß. Die Hypothese, die der Nullhypothese gegenübergestellt wird, heißt *Alternativhypothese* (H_A).

Grundvoraussetzung jedes statistischen Testverfahrens ist die Unabhängigkeit der einzelnen Stichprobenerhebungen voneinander. Da das „Sample" aber bei der Überprüfung von Lag-Hypothesen dem Beobachtungs- und Erhebungszeitraum wirtschaftspolitischer Zeitreihen entspricht, ergibt sich auch hier die Schwierigkeit, daß stabilitätspolitische Maßnahmen, die in vielen Fällen auch von ihrer eigenen Vergangenheit abhängen, als rein zufällig anzusehen sind. Da jedoch mit Hilfe

---

[95] Die Methodik der Teststatistik ist in fast jedem statistischen Lehrbuch erläutert. Deshalb kann auf eine breite Darstellung verzichtet werden. Vgl. u. a. *Jürgen Ritsert, Egon Becker:* Grundzüge sozialwissenschaftlich-statistischer Argumentation. Eine Einführung in statistische Methoden, Opladen 1971, insbes. S. 145 ff. und *Paul Neurath:* Statistik für Sozialwissenschaftler. Eine Einführung in das statistische Denken, Stuttgart 1966.

der statistischen Methoden hier nur der zeitliche Zusammenhang und weniger der kausale Zusammenhang geprüft werden soll, läßt sich im folgenden dieser Einwand vernachlässigen.

Im einzelnen wird bei der Teststatistik wie folgt vorgegangen:

1. Formulierung der Nullhypothese (H_0):
   Zwischen der Zielvariable Y_t und der Einflußvariable X_{t-k} besteht kein signifikanter Zusammenhang ($k = 0, 1, \ldots, n$).

2. Formulierung der Gegenhypothese (H_A):
   Die Einflußvariable X_{t-k} hat einen Einfluß auf die Zielvariable Y_t, wobei die Wirkung in der Periode k eintritt.

3. Bestimmung des Signifikanzniveaus ($1-\alpha$):
   Es ist jener Sicherheitsbereich festzulegen, innerhalb dessen ein Stichprobenresultat als unwahrscheinlich anzusehen ist (Ablehnungsbereich von H_A = Annahmebereich von H_0). Innerhalb des Konfidenzintervalls werden die Abweichungen des Stichprobenergebnisses vom „wahren Wert" der theoretischen Verteilung als rein zufallsbedingt angesehen mit der Fehlerwahrscheinlichkeit α.

   Beispiel: Das Signifikanzniveau betrage $1 - \alpha = 95\%$, d. h. die Wahrscheinlichkeit ist $\alpha = 5\%$, daß kein statistisch feststellbarer Zusammenhang zwischen X und Y beobachtet werden kann, daß also die Nullhypothese nicht verworfen werden kann.

4. Identifikation des Testrezepts:
   Unter Zugrundelegung einer bestimmten Testmethode (z. B. χ^2-Test) ist das Testkriterium zu formulieren, wobei ein dem unterstellten Signifikanzniveau entsprechender „kritischer Wert" angegeben werden muß. Testwerte, die über diesem kritischen Wert (Signifikanzschwelle) liegen, deuten auf eine Ablehnung der Nullhypothese bzw. Annahme von H_A hin.

   Beispiel: Bei einem Freiheitsgrad von 1 und einer Fehlwahrscheinlichkeit von $\alpha = 0{,}05$ lautet der kritische Wert der χ^2-Verteilung: $\chi^2 = 3{,}841$. Das Testkriterium lautet daher: verwerfe H_0 (und akzeptiere H_A), wenn $\chi^2 > 3{,}841$.

5. Berechnung der Testgrößen:
   Es sind für alle k Perioden ($k = 0, 1, \ldots, n$) entsprechende Testwerte zu berechnen.

6. Entscheidung:
   Anhand der errechneten Testgrößen und unter Zugrundelegung des entsprechenden Testkriteriums ist eine Beantwortung der statistischen Fragestellung möglich.

b) Der Chi-Quadrat-Test

Die für die anstehende Problematik des Tests von Lag-Hypothesen geeignetste Verteilung ist die Chi-Quadrat-Verteilung. Dabei wird eine Maßzahl χ^2 definiert, die die Differenz zwischen einer beobachteten Häufigkeit f_{bj} und einer hypothetischen („erwarteten") Häufigkeit f_{ej} für entsprechende j Klassen als Kriterium annimmt:

$$\chi^2 = \sum_{j=1}^{m} \frac{(f_{bj} - f_{ej})^2}{f_{ej}} \tag{1}$$

wobei f_{bj} = beobachtete Klassenhäufigkeit
f_{ej} = erwartete (hypothetische) Klassenhäufigkeit
$j = 1, \ldots, m$

Für den Fall, daß bei einer Stichprobe nur 2 Variablen betrachtet werden (was hier zutrifft), lassen sich die Realisierungen der einzelnen Klassen in sog. *Kontingenztabellen* anordnen. Im besonderen Fall, in dem nur 2 Reihen und 2 Kolonnen vorkommen, spricht man von einer „Vierfelder-Tafel" (bzw. einer 2 × 2 Kontingenz-Tabelle).

Betrachtet man nun z. B. die Vorzeichen von Zeitreihen als qualitative Ausprägungen von Einfluß und Wirkung, so läßt sich eine Einflußvariable in „expansive" und „nicht expansive" Impulse einteilen, während bei einer Zielvariable zwischen „beeinflußt" und „nicht beeinflußt" unterschieden wird. Dabei soll unter „Beeinflussung" nur die Tatsache verstanden werden, daß die Merkmalsausprägungen von Zielvariable und Einflußvariable für eine betrachtete Situation die *gleichen Vorzeichen* (+ oder –) aufweisen. Als „Situation" gilt in diesem Fall die sukzessive zeitliche Verschiebung der Wirkungszeitreihe. Bei monatlichen Daten und einem „Lag-Horizont" von 2 Jahren ergeben sich 25 mögliche Lag-Kombinationen ($k = 0, \ldots 24$). Für jede dieser Situationen ist ein χ^2-Wert zu errechnen.

Dabei ergibt sich nun eine Vierfeldertafel folgender Art:

Tab. 13: 2×2-Kontingenztabelle

Einflußvariable	Zielvariable in Periode k		Σ
	„beeinflußt"	„nicht beeinflußt"	
„expansiv"	$f_{b1} = a$	$f_{b2} = b$	$e = a + b$
„nicht expansiv"	$f_{b3} = c$	$f_{b4} = d$	$f = c + d$
Σ	$g = a + c$	$h = b + d$	N

Analog zu dieser 2 × 2 Tabelle, in der die *beobachteten* Merkmalsausprägungen erfaßt sind, läßt sich ebenfalls eine 2 × 2 Tabelle aufstellen, in der entsprechend der unterstellten Hypothese eines Lags von k-Perioden die *erwarteten* Merkmalsausprägungen erfaßt sind. Die χ^2-Werte können dann entsprechend der Gleichung (1) errechnet werden:

(1a) $$\chi_k^2 = \sum_{j=1}^{4} \frac{(f_{bj} - f_{ej})^2}{f_{ej}}$$

Für den Spezialfall der Vierfeldertafel (Tab. 13) lassen sich die hypothetischen Zellhäufigkeiten eliminieren, so daß sich folgende Vereinfachung des χ^2-Wertes ergibt[96]:

(2) $$\chi^2 = \frac{(a \cdot d - b \cdot c)^2 \cdot N}{e \cdot f \cdot g \cdot h}$$

wobei $N = a + b + c + d$

Werden sehr kleine Zellhäufigkeiten ($f < 5$) beobachtet, dann ist eine sog. *Yates-Korrektur* vorzunehmen[97]. Dabei werden die χ^2-Werte künstlich verkleinert, wobei bei je 2 Diagonalfeldern die beobachteten Häufigkeiten um je 1/2 verringert werden, während sie bei den beiden anderen Feldern um je 1/2 vergrößert werden. Gleichung (2) ändert sich also wie folgt:

(2a) $$\chi^2 = \frac{\left[|ad - bc| - \frac{N}{2}\right]^2 N}{e\,f\,g\,h}$$

Mit Hilfe dieser Methode läßt sich die Signifikanz von unterschiedlichen Lag-Hypothesen testen, wobei die korrespondierenden Zeitreihen in ihren qualitativen Ausprägungen, die sich durch die Vorzeichen repräsentieren lassen, dargestellt werden müssen.

3. Empirische Untersuchungen mit Hilfe der nicht-parametrischen Analyse

Die erste (und bisher wahrscheinlich einzige) Lag-Berechnung mit Hilfe einer statistischen Hypothesentest-Methode ist von *Gene C. Uselton* für die Vereinigten Staaten für die Zeit von 1952 bis 1969 durchgeführt worden[98]. Es wurden von ihm die Verzögerungen des Einkom-

96 Zu diesem Rechenvorgang vgl. *Paul Neurath:* Statistik, S. 236.

97 Vgl. *Paul Neurath:* Statistik, S. 246.

98 *Gene C. Uselton:* Lags in the Effects of Monetary Policy.

menseffekts, des Lohn- und Preiseffekts und des Zinseffekts von Stabilisierungs-Maßnahmen des geldpolitischen Entscheidungsträgers der USA, des sog. „Federal Open Market Committee" (FOMC) analysiert, wobei die Entscheidungsprotokolle dieses Komitees als Grundlage für die qualitative Beurteilung der US-amerikanischen Geldpolitik herangezogen wurden. Dabei teilte er die geldpolitischen Aktionen aufgrund spezieller Kriterien in expansive, kontraktive und neutrale Elemente ein, mit den Wertigkeiten „plus Eins", „minus Eins" und „Null" jeweils für die Phasen mit aktiver Expansionspolitik, aktiver Kontraktionspolitik sowie die Phasen mit inaktiver („passiver") Politik. In diesem Sinne bekamen auch schwach dosierte Maßnahmen den Wert „Null" zugeordnet, während alle übrigen positiven und negativen Elemente als gleich stark dosiert angesehen wurden[99].

Die Einteilung der geldpolitischen Aktionen in diese drei Klassen[100] wurde anhand von sieben Beurteilungskriterien[101] vorgenommen, die *Uselton* anhand der Sitzungsprotokolle des FOMC beschreibt als: formal, partizipatorisch, technisch, durch Meinungsführer beeinflußt, gegensätzlich, regional und den Effekt verstärkend. Diese Charakterisierung der Maßnahmen diente allein dazu, eine „Rangordnung" zu entwickeln, durch die die konjunkturpolitische Bewertung der FOMC-Beschlüsse erleichtert werden sollte. Denn ausgehend von einfachen quantitätstheoretischen Überlegungen[102] versuchte *Uselton* den Zusammenhang zwischen geldpolitischen Effekten einerseits und dem zeitlich nachfolgenden Niveau des Volkseinkommens andererseits darzustellen. Die Nullhypothese, die einem Test unterzogen wurde, unterstellte nämlich einen schwachen binomialen Ansatz[103]:

> "If there is no correlation between monetary policy changes and subsequent changes in a particular target variable, then the probability that the direction of change in the policy variable will agree with that of the target variable in a given period approaches one-half as the number of observations increases without bound."

---

[99] Vgl. ebenda, S. 79.

[100] In einer (jedoch unveröffentlichten) Vorstudie hatte *Uselton* die geldpolitischen Aktionen des FOMC in 9 Klassen eingeteilt (−4, . . ., −1, 0, +1, . . ., +4). Offensichtlich erbrachte aber diese „Verfeinerung" des Maßstabes im Hinblick auf die Lag-Analyse keine weiter reichenderen Erkenntnisse, so daß im folgenden nicht näher darauf eingegangen werden braucht.

[101] Vgl. im einzelnen *Gene C. Uselton:* Lags in the Effect, S. 79–81.

[102] Vgl. ebenda, S. 85 ff.

[103] Ebenda, S. 99.

Die Beziehung zwischen Einfluß- und Zielvariable wurde durch multiplikatorische Verknüpfung von zwei „Qualitätsvektoren" hergestellt:

$$M \cdot Y = A$$

wobei M ... Vektor der geldpolitischen Aktionen mit m teils positiven, teils negativen Elementen.

Y ... Vektor der realwirtschaftlichen Reaktionen mit n teils positiven, teils negativen Elementen.

A ... $m \times n$ - Matrix, deren positive Elemente eine „gleichgerichtete" Entwicklung von M und Y symbolisieren, während negative Elemente eine „nicht gleichgerichtete" Entwicklung diagnostizieren.

Die Nullhypothese besagt nun, daß kein systematischer Zusammenhang zwischen M und Y besteht. Es gilt folgende Aussage:

$$H_0 : \frac{1}{n} \sum_{i=1}^{n} a_{ij} = 0 \qquad \text{für alle } j = 1 \ldots k$$

wobei a_{ij} ... Komponente der Matrix A mit:

$i = 1, \ldots, n$ und $j = i$ (kein Lag)
$i = 1, \ldots, n$ und $j = i + 1$ (Lag = 1 Periode)
$i = 1, \ldots, n$ und $j = i + 2$ (Lag = 2 Perioden)
.
.
.
$i = 1, \ldots, n$ und $j = i + k$ (Lag = k Perioden)

Für den Fall, daß ein Lag mit der Periode von 0 bis k Zeiteinheiten für die relativen Häufigkeiten der Übereinstimmung bzw. Nichtübereinstimmung in den Vorzeichen entsprechender Bezugsperioden signifikante, von Null abweichende Ergebnisse erbringt, läßt sich die Nullhypothese verwerfen.

Die Untersuchung basiert auf Monatsdaten, wobei Verzögerungen in den Zielvariablen bis zu 20 Monaten ($k = 20$) angenommen wurden. Dabei ergaben sich folgende Ergebnisse:

1. Die Nullhypothese konnte für die Beziehung zwischen expansiver Geldpolitik und dem Index der *industriellen Produktion* für Verzögerungszeiträume von 3 bis 16 Monaten abgelehnt werden, wobei die größten χ^2-Werte bei einem Lag von 7 Monaten auftragen (vgl. Abb. 29).

Abb. 29: Nicht-parametrische Lag-Berechnungen für die USA

a) Expansive Geldpolitik - Industrieproduktion

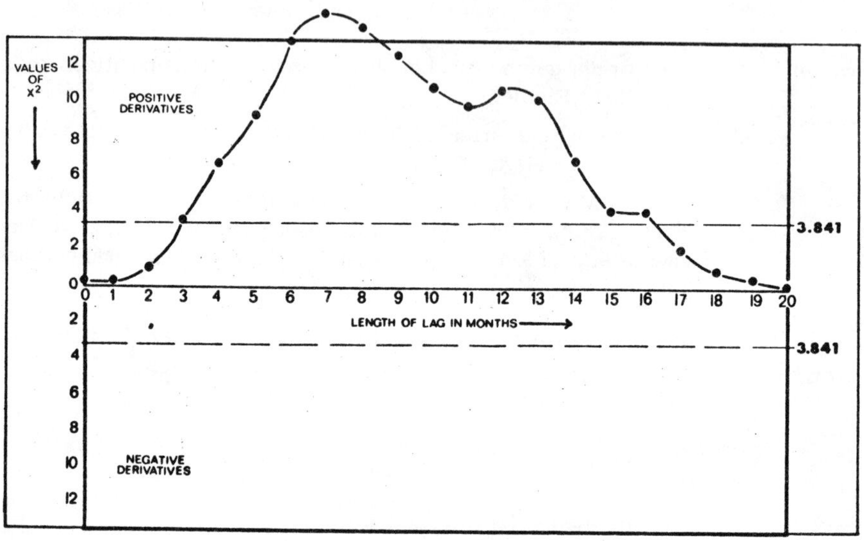

b) Kontraktive Geldpolitik - Industrieproduktion

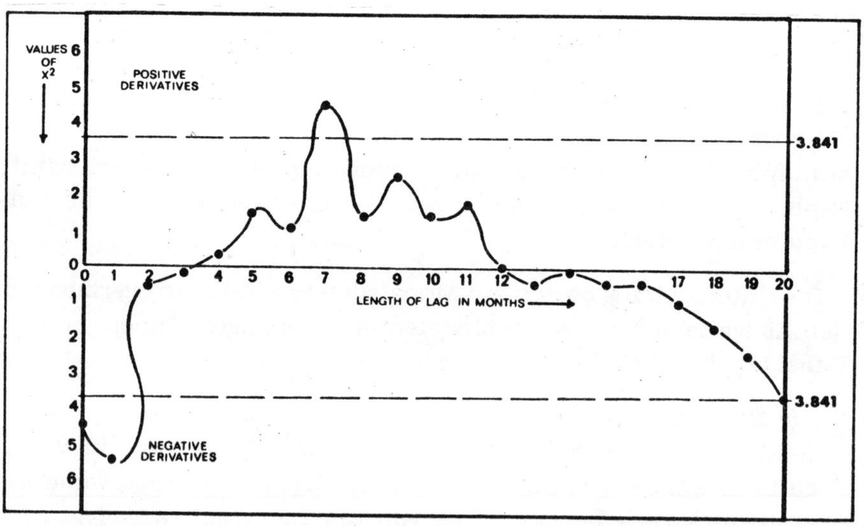

Quelle: Gene C. Uselton: Lags in the Effect, S. 110 f.

2. Ein Vergleich expansiver und kontraktiver Phasen ergibt, daß bei der Expansionspolitik ein wesentlich strengerer Zusammenhang feststellbar ist, als bei der Analyse restriktiver Politik. Der einzige signifikante Wert liegt jedoch auch dort bei einer Verzögerung der Einflüsse von 7 Monaten.

3. Bei der Lag-Analyse zwischen expansiver Geldpolitik und der Zahl der *Arbeitslosen* ergab sich kein signifikanter Zusammenhang. Allein die kontraktive Politik übt nach ebenfalls 7 Monaten einen signifikanten negativen Einfluß aus. Dieses Ergebnis eines negativen Zusammenhangs erscheint deswegen plausibel, da man im allgemeinen annimmt, daß die Zahl der Arbeitslosen sinkt, wenn die Produktion steigt (und umgekehrt). Andererseits ist es interessant festzustellen, daß die Expansionspolitik keinen großen, die Kontraktionspolitik dagegen einen ziemlich starken Einfluß auf die Arbeitslosigkeit ausübt. Als Grund gibt *Uselton* die Entwicklung der Reallöhne sowie die Arbeitsproduktivität und die durchschnittliche Arbeit pro Woche an, die im Falle von annähernder Vollbeschäftigung die Expansionsimpulse durch die Zunahme der Werte „auffangen“.

4. Die Grenzen der nicht-parametrischen Analyse

Die nicht-parametrische Methode weist jedoch – neben den oben aufgeführten Vorteilen – auch gewisse Nachteile auf, die sie aber zu einem großen Teil mit anderen Methoden teilt. Hier ist insbesondere auf die Vernachlässigung wichtiger exogener Impulse hinzuweisen. Denn neben den in den jeweilig unterstellten Lag-Hypothesen unterstellten Wirkungsbeziehungen gibt es noch eine Fülle weiterer, nicht erfaßter (z. T. sogar nicht erfaßbarer) Einflußfaktoren, die die Ursache-Wirkungs-Kette zu einem anderen Ergebnis führen können.

So trifft es in der Tat zu, daß sonstige Einflußvariablen (z. B. Ausland, Finanzpolitik) sowie konkrete wirtschaftliche Situationen (z. B. Ausnutzungsgrad der Rediskontkontingente, Geldmarktsituation) einen verzerrenden Einfluß auf die Aussagefähigkeit der Ergebnisse haben können. Das wirkt sich u. U. auf die Lag-Berechnungen in der Weise aus, daß der „fühlbare“ Einfluß der Impulse auf die Zielvariablen entweder früher, später oder (nur im günstigsten Fall) gleichlaufend mit der Verzögerung auftritt, die gemessen worden wäre, wenn keine Störeinflüsse vorkommen würden.

Diese „verzerrenden" Störeinflüsse lassen sich oft nur schwer isolieren und sogar ökonometrische Modelle sind nicht ganz frei davon - auch wenn die statistische Qualität der Schätzgleichungen und die Modellannahmen für *eine* Berechnung erfüllt zu sein scheinen. Das sog. Identifikationsproblem taucht nämlich dann auf, wenn ein und das gleiche Modell mehrere Strukturen aufweist - was oft bewiesen wird durch eine erneute Schätzung zu einem anderen Zeitpunkt: Die Parameter ändern sich. Es stellt sich also die Frage, ob hier nur Strukturveränderungen vorliegen oder Einflüsse von nicht isolierten Impulsen eine laufende Anpassung notwendig machen?

Das Problem der Fehlinterpretation der wirklichen Verhältnisse, das dadurch entsteht, daß z. B. die Zeitprofile mehrerer Einflüsse sich gegenseitig überlagern, ist einer der zentralen Einwände gegen die nicht-parametrische Methode. Es trifft m. E. aber auch auf viele der anderen „überlieferten" Methoden zu, daß eine genaue „Wirkungszuordnung" zwischen Einfluß- und Zielvariable nicht möglich wird. Auch bei der parametrischen Analyse ergeben sich nämlich Verzerrungen dadurch, daß Veränderungen einzelner Zielvariablen auf den Einfluß bestimmter unabhängiger Größen zurückgeführt werden, obwohl in „Wahrheit" (?!) diese Wirkung aufgrund „sonstiger" Faktoren beruhen mag. Ein hohes Bestimmtheitsmaß und signifikante Parameter täuschen nicht darüber hinweg, daß ökonomische Plausibilitätstests notwendig werden, um u. U. statistisch-ökonometrisch sinnvolle, theoretisch jedoch unsinnige Strukturen zu eliminieren. Da darüber hinaus die Ökonometrie (abgesehen von Definitionsgleichungen) ausschließlich stochastische Gleichungen verwendet, sind eine Fülle von Annahmen notwendig, damit letztendlich die Voraussetzungen für eine sog. erwartungstreue und effiziente Schätzung geschaffen werden. Bei Nichterfüllung dieser Annahmen genügen die geschätzten Parameter nicht mehr diesen Kriterien, und es wird eine Revidierung („iterativ") der Modellspezifikation notwendig.

Beispiele für solche Verletzungen von Modellannahmen sind:

- heteroskedastische Störvariablen, d. h. die Varianz ist nicht konstant, sondern ändert sich,
- autokorrelierte Störvariablen,
- Multikollinearität der Einflußvariablen.

Ökonometrische Testverfahren sind somit vielfach ineffizient, da z. B. Heteroskedastizität vorliegen dürfte, d. h. die Varianz der Störvariablen nicht in jedem Fall konstant ist.

Hujer und *Cremer* geben dafür recht anschauliche Beispiele[104] und kommen zu dem Schluß:

„Es ist zu vermuten, daß in der Praxis die Annahme der Homoskedastizität sehr oft verletzt sein wird[105]."

Auch bezüglich der Berücksichtigung wichtiger Erklärungsfaktoren sind gewisse Einschränkungen notwendig. So sind z. B. geld- und finanzpolitische Maßnahmen in der Regel nicht zufällig und auch nicht unabhängig voneinander. In einem multiplen linearen Eingleichungsmodell mit einem Geldpolitik- und einem Finanzpolitikindikator würde aber dann Multikollinearität der Einflußvariablen vorliegen. Eine der Modellannahmen wäre somit verletzt, und die Schätzung würde verzerrte Ergebnisse erbringen.

Die Ökonometriker helfen sich vielfach dadurch, daß sie die „Methode der Variablenunterdrückung" anwenden:

„In der Tat erweist sich diese Unterdrückung einer oder mehrerer Variablen formal als sehr erfolgreich. Dieser Erfolg der vermiedenen Multikollinearität verschleiert allerdings die Gefahr einer *falschen Abbildung der Realität*, denn der Einfluß der im Modell fehlenden Variablen auf die endogene Größe ist in der Realität nach wie vor wirksam[106]."

Ebenfalls angewendete „Bereinigungsverfahren" helfen jedoch nur die Trend- und Saisonkomponenten zu eliminieren, jedoch nicht die hier vorliegenden systematischen Zusammenhänge. Auch das „Verfahren der ersten Differenzen" wirft erneute Schwierigkeiten auf. D. h. das Multikollinearitätsproblem läßt sich nur schwer umgehen und tritt auch bei den anderen Berechnungsmethoden auf. Es sei denn, man „unterdrückt" gewisse Variablen, was im vorliegenden Fall gemacht wird und was „formal als sehr erfolgreich" gilt, obwohl es ein falsches Abbild der Realität vermittelt. Man muß sich deswegen bei der Interpretation der Ergebnisse im klaren sein, daß es durchaus nicht erfaßte Impulse gibt, die die betrachteten Effekte verstärkt oder beeinträch-

---

104 *Reinhard Hujer/Rolf Cremer:* Methoden der empirischen Wirtschaftsforschung, München 1978, S. 211 f.

105 Ebenda, S. 212.

106 Ebenda, S. 225 (Hervorhebung im Original).

tigt haben können. Vor diesem Problem stehen jedoch auch die anderen Methoden[107].

[107] An dieser Stelle muß darauf hingewiesen werden, daß sich die Ökonometrie in vielen Untersuchungen mit diesem Problem der Multikollinearität bereits auseinandergesetzt hat. Es sind in diesem Zusammenhang auch bereits unstreitbare Erfolge errungen worden, die jedoch nicht darüber hinwegtäuschen können, daß - im Falle einer parametrischen Analyse - Ausweg-Verfahren nur Notlösungen darstellen. Wirkliche Auswege können nur dann gefunden werden, wenn über die Größe der nicht identifizierbaren Parameter zusätzliche externe Informationen bekannt sind. Vgl. z. B. *Donald E. Farrar/ Robert R. Glauber:* Multicollinearity in Regression Analysis, the Problem Revisited, in: Review of Economics and Statistics, Vol. 49 (1967), S. 92-107. Einen kurzen Überblick über die Möglichkeiten der Multikollinearitäts-Messung gibt auch *Jan Kmenta:* Elements of Econometrics, New York 1971, S. 389 ff.

Teil 2: Eine empirische Analyse stabilitätspolitischer Verzögerungen

A. Die Bestimmung zeitlicher Verzögerungen ausgewählter geldpolitischer Maßnahmen

I. Vorbemerkungen

In Anlehnung an die Ausführungen aus Teil 1. A. III. 3. läßt sich eine *geldpolitische Wirkungskette* zeitlich wie folgt darstellen:

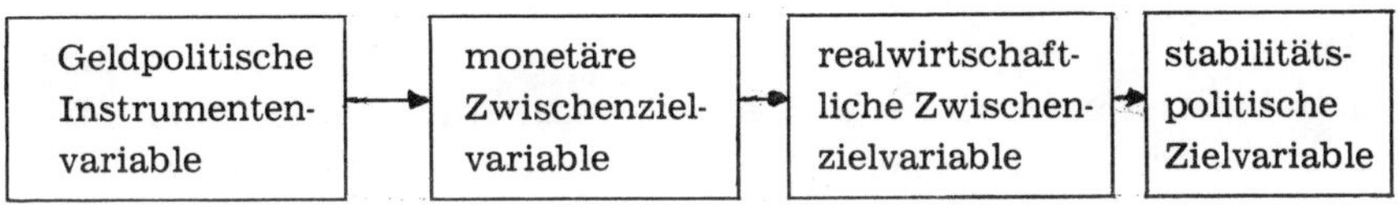

Die Übertragung (Transmission) geldpolitischer Impulse durchläuft also mehrere *Phasen*, ehe sie sich in der Veränderung stabilitätspolitischer Ziele niederschlägt. Und jede dieser Phasen läßt sich durch die Änderung bestimmter Indikatorvariablen charakterisieren. Der gesamte Wirkungslag erstreckt sich demzufolge auf die Zeitspanne, die von der Veränderung einer oder mehrerer geldpolitischer Instrumentvariablen bis zur Auswirkung auf die stabilitätspolitischen Zielvariablen vergeht.

Ein Vergleich der verschiedenen, bisher durchgeführten empirischen Lag-Untersuchungen, wie sie auszugsweise in Teil 1. B. dargestellt wurden, erbrachte Evidenz für die Tatsache, daß stabilitätspolitische Impulse, insbesondere der Geld- und Kreditpolitik, zeitlich verteilt erst nach ungefähr *einem halben Jahr und mehr* auf die realwirtschaftlichen Zielgrößen zu wirken beginnen. Die Unterschiede in den einzelnen Untersuchungsergebnissen sind darauf zurückzuführen, daß

- unterschiedliche Berechnungsmethoden benutzt wurden *(methodisches Problem)*
- unterschiedliche Indikatorvariablen ausgewählt wurden *(theoretisches Problem)*

– unterschiedliche Daten (vor allem in regionaler und zeitlicher Sicht) zugrunde gelegt wurden *(statistisches Problem)*.

Auf das Methodenproblem wurde bereits ausführlich in Teil 1. B. eingegangen. Eine Bewertung der Methodik läßt sich jedoch nur unter Berücksichtigung der jeweiligen Zielrichtung der Untersuchung durchführen. Absolute Aussagen sind beim gegenwärtigen Wissensstand der empirischen Forschung nicht angebracht.

In diesem Sinne müssen dann auch die Ergebnisse der Untersuchungen in den folgenden Abschnitten A. III. sowie auch B. III. gesehen werden. Dort werden nämlich verschiedene Lag-Hypothesen, wie sie in den zeitlichen Beziehungen von ökonomischen Variablen angenommen werden können, getestet. Als Methode wird der statistische Hypothesentest, so wie er in Teil 1. B. VI. dargestellt wurde, verwendet.

Dabei geht es weniger darum, zu den schon existierenden Lag-Untersuchungen eine neue hinzuzufügen, als vielmehr um eine Überprüfung der zeitlichen Abhängigkeiten unterschiedlicher Zeitreihen bzw. qualitativer Impulsstöße und deren Reaktionen. Aus diesem Grunde wurde bewußt auf eine erneute parametrische Untersuchung verzichtet, sondern es wurde (m. E. erstmals für den Bereich der Bundesrepublik Deutschland) die nicht-parametrische Methode angewendet.

Ebenso vielschichtig wie das Methodenproblem stellt sich das theoretische Problem dar. Ausgehend von den unterschiedlichen konkurrierenden Erklärungsansätzen geldpolitischer Wirkungsabläufe (Teil 2. A. II. 1.) müssen Variablen gesucht werden, die die Stärke und Wirkungsrichtung der entsprechenden ökonomischen Ereignisse hinreichend genau widerspiegeln. Auf die grundsätzlichen Probleme, die in diesem Zusammenhang bei der Auswahl der Indikatorvariablen auftreten, wird in einem späteren Zusammenhang (Teil 2. A. II. 2.) noch ausführlich eingegangen.

II. Die theoretische und methodische Basis

1. Die Hypothesen geldpolitischer Wirkungsverläufe

Es ist nicht die Aufgabe der folgenden Ausführungen, eine neue Version über die Übertragungsabläufe monetärer Impulse zu geben. Vielmehr soll nur auf knappem Raum das theoretische Fundament der Wirkungsketten dargestellt werden, so wie sie in der gegenwärtigen

Literatur dargestellt werden, um anhand der aufgezeigten ökonomischen Ereignisse Ansatzpunkte für die Lag-Messung zu gewinnen.

Grundsätzlich werden zwei Auffassungen über die Transmission geldpolitischer Impulse im Hinblick auf die Stabilisierung realwirtschaftlicher Prozesse unterschieden, und zwar der vermögenstheoretische und der kredittheoretische Ansatz. Sie werden im folgenden überblickartig dargestellt[1]. Auf die jeweiligen Abwandlungen und Modifikationen dieser beiden grundlegenden Ansätze wird nicht eingegangen.

a) Der vermögenstheoretische Transmissionsansatz

Als Kern des vermögenstheoretischen Transmissionsansatzes gilt die Anpassung der Vermögensstruktur über den Mechanismus der relativen Preise, wobei Ansätze der "portfolio selection"-Theorie zur Grundlage gemacht werden[2]. So bewirkt z. B. eine expansive geldpolitische Maßnahme[3] (z. B. Ankauf von Offenmarktpapieren durch die Bundesbank) die Störung einer vorher als optimal angesehenen Vermögenszusammensetzung im Geschäftsbankensektor (*Phase 1*). Dabei wird vorausgesetzt, daß die vermehrte Zuführung von Zentralbankgeld[4] das Portfolio-Gleichgewicht zerstört, und daß somit die Überschußkasse, die durch den Verkauf der Offenmarktpapiere an die Notenbank überproportional anstieg, durch erneuten Wertpapierkauf seitens der Geschäftsbanken wieder auf ein „Optimalmaß" zurückgeführt werden muß. Diese Annahme erscheint deswegen plausibel, da (bei ebenfalls vorausgesetztem „rationalen Handeln" und gegebener „Risikostruktur") die Anlage in höher verzinslichen Aktiva als ertragreicher

---

1 Zur einführenden Lektüre vgl. u. a. die Darstellungen bei *Dieter Duwendag*, u. a.: Geldtheorie (1977), S. 186 ff. sowie bei *Hans-Joachim Jarchow:* Theorie und Politik des Geldes, I. Geldtheorie, 2. überarb. Aufl. Göttingen 1974, S. 180–278. Einen Überblick über traditionelle und neue Theorien des monetären Transmissionsmechanismus vermittelt auch *Gustav Dieckheuer:* Wirkung und Wirkungsprozeß der Geldpolitik, Berlin 1975, S. 15–53.

2 Zu den folgenden Ausführungen vgl. Übersicht 1.

3 Der Prozeß verläuft analog, nur mit umgekehrten Vorzeichen, wenn man kontraktive Maßnahmen betrachtet. Auf eine Darstellung wurde hier jedoch verzichtet.

4 Die Zentralbankgeldmenge (Geldbasis) ist in diesem Ansatz definiert als die Summe von Bargeldumlauf, Mindestreservesoll und Überschußguthaben bei der Zentralbank. Diese Definition unterscheidet sich in einigen Punkten von dem in der praktischen Tagespolitik in der Bundesrepublik verwendeten Begriff „Zentralbankgeldmenge". Vgl. unten Teil 2. A. II. 1. c.

gilt. Bei gleichem Vermögensbestand erfolgt also nur eine Umschichtung des Portefeuilles, wobei staatliche Papiere gegen private substituiert werden.

An dieser Stelle ergeben sich aber auch schon die ersten Hinweise dafür, daß geldpolitische Maßnahmen nicht immer ihre volle Wirksamkeit entfalten können, der Prozeß also schon nach der ersten Phase beendet sein kann. Und zwar ist das der Fall, wenn die Geschäftsbanken - um ihr Portfolio-Gleichgewicht wiederherzustellen - eine Anlage ihrer Überschußkasse im Ausland bevorzugen. Der beabsichtigte expansive Inlandseffekt kommt somit nicht zustande.

Erfolgt dagegen seitens der Geschäftsbanken ein Kauf inländischer Wertpapiere (*Phase 2*), dann erhöht diese Transaktion über die Erhöhung der „Überschußkasse" der Nichtbanken das inländische Geldvolumen (Bargeldumlauf, Sichteinlagen). Auch hier stellt sich die Frage, durch welche geeigneten Maßnahmen das gestörte Vermögensgleichgewicht wiederhergestellt werden kann, bzw. ob die privaten Wirtschaftssubjekte die vermehrte Liquidität überhaupt als Gleichgewichtsstörung empfinden. Falls dies nämlich nicht der Fall ist, dann endet der Prozeß in dieser Phase. Mögliche Ursachen für dieses Verhalten könnten z. B. in pessimistischen Zukunftserwartungen (Veränderung der Risikostruktur), in veränderten Ertragserwartungen oder Präferenzen bzw. in zu hohen Informations- und Veränderungskosten einer erneuten Anlage begründet liegen.

Empfinden dagegen die privaten Wirtschaftssubjekte die vermehrte Liquidität als Störung ihres Portfolio-Gleichgewichts, dann werden sie Anpassungsmaßnahmen vornehmen. Zum einen können sie ihre Überschußkasse dazu verwenden, Kredite bei den Geschäftsbanken zurückzuzahlen (dadurch wird ein Rückkoppelungseffekt ausgelöst: die Geldmenge sinkt wieder, die Überschußkasse der Geschäftsbanken erhöht sich, erneute Gleichgewichtsanpassungen werden nötig), und zum anderen erlaubt die erhöhte Liquidität ihnen, solche Finanzaktiva zu erwerben, deren Preise durch die bisherigen Transaktionen noch unverändert geblieben sind. Infolge der erhöhten Nachfrage (bei kurzfristig konstantem Angebot) werden jedoch die Preise dieser Finanzaktiva steigen bzw. ihre Renditen sinken. Es wird daher für die privaten Nichtbanken attraktiv, relativ billige Sachaktiva (Aktien, Kauf von Immobilien und Mobilien) zu erwerben, da deren Renditen noch relativ hoch sind (*Phase 3*).

Übers. 1: Phasenablauf des vermögenstheoretischen Transmissionsansatzes

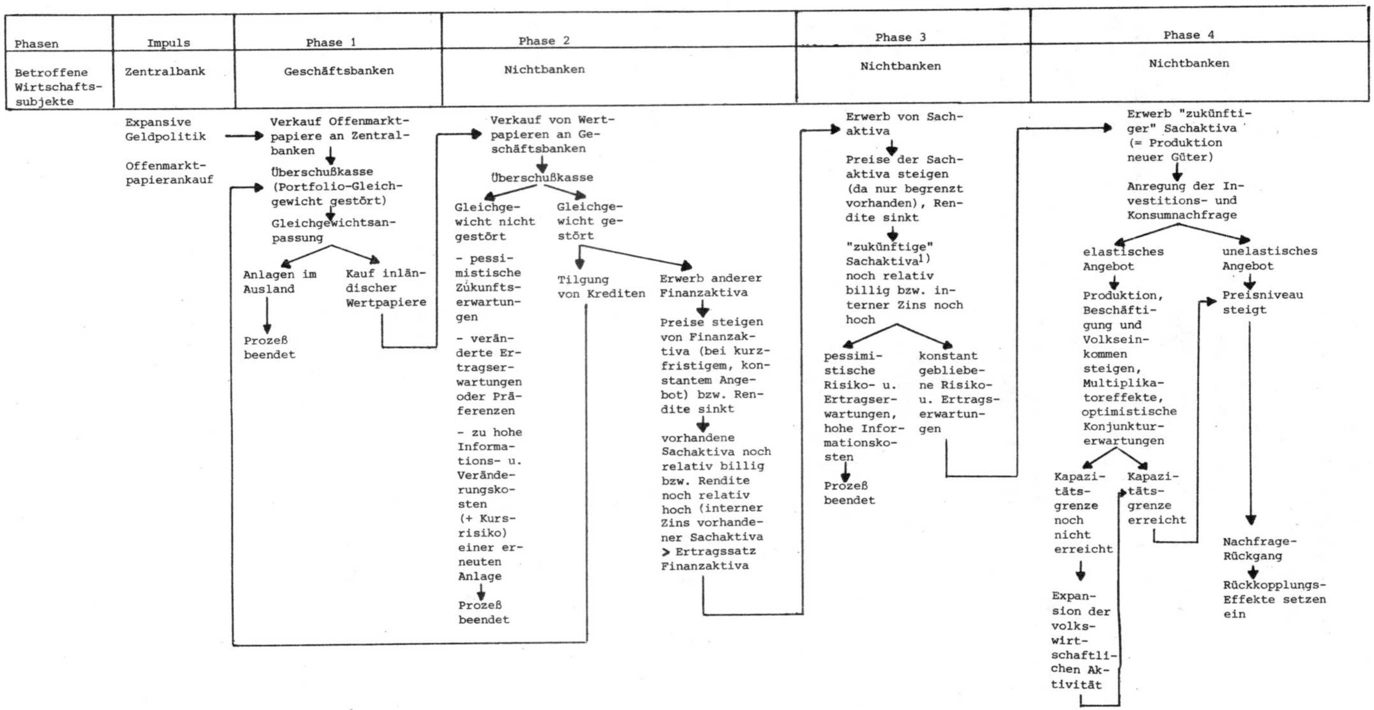

1) "Zukünftige" Sachaktiva = Investitions- und Konsumnachfrage.

Durch den verstärkten Erwerb des begrenzt vorhandenen Sachvermögens steigen die Preise (bzw. die Renditen sinken). Im Falle konstant gebliebener Risiko- und Ertragserwartungen wird es deshalb für die Wirtschaftssubjekte interessant, vermehrt „zukünftige“ Sachaktiva nachzufragen. Die Nachfrage nach neu zu produzierenden Sachvermögen (Investitionsnachfrage) wird stimuliert.

Die Produktion neuer Güter (*Phase 4*) ist abhängig von der Elastizität des Angebots. Nur im Falle einer elastischen Anpassung des Produktionsapparates an die verstärkte Nachfrage ist eine Steigerung der wirtschaftlichen Aktivität möglich, in deren Gefolge sich optimistische Ertragserwartungen und Multiplikatoreffekte auf Volkseinkommen und Beschäftigung einstellen. Rückkoppelungs-Effekte (feedback-Effekte) treten erst dann auf, wenn die Kapazitätsgrenzen erreicht sind und eine Steigerung des allgemeinen Preisniveaus einsetzt.

Zusammengefaßt bedeutet dieser Transmissionsansatz, daß eine notenbankpolitische Maßnahme über die Veränderung der Zentralbankgeldmenge (Geldbasis) (Phase 1) eine Veränderung der Geldmenge bewirkt (Phase 2), die ihrerseits dann über den Anpassungsprozeß relativer Preise von Finanzvermögen, begrenzt vorhandenem Sachvermögen (Phase 3) und schließlich neuzuproduzierendem Sachvermögen (Phase 4) die wirtschaftliche Aktivität zu steigern vermag. Als wirksamstes Instrument gilt in diesem Ansatz die Offenmarktpolitik der Notenbank. Die übrigen Maßnahmen sind nach diesem Konzept nur von untergeordneter Bedeutung.

b) Der kredittheoretische Transmissionsansatz

Die Anpassung kreditabhängiger Ausgaben an die veränderten Bedingungen des Kreditangebots sowie der Kosten der Kreditaufnahme sind der Kern des kredittheoretischen Transmissionsansatzes[5]. Dabei beeinflussen expansive geldpolitische Maßnahmen (z. B. Erweiterung der Rediskont-Kontingente, Mindestreservesatzsenkung u. ä.) den aktuellen Liquiditätsbestand des Geschäftsbankensektors (*Phase 1*). Bei vorerst noch konstantem angestrebten Liquiditätsbestand steigt der Liquiditätssaldo, der sich als Differenz zwischen aktueller und gewünschter Liquidität bildet.

[5] Vgl. hierzu die Übersicht 2.

Die gewünschte Liquidität ist jedoch ihrerseits abhängig von

- der Mindestreservepflicht,
- dem Einlagen- und Kreditvolumen und
- dem Rentabilitätskalkül der Geschäftsbanken.

Erfolgt z. B. eine Mindestreservesatzsenkung durch die Zentralbank, dann sinkt die Mindestreservepflicht und damit auch der angestrebte (potentielle) Liquiditätsbestand: Eine Erhöhung des Liquiditätssaldos wird demzufolge auch von dieser Seite her unterstützt.

In dieser ersten Phase ist neben dem zuvor dargestellten Liquiditätsmechanismus noch ein Zinsmechanismus (z. B. im Gefolge von Diskontsatzsenkungen) zu beobachten. Beide zusammen beeinflussen sowohl den Umfang als auch die Struktur des Kreditangebots (*Phase 2*): Je höher z. B. der Liquiditätssaldo ist, desto höher wird „ceteris paribus“ das Volumen des Kreditangebots ausfallen, und je empfindlicher die Kreditnehmer auf Zinsdifferenzen reagieren, desto leichter wird die Struktur des Kreditangebots beeinflußbar sein.

In dieser Phase sind aber ebenfalls gewisse Rückkoppelungseffekte festzustellen, die unter Umständen zu einer vorzeitigen Beendigung des Prozesses führen können. So könnte z. B. aufgrund des gestiegenen Kreditangebots der potentielle Liquiditätsbestand bei den Geschäftsbanken wieder ansteigen, da das Bedürfnis, „freiwillig“ Zentralbankgeldreserven zu halten, zunehmen dürfte, wenn die jederzeitige Zahlungsfähigkeit gesichert werden soll. Der Liquiditätssaldo verringert sich und damit auch „ceteris paribus“ das Kreditangebot seitens der Geschäftsbanken.

Eine andere vorzeitige Prozeßbeendigung tritt dann ein, wenn das gestiegene Kreditangebot von seiten der Kreditnachfrager nicht genutzt wird, sei es, daß z. B. Kassenhaltungsgewohnheiten sich geändert haben, oder daß die Wirtschaftssubjekte andere (günstigere) Geldkapitalquellen aktivieren konnten.

Abgesehen von diesen Sonderfällen wird in der Regel aber bei denjenigen Wirtschaftssubjekten, die auf eine kreditabhängige Ausgabenfinanzierung angewiesen sind, eine Anpassung an das geänderte Volumen und die Struktur des Kreditangebots beginnen (*Phase 3*). Diese Anpassung wird vor allem die Investitionstätigkeit der Unternehmen betreffen, d. h. die konsumptive Ausgabentätigkeit der privaten Haushalte wird als nicht so kreditabhängig angesehen. In der Literatur werden in diesem Zusammenhang drei Anpassungsformen unterschieden:

Übers. 2: Phasenablauf des kredittheoretischen Transmissionsansatzes

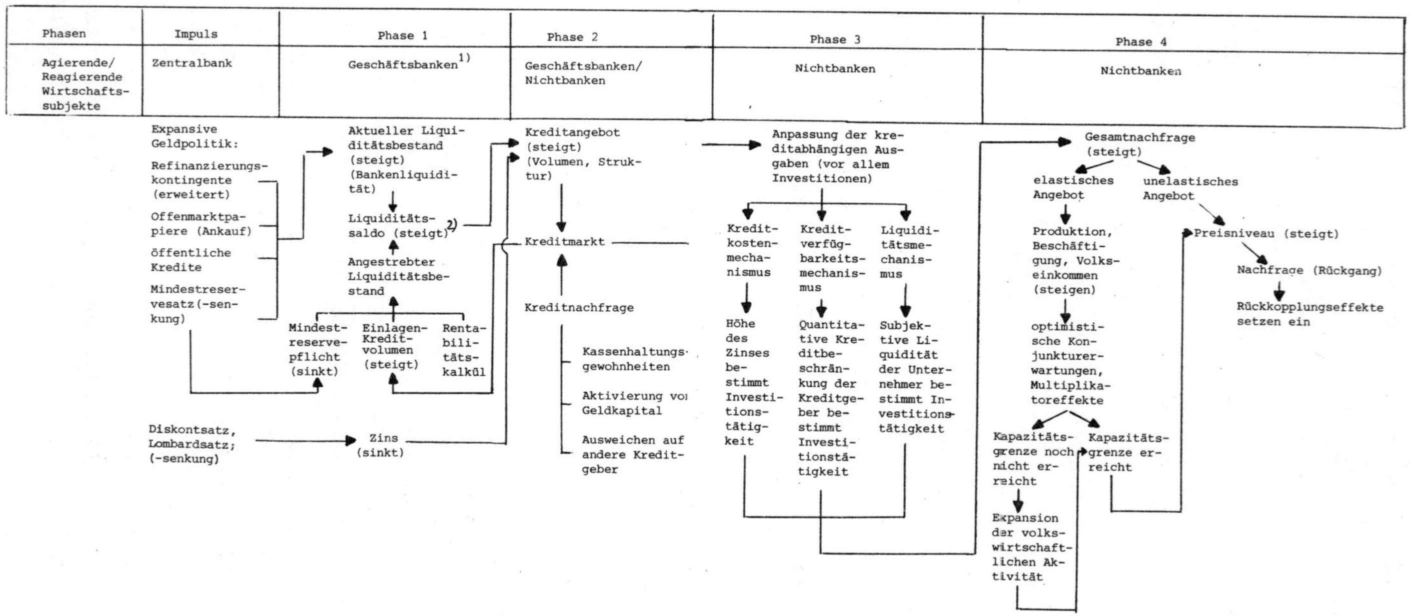

1) Inkl. Finanzintermediäre beim Zinsmechanismus.

2) Liquiditätssaldo = Aktueller Liquiditätsbestand ./. Angestrebter Liquiditätsbestand.

1. Der Kreditkostenmechanismus.
   Hier beeinflußt vor allem die Zinshöhe die Investitionstätigkeit.
2. Der Kreditverfügbarkeitsmechanismus
   (credit-availability-theory).
   Hier bewirkt die quantitative Beschränkung des vorhandenen Kreditangebotspotentials eine Beeinflussung der Investitionstätigkeit (Hauptvertreter: *R. Roosa*).
3. Der Liquiditätsmechanismus.
   Hier bestimmt die subjektive Liquidität der Unternehmer (Liquiditäts- und Finanzierungsspielräume) die Investitionstätigkeit (Hauptvertreter: *Schmölders, Stützel, Radcliffe*-Report).

Das Gemeinsame dieser drei Anpassungsmechanismen liegt darin, daß durch gestiegenes Kreditangebot eine verstärkte Investitionsnachfrage und damit ein Anstieg der volkswirtschaftlichen Gesamtnachfrage ermöglicht wird (*Phase 4*). Der weitere Anpassungsprozeß verläuft dann ähnlich wie im zuvor dargestellten vermögenstheoretischen Ansatz. Im Gegensatz dazu sind hier jedoch die zins- und liquiditätsorientierten Instrumente der Notenbank von besonderer Bedeutung, um eine effiziente Geldpolitik durchführen zu können.

c) Der praxisorientierte Ansatz der Deutschen Bundesbank

Die Transmissionsansätze der praktizierenden Geldpolitik in der Bundesrepublik Deutschland müssen nun im Spannungsfeld der in den beiden vorangegangenen Abschnitten dargestellten Wirkungshypothesen gesehen werden. Zwar laufen die Strukturvorstellungen der Deutschen Bundesbank auch darauf hinaus, daß die geldpolitischen Instrumente über eine Anzahl von bestimmten monetären Transmissionsvariablen die gesamtwirtschaftlichen Ziele beeinflussen können, jedoch es fehlen in den amtlichen Publikationen genaue Hinweise auf die unterstellten Wirkungsverläufe und damit auch auf die Kontrollierbarkeit der angestrebten stabilitätspolitischen Ziele durch die entsprechenden geldpolitischen Instrumente. Mit Ausnahme des außenwirtschaftlichen Zieles dominiert die Vorstellung, daß die einzelnen Maßnahmewirkungen von der instrumentellen Gesamtwirkung des „Maßnahmebündels“ nicht getrennt werden können[6]. Im Anschluß daran wird sogar behauptet, alle Instrumente seien gleichermaßen zur Beeinflussung des Preisniveaus und des Wirtschaftswachstums geeignet[7]. Jedoch über welche Wirkungskanäle diese Ziele erreicht werden können, bleibt weitgehend im Unklaren.

Da sich nun durch den Übergang zu flexiblen Wechselkursen im Frühjahr 1973 der stabilitätspolitische Aktionsradius der Geldpolitik erheblich verstärkt hat und da die Bundesbank seit 1974 auch der Entwicklung der Zentralbankgeldmenge (als Indikator und monetäres Zwischenziel) verstärkte Beachtung schenkt, wird im allgemeinen von einem Übergang zu einer „neuen Geldpolitik" gesprochen, die als Hinwendung zum monetaristischen (vermögenstheoretischen) Konzept interpretiert werden könnte. Denn die vorher praktizierte Zinsorientierung wurde durch eine Mengenorientierung ersetzt. Schon 1972 hatte der *Sachverständigenrat* im Falle befriedigender außenwirtschaftlicher Absicherung davon gesprochen, daß

„... es nur folgerichtig (wäre), wenn sich die Bundesbank von der Bankenliquidität als wichtigster Steuergröße der Geld- und Kreditpolitik trennt[8]."

Seitdem nun erstmalig im Dezember 1974 die Bundesbank den spektakulären Entschluß gefaßt hatte, für das kommende Jahr eine Wachstumsrate der Zentralbankgeldmenge festzulegen, wurde es für viele Autoren evident,

„... (daß) sich ein grundlegender Wandel der theoretischen Auffassung über den Einfluß des Geldes auf den ökonomischen Prozeß im allgemeinen und über die Steuerung der Geldmenge im speziellen[9]"

vollzogen hatte.

---

[6] Vgl. in diesem Zusammenhang auch die Ausführungen bei *Hans-Peter Basler:* Wirtschaftspolitische Zielpräferenzen in der Geldpolitik der BRD; eine empirische Analyse des Verhaltens der Deutschen Bundesbank (Diskussionsbeiträge des Fachbereichs Wirtschaftswissenschaften der Universität Konstanz, Nr. 92), Dezember 1976, S. 39 f.

[7] Vgl. ebenda, S. 40.

Dagegen kann das Beschäftigungsziel nicht im gleichen Maße beeinflußt werden, „... da mit geldpolitischen Aktionen lediglich die konjunkturell bedingte, nicht aber die strukturelle Arbeitslosigkeit bekämpft werden kann". Ebenda.

[8] *Sachverständigenrat* zur Begutachtung der gesamtwirtschaftlichen Entwicklung: Gleicher Rang für den Geldwert, Jahresgutachten 1972/73, Mainz 1972, Tz. 401.

[9] *Manfred Willms:* Sind 8 % Geldmengenwachstum adäquat? in: Wirtschaftsdienst, 56. Jg. (1976), S. 71–74, S. 71. Vgl. auch Ders.: Recent Experience with Monetary Policy in Germany, in *Deutsche Bundesbank:* Auszüge aus Presseartikeln, Nr. 34 vom 27. Mai 1975, S. 6–8.

Eine ähnliche Auffassung vertritt auch *Manfred J. M. Neumann,* der der Meinung ist, daß „... die explizite, direkte Steuerung der Zentralbankgeldmenge ... das Rad der geldpolitischen Geschichte in eine neue Bahn gesetzt (hat)". *Manfred J. M. Neumann:* Konstrukte der Zentralbankgeldmenge, in: Kredit und Kapital, 8. Jg. (1975), S. 317–45, S. 317.

Diese Annahmen über den „grundlegenden Wechsel der Konzeption“ *(Neumann)* wurden seitens der Bundesbank noch dadurch verstärkt, daß sich die Präsentation der Liquiditätsrechnung seit 1974 in wesentlichen Punkten geändert hat. Neben den freien Liquiditätsreserven der Geschäftsbanken wurde als zentrales monetäres Aggregat dabei die Zentralbankgeldmenge ausgewiesen[10].

Trotz einiger Parallelen unterscheidet sich aber die gegenwärtige Konzeption der Deutschen Bundesbank in vielerlei Hinsicht von der monetaristischen Position[11]. Und zwar handelt es sich im wesentlichen um vier Punkte, die hier nur kurz angesprochen werden sollen.

1. Die *Existenz freier Liquiditätsreserven* (FLR) ist unvereinbar mit einer monetaristischen Steuerung der Zentralbankgeldmenge, da das angestrebte Monopol der Zentralbankgeldschöpfung der Zentralbank durch die Geschäftsbanken unterlaufen werden kann. So erreicht eine Kontraktionspolitik erst nach Abbau der freien Liquiditätsreserven ihre volle Wirksamkeit, während auf der anderen Seite eine expansive Politik unter Umständen erst zu einer Aufstockung der FLR führt, also den monetären Expansionseffekt in gewisser Weise „dämpft“. Denn die freien Liquiditätsreserven bilden ein *Potential* zukünftiger Zentralbankgeldschöpfung, wobei den Banken in gewisser Weise ein autonomer Expansionsspielraum überlassen bleibt.

„Durch Rückgriff auf freie Liquiditätsreserven können die Banken das monetäre Wachstum, das ... einen höheren Bargeldumlauf und ein höheres Mindestreservesoll mit sich bringt, *von sich aus* alimentieren[12].“

---

10 Vgl. hierzu *Deutsche Bundesbank:* Zentralbankgeldmenge und freie Liquiditätsreserven der Banken, Erläuterungen zur Liquiditätsrechnung der Bundesbank, in: Dieselbe: Monatsberichte, 26. Jg., Nr. 7 (Juli 1974), S. 14–23.

Ein sehr guter zusammenfassender Überblick über die Entwicklung der Liquiditätsrechnung findet sich bei *Manfred Hartmann:* Bestimmungsgründe der Zentralbankgeldbeschaffung und freien Liquiditätsreserven der Kreditinstitute, (Untersuchungen über das Spar-, Giro- und Kreditwesen, Abt. A, hrsg. von *Fritz Voigt,* Bd. 101), Berlin 1979.

11 Zu diesem Ergebnis gelangen viele geldpolitische Autoren. So sagt z. B. *Helmut Geiger:* „Das neue geldpolitische Konzept der Deutschen Bundesbank seit Ende 1974 deckt sich – zumindest in der bisherigen Praxis – keineswegs mit der ‚reinen Lehre‘ der Monetaristen“. Ders.: Erfahrungen mit der neuen Geldpolitik der Deutschen Bundesbank, (Institut für das Spar-, Giro- und Kreditwesen an der Universität Bonn: Diskussionspapier Nr. 31), Bonn 1978, S. 4.

Ähnlich äußert sich auch *Claus Köhler,* der jedoch der monetaristischen Strategie ablehnend gegenübersteht: „Die der monetaristischen Theorie immanente These von der grundsätzlichen Stabilität des privaten Sektors steht nicht nur deutlich im Widerspruch zur Wirklichkeit, sondern auch im Gegensatz zu den Erkenntnissen der Konjunkturtheorie.“ *Claus Köhler:* Geldwirtschaft, Bd. 1: Geldversorgung und Kreditpolitik, 2., veränd. Aufl. Berlin 1977, S. 368.

Nach der Neuabgrenzung von 1973[13] setzen sich die FLR wie folgt zusammen:

$$FLR = Z_{ü}^{B} + G_{i} + \Delta R$$

wobei

$Z_{ü}^{B}$ = Überschußguthaben der Banken bei der Zentralbank, d. h. Zentralbankguthaben abzüglich (gesamtes) Mindestreserve-Soll.

G_{i} = Bestand an inländischen (regulierten) Geldmarktpapieren, soweit sie von der Bundesbank am offenen Markt bzw. im Rediskontwege ohne Anrechnung auf die festgesetzten Rediskontkontingente angekauft werden.

ΔR = Unausgenutzte Rediskontkontingente, d. h. festgesetzte (Brutto-)Kontingente ($\bar{R}$) abzüglich auf die Kontingente anzurechende Wechsel im Bestand der Bundesbank (R): $\Delta R = \bar{R} - R$.

Solange die Geschäftsbanken also über einen ausreichenden Bestand an FLR verfügen, wird die Beeinflussung der *aktuellen* Zentralbankgeldmenge (ZBGM) unter Umständen durch das Verhalten der Banken unterlaufen - ein Tatbestand, der zur Abschaffung der FLR auffordert, wie die Bundesbank selbst (jedenfalls ansatzweise) zu erkennen gibt:

„Nur wenn die freien Liquiditätsreserven *nahe bei Null* sind, ist gewährleistet, daß die Transaktionen und Maßnahmen der Notenbank im restriktiven Sinne auf die Zentralbankgeldmenge durchschlagen[14]."

Freie Liquiditätsreserven vom Umfang „nahe Null" sind jedoch nicht gleichbedeutend mit deren Nichtexistenz[15]. Effiziente Geldmengensteuerung setzt voraus, daß Aufbau sowie Abbau eines Expansions*potentials* in den Händen der Banken aufgrund *eigener Initiative* verhindert wird.

2. Ein weiterer wichtiger Unterschied zur monetaristischen Position liegt in der *Definition der „Zentralbankgeldmenge"* begründet. Die Bun-

---

[12] *Deutsche Bundesbank:* Die währungspolitischen Institutionen und Instrumente in der Bundesrepublik Deutschland, Sonderdruck der Deutschen Bundesbank, 2. überarb. Aufl., o. O. (1975), S. 21 (Hervorhebung von mir).

[13] *Deutsche Bundesbank:* Neuabgrenzung der „freien Liquiditätsreserven" der Banken, in: Dieselbe: Monatsberichte, Juni 1973, S. 47 f.

[14] *Deutsche Bundesbank:* Zentralbankgeldmenge, S. 16 f. (Hervorhebung von mir).

[15] In diesem Sinne *Manfred Hartmann:* Ist die „neue" Geldpolitik der Bundesbank monetaristisch?, in: Gesellschaft zur Förderung der wissenschaftlichen Forschung über das Spar- und Girowesen (Hrsg.): Mitteilungen Nr. 5 (März 1977), S. 34.

desbank grenzt diesen Begriff nämlich wie folgt ab (von der Verwendungsseite)[16]:

$$ZBGM = Z^P + \bar{Z}_i^B$$

wobei

ZBGM = Zentralbankgeldmenge (in der Abgrenzung der Bundesbank)

Z^P = Bargeldumlauf beim Publikum (einschließlich Kassenbestände der Kreditinstitute)

$\bar{Z}_i^B$ = Mindestreservesoll auf Inlandsverbindlichkeiten zu *konstanten* Reservesätzen. (Dadurch Ausschaltung kreditpolitisch motivierter Reservehaltung möglich.)

Im Gegensatz zu dem von den Monetaristen als Aggregat verwendeten Begriff der „monetären Basis" (*ZM*) sind einige Komponenten ausgeklammert worden. Es handelt sich im wesentlichen um:

– die Überschußreserven ($Z_ü^B$), die von der Bundesbank nicht zum aktuellen, sondern nur zum potentiellen Zentralbankgeld (= freie Liquiditätsreserven) gerechnet werden, da sie (von der Verwendungssicht her) als unproduktiv anzusehen sind, und um

– die Mindestreserven auf Ausländerverbindlichkeiten (Z_A^B), die aus methodischen Gründen unberücksichtigt bleiben,

> „da die Analyse letztlich auf die Wirkung der Geldpolitik, auf die Nachfrage nach Gütern und Dienstleistungen im Innern ausgerichtet ist"[17].

Die Definition der Monetaristen berücksichtigt im Unterschied dazu das *gesamte* Zentralbankgeld in Händen der Banken:

$$ZM = Z^P + Z_i^B + Z_A^B + Z_ü^B$$

$$= ZBGM + \hat{Z}_i^B + Z_A^B + Z_ü^B$$

wobei

ZM = Zentralbankgeld (Geldbasis) in der Abgrenzung der Monetaristen

Z_i^B = Mindestreservesoll auf Inlandsverbindlichkeiten zu *laufenden* Reservesätzen: $Z_i^B = \bar{Z}_i^B + \hat{Z}_i^B$ mit $\hat{Z}_i^B$ = kreditpolitisch verursachte Reservehaltung

Z_A^B = Mindestreservesoll auf Auslandsverbindlichkeiten

$Z_ü^B$ = Überschußguthaben bei der Bundesbank

Die Bundesbank zählt also die Größen $\hat{Z}_i^B$, Z_A^B und $Z_ü^B$ nicht zu den Verwendungs-, sondern zu den Entstehungskomponenten der Zentralbankgeldmenge.

---

[16] *Deutsche Bundesbank:* Zentralbankgeldmenge, S. 14 f.

[17] Ebenda, S. 19.

Dagegen ist nun zu sagen, daß z. B. die als Grund angeführte „Unproduktivität" der Überschußreserven nur für den Fall günstiger Refinanzierungsbedingungen und positiver Zukunftserwartungen gilt. Die Größe ZBGM ist dann als Indikator monetärer Politik unbrauchbar, wenn die Impulse z. B. im Auf- oder Abbau von Überschußguthaben (und damit in einer Erhöhung bzw. Senkung der freien Liquiditätsreserven) abgefangen werden[18].

3. Die der monetaristischen Konzeption zugrundeliegende *Theorie der relativen Preise* spiegelt in vielen Punkten nicht die Realität in der Bundesrepublik Deutschland wider[19]. Der Wirkungsablauf vollzieht sich in der modelltheoretisch beschriebenen Weise nämlich nur dann, wenn *Rationalität des Verhaltens* bei Banken und Nichtbanken vorausgesetzt wird. Ertragsmaximierung sowie Abwesenheit von Geldillusion sind notwendig, damit geldpolitisch induzierte Veränderungen der Preisrelationen zu Anpassungen der Vermögensstrukturen führen können. Diese Handlungsmaxime werden jedoch den vielfältigen Motiven ökonomisch relevanten Verhaltens nicht gerecht.

Verhinderte Anpassungsvorgänge sind nicht nur durch das Vorhandensein von Transformations- und Informationskosten infolge *mangelhafter Markttransparenz* begründet, sondern sie haben ihre Ursache auch in der *nicht beliebigen Teilbarkeit der Vermögenswerte.* Relative Preiseffekte verlieren somit in vielen Fällen die initiierende Wirkung für den Anpassungsprozeß.

---

[18] Auch der *Sachverständigenrat* kritisiert die Bundesbank-Definition. Er schloß sich in seinem ebenfalls seit 1973 verwendeten Zentralbankgeldmengen-Konzept den monetaristischen Vorstellungen an und berücksichtigt auch Überschußreserven und Mindestreserven auf Auslandsverbindlichkeiten, mit dem einzigen Unterschied zu ZM, daß die Mindestreserven um den Effekt der Reservesatzänderungen bereinigt werden. Diese Bereinigung erfolgt mit Hilfe eines Korrekturpostens (*K*), der sich als Kumulation der negativen Werte der durch Reservesatzänderungen in der Vergangenheit begründeten reservepflichtigen Bankeinlagen ergibt. Für diese bereinigte Zentralbankgeldmenge gilt dann:

$$ZS = Z^P + (Z^B_{i+A} + K) + Z^B_{ü}$$

wobei ZS = Zentralbankgeldmenge (in der Abgrenzung des Sachverständigenrates)

K = Korrekturposten

Vgl. dazu: *Sachverständigenrat:* Zeit zum Investieren, Jahresgutachten 1976/77, Stuttgart - Mainz 1976, S. 202.

[19] *Rüdiger Pohl:* Zur Kritik der Theorie der Vermögensstruktur und der relativen Preise, in: Kredit und Kapital, 8. Jg. (1975), S. 219–244.

Dazu kommt, daß die Wirtschaftssubjekte sich nicht in jedem Fall am Bestand ihrer Vermögenswerte orientieren, da das nämlich die laufende Aufstellung eines Vermögensstatus erfordern würde. Vielmehr richten sie sich in ihren Dispositionen häufig nach den Veränderungen von *Stromgrößen*, z. B. den ihres Einkommens.

Hinzu kommt, daß die *institutionell bedingten Einschränkungen* der Handlungsautonomie (z. B. über die Bestimmungen des Kreditwesengesetzes bzw. die Grundsätze des Bundesaufsichtsamtes für das Kreditwesen) ökonomisches Rationalverhalten sehr stark einschränken können[20]. Die Banken sind oft zu einem Handeln gezwungen, zu dem sie aus eigener Initiative (d. h. also aufgrund von angenommenen Wirtschaftlichkeitsüberlegungen) nicht bereit gewesen wären.

4. Eine konsequente Geldmengensteuerung verträgt modelltheoretisch keine Zinsregulierung:

„Ist das quantitative Ziel gewählt, dann muß auch die Zinskonsequenz akzeptiert werden[21].“

Dieses Postulat erfordert jedoch,

- daß die Bundesbank in ihrer Politik auf den Einsatz der Zinspolitik verzichten muß, somit also die Entwicklung der Zinssätze dem Markt überlassen sollte und
- daß sie ihr gegenwärtiges Instrumentarium entsprechend umgestalten muß, insbesondere die Offenmarktpolitik ausgestalten und von der Preisfixierung zur Mengenfixierung übergehen sollte.

Keinem dieser beiden Punkte kommt die Bundesbank in ihrer gegenwärtigen Praxis nach:

- An eine Umgestaltung des Instrumentariums, insbesondere an eine Intensivierung der Offenmarktoperationen ist momentan nicht zu denken, obwohl es „die eleganteste Methode“[22] wäre. Der Grund hierfür liegt darin,

„... daß kein Markt zur Verfügung steht, an dem Interventionen in der im Ein-

---

[20] Eine Darstellung ökonomischer Probleme, die sich aus gesetzlichen Regelungen über die Funktionsweise der Kreditwirtschaft ergeben, findet sich u. a. bei *Manfred Hartmann:* Ökonomische Aspekte der Reform des KWG (Gesellschaft zur Förderung der wissenschaftlichen Forschung über das Spar- und Girowesen (Hrsg.): Forschungsberichte, Bd. 3), Stuttgart o. J. (1977).

[21] *Erich G. Franz:* Neue Geldpolitik hat Erwartungen nicht erfüllt, in: Banken International, Beilage des Handelsblatts vom 25. 3. 1976.

[22] *Deutsche Bundesbank:* Die währungspolitischen Institutionen (1975), S. 31.

zelfall benötigten Größenordnung vorgenommen werden können, ohne diesen Markt selbst über Gebühr in Unordnung zu bringen[23]."

– Deshalb soll auch zukünftig nicht auf den Einsatz der Zinspolitik verzichtet werden. Das geldpolitisch angestrebte Spannungsverhältnis zwischen Zentralbankgeldbedarf der Banken auf der einen Seite und Zentralbankgeldangebot der Notenbank auf der anderen Seite wird am ehesten durch die Regulierung des Geldmarktzinsniveaus erreicht. Der Grund für die auch weiterhin praktizierte Zinsregulierung liegt darin, daß die Bundesbank dem Zins-Kreditmechanismus bei der Durchsetzung der monetären Zielsetzungen auch weiterhin eine zentrale Rolle einräumt:

„Der ‚Transmissionsmechanismus', auf dem diese Politik der Zentralbankgeldsteuerung beruht, ... ergibt sich aus dem Zusammenspiel von Preis- (d. h. Zins-) und Mengenreaktionen.

... Wenn die Banken in diesem System in ihrer Kreditgewährung über die von der Notenbank gewählte Expansion hinausschießen, so werden sie dies alsbald an einer Verteuerung ihrer Refinanzierung am Geldmarkt spüren und ihre Kreditexpansion beschränken.

... Über die Änderungen der Zinssätze und Zinsrelationen werden daher die einzelwirtschaftlichen Zielsetzungen der Banken beeinflußt, aber auch die Entscheidungen der Bankkunden[24]."

Aus diesen Überlegungen folgt, daß der instrumentelle Ansatz der Deutschen Bundesbank in keines der modelltheoretisch angebotenen Konzeptionsschemata einzuordnen ist, zumal über die Wirksamkeit der Geldpolitik und die („wahre") Transmission der monetären Impulse immer noch keine vollkommene Klarheit herrscht. Im Gegenteil, die Bundesbank scheint keines der beiden Konzepte eindeutig zu präferieren. Vielmehr äußert sie sich in ihren regelmäßigen Publikationen vorsichtig und wenig eindeutig. Gründe für dieses Verhalten liegen in

„... der bekannten Abneigung der Bundesbank, sich auf bestimmte extreme wissenschaftliche Positionen festzulegen[25]."

Es scheint sich also die Vermutung zu bestätigen, daß die Bundesbank mit ihrer neuen Politik eher auf einen pragmatischen Kompro-

---

[23] Ebenda.

[24] *Deutsche Bundesbank:* Zentralbankgeldmenge, S. 20.

[25] *Hans-Hermann Francke:* Bankenliquidität und Zins als Orientierungsvariable der Geldpolitik, (Untersuchungen über das Spar-, Giro- und Kreditwesen, Abt. A.: Wirtschaftswissenschaft, hrsg. von *Fritz Voigt,* Bd. 78), Berlin 1975, S. 11.

miß eingegangen ist, zwischen monetaristischer Mengenregulierung einerseits und noch weiterhin praktizierter Liquiditätspolitik anderseits, zumal kurzfristige Abweichungen vom mittelfristigen Quantitätsziel, die durch störende Sondereinflüsse hervorgerufen werden, nur mit Hilfe eines elastischen Instrumenteneinsatzes gegenüber den Banken bezüglich der Verfügbarkeit über aktuelles und potentielles Zentralbankgeld abgefangen werden können. (Indirekte) Steuerungsvariable der Zentralbankgeldmenge ist auch weiterhin der Zins (insbesondere der Geldmarktzins), der den angestrebten Spannungszustand zwischen Zentralbankgeldangebot und Zentralbankgeldbedarf aufrechterhalten soll:

„Das angestrebte Zinsniveau ist kein Selbstzweck, sondern hat nur *instrumentellen Charakter*. Es dient dem Zweck, eine bestimmte geldpolitische Zielsetzung durchzusetzen[26].“

Dabei erscheint die Steuerung der Zentralbankgeldversorgung über die freien Liquiditätsreserven mit Hilfe der Refinanzierungskontingente, Mindestreservepolitik und der Offenmarkttransaktionen sowie eine Beeinflussung der Zinsentwicklung am Geldmarkt (z. B. über Diskontsatz- und Lombardsatzvariationen, als auch über offenmarktpolitische Maßnahmen) weiterhin noch dominierend zu sein, während die Zentralbankgeldmenge als „abgeleitete Größe“ allein eine konstatierende Funktion besitzt[27].

Diese Überlegungen bestätigen die Vermutung, daß sich die praktische Notenbankpolitik nicht an einer einzigen Größe orientieren kann. Vielmehr muß der Informationsgehalt *aller* Größen ausgenutzt werden. Denn nur so können annäherungsweise Verhaltensfunktionen und Kausalbeziehungen abgeleitet werden.

In der statistischen Präsentation der Liquiditätsrechnung faßt die Bundesbank daher die Größen *ZBGM* und *FLR* in einer Tabelle zusam-

---

26 *Deutsche Bundesbank:* Die währungspolitischen Institutionen (1975), S. 31. (Hervorhebung von mir).

In diesem Sinne äußert sich z. B. auch *Eberhart Ketzel.* So fordert er, den Geldmarktzins als Richtschnur für konkrete Liquiditätsmaßnahmen zu nehmen, da eine *Ergänzung* der Mengenpolitik im Falle eines „unerwünschten Zentralbankgeldzuflusses“ von „außen“ notwendig wird. Als solch ein äußerer Einfluß gilt z. B. die Auflösung der Sondereinlagen öffentlicher Haushalte bei der Deutschen Bundesbank. Vgl. *Eberhart Ketzel:* Praktische Fragen zum Geldmengenkonzept, in: Sparkasse, 92. Jg. (1975), Heft 1, S. 3 f.

27 In diesem Sinne äußerten sich u. a. auch *Erich G. Franz:* Neue Geldpolitik, sowie *Diethard B. Simmert:* Kritische Anmerkungen zur „neuen Geldpolitik“, in: Sparkasse, 92. Jg. (1975), Heft 8, S. 228.

men[28]. Denn sowohl aktuelles als auch potientielles Zentralbankgeld entsteht teilweise aufgrund des gleichen Instrumenteneinsatzes, wobei die Zuordnung zur Größe *ZBGM* oder *FLR* allein vom *Zentralbankgeldbedarf* der Geschäftsbanken abhängt[29]. Nur wenn das Zentralbankgeld zur Befriedigung von Bargeldauszahlungen und/oder zur Erfüllung des Mindestreserve-Solls benötigt wird, erfolgt die sog. monetäre Expansion. Alle übrigen durch die Notenbank bei den Geschäftsbanken geschaffenen Zentralbankguthaben erhöhen im ersten Schritt nur den Bestand an freien Liquiditätsreserven, aus dem dann die Banken in einem zweiten Schritt (falls benötigt) ihren Zentralbankgeldbedarf decken können.

Zusammenfassend läßt sich das geldpolitische Konzept der Deutschen Bundesbank vereinfacht durch folgende Übersicht 3 darstellen, wobei Zentralbankgeldversorgung und Zinsbeeinflussung als gleichrangige Parameter angesehen werden[30]. Die verschiedenen Geldmengen-Abgrenzungen (M_1, M_2, M_3, *ZBGM*) erhalten ihre Bedeutung allein als Indikatoren für die vollzogene und abgeschlossene geldpolitische Entwicklung. Denn ihre Aufgabe besteht darin, die Liquiditätslage der inländischen Nichtbanken (ex post) zu erfassen, als Indikato-

---

[28] Vgl. *Deutsche Bundesbank:* Tabelle I. 3. (Zentralbankgeldschaffung und freie Liquiditätsreserven der Banken), lfd. Monatsberichte seit Juli 1974.

[29] Als Bestimmungsfaktoren sowohl für die Zentralbankgeldmenge als für die freien Liquiditätsreserven gelten u. a.:
- Veränderungen der Netto-Währungsreserven
- Veränderungen der Netto-Guthaben von Nichtbanken (namentlich von öffentlichen Haushalten) bei der Bundesbank
- Offenmarktoperationen mit Nichtbanken sowie in nicht-geldmarktregulierten und langfristigen Titeln mit Banken
- Marktstützungen der Bundesbank, etwa über die Gewährung von Lombardkrediten
- Sonstige Einflüsse (Float u. a.) sowie Anordnungen bezüglich der Reserve- oder Depothaltung bei der Bundesbank.

[30] Einen kurzen zusammenfassenden Überblick vermittelt auch der Artikel von *Claus Köhler:* Möglichkeiten und Grenzen der Geldpolitik, in: *Deutsche Bundesbank:* Auszüge aus Presseartikeln, Nr. 30 vom 12. 4. 1978, S. 1–3.

Köhler kommt dabei zu dem Ergebnis, daß die Gesamtnachfrage über die monetäre Zielgröße ‚Zentralbankgeldmenge' gesteuert werden kann, die Steuerung dieser Zielgröße wiederum nur über die Bankenliquidität und den Zins erfolgen kann, wobei allein letztere direkt beeinflußbar seien: „Wer allerdings annimmt, die Kreditpolitik sei in der Lage, eine bestimmte Zuwachsrate der monetären Zielgröße Zentralbankgeldmenge exakt zu erreichen, wird ebenso enttäuscht werden wie derjenige, der glaubt, die Wirtschaftspolitik könne eine projizierte Wachstumsrate des realen Sozialprodukts exakt verwirklichen." Ebenda, S. 3.

ren für die Stärke und Wirkungsrichtung der Geldpolitik sind sie nicht geeignet[31].

Übers. 3: Das geldpolitische Konzept der Deutschen Bundesbank

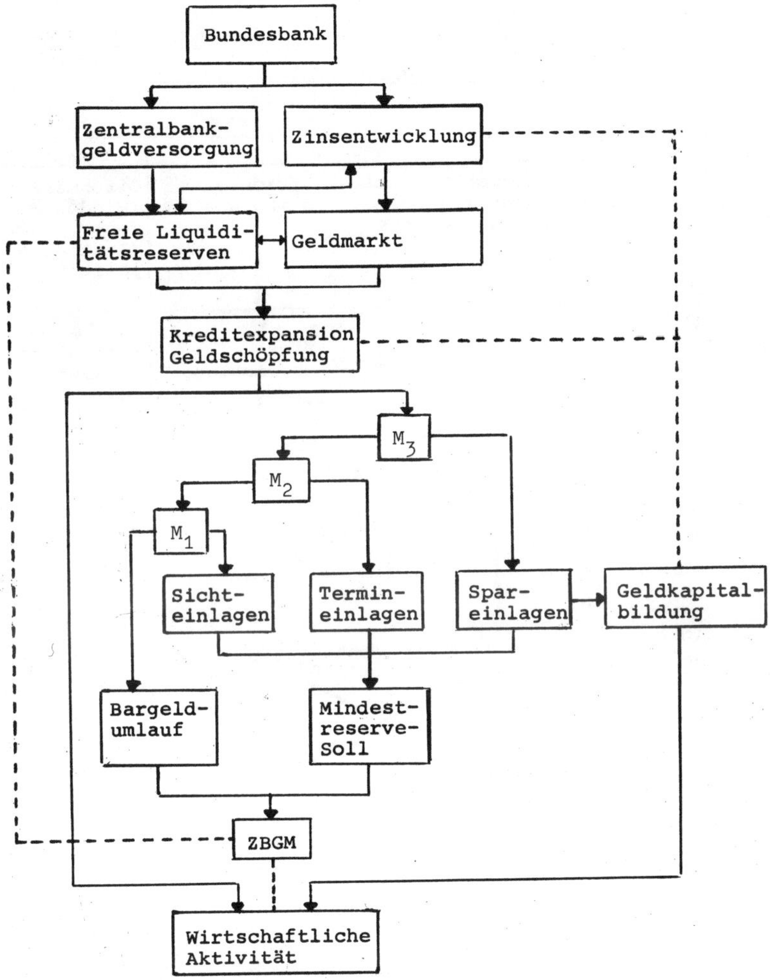

---

31 Vgl. auch unten Teil 2.A.II.2.a.

d) Ein vereinfachtes Modell der geldpolitischen Transmission

Berücksichtigt man nun die theoretischen und praxisorientierten Überlegungen der vorangegangenen Abschnitte, dann lassen sich die einzelnen ökonomischen Ereignisse durch ein Phasenschema vereinfacht darstellen (vgl. Übers. 4).

Übers. 4: Geldpolitische Wirkungsabläufe

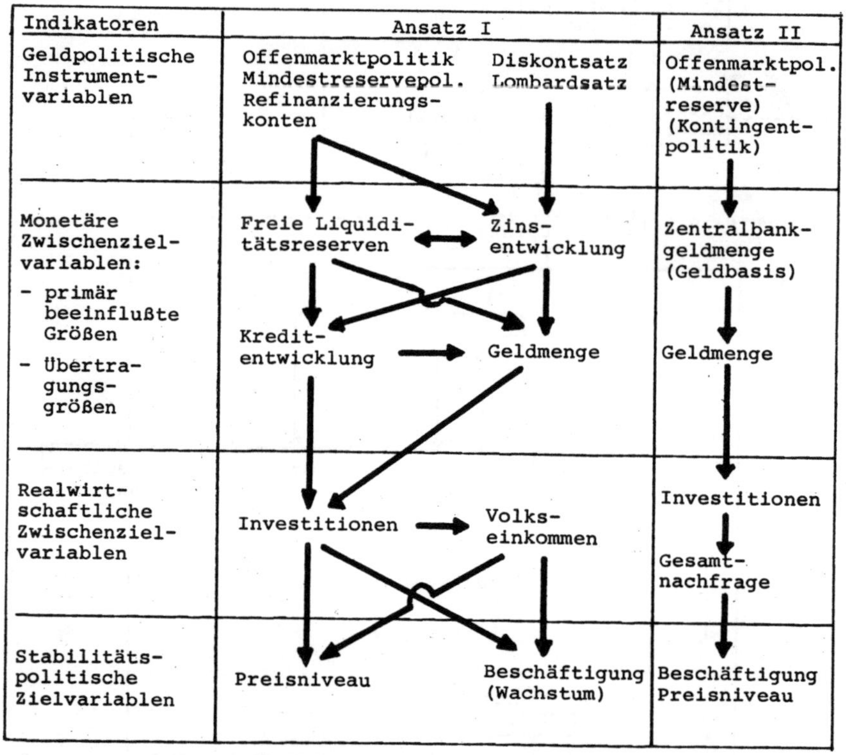

Die beiden Ansätze aus Übersicht 4 dienen als Grundlage zur Berechnung der Wirkungsverzögerungen monetärer Maßnahmen, wobei Ansatz I in stark vereinfachter Weise eher dem kredittheoretischen Transmissionsmechanismus zuzuordnen wäre, während Ansatz II aufgrund der Geldbasisorientierung monetaristisches Gedankengut enthält.

2. Die Auswahl der Indikatorvariablen

Ausgehend von den zuvor dargestellten Ansätzen zur Erklärung der ökonomischen Strukturzusammenhänge, ergibt sich bei der empirischen Analyse das Problem der Variablenselektion. Abgesehen von der statistischen Erfaßbarkeit bzw. Nicht-Erfaßbarkeit bestimmter ökonomischer Ereignisse werden gewisse methodische sowie auch definitorische Probleme aufgeworfen, auf die im folgenden kurz eingegangen werden soll.

a) Der Indikatorbegriff

Quantitative Aussagen über die Wirksamkeit eingesetzter Instrumente sind eigentlich nur dann sinnvoll, wenn der „wahre" Strukturzusammenhang des ökonomischen Systems bekannt wäre. Die Wirkungsrichtung allein (z. B. Maßnahme X wirkt „expansiv" oder „kontraktiv") sagt wenig aus im Hinblick auf die Erfolgskontrolle der Stabilisierungspolitik. Eine komparative Angabe der zur Verfügung stehenden Instrumente wäre dagegen für die Entscheidungsträger von wesentlich größerem Nutzen, z. B. Maßnahme X_1 wirkt „expansiver" als Maßnahme X_2.

Aber angesichts des begrenzten Kenntnisstandes der gegenwärtigen Wissenschaft über die „wahren" Strukturzusammenhänge und angesichts der mangelhaften Quantifizierbarkeit der Instrumente im Hinblick auf eine optimale Zielerreichung bleibt die Wirkungsanalyse letztendlich immer nur auf Vermutungen und/oder „Tendenzberichte" angewiesen. Symptom dieser unzulänglichen Erfaßbarkeit ökonomischer Ereignisse ist das Indikatorproblem.

Im allgemeinen Sprachgebrauch versteht man unter einem *Indikator* eine Variable, mit deren Hilfe sonst statistisch nicht (oder nur spät) meßbare Ereignisse näherungsweise angezeigt werden können.

In Anlehnung an die Ausführungen von *Brunner* und *Meltzer*[32] verwendet man in der geldpolitischen Theorie häufig die Begriffe Zwischenziel (target bzw. intermediate target) und Indikator (indicator) der Geldpolitik, wobei beide Größen Zwischenstationen auf der Suche nach einer „optimalen Gesamtstrategie" in bezug auf die Stabilisierung geldpolitischer Endziele (goals bzw. ultimate targets) sind[33]:

---

[32] *Karl Brunner, Allan H. Meltzer:* The Nature of the Policy Problem, in: *Karl Brunner* (Hrsg.): Targets and Indicators, San Franzisko 1969.

– *Indikatoren* stellen dabei solche Variablen dar, die *allein* von der Zentralbank beeinflußt werden können, somit also unmittelbar Stärke und Wirkungsrichtung der Geldpolitik anzeigen *(Diagnosefunktion)*. Veränderungen des Wertes sollen darüber hinaus den Einfluß der stabilitätspolitischen Impulse auf die *zukünftige* Entwicklung der Endziele anzeigen *(Prognosefunktion)*.

– *Zwischenziele* dagegen sind Größen, die die Zentralbank im Wege der Stabilisierung realwirtschaftlicher „Endziele" laufend steuern will, auf die sie jedoch *keinen alleinigen Einfluß* ausüben kann. Vielmehr reagieren diese Variablen auch auf andere (exogene) Impulse. Trotzdem wird angenommen, daß (entsprechend dem zugrunde liegenden Strukturzusammenhang) diese Größen zur Steuerung der stabilitätspolitischen Ziele geeignet sein können *(Steuerungsfunktion)*.

Im Gegensatz zu der obigen Begriffsabgrenzung soll im folgenden jedoch *jede* Zeitreihe als Indikator angesehen werden, die entsprechend ihrem Aussagezweck (Diagnosefunktion, Steuerungsfunktion) als hinreichend genaue Erklärungsgröße zur Analyse bestimmter ökonomischer Ereignisse genommen werden kann. Kriterien für die Auswahl dieser Zeitreihen sind dabei folgende Prinzipien, die in Anlehnung an die Auswahlmethodik des National Bureau of Economic Research[34] aufgestellt wurden:

1. Die Zeitreihe (bzw. allgemein: die ökonomische Variable) muß in bezug auf das zu erklärende ökonomische Ereignis (Impuls, Zwischenziel, Endziel) wirtschaftliche Signifikanz aufweisen, d. h. die wirtschaftlichen Vorgänge (z. B. Zentralbankpolitik, stabilitätspolitische Zielkonstellationen) müssen durch den Indikator hinreichend genau repräsentiert werden.
2. Ebenso sollte die Variable statistische Adäquanz besitzen, d. h. die Beobachtungswerte sollten nur geringen nachträglichen Korrekturen unterliegen.

---

[33] Vgl. auch *Manfred J. M. Neumann:* Zwischenziele und Indikatoren der Geldpolitik, in: Kredit und Kapital, 4. Jg. (1971), S. 398 ff.

[34] Eine Darstellung dieser Auswahlkriterien, speziell jedoch für Indikatoren zur Konjunkturdiagnose, erfolgt bei: *G. H. Moore, J. Shiskin:* Indicators of Business Expansions and Contractions (NBER-Occassional Paper, No. 103), New York 1967. Zitiert nach: *W. Gerstenberger, J. D. Lindlbauer, G. Nerb, W. H. Strigel:* Die Abschwungphase 1966/67 im Lichte der Konjunkturindikatoren, in: Wirtschaftskonjunktur, 22. Jg. (1970), Heft 1, S. 36.

3. Eine weitere Forderung bezieht sich auf die Übereinstimmung der Indikatorwerte in der Vergangenheit mit der allgemeinen Entwicklung der ökonomischen Ereignisse.
4. Von eher praktischem Nutzen ist die Reihenglätte und die Regelmäßigkeit der Variablen in ihrem zeitlichen Abstand zu dem zu erklärenden Ereignis.

Um eine Begriffsverwirrung zu vermeiden, empfiehlt es sich deshalb, diejenigen Zeitreihen, die die Zentralbankpolitik unmittelbar widerspiegeln sollen, als *Politikindikatoren* (Impulsindikatoren) zu bezeichnen, während für die Steuerungsvariablen der Geldpolitik der Ausdruck *Zwischenzielindikator* angebracht erscheint. In diesem Sinne kann man die Variablen, die die Auswirkungen der monetären Entwicklung im realwirtschaftlichen Sektor auffangen, als *Wirkungsindikatoren* ansehen, während die Entwicklung der stabilitätspolitischen Ziele (Vollbeschäftigung, Preisniveaustabilität, Wirtschaftswachstum und außenwirtschaftliches Gleichgewicht) durch sog. *Zielindikatoren* repräsentiert wird[35].

Berücksichtigt man die oben aufgestellten Kriterien, dann erscheint es sinnvoll, nur solche Variablen z. B. als Impulsindikatoren auszuwählen, die

- möglichst schnell verfügbar sind, d. h. der Statistiklag sollte ein Minimum sein,
- direkt die zentralbankpolitischen Maßnahmen widerspiegeln, d. h. exogene Impulse dürfen gar nicht (oder nur geringfügig) die Indikatorwerte verändern,
- in enger Beziehung zur Zielrichtung der Politik stehen, d. h. die Maßnahmen werden als expansiv, kontraktiv oder konjunkturneutral bezeichnet, wenn gewisse Toleranzgrenzen über- oder unterschritten werden.

Da der Geldpolitikindikator allein die Effekte der Notenbankpolitik widerspiegeln soll, die Zwischenzielindikatoren jedoch auch andere exogene Störungen beinhalten können, erscheint es zweckmäßig, beide Indikatorreihen völlig unabhängig voneinander zu betrachten, d. h. die

---

[35] Eine ähnliche sprachliche Systematisierung hat auch *Gunter Tichy* vorgenommen: „Das magische Fünfeck und die trade-off-Analyse, in: Kredit und Kapital, 4. Jg. (1971), Heft 1, S. 1-26. Er empfiehlt ebenfalls generell von Indikatoren zu sprechen und diese nur nach primären und sekundären Zielindikatoren sowie nach Bedarfs-, Absichts- und Erfolgsindikatoren zu unterscheiden.

gleiche Variable sollte nicht gleichzeitig Impulsindikator *und* Zwischenzielindikator sein, bzw. eine feste proportionale Beziehung zwischen beiden Variablen sollte ausgeschlossen sein[36].

Diese Auffassung wird jedoch nicht von allen Autoren geteilt. So können gegebenenfalls Zwischenziel- und Impulsindikator zusammenfallen, müssen aber nicht notwendigerweise identisch sein[37]. In diesem Sinne betrachtet auch die Deutsche Bundesbank die Zentralbankgeldmenge nicht nur als Zwischenziel, sondern auch als „bewährten" Indikator für die monetäre Entwicklung,

„weil sie (die Zentralbankgeldmenge, der Verf.) bei zinsbedingten Verlagerungen zwischen verschiedenen Einlagenarten eine befriedigendere Lösung bietet als die anderen Abgrenzungen[38]."

Diese Begründung deutet darauf hin, daß die Bundesbank mit der Wahl des Impulsindikators auch nicht voll zufrieden ist. Seine Eignung als Indikator erfährt die ZBGM nur anhand eines Vergleiches mit anderen „unbefriedigenderen" Lösungsmöglichkeiten, wie z. B. den Geldmengenabgrenzungen M_1, M_2, M_3.

Auch (und gerade) in der wissenschaftlichen Diskussion ist dieser Problemkreis sehr umstritten. Für monetaristische Autoren ist die (korrigierte) Geldbasis ein operationaler Indikator[39], während andere Verfasser zu dem Ergebnis kommen, daß alle bisher genannten Indikatorkandidaten der Aufgabenstellung nicht gerecht werden. Im Gegenteil: Es wird sogar behauptet, daß es unmöglich sei, einen der Zentralbankpolitik „immanenten" Indikator zu definieren[40].

Um die Willkür der Politikindikatorwahl zu umgehen, wird daher im folgenden ein Verfahren gewählt, das direkt an der Notenbankpolitik ansetzt. Indikatoren für die einzelnen Wirkungsphasen sind die jewei-

---

36 In diesem Sinne äußerte sich z. B. auch *Th. R. Saving* (Monetary-Policy Targets and Indicators, in: The Journal of Political Economy, Vol. 75 (1967), S. 446 ff.), der diese Forderung auf mathematischem Wege begründet.

37 Vgl. u. a. *A. E. Burger*: The Money Supply Process, Belmont 1971, S. 168 f.; *Jürgen Siebke, Manfred Willms*: Theorie der Geldpolitik, Berlin – Heidelberg – New York 1974, S. 171.

38 *Deutsche Bundesbank*: Die währungspolitischen Institutionen (1975), S. 18.

39 Vgl. beispielsweise die Ausführungen bei *Manfred J. M. Neumann*: Zwischenziele und Indikatoren, S. 398 ff.; Ders.: Konstrukte der Zentralbankgeldmenge, S. 317 ff.; sowie *Manfred Willms*: An evaluation of monetary indicators in Germany, in: *Karl Brunner* (Hrsg.): Proceedings of the First Konstanzer Seminar, S. 219 ff.

40 Vgl. beispielsweise *Werner Neubauer*: Strategien, Wirkungen und Techniken, S. 129.

ligen relevanten Variablen, die entsprechend den Wirkungshypothesen ausgewählt worden sind.

b) Geldpolitische Impulsindikatoren

Grundlage für die Beurteilung der Geldpolitik sind die Angaben der Deutschen Bundesbank über Änderungen der ihr zur Verfügung stehenden Instrumente. Auf dieses geld- und kreditpolitische Instrumentarium ist zuvor schon an verschiedenen Stellen hingewiesen worden. Über die Wirkungsweisen existiert eine umfangreiche Literatur, so daß hier im einzelnen nicht näher darauf eingegangen werden braucht[41].

Für die empirischen Untersuchungen sind die folgenden wesentlichsten Einflußgrößen zur Steuerung der Entstehung sowie der Verwendung von Zentralbankgeld ausgewählt worden:

- Diskontsatzpolitik
- Mindestreservesatzpolitik
- Offenmarktpolitik
- Rediskontkontingentpolitik.

α) Refinanzierungssatzpolitik

Über eine Variation der Diskont- und Lombardsätze hat die Bundesbank die Möglichkeit, die Inanspruchnahme der Refinanzierungskredite seitens der Geschäftsbanken zu beeinflussen, wobei letztendlich eine Beeinflussung der Zinssätze und des Volumens der von den Geschäftsbanken vergebenen Kredite bezweckt ist[42].

Da in der Regel der Lombardsatz mit einer durchschnittlichen Differenz von 1 bis 2 Prozentpunkten dem Diskontsatz immer unmittelbar folgt - die Sätze werden i. a. *gleichzeitig* variiert[43] -, beschränkt sich die

---

[41] Vgl. u. a. die Darstellungen bei: *Deutsche Bundesbank:* Die währungspolitischen Institutionen (1975), S. 29 ff.; *Dieter Duwendag* u. a.: Geldtheorie (1977), S. 258 ff.

[42] Weitere Maßnahmen der Refinanzierungspolitik neben der hier dargestellten Beeinflussung der Refinanzierungskosten und der weiter unten dargestellten quantitativen Komponente sind die Möglichkeiten einer Veränderung der qualitativen Anforderungen an das rediskontierbare Wechselmaterial und an die lombardfähigen Titel.

Vgl. u. a. *Norbert Euba:* Möglichkeiten, S. 62 ff.

[43] Eine Ausnahme bilden die Jahre 1973/74, wo die Lombardierung z. T. ganz eingestellt wurde.

folgende Untersuchung allein auf die Erfassung der Diskontsatzwirkungen, obwohl durchaus unterschiedliche Effekte bei den einzelnen Maßnahmen beobachtet werden können[44].

Die stabilitätspolitische Bedeutung dieses Instruments liegt nun darin, daß der Diskontsatz (aber auch der Lombardsatz) dominierend die Zinsbildung am Geldmarkt beeinflußt. Denn der Bundesbanksatz stellt den Preis dar, zu dem sich die Geschäftsbanken jederzeit refinanzieren können, um z. B. ihren Mindestreserveverpflichtungen oder den Bargeldanforderungen der Nichtbanken nachkommen zu können (sofern sie über genügend rediskontierfähige Wechsel und noch über unausgenutzte Rediskontkontingente verfügen)[45]. Im Wege der Rediskontierung wird also potentielles Zentralbankgeld (= freie Liquiditätsreserven) in aktuelles Zentralbankgeld umgewandelt. Es vollzieht sich ein Geldschöpfungsprozeß, der nur dann nicht zum Tragen kommt, wenn die Geschäftsbanken sich das benötigte Zentralbankgeld auf dem Geldmarkt billiger verschaffen können. Das ist in der Regel dann der Fall, wenn die Banken über eine reichliche Liquiditätsausstattung verfügen. Der Lombardsatz bildet somit eine Art Obergrenze für den Tagesgeldsatz, die nur dann überschritten wird, wenn die Liquiditätslage stark angespannt ist und keine freien Refinanzierungskontingente mehr zur Verfügung stehen.

Aus diesen ersten Überlegungen wird schon deutlich, daß der Effekt der Diskont- und Lombardsatzvariationen auf die Höhe der Refinanzierung als nicht so hoch veranschlagt werden braucht. In diesem Bereich übt die Kontingentpolitik eine kräftigere Wirkung aus, zumal

---

[44] So können z. B. unterschiedliche Differenzen zwischen Lombardsatz und Diskontsatz auf den Liquiditätsbedarf der Kreditwirtschaft beachtliche Auswirkungen haben. Selbst bei einer 3-%-Punkte-Differenz zwischen beiden Sätzen ist der Lombardkredit mit einer Laufzeit von 1 bis 3 Tagen billiger als der Rediskont von Wechseln. Das unterstreicht deutlich die Bedeutung dieser Refinanzierungsmöglichkeit für den *sehr kurzfristigen* Liquiditätsausgleich.

[45] Den Geschäftsbanken steht zwar auch die Möglichkeit zu, sich Zentralbankgeld im Wege des Lombardkredits zu verschaffen, aber seit Mitte 1973 ergaben sich (aufgrund kreditpolitischer Erfordernisse) mehrfache Änderungen. So hatte die Bundesbank zunächst im Mai 1973 beschlossen, den Kreditinstituten keine Lombardierung mehr zu ermöglichen (ab. 1. 6. 1973). Um jedoch die Zinsausschläge am Geldmarkt zu verringern, gewährte sie erstmalig ab 26. November 1973 sog. Sonderlombardkredite, deren Verzinsung täglich geändert und die jederzeit eingestellt werden konnten. Aufgrund der nachlassenden monetären Expansion und der Beunruhigungen im Rahmen der Herstatt-Krise wurde dann aber wieder ab Juli 1974 „bis auf weiteres“ der „normale“ Lombardkredit zugelassen.

wenn sie im kontraktiven Sinne eingesetzt wird. Die Refinanzierungssatzpolitik dient deshalb hauptsächlich zur Steuerung des Zinsniveaus.

Die Qualifizierung der Diskontsatzänderungen erfolgt in der Weise, daß

- eine Erhöhung als kontraktiver Impuls (-) und
- eine Senkung als expansiver Impuls (+)

aufgefaßt wird. Für die Zeitperioden, in denen keine Änderungen erfolgt sind, wird Neutralität (0) angenommen.

β) Refinanzierungskontingentpolitik

Während der Diskontsatz einen zinspolitischen Effekt ausübt, gehen von der Kontingentpolitik wichtige liquiditätspolitische Wirkungen aus. Diese Bedeutung kommt dadurch zum Ausdruck, daß die Veränderungen der Kontingente zu den Bestimmungsfaktoren der freien Liquiditätsreserven zählen (vgl. oben Teil 2. A. II. 1. e.). Zwar werden die Kontingentsbeträge für jedes Kreditinstitut (in Anlehnung an sog. Normkontingente) jeweils individuell festgelegt[46], doch können sie - aus kreditpolitischen Erwägungen - global reduziert oder global erhöht werden. Zeitweilig hat die Bundesbank auch die Inanspruchnahme der Kontingente auf bestimmte Prozentsätze beschränkt (z. B. 1973/74), die in der Wirkung jedoch einer Reduzierung gleichkommt.

Die qualitative Erfassung der Kontingentspolitik erfolgt nun in der Weise, daß eine Erhöhung der Kontingentsbeträge aus kreditpolitischen Gründen als expansiver Impuls (+) aufgefaßt wird, während eine Senkung bzw. auch eine Beschränkung der Inanspruchnahme als kontraktiver Impuls (–) gilt.

Es muß an dieser Stelle darauf hingewiesen werden, daß der Effekt, der durch eine Reduzierung bezweckt wird, wesentlich strenger ist als im umgekehrten Fall eine Erhöhung der Kontingente. Denn eine Kontingentkürzung beschneidet die freien Liquiditätsreserven der Kreditinstitute unmittelbar. Ein *Zwang* zu kontraktivem Verhalten wäre allerdings nur dann möglich, wenn die Kontingente zuvor voll ausgeschöpft worden wären. Es verbleibt somit auch bei diesem Instrument

---

46 Grundlage bilden die haftenden Mittel und sonstige Merkmale der einzelnen Kreditinstitute. Mit Zunahme dieser Grundlagen wachsen auch die Kontingente. Zum Berechnungsmodus vgl. *Deutsche Bundesbank:* Regelungen für die Bemessung von Rediskont-Kontingenten, in: Dieselbe: Monatsberichte, 27. Jg., Nr. 4 (April 1975), S. 21 ff.

Übers. 5: Rediskontkontingents-Veränderungen 1959–1977

Zeitpunkt		Art der Änderung
Beschlußfassung	Inkrafttreten	
20./21. 8. 1959	1. 10. 1959	Neufestsetzung der Normkontingente
18. 2. 1960	1. 3. 1960	Kürzung (aus kreditpolitischen Gründen) a) um 10 % bis zum Betrag von 5 Mio. DM b) um 30 % für den Restbetrag
2. 6. 1960	1. 7. 1960	Kürzung um weitere a) 5 % bis zum Betrag von 5 Mio. DM b) 10 % für den Restbetrag
2. 3. 1961	1. 3. 1961	Erhöhung a) um 5 % bis zum Betrag von 5 Mio. DM b) um 20 % für den Restbetrag
26. 10. 1961	1. 11. 1961	Aufhebung aller 1960 erlassenen Einschränkungen der Normkontingente
9. 7. 1964	1. 9. 1964	a) Änderung der Normkontingente b) Kürzung um Zuwachsbetrag der „überdurchschnittlichen" Auslandskredite
1. 5. 1965		Neuberechnung der Normkontingente
1. 8. 1965	1. 10. 1965	Kürzung der ersten Kontingentshälfte um ca. 1,3 Mrd. DM
	1. 5. 1966	Kürzung der zweiten Kontingentshälfte
20. 3. 1969	1. 4. 1969	Kürzung der Normkontingente a) um 10 % bei Privatbankiers b) um 20 % bei den übrigen Banken
13. 5. 1970	1. 6. 1970	Kürzung bestimmter Kontingente (Zuwachs an Auslandsverbindlichkeiten)
	1. 4. 1971	Kürzung um 10 %
24. 2. 1972	1. 3. 1972	Kürzung um 10 % ($-\Delta$FLR ~ 2,3 Mrd. DM)
31. 5. 1972	1. 7. 1972	Kürzung um 10 % ($-\Delta$FLR ~ 4,5 Mrd. DM)
29. 6. 1972	1. 8. 1972	Kürzung um 10 % ($-\Delta$FLR ~ 8 Mrd. DM)
30. 11. 1972	1. 2. 1973	Kürzung um 10 %
(7. 2. 1973)	7. 2. 1973	Inanspruchnahmegrenze gesenkt auf 60 % ($-\Delta$FLR ~ 6,9 Mrd. DM)
11. 1. 1973	1. 4. 1973	Kürzung um 10 %
4. 10. 1973	5. 10. 1973	Inanspruchnahmegrenze gesenkt auf: a) 45 % Banken mit EK > 100 Mio. DM b) 55 % Banken mit EK = 50–100 Mio. DM c) 60 % Banken mit EK < 50 Mio. DM ($-\Delta$FLR ~ 1,1 Mrd. DM)
	29. 11. 1973	Inanspruchnahmegrenze erhöht um 15 % ($+\Delta$FLR ~ 1,2 Mrd. DM)
7. 2. 1974	1. 3. 1974	Aufhebung aller Beschränkungen und Neubemessung der Normkontingente ($+\Delta$FLR ~ 1 Mrd. DM)

22. 5. 1974	31. 5. 1974	Inanspruchnahmegrenze gesenkt auf 75 % (−ΔFLR ~ 2,5 Mrd. DM)
3. 7. 1974	3. 7. 1974	Aufhebung aller Beschränkungen
24. 10. 1974	1. 11. 1974	Erhöhung der Kontingentsbeträge um 2,5 Mrd. DM auf 12,3 Mrd. DM
23. 1. 1975	23. 1. 1975	Befristete Erhöhung um 2,5 Mrd. DM
	31. 3. 1973	Aufhebung der befristeten Erhöhung
11. 9. 1975	1. 10. 1975	Erhöhung um 3 Mrd. DM auf 15,3 Mrd. DM
3. 3. 1977	4. 3. 1977	Erhöhung um 2,5 Mrd. DM auf 17,6 Mrd. DM (Stand Ende März 1977)

Quelle: Deutsche Bundesbank: Geschäftsberichte seit 1960

den Geschäftsbanken ein gewisser Freiheitsraum zur aktiven Geldschöpfung überlassen, der aber mit zunehmendem Auslastungsgrad verringert wird.

Inwieweit die Rediskont-Kontingentierung die Refinanzierung der Geschäftsbanken tatsächlich eingeschränkt hat, ist schwer abzuschätzen, da es an ausreichenden statistischen Unterlagen fehlt. Für die Zeit vor 1971 ist man deshalb nur auf verbale Äußerungen der Bundesbank angewiesen, beispielsweise in der Art:

„Insgesamt hatten die Kreditinstitute ihre Rediskont-Kontingente Ende Dezember 1969 zu etwa zwei Drittel ausgenutzt gegen nur ein Viertel ein Jahr zuvor. Ende Februar 1970 belief sich die Ausnutzung sogar auf gut 70 %[47]."

Trotz der wiederholt vorgenommenen Kürzungen blieb den Kreditinstituten insgesamt aber noch ein genügend hoher Refinanzierungsspielraum überlassen, der erst in den letzten Jahren (ab 1971) ziemlich drastisch gekürzt wurde. Die Entwicklung des Ausnutzungsgrades der Jahre 1971 bis 1976 zeigt, daß die Bundesbank in dem Jahr 1973 und zum Teil auch noch 1974 infolge der Ausnutzungsbegrenzungen im Rahmen ihrer Restriktionspolitik den Effekt, den die unausgenutzten Rediskontkontingente auf die freien Liquiditätsreserven ausüben, sehr stark einengen konnte: Der Ausnutzungsgrad lag zeitweise über 90 % des zur Inanspruchnahme zugelassenen Kontingentsbetrages. Im Jahre 1975 ließ sie dagegen wieder in gewissem Umfang freie Liquiditätsreserven entstehen, weil dies zur Erreichung ihres monetären Wachstumszieles „förderlich zu sein schien"[48].

---

[47] *Deutsche Bundesbank:* Geschäftsbericht für das Jahr 1969, S. 53.

[48] *Deutsche Bundesbank:* Die währungspolitischen Institutionen (1975), S. 22.

In den nachfolgenden Jahren wurden mehrfach die Kontingentsbeträge erhöht, zuletzt noch im März 1977, um der Tatsache Rechnung zu tragen,

„... daß der Zentralbankgeldbedarf der Banken im Rahmen des bekanntgegebenen Geldmengenziels wachstumsbedingt steigt und insoweit befriedigt werden muß[49]."

γ) Mindestreservesatzpolitik

Über die Veränderung der Mindestreservesätze kann die Bundesbank die Verfügbarkeit schon entstandenen Zentralbankgeldes regeln. Um Sprünge in der Mindestreservebelastung der einzelnen Kreditinstitute zu vermeiden, wurde das bisherige System der Reserveklassen für Banken mit unterschiedlichem Volumen an reservepflichtigen Verbindlichkeiten seit dem 1. März 1977 durch eine für alle Banken einheitliche progressive Staffelung der Reservesätze und einer Einengung des Nebenplatzprivilegs ersetzt[50].

Die Qualifizierung der Mindestreservesatzänderungen des Zeitraums 1960 bis 1976 erfolgt bei der nachfolgenden empirischen Analyse jedoch in der Weise, daß die Entwicklung eines nach dem alten System ausgewählten Reservesatzes betrachtet wird. Und zwar wird der Mindestreservesatz für Sichtverbindlichkeiten von Inländern an Bankplätzen, Klasse 1, zur Beurteilung herangezogen. Ein Vergleich mit dem durchschnittlichen Mindestreservesatz, in dem die Veränderungen *aller* gültigen Reservesätze erfaßt sind, zeigt, daß sich der Entwicklungsverlauf eines einzelnen Satzes für die Problembehandlung dieser Arbeit besser eignet. Eine Erhöhung wird als kontraktiver Impuls (–) interpretiert, da sie Zentralbankgeld bindet, während eine Senkung i. a. expansiv (+) wirkt[51].

---

49 *Deutsche Bundesbank:* Geschäftsbericht für das Jahr 1976, S. 14.

50 *Deutsche Bundesbank:* Änderungen im Mindestreservesystem, in: Monatsberichte, 29. Jg. Nr. 3, März 1977, S. 21–24.

51 Eine ausführliche Analyse der Mindestreservesatzänderungen bezüglich der verschiedenen Geldbasiskonzepte sowie des Einflusses der Mindestreservepolitik auf die Steuerbarkeit der Zentralbankgeldmenge, so wie sie die Bundesbank als Zwischenziel anvisiert, erfolgt bei *Rolf Caesar:* Die Rolle der Mindestreservepolitik im Rahmen der Geldbasiskonzeption der Bundesbank, in: Jahrbücher für Nationalökonomie und Statistik, Bd. 191 (1976), S. 229 bis 250.

Dabei kommt *Caesar* zu dem Ergebnis, daß die Mindestreservepolitik als Steuerungsinstrument der ZBGM nur unzureichend einsatzfähig ist. Vielmehr liegt die Bedeutung eher bei einer Liquiditätssteuerung, da Mindestreservesatzvaria-

δ) Offenmarktpolitik

Ein weiteres Instrument, um sowohl Enstehung als auch Verwendung von Zentralbankgeld beeinflussen zu können, ist der Kauf oder Verkauf von Wertpapieren durch die Zentralbank am offenen Markt (Geldmarkt sowie auch Kapitalmarkt). Soweit die Bundesbank Offenmarkttransaktionen mit Kreditinstituten mittels Geldmarktpapieren durchführt, geschieht das hauptsächlich über den Preis, d. h. die Zentralbank setzt Abnahme- und Rücknahmesätze fest (Preisfixierer) und überläßt es den Kreditinstituten, welche Mengen sie zu diesem Preis kaufen bzw. verkaufen wollen.

Im Gegensatz dazu verhält sie sich auf dem Kapitalmarkt als Mengenfixierer, wobei der Kurs bzw. Zins einen Erwartungsparamter darstellt. Nachdem sie diese Möglichkeit lange Zeit nicht genutzt hatte, bot sie erstmals 1975 und 1976 wieder größere Mengen langfristiger Wertpapiere an.

Für die Untersuchung wurde nun der Geldmarktabgabesatz für Schatzwechsel des Bundes und der Bundesbahn mit einer Laufzeit von 60 bis 90 Tagen ausgewählt. Dabei wirkt eine Erhöhung kontraktiv (–) und eine Senkung expansiv (+).

Es muß an dieser Stelle darauf hingewiesen werden, daß die Initiative der Zentralbankgeldschöpfung bei diesem Instrument weitgehend in den Händen derjenigen Banken liegt, die über ein entsprechendes Paket an geldmarktregulierten Papieren verfügen. Nach Auskunft der Bundesbank geht jedoch der Anteil dieser Papiere, die *jederzeit* in Zentralbankgeld umgewandelt werden können (also auch vor Fälligkeit von der Bundesbank angekauft werden müssen), zurück. Nichtregulierte Geldmarktpapiere (*N*-Papiere), die zum Ausgleich für den geringeren Liquiditätsgrad auch höhere Zinsen erbringen, erlangten in den letzten Jahren dagegen zunehmend an Bedeutung, da die Bundesbank bestrebt war, das Volumen an potentiellem Zentralbankgeld (= freie Liquiditätsreserven) auf ein Niveau „nahe bei Null" herabzudrükken. Denn die nicht in die Geldmarktregulierung einbezogenen Papiere werden *nicht* zu den freien Liquiditätsreserven gerechnet. Sie zählen zu den Bestimmungsfaktoren der Zentralbankgeldmenge und der freien Liquiditätsreserven.

---

tionen primär die Verwendungen von Zentralbankgeld beeinflussen. D. h. die Effizienz der Maßnahme hängt entscheidend vom Portfolio-Verhalten der Banken ab, wobei es oft nur zu Umschichtungen zwischen potentieller ZBGM (= FLR) und tatsächlicher ZBGM kommt.

Entsprechend dieser Intention begann die Bundesbank z. B. ab Februar 1976 eine „Offenmarktpolitik im großen Stil“[52], um die Liquidität der Banken zu vermindern. Bis zum Jahresende 1976 wurden somit *N*-Papiere in einer Höhe bis zu 2,5 Mrd. DM abgegeben.

Diese Politik ist jedoch nur mittelbar zur Beeinflussung des Geldvolumens geeignet. Unmittelbar wird lediglich die Liquidität der Banken berührt, die diese Papiere in ihr Portefeuille aufnehmen. Nur dann, wenn auch Nicht-Banken Papiere erwerben und dafür Bankeinlagen auflösen, ist ein Kontraktionseffekt in bezug auf das Geldmengenwachstum zu erwarten.

ε) Geldpolitikindikator

Die Änderungen der ausgewählten geldpolitischen Maßnahmen lassen sich nun nach entsprechender Qualifizierung zu einem sog. Geldpolitikindikator aggregieren, der für den betrachteten Zeitraum (1960 bis 1976) die Angabe über den beabsichtigten Stabilisierungskurs der Deutschen Bundesbank ermöglichen soll[53].

Die folgende Tabelle 14 gibt die Entwicklung der einzelnen ausgewählten Maßnahmen wieder. Die stabilitätspolitische Beurteilung der Instrumentänderungen erfolgt entsprechend den zuvor erläuterten Kriterien. Der Geldpolitikindikator erfaßt dann (jeweils ungewichtet) die Impulse der einzelnen Instrumente, wobei die Einteilung der Phasen dabei *mechanistisch* anhand der Wirkungsrichtungen der ausgewählten Instrumente bezüglich inländischer Aggregate durchgeführt wird[54]:

- Diskontsatz: Erhöhung (Senkung) wirkt kontraktiv (expansiv).
- Mindestreservesatz für Sichtverbindlichkeiten von Inländern an

---

[52] *Deutsche Bundesbank:* Geschäftsbericht für das Jahr 1976, S. 18.

[53] In einem Vergleich verschiedener Geldbasiskonzepte sowie auch der freien Liquiditätsreserven kam z. B. *Gerhard Mussel* zu dem Schluß, daß sowohl die FLR als auch die modifizierte Geldbasis vom Spektrum des zentralbankpolitischen Instrumentariums nur 2 Aktionsparameter anzeigen: die Mindestreserve- und die Rediskontkontingentspolitik: „Dieser Tatbestand ist ohne Zweifel unbefriedigend und läßt die Tauglichkeit der zur Auswahl stehenden Indikatoren fraglich erscheinen.“ *Gerhard Mussel:* Freie Liquiditätsreserven und Geldbasis als Indikatoren der Zentralbankpolitik, Diss. Hohenheim, 1974, S. 189.

[54] Auf die Problematik mechanistischer (symptomatischer) Phaseneinteilungen ist schon an anderer Stelle hingewiesen worden. Vgl. Teil 1.B.VI.1.

Bankplätzen, Klasse 1: Erhöhung (Senkung) wirkt kontraktiv (expansiv).

- Verkaufssatz von Geldmarktpapieren (Schatzwechsel des Bundes und der Bundesbahn mit Laufzeit von 60 bis 90 Tagen) am offenen Markt: Erhöhung (Senkung) wirkt kontraktiv (expansiv).
- Rediskontkontingente: Erhöhung (Senkung) der Kontingentsbeträge bzw. der Inanspruchnahmegrenze wirkt expansiv (kontraktiv).

Dabei stellt sich heraus, daß die geldpolitische Aktivität nach der mechanistischen Interpretation in dem Zeitraum von 1960 bis 1976 in insgesamt 4 sog. Restriktions- und in 4 sog. Expansionsphasen eingeteilt werden kann. Hinzu kommen noch insgesamt 3 neutrale Phasen, in denen die Bundesbank weitgehend geldpolitische Abstinenz übte bzw. in zwei dieser drei Phasen war ein leichter Restriktionskurs zu beobachten.

Es ist bemerkenswert, daß in der 17jährigen Periode die Bundesbank in über der Hälfte der Zeit sich zu keiner Änderung bzw. Verschärfung ihres jeweiligen Stabilitätskurses veranlaßt sah. Denn in 108 Monaten änderte sich keines der hier ausgewählten Instrumente, wohingegen sie (fast gleich häufig) in 54 Monaten expansiv und in 42 Monaten kontraktiv tätig wurde.

Ergänzt man diese mechanistische Interpretation geldpolitischer Maßnahmen durch eine Analyse „situationsbezogener", insbesondere außenwirtschaftlich orientierter Geldpolitik[55], dann wird man feststellen, daß in dem Analysezeitraum sehr häufig ein Konflikt zwischen binnenwirtschaftlicher Konjunkturpolitik und außenwirtschaftlicher Absicherung stattfand, wobei der Einsatz monetärer Instrumente scheinbar (und auch faktisch) gegensätzlich ausgerichtet war.

Ein Nichttätigwerden bedeutet so z. B. nicht in jedem Fall, daß der wirtschaftspolitische Kurs „neutral" im Sinne einer Beibehaltung des „status quo" ist. Neutralität kann unter Umständen auch Ausdruck einer „bewußten" Strategie sein. Und zwar dann, wenn sonstige „exogene" Impulse (z. B. Auslandseinflüsse, finanzpolitische Maßnahmen) im Sinne der gewünschten Notenbankstrategie auf die Zielvariablen einwirken, und sich deswegen ein Tätigwerden der Zentralbank erübrigt. Denn Politik beinhaltet auch den Fall „instrumenteller Abstinenz", sofern dieses Verhalten *bewußt* vorgenommen wurde.

---

[55] Vgl. hierzu den Exkurs auf S. 173 ff.

Auf der anderen Seite ergibt sich ein Interpretationsproblem des neutralen Verhaltens. Denn nicht in jedem Fall ist eine Abstinenz der Geldpolitik durch exogene Faktoren begründet. Fehleinschätzungen der augenblicklichen Konjunkturlage sowie der sonstigen Impulse durch die Entscheidungsträger können u. U. weitere Erklärungsfaktoren für wirtschaftspolitisches „Nichtstun" sein[56].

Aus diesem Grund erscheint es praktikabel, den geldpolitischen Maßnahmeeinsatz mechanistisch zu interpretieren, wohl wissend, daß hierdurch u. U. Verzerrungen vorkommen können. Diese Vorgehensweise hat neben der Ausschaltung des Interpretationsproblems aber den Vorteil, daß tatsächlich nur der *Instrumenteneinsatz* gemessen wird, den zu analysieren eine der Hauptaufgaben der vorliegenden Untersuchung ist.

Der Beginn eines neuen Kurses, beispielsweise erstmaliger kontraktiver (expansiver) Einsatz der zur Verfügung stehenden Instrumente, wird als Beginn einer Restriktions- (Expansions-) Periode angesehen. Phasen, in denen über einen längeren Zeitraum hinweg kein Instrumenteneinsatz erfolgte, werden als neutral bezeichnet.

Ein Einsatz notenbankpolitischer Maßnahmen, insbesondere der zinspolitischen Instrumente, hat aber neben den binnenwirtschaftlich erwünschten Effekten selbstverständlich auch außenwirtschaftliche Auswirkungen, die jedoch in ihrer Tendenz mitunter gegenläufig sein können. So schreibt z. B. *Claus Köhler:*

> „Eine Zentralbank muß diese unterschiedlichen Effekte ihrer zinspolitischen Maßnahmen auf inländische Nichtbanken einerseits und das Ausland andererseits berücksichtigen. Die Wirkungen, die vom Auslande auf den monetären Bereich als Folge zinspolitischer Maßnahmen ausgehen, können die Wirkung auf die inländischen Nichtbanken ganz oder zum Teil *kompensieren*[57]."

Oft läßt sich jedoch die „wahre" Größe dieser Kompensationseffekte nicht abschätzen. Diese Schwierigkeit wird mit Hilfe der mechanistischen Interpretation umgangen, wobei hier aber das Schwergewicht eindeutig bei der Analyse der Binnenwirksamkeit liegt.

---

[56] In der Regel handeln die wirtschaftspolitischen Entscheidungsträger *reaktiv*, „... weil sie weitgehend nur eingetretene Abweichungen lokalisieren und dann korrigierend eingreifen. ... Unzulänglichkeiten staatlicher Maßnahmen resultieren also auch daher, daß Abweichungen nicht antizipiert und verfügbare Informationen nicht erfaßt wurden." *Fritz Voigt, Hans-Jörg Budischin:* Grenzen der staatlichen Wirtschaftspolitik, S. 101.

[57] *Claus Köhler:* Geldwirtschaft, Bd. 1, S. 291 (Hervorhebung von mir).

In diesem Zusammenhang muß aber noch auf ein weiteres Problem hingewiesen werden. Denn die binnenwirtschaftlichen Auswirkungen insbesondere von Zinssatzvariationen können zutreffend nur im Verbund mit den jeweiligen liquiditätspolitischen Maßnahmen der Notenbank beurteilt werden. Läuft z. B. eine kräftige Auflockerung der Bankenliquidität den zinspolitischen Entscheidungen voraus, dann haben mitunter Diskontsatzsenkungen nur noch einen konstatierenden Charakter. D. h. der Kausalzusammenhang in der geldpolitischen Wirkungskette hat sich umgekehrt.

Obwohl nun diesem Sachverhalt durch die Berücksichtigung der liquiditätsbezogenen Instrumente im Geldpolitikindikator Rechnung getragen wurde, lassen sich umgedrehte Wirkungshypothesen in empirischen Berechnungen, denen eindeutige Lag-Beziehungen zwischen Ursache- und Wirkungsvariable zugrunde liegen sollen, nie ganz eliminieren. Es wird daher auch von dieser Seite her bei den Berechnungen gewisse Verzerrungen geben, die man sich jedoch bei der Interpretation laufend vergegenwärtigen sollte.

Obwohl die zinspolitischen Instrumente darüber hinaus zumindest in den letzten Jahren in Deutschland viel von der sog. „Leitzinsfunktion" eingebüßt haben[58], darf man jedoch den binnenwirtschaftlichen Signalcharakter nicht unterschätzen:

„Eine Senkung der Bankraten signalisiert der Wirtschaft, daß der Wirtschaftsprozeß beschleunigt werden könne; sie ermuntert Nichtbanken und Banken, ihre wirtschaftlichen Aktivitäten zu erhöhen[59]."

Auch wenn der primäre Einsatzzweck mitunter außenwirtschaftlich motiviert gewesen sein mag[60], übt jede Bankratenänderung auch binnenwirtschaftlich bedeutsame Funktionen aus, die allein zu analysieren es aber in der vorliegenden Arbeit ankommt.

---

[58] So wird z. B. der Diskontsatz in vielen Kreditverträgen bei Zinsgleitklauseln nicht mehr als Bezugspunkt gewählt.

[59] *Claus Köhler:* Geldwirtschaft, Bd. 1, S. 299.

[60] Man denke hier z. B. an die Diskontsatzsenkung im Dezember 1977, die „unter dem Eindruck der Dollarschwäche" beschlossen wurde.

Vgl. *Deutsche Bundesbank:* Monatsberichte, 30. Jg. (1978), Nr. 1, S. 5.

Tab. 14: Ausgewählte geldpolitische Maßnahmen 1958-1976 (mtl.)
(Stand: Monatsende)

Monat	D	MR	OMP	RDK	Konjunktur politische Beurteilung
1959 Jan.	2,75	13,0	2 1/4		0
Febr.					0
März					0
April			2		+
Mai					0
Juni					0
Juli					0
Aug.					0
Sept.	3		2 3/4		–
Okt.	4		3 5/8		–
Nov.		14,3			–
Dez.			3 3/4		–
1960 Jan.		15,6			–
Febr.			3 7/8		–
März		18,2	4	–	–
April					0
Mai					0
Juni	5	20,2	4 7/8		–
Juli				–	–
Aug.					0
Sept.					0
Okt.					0
Nov.	4		4		+
Dez.			3 3/4		+
1961 Jan.	3,5		3 1/4		+
Febr.		19,5	3		+
März		18,2	2 1/2	+	+
April		17,6	2 3/8		+
Mai	3		2 1/4		+
Juni		16,3			+
Juli		15,6			+
Aug.		15,0			+
Sept.		14,3			+
Okt.		13,7	2		+
Nov.				+	+
Dez.		13,0			+
1962 Jan.			1 7/8		+
Febr.					0
März			2		–
April			2 1/8		–
Mai					0
Juni			2 1/4		–
Juli			2 3/8		–
Aug.			2 1/2		–

Monat	D	MR	OMP	RDK	Konjunktur politische Beurteilung
Sept.					0
Okt.			2 5/8		–
Nov.					0
Dez.					0
1963 Jan.					0
Febr.					0
März					0
April					0
Mai					0
Juni					0
Juli					0
Aug.					0
Sept.					0
Okt.					0
Nov.					0
Dez.					0
1964 Jan.					0
Febr.					0
März					0
April					0
Mai					0
Juni					0
Juli					0
Aug.		14,3			–
Sept.				–	–
Okt.					0
Nov.					0
Dez.					0
1965 Jan.	3,5		3 1/8		–
Febr.					0
März					0
April					0
Mai					0
Juni					0
Juli					0
Aug.	4		3 7/8		–
Sept.					0
Okt.				–	–
Nov.					0
Dez.		13,0			+
1966 Jan.		14,3	4		–
Febr.					0
März					0
April					0
Mai	5		5	–	–
Juni					0

Monat		D	MR	OMP	RDK	Konjunktur politische Beurteilung
	Juli					0
	Aug.					0
	Sept.					0
	Okt.					0
	Nov.					0
	Dez.		13,0	4 3/4		+
1967	Jan.	4,5		4 1/8		+
	Febr.	4		3 3/4		+
	März		11,7			+
	April	3,5		3 3/8		+
	Mai	3	11,1	3		+
	Juni			2 3/4		+
	Juli		10,2			+
	Aug.		9,5			+
	Sept.		9,3			+
	Okt.					0
	Nov.					0
	Dez.					0
1968	Jan.					0
	Febr.					0
	März					0
	April					0
	Mai					0
	Juni					0
	Juli					0
	Aug.					0
	Sept.					0
	Okt.					0
	Nov.					0
	Dez.					0
1969	Jan.					0
	Febr.					0
	März					0
	April	4		3 3/4	–	–
	Mai					0
	Juni	5	10,6	4 3/4		–
	Juli					0
	Aug.		11,7			–
	Sept.	6		5 3/4		–
	Okt.					0
	Nov.		10,5			+*
	Dez.		9,5			+*
1970	Jan.		10,5			–
	Febr.					0
	März	7,5		7		–
	April					0

Monat	D	MR	OMP	RDK	Konjunktur politische Beurteilung
Mai					0
Juni			6 3/4	–	+ (–)**
Juli	7	12,1			+ (–)*
Aug.					0
Sept.					0
Okt.					0
Nov.	6,5		6 1/4		+
Dez.	6	13,8	5 3/4		+ (–)*
1971 Jan.					0
Febr.					0
März					0
April	5		4 3/4	–	+ (–)**
Mai					0
Juni		15,9	4 1/4		+ (–)*
Juli					0
Aug.					0
Sept.					0
Okt.	4,5		3 3/4		+
Nov.		14,3			+
Dez.	4		3 1/4		+
1972 Jan.		12,9			+
Febr.	3		2 3/4		+
März				–	–
April					0
Mai					0
Juni					0
Juli		15,5		–	–
Aug.		17		–	–
Sept.					0
Okt.	3,5		3 1/4		–
Nov.	4		3 3/4		–
Dez.	4,5		4 1/4		–
1973 Jan.	5		4 3/4		–
Febr.				–	–
März		19,6			–
April				–	–
Mai	6		5 3/4		–
Juni	7		7		–
Juli					0
Aug.					0
Sept.					0
Okt.				–	–
Nov.		20,1		+	– (+)***
Dez.					0
1974 Jan.		19,1			+
Febr.					0
März				(+)	+

Monat	D	MR	OMP	RDK	Konjunktur politische Beurteilung
April			5 5/8		+
Mai					0
Juni				–	–
Juli				(+)	+
Aug.					0
Sept.		17,2			+
Okt.	6,5	15,9			+
Nov.	6			+	+
Dez.			5 1/8		+
1975 Jan.					0
Febr.	5,5		3 7/8		+
März	5		3 3/8		+
April					0
Mai	4,5				+
Juni		15,1			+
Juli		13,6			+
Aug.	4				+
Sept.	3,5		3 1/8		+
Okt.				+	+
Nov.					0
Dez.					0
1976 Jan.					0
Febr.					0
März					0
April					0
Mai		14,2			–
Juni		14,9			–
Juli			3,15		–
Aug.					0
Sept.					0
Okt.					0
Nov.					0
Dez.					0

* MR gegenläufig – ** RDK gegenläufig (v. a. Auslandsverbindlichkeiten) – *** RDK gegenläufig (v. a. Auslandsverbindlichkeiten)

Erläuterungen zu Tabelle 14

D ... Diskontsatz

MR ... Mindestreservesatz (für Sichtverbindlichkeiten von Inländern an Bankplätzen, Klasse 1)

OMP ... Offenmarktpolitik: Geldmarktabgabesatz für Schatzwechsel des Bundes und der Bundesbahn mit einer Laufzeit von 60 bis 90 Tagen.

RDK ... Rediskont-Kontingente (Änderungen der Kontingentsbeträge)

+, 0, – ... expansiver, neutraler, kontraktiver Instrumenteneinsatz

Quellen: Deutsche Bundesbank: Monatsberichte, Januar 1962, Januar 1967, Mai 1969, Januar 1972, Juli 1974, April 1975, Mai 1976, Mai 1977.

Noch ein anderer Grund scheint aber eine Interpretation der Geldpolitik anhand der „faktischen Instrumenteneinsätze" nahezulegen. So ist es nämlich aufgrund der mangelhaften Informationen über die sog. „wahren" Hintergründe, die den Zentralbankrat zu seinen Entscheidungen veranlaßt haben könnten, sinnvoll, von der statistisch meßbaren tatsächlichen Wirkungsmechanik stabilitätspolitischer Maßnahmen auszugehen. Analog zum „Prinzip der offenbarten Präferenzen" werden die tatsächlichen Entscheidungen über den Maßnahmeeinsatz als Indikatoren für die zugrunde liegende Präferenzordnung der Entscheidungsträger genommen. Zwar wurde diese Methode ursprünglich zur Erfassung der Präferenz- und Befriedigungsfunktion privater Haushalte entwickelt[61], doch läßt sich dieses Prinzip m. E. auch für die Bewertung stabilitätspolitischer Maßnahmebündel anwenden, wenn man davon ausgeht, daß die wirtschaftspolitischen Entscheidungsträger ihre Entscheidungen immer an dem Ziel der Maximierung der gesamtwirtschaftlichen Wohlfahrt ausrichten. Da mit der vorliegenden Untersuchung jedoch keine Effizienzanalyse wirtschafts- und stabilitätspolitischen Handelns bezweckt ist, kann diese Annahme durchaus akzeptiert werden[62].

Exkurs: Geldpolitik im Konflikt zwischen Konjunkturpolitik und außenwirtschaftlicher Absicherung

Eine situationsbezogene Beurteilung der geldpolitischen Maßnahmen läßt sich anhand einer Auswertung der Geschäftsberichte der Deutschen Bundesbank von 1960 bis 1976 durchführen[63]. Die Analyse kommt dabei zu dem Ergebnis, daß diese Zeit vorwiegend durch den Konflikt zwischen binnenwirtschaft-

---

[61] Die Theorie der offenbarten Präferenzen (revealed preferences) geht zurück auf *Paul A. Samuelson:* A Note on the Pure Theory of Consumers Behavior, in: Economica, Vol. 5 (1938), S. 61-71. Eine überblicksartige Darstellung findet sich jedoch auch bei *Wilhelm Krelle* (unter Mitarbeit von *Dieter Coenen):* Präferenz- und Entscheidungstheorie, Tübingen 1968, S. 67 ff.

[62] Die neue politische Ökonomie leugnet jedoch diese Feststellung, wobei sie davon ausgeht, daß die wirtschaftspolitischen Handlungsträger primär eigennützig agieren. Vgl. *Bruno S. Frey:* Politico-Economic Models and Cycles, in: Journal of Public Economics, Vol. 9 (1978), S. 203-220.

[63] Eine ähnliche Analyse der Geldpolitik der Deutschen Bundesbank insbesondere unter den wechselnden außenwirtschaftlichen Bedingungen (bis 1973 feste Wechselkurse und danach Übergang zu flexiblen Wechselkursen) sowie dem binnenwirtschaftlichen Ziel der Eindämmung der Inflationstendenz und der Inflationserwartungen unternimmt auch *Helmut Schlesinger:* Die Geldpolitik der Deutschen Bundesbank 1967-1977, in: Kredit und Kapital, 11. Jg. (1978), Heft 1, S. 3-29.

licher Konjunkturpolitik und außenwirtschaftlicher Absicherung geprägt war[64].

Die im Herbst 1959 begonnene Kontraktionspolitik wurde im 1. Halbjahr 1960 weiter verschärft, vor allem um den starken Zustrom des Auslandsgeldes abwehren zu können, aber auch um generell den Liquiditätsspielraum der Banken weiter einzuschränken. Die Bundesbank gab selbst zu, daß dieses Ziel jedoch nur zum Teil erreicht wurde, da die von außen wirkenden Gegenkräfte die Restriktionsmaßnahmen konterkarierten und den Zahlungsbilanzüberschuß beträchtlich erhöhten.

Eine Neuorientierung der Kreditpolitik trat erst im Herbst 1960 ein, als die Bundesbank den außenwirtschaftlichen Erfordernissen verstärkt Rechnung tragen wollte und eine Senkung des Zinsniveaus anstrebte (Diskontsatzsenkung). Um jedoch eine weitere Verschärfung des Liquiditätsdrucks, der infolge der Restriktionsmaßnahmen des Sommers 1960 entstanden war, entgegenzuwirken, begann sie mit einer vorsichtigen Lockerung in der Liquiditätspolitik[65]. Dem außenwirtschaftlichen Druck wurde durch die Aufwertung der DM gegenüber dem Dollar imMärz 1961 Rechnung getragen, so daß - binnenwirtschaftlich gesehen - daraus eine monetäre Expansion konstatiert werden kann.

Nach den starken geldpolitischen Interventionen der Jahre 1960/61 begann im Jahre 1962 eine lang anhaltende neutrale Phase, die

„... vor allem durch einen *bewußten* Verzicht auf größere Maßnahmen gekennzeichnet (war)[66]."

Die Bundesbank begründete das mit dem Hinweis, daß die Marktfaktoren der Bankenliquidität (insbesondere ihre Außenkomponenten) einen korrigierenden Einfluß durch währungspolitische Maßnahmen erübrigt haben[67].

Erste währungspolitische Maßnahmen wurden erst wieder 1964 notwendig, und zwar wiederum zur Eindämmung des Liquiditätsstroms aus dem Ausland.

---

[64] In einer empirischen Untersuchung der Zielpräferenzen bestätigt *Hans-Peter Basler* das Ergebnis, daß die Deutsche Bundesbank in allen Phasen der konjunkturellen Entwicklung der Preisstabilität Vorrang einräumt, und daß sie sich in einem ständigen Widerspruch zwischen Erfordernissen des internen und externen Gleichgewichts befindet. Vgl. *Hans-Peter Basler:* Die wirtschaftspolitischen Zielpräferenzen der Deutschen Bundesbank. Eine empirische Analyse des Zentralbankverhaltens für die Zeit von 1958 bis 1974, in: Kredit und Kapital, 11. Jg. (1978), Heft 1, S. 84–108.

[65] An dieser Stelle muß auf eine m. E. widersprüchliche Politik der Bundesbank in dieser Phase hingewiesen werden. Und zwar begründet sie die Diskontsatzsenkungen 1960 sowohl außenwirtschaftlich (Abwehr des unerwünschten Zuflusses von Auslandsgeld) als auch binnenwirtschaftlich (Ermäßigung des Liquiditätsdrucks). Es ergibt sich daher hier eine Schwierigkeit der „richtigen" Zuordnung der konjunkturwirksamen Prädikatsurteile dieser Politik (kontraktiv oder expansiv?). Vgl. *Deutsche Bundesbank:* Geschäftsbericht für das Jahr 1960, o. O. o. J., S. 43 ff.

[66] *Deutsche Bundesbank:* Geschäftsbericht für das Jahr 1962, o. O. o. J., S. 14 (Hervorhebung von mir).

[67] Dieselbe: Geschäftsbericht für das Jahr 1963, o. O. o. J., S. 16.

Die Einführung der Kuponsteuer verringerte in diesem Sinne die zuvor oft aufgrund von steuerlichen Erwägungen hervorgerufene Vorliebe der Ausländer für deutsche Rentenwerte[68] und erschwerte somit den langfristigen Kapitalimport.

Trotz dieses Liquiditätsentzugs bei den Banken sah die Deutsche Bundesbank sich 1964 nicht zu einer expansiveren Haltung in ihrer Geldpolitik veranlaßt, da sich die inländische Geldschöpfungsaktivität quasi „von selbst" vergrößert hatte[69]. Im Gegenteil, sie ging sogar dazu über, die in den vorangegangenen Perioden durch die hohen Geldzuflüsse aus dem Ausland entstandenen überreichlichen Liquiditätspolster mit Hilfe leicht restriktiver Politik einzudämmen (Mindestreservesatzerhöhung) bzw. die Nachfrage nach Krediten zu vermindern (Diskontsatzerhöhung Anfang 1965). Ergänzt wurden diese Maßnahmen noch durch ordnungspolitisch orientierte Eingriffe (Änderung der Normkontingente, Änderung der Habenzins-Vorschriften).

Da sich die Lage an den monetären Märkten auch im weiteren Verlauf des Jahres 1965 nicht wesentlich entspannte und da der Preis- und Kostenauftrieb sich fortzusetzen drohte, hat die Bundesbank die leicht restriktive Linie auch im Jahresverlauf 1965 weiter durchgehalten. Im Gegensatz zu den Vorjahren verstärkte jetzt aber die außenwirtschaftliche Situation diese Tendenz, da im Jahre 1965 in der Zahlungsbilanz erstmalig ein Umschwung einsetzte und ein Netto-Kapitalexport beobachtet werden konnte[70].

Auch im ersten Halbjahr 1966 setzte die Bundesbank diese restriktive Geldpolitik fort, um „... möglichst bald auch die Preis- und Kostenentwicklung zu normalisieren[71]", was sie auch erreicht hatte: Die sog. „inflatorischen Tendenzen"[72] hatten sich bis zur Jahresmitte beruhigt, jedoch mit dem Folgeeffekt, daß ein Nachfragerückgang einsetzte, in dessen Gefolge die Gewinne und die Investitionen abnahmen. Aus diesem Grund sah sich die Bundesbank im Sommer 1966 dazu veranlaßt, ihren kreditpolitischen Kurs „graduell zu ändern":

> „Sie konnte dabei in Rechnung stellen, daß ebenso wie der Bremsweg der Kreditpolitik relativ lang gewesen war, nun auch der Erholungsprozeß seine Zeit brauchen würde...[73]"

Dieser Unterschied schlug sich aber noch nicht im Einsatz expansiver Instrumente nieder, denn es

> „... erschien zunächst noch nicht angebracht, der graduellen Schwenkung der Kreditpolitik durch ins Auge fallende Maßnahmen einen Signalcharakter zu geben[74]."

---

68 Vgl. dieselbe: Geschäftsbericht für das Jahr 1964, o. O. o. J., S. 15.

69 Vgl. *Deutsche Bundesbank:* Geschäftsbericht für das Jahr 1964, o. O. o. J., S. 18.

70 Vgl. dieselbe: Geschäftsbericht für das Jahr 1965, o. O. o. J., S. 14 ff.

71 Dieselbe: Geschäftsbericht für das Jahr 1966, o. O. o. J., S. 3.

72 Die Änderungsrate des Lebenshaltungskostenindex gegenüber dem Vorjahr betrug damals 3,3 %.

73 *Deutsche Bundesbank:* Geschäftsbericht für das Jahr 1966, o. O. o. J., S. 5.

74 Ebenda.

Für die Beurteilung der Konjunkturwirksamkeit dieses sog. „graduellen" Wechsels ergeben sich hier große Probleme. Da es, wie gesagt, in dieser Phase nicht zu einem expansiven Instrumenteneinsatz kam, muß die zweite Jahreshälfte anhand der mechanistischen Interpretation noch als „neutral" eingestuft werden, während die sog. interpretatorische Methode hier expansive Politik signalisiert, da die Bundesbank den Liquiditätszufluß, der sich aus der Umkehrung der Zahlungsbilanz etwa von der Jahresmitte 1966 ab ergab, bewußt sich auswirken ließ, anstatt ihn - was an sich möglich gewesen wäre - durch Mindestreservesatzerhöhung oder offenmarktpolitische Maßnahmen zu neutralisieren[75].

Auch zu Beginn der der Rezession 1966/67 folgenden Periode der wirtschaftlichen Wiedererholung setzte die Bundesbank ihre expansive Politik („Politik des leichten Geldes") fort[76]. Infolge der sich hieran anschließenden verstärkten Kreditexpansion mit ihren Multiplikatoreffekten erhöhte sich die Liquiditätslage der Wirtschaft beträchtlich, so daß

„... die weitere Finanzierung des Konjunkturaufschwungs fürs erste keine besonderen Probleme aufweisen dürfte[77]."

Die Bundesbank verzichtete daher ab dem 4. Quartal 1967 auf den Einsatz weiterer expansiver Instrumente, da sich jetzt die starke monetäre Expansion quasi „von selbst" durchzusetzen schien. Nach der „interpretatorischen" Methode der Beurteilung der Konjunkturwirksamkeit der Geldpolitik muß deshalb auch weiterhin ein Expansionskurs in der Geldpolitik signalisiert werden, während nach der „mechanistischen" Methode Neutralität bescheinigt wird.

Zu Ende des Jahres 1968 hat sich jedoch die außenwirtschaftliche Situation zunehmend verschlechtert: Es kam erneut zu starken Devisenzuflüssen, die ihrerseits stark expansiv wirkten. Die Bundesbank mußte aus diesem Grund ihren geldpolitischen Kurs wechseln und zu einer restriktiven Geldpolitik übergehen,

„... wohl wissend, daß, solange die außenwirtschaftliche Flanke offen war, nicht viel Chancen für einen Erfolg bestanden[78]."

Die ersten Maßnahmen ergriff sie jedoch erst ab dem 2. Quartal 1969 (Diskontsatz- und Offenmarktsatzerhöhung), so daß hier eine relativ lange Handlungsverzögerung konstatiert werden kann.

Mit der Aufwertung der DM im Herbst 1969 gewann die Bundesbank dann wieder ihre volle Handlungsfreiheit zurück, wobei infolge der sich daran anschließenden Devisenabflüsse sogar ein scharfer Liquiditätsentzug im Bankensystem festgestellt werden konnte[79]. Die Möglichkeiten, binnen- und außen-

---

[75] *Deutsche Bundesbank:* Geschäftsbericht für das Jahr 1967, o. O. o. J., S. 4.

[76] Ebenda, S. 16.

[77] *Deutsche Bundesbank:* Geschäftsbericht für das Jahr 1967, o. O. o. J., S. 19.

[78] Dieselbe: Geschäftsbericht für das Jahr 1969, o. O. o. J., S. 11.

[79] Die Bundesbank sprach in diesem Zusammenhang von einem „disziplinierenden Element" der Aufwertung, da die monetären Bedingungen im Inland „gestrafft" worden seien. Vgl. ebenda, S. 22.

wirtschaftliche Ziele gleichzeitig erreichen zu können, haben sich spürbar verbessert. Da das Hauptaugenmerk jetzt auf eine Eindämmung des Preisauftriebs gerichtet war, wurden in der ersten Jahreshälfte 1970 erneute restriktive Maßnahmen durchgeführt.

Aufgrund der starken Liquiditätsverknappung während dieser Zeit mußte ab der Jahresmitte aber eine leichte Lockerung der Kreditpolitik zugelassen werden, z. B. wurden Diskont- und Offenmarktsatz gesenkt, während die Mindestreservepolitik weiterhin zur Bindung von erneuten Liquiditätszuflüssen aus dem Ausland eingesetzt wurde[80]. Die Senkungen der Bankraten, die rein mechanistisch als „expansiv" gewertet werden müssen, stellen nach Ansicht der Bundesbank jedoch nur eine leichte Lockerung des ursprünglich weiterhin restriktiven Kurses dar[81]. Denn trotz dieser Senkungen muß immer noch von einer „Hochzinsphase" gesprochen werden, da - vom Niveau her - die Zinspolitik dämpfend auf die Ausgabenpläne zinsempfindlicher Investoren wirkt. Außenwirtschaftlich gesehen müssen diese hohen Zinsen auch weiterhin expansiv eingestuft werden, wie die Bundesbank selbst zugesteht:

> „Der Abbau des Zins- und Liquiditätsgefälles gegenüber dem Ausland hätte natürlich den Zufluß aus dem Ausland - mit Ausnahme eines vielleicht spekulationsbedingten Restes - zum Versiegen bringen können[82]."

Speziell in dieser Phase wird das Zinsdilemma zwischen außenwirtschaftlich motivierten restriktiven Zinssenkungen und ihren expansiven binnenwirtschaftlichen Auswirkungen deutlich.

Der Konflikt zwischen binnenwirtschaftlicher und außenwirtschaftlicher Zielsetzung bestimmte auch weitgehend die Grundlinien der Geldpolitik im Jahre 1971[83]. So mußte die Bundesbank im 1. Quartal aufgrund der starken außenwirtschaftlichen Störungen mit ihren Zinssätzen nachgeben, wobei sie primär das Zinsgefälle zum Ausland verringern wollte. Obwohl die meisten Industrieländer in der Zeit zwischen Mai und Dezember kurzfristig zum System flexibler Wechselkurse übergingen, wurden auch in dieser Phase noch Bankratenänderungen nach unten notwendig.

---

[80] *Deutsche Bundesbank:* Geschäftsbericht für das Jahr 1970, o. O. o. J., S. 16.

[81] M. E. befindet sich hier die Bundesbank erneut in einem gewissen Widerspruch. Denn einerseits gesteht sie zu, daß die Veränderungen der Bankraten (also auch ihre expansionswirkenden Senkungen) im Jahre 1970 sowohl den veränderten Liquiditätsbedingungen im Bankensystem und den kreditpolitischen Absichten der Notenbank Rechnung tragen, als auch neue Daten für die künftige Entwicklung setzen. M. E. kann das dann durchaus als Beginn einer mehr expansiv wirkenden Politik gewertet werden, da die Bank selbst den Signalcharakter dieser Maßnahmen hervorstreicht (vgl. *Deutsche Bundesbank:* Geschäftsbericht für das Jahr 1970, o. O. o. J., S. 19).

Andererseits stuft sie ihre Politik in dieser Phase aber als „restriktiv" ein, wobei das Hauptziel darin liegt, die „Übernachfrage abzubauen und die Kosteninflation im Inland einzudämmen" (ebenda, S. 20).

[82] Ebenda, S. 23.

[83] Vgl. *Deutsche Bundesbank:* Geschäftsbericht für das Jahr 1971, o. O. o. J., S. 15.

Um die starke binnenwirtschaftliche Liquiditätsanreicherung in dieser Zeit abzufangen, mußten aber kompensatorische und unterstützende liquiditätspolitische Maßnahmen ergriffen werden, und zwar Kürzung der Rediskontkontingente und Erhöhung der Mindestreservesätze.

Nach dem sog. „Realignment" von Washington im Dezember 1971, wobei wieder eine Rückkehr zu festen Wechselkursen vereinbart wurde, ging die entscheidende Voraussetzung für die außenwirtschaftliche Absicherung der Kreditpolitik wieder verloren. Die Bundesbank mußte erneut zwischen binnen- und außenwirtschaftlichen Zielsetzungen abwägen. Aus diesem Grund war auch bis Mitte 1972 die Geldpolitik vorwiegend außenwirtschaftlich orientiert, um die erneut einsetzenden liquidisierenden Devisenzuflüsse kompensieren zu können[84]. Verstärkt wurden diese kontraktiven Maßnahmen durch die neu eingeführte Bardepotpflicht für Nichtbanken, die für bestimmte Kreditaufnahmen im Ausland bei der Bundesbank Liquidität zinslos stillzulegen hatten.

Der Spielraum für die restriktive Politik erhöhte sich bedeutend, nachdem die außenwirtschaftlich bedingten Unruhen im weiteren Verlauf des Jahres 1972 nachließen. Probleme traten erst wieder auf, als im Februar und März 1973 ein erneuter Zustrom an Devisen in die Bundesrepublik einsetzte und den Geldkreislauf expansiv beeinflußte. Die Notwendigkeit zu sog. flankierenden finanzpolitischen Maßnahmen wurde offenkundig, da die Geldpolitik - trotz ihres stark restriktiven Kurses - allein die monetäre Expansion kaum dämpfen konnte.

Die entscheidende Voraussetzung für eine erfolgreiche Restriktionspolitik wurde aber erst mit der Wechselkursfreigabe der DM gegenüber dem Dollar im März 1973 gegeben. Verstärkt durch eine kontraktive Finanzpolitik (Stabilitätsanleihe, Konjunkturausgleichsrücklage etc.) gelang es in der Tat, die monetäre Expansion zu bremsen. Ein leichter Umschwung im geldpolitischen Kurs setzte ein, als nach Beginn der sog. Ölkrise im Winter 1973 konjunkturanregende Maßnahmen notwendig wurden[85], obwohl im Prinzip die wirtschaftspolitische Zielsetzung in dieser Zeit davon ausging,

> „... die Stabilitätspolitik trotz der Erschwernisse durch die Ölkrise fortzuführen, um eine Wende in den Preistendenzen zu erreichen[86]."

Von einem „Umsteuern der Geldpolitik" wird - trotz leichter Ermäßigungen im ersten Halbjahr 1974 - aber erst ab Oktober 1974 gesprochen, als die Bundesbank ihre Leitzinsen senkte und die Rediskontkontingente erhöhte[87]. Die expan-

---

[84] Vgl. dieselbe: Geschäftsbericht für das Jahr 1972, o. O. o. J. S. 19.

[85] An dieser Stelle muß darauf hingewiesen werden, daß die stabilitätspolitischen Entscheidungsträger die Auswirkungen dieser Ölkrise zu dieser Zeit (Dezember 1973) unterschätzt hatten. Trotz einiger Erleichterungen behielt nämlich die Bundesregierung „grundsätzlich" ihre restriktive wirtschaftspolitische Linie bei, und sie wünschte überdies, daß auch die Geld- und Kreditpolitik diesem Kurs folgt. Vgl. *Deutsche Bundesbank:* Geschäftsbericht für das Jahr 1973, o. O. o. J., S. 40.

[86] *Deutsche Bundesbank:* Geschäftsbericht für das Jahr 1974, o. O. o. J., S. 18.

[87] Vgl. ebenda, S. 25.

siv wirkenden Maßnahmen vor diesem Zeitpunkt wurden damit begründet, daß die Bank den veränderten Liquiditätsverhältnissen im Geschäftsbankenbereich, die nach der Schließung der Herstatt-Bank Ende Juni 1974 eintraten, Rechnung tragen wollte[88].

Im weiteren Verlauf des Jahres 1975 wurde dieser expansive Kurs verstärkt, wobei die zins- und liquiditätspolitischen Maßnahmen zur Anregung der Konjunktur dienen sollten[89]. Erste kontraktive Maßnahmen wurden erst wieder im 2. Quartal 1976 notwendig, als Vorbeugungen gegen eine weitere Liquidisierung im Geschäftsbankenbereich, die hauptsächlich durch Auslandszuflüsse hervorgerufen wurden, vorgenommen werden mußten[90].

c) Monetäre Zwischenindikatoren

α) Die Auswahlkriterien

Die Eignung der verschiedenen monetären Variablen als Zwischenzielindikatoren ist in der geldpolitischen Literatur sehr umstritten, zumal viele dieser ökonomischen Größen auch als Impulsindikatoren im Gespräch sind. Im wesentlichen handelt es sich um

- die Geldbasis (Zentralbankgeldmenge)
- das Geldvolumen (die „Liquidität der Wirtschaft")
- die Liquidität der Banken (freie Liquiditätsreserven)
- das Zinsniveau
- die Kreditgewährung der Geschäftsbanken an die Nichtbanken.

Als Impulsindikatoren müssen alle obengenannten Variablen abgelehnt werden, da sie alle in mehr oder weniger starkem Maße auf „sonstige" Einflüsse reagieren, also nicht allein von der Zentralbank kontrolliert werden können. Aus diesem Grund werden diese Größen im folgenden allein als Zwischenzielvariablen angesehen, da sie je nach dem unterstellten Wirkungskonzept wichtige Steuerfunktionen übernehmen können[91].

[88] Vgl. ebenda, S. 22 ff.

[89] Vgl. *Deutsche Bundesbank:* Geschäftsbericht für das Jahr 1975, o. O. o. J., S. 6.

[90] Dieselbe: Geschäftsbericht für das Jahr 1976, o. O. o. J., S. 16.

[91] Eine Diskussion über die Auswahlmöglichkeiten ökonomischer Variablen als Impuls- und/oder Zwischenzielindikatoren wurde u. a. von *Brunner* und *Meltzer* im Rahmen eines makroökonomischen Modells durchgeführt, wobei unterschiedliche Strukturhypothesen zugrundegelegt wurden: *Karl Brunner / Allan H. Meltzer:* The Nature of the Policy Problem, in: *Karl Brunner* (Hrsg.): Targets and Indicators of Monetary Policy, San Francisco, 1969, S. 1 bis 26.

Kriterien für die Zwischenziel-Tauglichkeit sind folgende Voraussetzungen[92]:

- *das Kontrollkriterium:* Die Variable sollte hinreichend stark und möglichst schnell durch die Zentralbank gesteuert werden können, d. h. die ausgewählte Zeitreihe muß *schneller* auf Veränderungen der Politikvariablen reagieren als die Zielvariable, wobei sie zumindestens die Wirkungstendenz der Stabilitätsimpulse exakt wiedergeben sollte;
- *das Meßkriterium:* Die Variable muß *präzise* beobachtbar sein;
- *das Endzielkriterium:* Die Variable muß in einer unmittelbaren Wirkungsbeziehung zum Endziel stehen, wobei eine möglichst *stabile* Funktion angestrebt wird.

Grundlage für die Analyse der Wirkungsbeziehungen zwischen Impuls- und Zwischenzielindikatoren ist das vereinfachte Modell der geldpolitischen Transmission, wie es in Teil 2.A.II.1. dargestellt wurde. Die Vorstellungen lassen sich dahingehend konkretisieren, daß angenommen wird, eine Senkung von Diskontsatz, Lombardsatz, Geldmarktpapier-Abgabesatz sowie eine Erhöhung der Refinanzierungskontingente wirke über die erleichterten Refinanzierungsmöglichkeiten der Geschäftsbanken expansiv auf Geldbasis (Zentralbankgeldmenge), Geldmenge und Kreditangebot, bzw. bewirke eine (Soll-)Zinssenkungstendenz, die ihrerseits eine Ausweitung der gesamtwirtschaftlichen Nachfrage, eine Erhöhung des Realeinkommens (bei steigender Beschäftigung) und/oder Preissteigerungen (bei Kapazitätsengpässen) zur Folge haben kann.

Einen zusammenfassenden Überblick über die Wirkungsbeziehungen zwischen Impuls- und Zwischenzielindikatoren gibt die folgende Übersicht, wobei beispielhaft der expansive Maßnahmeneinsatz dargestellt wurde. Für den restriktiven Fall müssen die Wirkungsbeziehungen entsprechend umgekehrt werden[93].

---

[92] *Hans-Hermann Francke:* Bankenliquidität, S. 170.

[93] Die unterstellten Wirkungszusammenhänge sind sehr stark abhängig von dem theoretischen Erklärungsansatz. Einen Überblick über die Beziehungen des geldpolitischen Instrumentariums zu den jeweiligen Zwischenzielen, die sich im Zeitablauf ändern, gibt *Dietmar Kath:* Die Entwicklung des Notenbankinstrumentariums in Abhängigkeit vom Wandel der geldpolitischen Ziele, in: Quartalshefte der Girozentrale und Bank der österreichischen Sparkassen, 10. Jg. (1975), Heft 2, S. 11-20.

*Übers. 6: Beziehungen zwischen Impuls- und Zwischenzielindikatoren**

Instrument	Veränderung	Geldbasis	Geld-/Kreditangebot	Zins	Liquiditätsreserven
Diskontsatz	Senkung	Erhöhung	Erhöhung	Senkung	Senkung**
Abgabesatz für Geldmarktpapiere	Senkung	Erhöhung	Erhöhung	Senkung	Senkung**
Rediskontkontingente	Erhöhung	Erhöhung	Erhöhung	Senkung	Erhöhung
Mindestreservesatz	Senkung	Erhöhung	Erhöhung	Senkung	Erhöhung

* Verhaltensanalyse im Falle expansiver Politik. Die Reaktionen auf restriktiven Maßnahmeeinsatz erfolgen mit umgekehrtem Vorzeichen. – ** Nach *Gerhard Mussel* reagieren die freien Liquiditätsreserven *nicht* auf Änderungen der Refinanzierungssätze und der Geldmarktsätze.

β) Geldbasis

Im Rahmen monetaristischer Strukturvorstellungen nimmt die Geldbasis eine zentrale Stellung ein. Sie umfaßt nur dasjenige Geld, das von der Zentralbank direkt geschaffen werden kann[94]. Aus diesem Grund wird auch angenommen, daß diese Größe direkt von den geldpolitischen Entscheidungsträgern kontrolliert werden kann (Kontrollkriterium). Da eine proportionale Beziehung zwischen Geldbasis und Geldmenge vorausgesetzt wird[95], Geldmengenänderungen wiederum dominierenden Einfluß auf die wirtschaftliche Aktivität ausüben (Endzielkriterium), ist es nur folgerichtig, daß die Geldbasis im monetaristischen Konzept die Aufgabe eines Zwischenziels zugewiesen bekommt. Denn eine Erhöhung (Senkung) vergrößert (verkleinert) die Geldmenge nach Maßgabe des Multiplikators, und das wiederum wirkt expansiv (kontraktiv) auf die güterwirtschaftlichen Tätigkeiten nach Maßgabe der relativen Preise und Erträge alternativer Vermögensobjekte.

Aufgrund dieses dominierenden Einflusses, den die Geldbasis bei der Stabilisierung volkswirtschaftlicher Prozesse zugewiesen bekommt, fordern die Monetaristen eine Verstetigung der Geldpolitik, da hierdurch auch eine Verstetigung der ökonomischen Entwicklung eingeleitet werden kann[96]. Die konstante Wachstumsrate der Geldmenge sollte in etwa der Wachstumsrate des Produktionspotentials entsprechen.

In den Jahren 1975–1977 hatte die Bundesbank jeweils zu Jahresbeginn eine monetäre Zielvorgabe angegeben, die jedesmal von einer 8%igen Zunahme der Zentralbankgeldmenge (= Geldbasis in der Abgrenzung der Bundesbank) ausging[97]. Diese Tatsache berechtigt zu

---

[94] In diesem Sinne *Jürgen Siebke / Manfred Willms:* Das Geldangebot in der Bundesrepublik Deutschland in: Zeitschrift für die gesamte Staatswissenschaft, Bd. 126 (1970), S. 66.

[95] Der Proportionalitätsfaktor ist der sog. Geldangebotsmultiplikator m. Vgl. dazu das nachfolgende Kapitel (γ) über die Geldmenge.

[96] Vgl. hierzu z. B.: die Aufsatzsammlung bei *Peter Kalmbach* (Hrsg.): Der neue Monetarismus, München 1973.

[97] Die Zielvorgaben unterscheiden sich jedoch dahingehend, daß 1975 die Wachstumsrate im Jahresverlauf (Vergleich von Jahresende zu Jahresende) angestrebt wurde, während 1976 und 1977 diese Rate nur im Jahresdurchschnitt erreicht werden sollte: Wenn im 1. Halbjahr die Wachstumsrate über 8% lag, dann mußte sie im 2. Halbjahr deutlich darunter liegen.

der Annahme, daß die ZBGM als monetäres Zwischenziel der Notenbankpolitik anzusehen ist, obwohl auch die Bundesbank die begrenzte Steuerbarkeit dieser Größe einräumen muß:

„So wenig Banken ohne die Notenbank Geld schaffen können, so wenig kann die Notenbank die Zentralbankgeldmenge in dem hier definierten Sinne einseitig verändern[98]."

Denn Verhaltensänderungen im Geschäftsbanken- und im Nichtbankensektor wirken sich ebenfalls auf die Größe aus. Das ist m. E. auch eine der Hauptgründe, weswegen die ZBGM als Impulsindikator (jedoch nicht als Zwischenzielvariable) abzulehnen ist.

Für die Zwischenzielvariable „Zentralbankgeldmenge" sind in dieser Untersuchung zwei Indikatoren herangezogen worden: Zum einen die Wachstumsraten gegenüber dem entsprechenden Vorjahresmonat, und zum anderen die Wachstumsraten der jeweils letzten sechs Monate auf Jahresrate umgerechnet. Die Bundesbank weist in ihren Veröffentlichungen die Zuwachsraten aller monetären Reihen in der zweiten Form aus, und zwar mit der Begründung, daß

„... die auf 6-Monatsbasis berechneten Jahresraten auch Aussagen über die Dynamik der Reihen in kürzeren Zeitabschnitten (erlauben), ... während die Veränderungen gegenüber der entsprechenden Vorjahreszeit nur die Entwicklung innerhalb eines 12-Monatszeitraums erfassen[99]".

Ein Vergleich beider Zeitreihen zeigt in der Tat, daß die Wachstumsrate der ZBGM, so wie sie die Bundesbank veröffentlicht, zwischen 1961 und 1976 dem 12-Monatsvergleich im Durchschnitt um ca. 4 Monate vorauseilt (gemessen anhand eines Extrempunktvergleichs). Trotzdem wurde auf die Erfassung der Veränderungen gegenüber der entsprechenden Vorjahreszeit nicht gänzlich verzichtet, da die korrespondierenden realwirtschaftlichen Wirkungsreihen alle in dieser Form ausgewiesen werden. Verzerrungen in der zeitlichen Analyse müssen daher von dieser Seite her unbedingt vermieden werden. Die Erfassung der Indikatorvariablen muß eine gewisse Konsistenz aufweisen.

γ) Geldvolumen

Nach monetaristischen Vorstellungen könnte man die Geldmenge (M) als ein Zwischenziel der „zweiten Instanz" bezeichnen, wobei davon

---

98 *Deutsche Bundesbank:* Die währungspolitischen Institutionen, (1975), S. 21.

99 Aus einem Antwortschreiben der Deutschen Bundesbank an den Verfasser vom 8. 10. 1976.

ausgegangen wird, daß sie ein bestimmtes Vielfaches (m) der primär zu beeinflussenden Geldbasis (B) ist:

$$M = m \cdot B$$

Dieser Multiplikator (m) ist nun von verschiedenen Verhaltensparametern der Banken und Nichtbanken abhängig[100].

$$m = \frac{k + 1}{r^{*} (1 + h + s) + k}$$

wobei

$$k = \text{Bargeldhaltungsquotient} = \frac{\text{Bargeld}}{\text{Sichtdepositen}}$$

r^{*} = (durchschnittlicher) Reservesatz

$$h = \text{Termindepositenquotient} = \frac{\text{Termineinlagen}}{\text{Sichtdepositen}}$$

$$s = \text{Spardepositenquotient} = \frac{\text{Spareinlagen}}{\text{Sichtdepositen}}$$

Nimmt man an, daß kurzfristig die Verhaltensparameter konstant sind, dann folgt zwischen B und M ein zeitlich unverzögerter Zusammenhang. Realistischerweise muß jedoch aufgrund von Rentabilitäts-, Liquiditäts- und Risikoüberlegungen bei den Wirtschaftssubjekten von Parameteränderungen ausgegangen werden: So entscheiden z. B. die Banken über die Verwendung ihrer gesetzlichen und freiwilligen Reserven, was sich in Veränderungen des Reservesatzes (r^{*}) ausdrükken läßt, während z. B. die Nichtbanken ihren Einfluß auf das tatsächliche Geldangebot durch Umschichtungen ihres finanziellen Vermögens auf die verschiedenen Anlageformen (Bargeld, Sicht-, Termin-, Spareinlagen) ausüben können, was sich wiederum in Veränderungen von k, h und s niederschlägt. Diese Verhaltensänderungen werden in der Regel über einen etwas längeren Zeitraum hinweg verteilt sein. Determinanten der Länge dieses Anpassungszeitraums sind u. a.:

- die Portfolio-Entscheidungen der privaten Wirtschaftssubjekte
- die Reaktionen der Banken auf die veränderte Einlagen/Reserve-Konstellation sowie
- die Kreditnachfrage[101].

---

[100] Die Herleitung des Geldangebotsmultiplikators findet sich in jedem Lehrbuch. Vgl. z. B.: *Dieter Duwendag*, u. a.: Geldtheorie (1977), S. 121.

[101] Vgl. *Matthijs von den Adel:* Geldentwertung, S. 70.

In einigen empirischen Untersuchungen konnte der intertemporale Kausalzusammenhang zwischen ΔM_t und ΔB_{t-i} zwar nicht nachgewiesen werden, da die Parameter nicht gesichert waren und das Bestimmtheitsmaß einen zu niedrigen Wert aufwies[102], doch muß trotzdem aufgrund der definitorischen Beziehungen die Geldbasis als entscheidende Determinante für das Geldvolumen angesehen werden.

Bei den verschiedenen Geldmengenbegriffen, die die Bundesbank verwendet[103], schlagen sich sowohl geldpolitische Maßnahmen als auch güterwirtschaftliche Einflüsse unterschiedlich nieder. Denn es kann angenommen werden, daß eine verstärkte wirtschaftliche Aktivität auch zu einer Zunahme der Geld- und Kreditnachfrage führen wird, wobei dieser Rückkoppelungseffekt über verändertes Banken- und Nichtbankenverhalten auch das Geld- und Kreditangebot beeinflußt. Ausdruck für dieses veränderte Verhalten ist die Bargeldquote sowie der Einlagenkoeffizient (Termineinlagen plus Spareinlagen in Bezug auf die Sichteinlagen).

Als Indikatoren für die monetäre Entwicklung sind die Geldmengenbegriffe deshalb nur begrenzt verwendbar, da sie zinsbedingte Verschiebungen der Einlagenstruktur widerspiegeln, wobei diese Zinsstrukturabhängigkeit mit dem Umfang der Definition abnimmt: Sie ist bei M_1 am größten, da hier Verschiebungen zwischen Sicht- und Termineinlagen zum Tragen kommen; bei M_2 finden diese Bewegungen nur insoweit eine Berücksichtigung, sofern sie auf Umschichtungen zwischen Spargeldern und Termineinlagen beruhen. Bei M_3 hingegen kommt keiner dieser Effekte zum Tragen, da alle Einlagenarten erfaßt sind[104].

Aufgrund dieses Umschichtungseffektes kann es vorkommen, daß die Entwicklung der entsprechenden Geldmengenvariablen unterschiedlich z. T. sogar gegensätzlich verläuft. Erhöht sich beispielsweise der Einlagenkoeffizient, da die Unternehmer aufgrund pessimistischer Ertragserwartungen sowie steigender Zinsen weniger investie-

---

102 Vgl. ebenda, S. 139.

103 M_1 = Bargeldumlauf und Sichteinlagen inländischer Nichtbanken
M_2 = M_1 + Quasigeld (Termingeld unter 4 Jahren)
M_3 = M_2 + Spareinlagen mit gesetzlicher Kündigung.

104 Während bei M_3 alle Einlagenarten ungewichtet berücksichtigt werden, erfolgt bei der Größe ZBGM eine Gewichtung durch die unterschiedlichen Reservesätze entsprechend dem „Geldgrad" der Einlagen im Verhältnis 4 : 3 : 2 für Sichteinlagen, Termingelder und Spareinlagen.

ren und stattdessen höhere finanzielle Reserven (z. B. in Form höherer Termineinlagen) anlegen wollen, dann kann unter Umständen M_2 expansive Tendenzen aufweisen, während M_1 infolge des Sichteinlagen- und/oder Bargeldabzugs einen kontraktiven Effekt signalisiert. In solchen Situationen (z. B. am Ende eines wirtschaftlichen Aufschwungs) ist sehr leicht die Gefahr von Fehlinterpretationen gegeben. Deshalb erscheint es plausibel, sich bei der monetären Analyse nicht allein auf einen einzigen Indikator zu beziehen. Im folgenden wird daher sowohl die Entwicklung von M_1, als auch von M_2 betrachtet, wobei in beiden Fällen eine Zunahme der Veränderungsraten einen expansiven Effekt und ein Rückgang der Veränderungsraten einen kontraktiven Effekt anzeigt.

δ) Zinsniveau und Kreditvolumen

Während die monetaristische Strukturhypothese auf eine Beeinflussung der Geldmenge abzielt, liegt die Aufmerksamkeit der traditionellen keynesianischen Theorie bei einer antizyklischen Steuerung des Zinssatzes sowie einer Beeinflussung der Kreditgewährung, da hierdurch eine Steuerung der „finanzierungsbedürftigen“[105] wirtschaftlichen Aktivität (Endzielkriterium) bewirkt werden kann. Denn die Wirtschaftssubjekte werden bei ihren Investitionsentscheidungen von der monetären Seite her hauptsächlich durch die Kreditverfügbarkeit und die Kreditkosten tangiert, wobei dann Zinsniveau- und Zinsstrukturänderungen ursächlich für den Geld- und Kreditschöfungsprozeß sein können[106].

Nach dem Kreditkostenmechanismus wirkt eine Zinserhöhung dämpfend auf die Investitionstätigkeit. Die dabei vorausgesetzte Zinsabhängigkeit der Investitionen wird zwar von einigen Autoren bestrit-

---

[105] *Werner Neubauer:* Strategien, S. 137. Finanzierungsbedürftig ist letztendlich nicht nur der Bestand an einzelnen Vermögensteilen (Reinvestition) und deren Wachstum (Neuinvestition), sondern das gesamte Ausgabenvolumen.

Die Kreditabhängigkeit der Vermögensbildung im Unternehmenssektor, im Sektor der privaten Haushalte sowie bei den öffentlichen Ausgaben wurde ebenda, S. 136–171 empirisch nachgewiesen.

[106] Diese Aussagen finden ihre empirische Bestätigung in Berechnungen von *Werner Neubauer*, der bei seinen Regressions- und Korrelationsanalysen auf der Basis von jährlichen Zahlen von 1954 bis 1968 einen negativen Zins-Kredit-Zusammenhang feststellte. Keine Signifikanz stellte sich lediglich ein bei den kurzfristigen Krediten an den Unternehmenssektor und bei Krediten an die öffentlichen Haushalte, insbes. an die Länder. Vgl. ebenda, S. 270 ff. sowie S. 306 ff.

ten[107], sie ist aber andererseits in mehreren empirischen Arbeiten statistisch nachgewiesen worden[108]. Daraus folgt, daß jedenfalls *tendenziell* die Notenbank mit ihrem zinspolitischen Instrumentarium über Zinsänderungen (und damit Kreditkostenänderungen) die Investitionsgüterindustrie (und damit ein Teil der Gesamtnachfrage) beeinflussen kann. Einschränkungen ergeben sich nur dadurch, daß die anderen Komponenten der Gesamtnachfrage, z. B. die Auslandskomponente, einen kompensierenden Effekt ausüben. Auch kann eine niedrige Zinselastizität den Gesamteffekt dämpfen, was jedoch nicht grundsätzlich gegen den gesamten Mechanismus sprechen muß.

Während der Kreditkostenmechanismus ein Gleichgewicht über den *Preis* des Kredits herbeizuführen versucht, setzt der Kreditverfügbarkeitsmechanismus an der zur Verfügung stehenden *Menge* des Kredits an[109]. Bedingungen, die die quantitative Verfügbarkeit des Kreditangebots „von außen" beeinflussen können, wie z. B. die Unvollkommenheit des Kreditmarktes oder die begrenzte Kreditwürdigkeit der Kreditnehmer, lassen eine zielgerichtete Notenbankpolitik mitunter wirkungslos erscheinen.

Als Indikatoren für die Zins- und Kreditentwicklung werden im folgenden herangezogen: der Geldmarktzins für Dreimonatsgeld, ausgewählte Soll- und Habenzinsen seit 1969 sowie die Veränderungsraten der kurzfristigen Kredite der Geschäftsbanken an inländische Unternehmen und Privatpersonen, geglättet mit einem gleitenden Dreimonatsdurchschnitt.

Eine Analyse der langfristigen Kreditentwicklung wurde im folgenden ausgeklammert, da man davon ausgehen kann, daß konjunkturelle Symptome sich kurzfristig stärker bemerkbar machen, wohingegen langfristige Kredit- und damit auch Investitionsentscheidungen stär-

---

107 Vgl. beispielsweise die Auffassungen von *Krelle*, der dem Zins nur eine „sekundäre" Bedeutung bei der Investitionsentscheidung zuweist. *Wilhelm Krelle:* Die Investitionsfunktion, in: Jahrbücher für Nationalökonomie und Statistik, Bd. 172 (1960), S. 345-391.

108 Vgl. dazu den Überblick über eine Reihe empirischer Untersuchungen bei *Rüdiger Pohl:* Geldkreislauf und Einkommenskreislauf, Berlin 1976, S. 166 ff.

109 Zum Kreditverfügbarkeitsmechanismus vgl. die Arbeit von *R. Roosa:* Interest Rates and the Central Bank, Wiederabgedruckt in: *R. S. Thorn* (Hrsg.): Monetary Theory and Policy, New York 1966, S. 559 ff. Einen Überblick geben auch *Rüdiger Pohl:* Geldkreislauf, S. 170 ff.; *H. Milde:* Informationskosten, Anpassungskosten und die Theorie des Kreditmarktes, in: Kredit und Kapital, 7. Jg. (1974), Heft 4, S. 489 ff. Vgl. auch dort die Literaturhinweise auf die Arbeiten von *Brunner, Chick, Park* und *Spencer.*

ker auch von sog. „außerkonjunkturellen“ Erwägungen bestimmt sein können.

Die Notenbank hat nun mehrere Möglichkeiten, die Zinsentwicklung auf dem Geldmarkt zu beeinflussen[110], wobei in der Regel Diskont- bzw. Lombardsatz die Obergrenze und die Geldmarktpapier-Abgabesätze die Untergrenze bilden. Zum einen läßt sich durch eine Erhöhung (Senkung) der Abgabesätze und des Diskont- und Lombardsatzes das allgemeine Geldmarktzinsniveau steigern (senken), und zum andern kann die Notenbank z. B. für den Fall hoher Marktanspannung, in dem die Zinsen kurzfristig über den Notenbankraten liegen, durch eine Erweiterung der Rediskontkontingente ein sehr hohes Zinsniveau wieder auf die Höhe des Diskontsatzes herabdrücken.

In einigen empirischen Untersuchungen wird zwar die gleichgerichtete Entwicklung unterschiedlicher Zinsen bestätigt, jedoch es konnte vielfach keine Evidenz dafür gefunden werden, daß die Notenbankraten dominierend die Marktentwicklung beeinflussen. So scheint z. B. eher die Diskontpolitik mit einer Zeitverzögerung auf Geldmarktzinsänderungen zu reagieren, als umgekehrt[111], obwohl aufgrund theoretischer Überlegungen *Claus Köhler* zu einem anderen Ergebnis kommt:

„Die These, eine Zentralbank müsse mit dem Diskontsatz der Markttendenz folgen, trifft unter den heutigen Bedingungen nicht mehr zu[112].“

Denn:

„... die Zentralbank kann die Tagesgeldsätze ... jederzeit wieder an den Diskontsatz heranführen, indem sie die Rediskontkontingente erweitert[113].“

ε) Bankenliquidität

Die freien Liquiditätsreserven bilden das Reservoir zukünftiger Zentralbankgeldschöpfung, deren Existenz bzw. Nicht-Existenz aber keinen Hinweis auf die einzelwirtschaftliche Liquiditätslage der Banken zuläßt, sondern die allein ein Ausdruck geldpolitischer Zweckmäßigkeit sind. Es wurde schon wiederholt darauf hingewiesen, daß die Entwicklung dieser Größe als „Puffer“ der monetären Expansion oder

---

[110] Vgl. dazu die theoretischen Überlegungen bei *Claus Köhler:* Geldwirtschaft, Bd. 1, S. 164 ff.

[111] Vgl. dazu Teil 1.B.V.2., in dem spektralanalytische lag-Berechnungen von *Abels* und von *König/Wolters* vorgestellt wurden.

[112] *Claus Köhler:* Geldwirtschaft, Bd. 1 (1977), a. a. O., S. 169.

[113] Ebenda.

Restriktion anzusehen ist[114]. In diesem Zusammenhang ist auf folgende Schwierigkeit hinzuweisen: Konjunkturpolitisch gleichgerichtete Instrumenteneinsätze (z. B. Expansionsimpulse) führen oft zu entgegengesetzten Auswirkungen auf die Liquiditätsreserven[115]:

- Mindestreservesatzsenkung sowie Rediskontkontingenterhöhung bewirken eine *Zunahme* der FLR, da sie direkt die Komponenten $Z_{ü}^{B}$ sowie ΔR berühren.
- Senkung von Diskont- und Lombardsatz sowie Abgabesatz für Geldmarktpapiere haben möglicherweise eine *Abnahme* der FLR zur Folge. Denn durch die Senkung der Bundesbankzinsen sinken auch tendenziell die Geldmarktzinsen[116], die wiederum die Zentralbankgeld-Beschaffungsmöglichkeiten der Geschäftsbanken erhöhen, bzw. die Notwendigkeit zum Abbau von Liquiditätsreserven vermindern: Der Bestand an geldmarktregulierten Papieren (G_i) wird abnehmen[117].

Aus diesen Überlegungen folgt, daß eine Zunahme (Abnahme) der FLR nicht in jedem Fall Ausdruck expansiver (kontraktiver) Entwicklungen ist. Vielmehr ist die Zunahme (Abnahme) allein ein Zeichen eines expansiven (restriktiven) Einsatzes der Mindestreserve- und der Refinanzierungskontingentspolitik, wohingegen der Einsatz der übrigen hauptsächlich zinspolitischen Instrumente eine spezifische Analyse der Verhaltensreaktionen der Geschäftsbanken voraussetzt.

d) Realwirtschaftliche Wirkungsindikatoren

α) Produktionsentwicklung

Geldpolitische Aktionen beeinflussen über bestimmte Transmissionsgrößen die wirtschaftliche Aktivität. Als erster Indikator für das Volkseinkommen wurde hilfsweise der monatliche Indexwert der

[114] Vgl. Teil 2.A.II.1.c.

[115] Vgl. auch Übersicht 6.

[116] Der Einfluß, den Abgabe- bzw. Ankaufsätze von Geldmarktpapieren sowie Diskont- und Lombardsatz auf die Zinsbildung am Geldmarkt haben, ist sehr gut dargestellt bei *Hans-Joachim Jarchow:* Theorie und Politik des Geldes, Bd. II (1976), S. 38 ff.

Die zeitliche Analyse zeigt, daß (von Ausnahmen abgesehen) sich alle Zinsen weitgehend gleichgerichtet entwickelt haben, wobei jedoch die Marktzinssätze für Geldmarktkredite nicht immer durch den Abgabesatz nach unten und den Lombardsatz nach oben begrenzt zu sein brauchen.

[117] Zu dem Problemkreis der zentralbankpolitischen Steuerungsmöglichkeiten der freien Liquiditätsreserven vgl. *Gerhard Mussel:* Freie Liquiditätsreserven, S. 61 ff.

industriellen Produktion genommen. Um exakter die Wirkung der geldpolitischen Aktionen bzw. der Transmissionsgrößen feststellen zu können, wurden saisonbereinigte Ursprungszahlen, geglättet mit einem gleitenden 3-Monatsdurchschnitt, ausgewählt. Saison- und Zufallsimpulse sollten dadurch weitgehend ausgeschaltet werden. Um den Trendeinfluß zu eliminieren, wurde auch mit Veränderungsraten (ersten Differenzen) gearbeitet[118]. Quelle für die Ursprungszahlen waren Angaben der Deutschen Bundesbank[119].

Ein Anstieg dieser Raten bekam positive Werte zugeordnet, während eine Abnahme mit negativen Vorzeichen versehen wurde. Der Neutralitätsbereich wurde innerhalb der Grenzen von (±0,5 %) angesetzt. Dadurch sollten kurzfristige Schwankungen der Reihe ausgeschaltet werden. Die Produktionsindikatoren lassen sich entsprechend der verschiedenen Bereiche einteilen in: Grundstoff- und Produktionsgüterindustrie, Investitionsgüterindustrie, Verbrauchsgüterindustrie und Bauindustrie. Ein Vergleich zeigt, daß diese Zeitreihen nicht nur in ihrer quantitativen Ausprägung bei den einzelnen Konjunkturzyklen differieren, sondern daß mitunter auch ihre zeitlichen Extrempunkte auseinanderfallen[120]. Die Dynamik der entsprechenden Aufschwungs- oder Abschwungsphasen wird dabei in unterschiedlichem Maße von den einzelnen Industriebereichen gestützt.

In diesem Sinne wurde beispielsweise der Aufschwung 1967 von allen Industriebereichen im gleichen Maße getragen, während 1971 – trotz Vorlaufs von Grundstoff-, Produktionsgüter- und Verbrauchsgüterindustrie – der Durchschnittswert seine Trendrichtung erst änderte, als auch in der Investitionsgüterindustrie ein Umschwung diagnostiziert wurde. Beim Aufschwung 1975 dagegen scheint es genau umgekehrt gewesen zu sein: Der Vorlauf der Investitionsgüterindustrie bewirkte allein noch keine Trendumkehr in der Konjunkturbeurteilung.

β) Lohnentwicklung

Als Indikator für die Lohnentwicklung wurden die Lohnkosten je Beschäftigten ausgewählt. Von den saisonbereinigten, mit einem gleitenden Zweimonatsdurchschnitt geglätteten Zahlen wurden ebenfalls

[118] Die Änderungsraten der Industrieproduktion lassen sich auch hilfsweise als Indikator für das stabilitätspolitische Wachstumsziel nehmen.

[119] *Deutsche Bundesbank:* Statistische Beihefte zu den Monatsberichten, Reihe 4 (Saisonbereinigte Wirtschaftszahlen).

[120] Vgl. Tabelle 15.

Tab. 15: Extrempunkte der Industrieproduktion

- Veränderungsraten der saisonbereinigten für einen gleitenden 3-Monatsdurchschnitt geglätteten Indexwerte gegenüber Vorjahresmonat -

Konjunkturphase	Extrempunkte (Monat/Jahr)				Verzögerungen**** gg. der ges. Industrie in Monaten		
	Gesamte Industrie	Grundstoff-, Produktionsgüterindustrie	Investitionsgüterindustrie	Verbrauchsgüterindustrie	Grundstoff-Produktionsgüterind.	Investitionsgüterindustrie	Verbrauchsgüterindustrie
Abschwung (oberer Extrempunkt)	2/64	2/64*	1/65	(3/64)***	0	−11	−1
	2/69	9/68	3/69	2/69	+5	−1	0
	1/73	1/73	1/73	1/73	0	0	0
	6/76	7/76	1/76**	5/76	−1	+5	+1
Aufschwung (unterer Extrempunkt)	4/67	4/67	4/67	4/67	0	0	0
	12/71	6/71	12/71	11/70	+6	0	+13
	6/75	6/75	1/75	5/75	0	+5	+1

* Maximalpunkt ist zwar eindeutig, jedoch nur kurzfristiger Art. Ein weiterer (lokaler) Extrempunkt liegt bei 12/64. - ** Extrempunkt ist nicht eindeutig. - *** Extrempunkt ist nicht eindeutig. Abschwung beginnt (trendmäßig) ab 1/65. **** Vorlauf +, Nachlauf −.

Quelle: Berechnet nach Ursprungsdaten der *Deutschen Bundesbank*.

Veränderungsraten gegenüber dem Vorjahresmonat errechnet. Indikator für die Produktivität ist das Produktionsergebnis je Beschäftigten. Auch hier wurden jährliche Änderungsraten von saisonbereinigten, mit 3-Monats-Durchschnitt geglätteten Zahlen herangezogen.

Ein Vergleich dieser beiden Zeitreihen zeigt, daß die Lohnentwicklung - trotz der schwierigen Interpretation durch die Extrempunktanalyse - sehr ausgeprägt der Entwicklung der Produktivität nachhinkt, und zwar in Abschwungphasen stärker als in Aufschwungphasen[121].

Tab. 16: Extrempunkte von Produktivität und Löhnen

Konjunkturphase	Extrempunkte (Monat/Jahr)		Verzögerung der Löhne (in Monaten) gegenüber	
	Produktivität[a]	Löhne[b]	Produktivität	Industrie-Produktion
Abschwung (oberer Extrempunkt)	2/64	8/65[d]	−18	−18
	(11/67)[c]	4/70[e]	−29	−14
	1/73	8/76[f]	−19	−19
	5/76	5/76[g]	0	+ 1[g]
Aufschwung (unterer Extrempunkt)	2/67	4/67	− 2	0
	11/70	12/71	−13	0
	1/75	8/75	− 7	−2

[a] Produktionsergebnis je Beschäftigten

[b] Löhne und Gehälter je Beschäftigten

[c] Extrempunkt zwar nicht eindeutig, jedoch Beginn des trendmäßigen Abschwungs. Weiterer Extrempunkt 2/69

[d] Extrempunkt nicht eindeutig, jedoch Beginn des trendmäßigen Abschwungs. Weitere Extrempunkte 3/64 und 12/64.

[e] Weiterer Extrempunkt 12/70.

[f] Weiterer Extrempunkt 2/73.

[g] Vorläufig.

Quelle: Berechnet nach Ursprungsdaten der *Deutschen Bundesbank*.

e) Stabilitätspolitische Zielindikatoren

Ziel jedes stabilitätspolitischen Handelns ist die Erhaltung bzw. Erreichung des gesamtwirtschaftlichen Gleichgewichts, wobei die Konkretisierung dieses Begriffes i. d. R. durch eine Aufzählung seiner Komponenten bzw. „Unterziele" erfolgt. § 1 Stabilitäts- und Wachstumsgesetz[122] fordert von den wirtschaftspolitischen Entscheidungs-

[121] Vgl. Tabelle 16.

[122] BGBl. I, S. 582 vom 8. Juni 1967.

trägern Bund und Ländern, daß sie ihre Maßnahmen so zu treffen haben, daß die Stabilität des Preisniveaus, ein hoher Beschäftigungsgrad, außenwirtschaftliches Gleichgewicht und stetiges und angemessenes Wachstum möglichst „gleichzeitig" erreicht wird. Nach § 12 Bundesbankgesetz[123] ist die Deutsche Bundesbank in ihrer Funktion als geldpolitischer Entscheidungsträger verpflichtet,

„... unter Wahrung ihrer Aufgabe die allgemeine Wirtschaftspolitik der Bundesregierung zu unterstützen."

Somit erfolgt also indirekt eine Festlegung auf *alle* Ziele des „magischen Vierecks", obwohl nach § 3 Bundesbankgesetz ihre primäre Aufgabe darin besteht, „die Währung zu sichern", d. h. also die Inlandskaufkraft der Währung (Stabilität des Preisniveaus) als auch ihre Austauschfähigkeit gegenüber ausländischen Währungen (außenwirtschaftliches Gleichgewicht) zu erhalten.

Unabhängig von dieser Diskussion über die Ziele der praktischen Geldpolitik, wird im folgenden allein auf die Erreichung der Inlandsziele eingegangen. Als Indikator für einen hohen Beschäftigungsstand wird die *Arbeitslosenquote* (= Anteil der gemeldeten Arbeitslosen an der Zahl der abhängigen Erwerbspersonen) angenommen, die Stabilität des Preisniveaus wird anhand des *Preisindex für die Lebenshaltung* wiedergegeben, während die Entwicklung eines stetigen und angemessenen Wirtschaftswachstums zuvor schon durch die Veränderungsraten der industriellen Produktion angenähert wurden[124].

α) Vollbeschäftigung und Wachstum

Da ohne Wachstum mittelfristig keine Vollbeschäftigung möglich ist und da in der Regel auch eine Erhöhung des Beschäftigungsstandes von einer Unterbeschäftigungssituation zum vollbeschäftigten Produktionspotential parallel zu einem realen Wachstumsprozeß verläuft, ergibt sich zwischen beiden Zielen eine harmonische Beziehung. Auf-

---

[123] BGBl. I, S. 745 vom 26. Juli 1957.

[124] Es muß an dieser Stelle darauf hingewiesen werden, daß es in der stabilitätspolitischen Diskussion üblich ist, das Wachstumsziel durch die Veränderungsraten des realen Bruttosozialprodukts wiederzugeben. Doch da die Sozialproduktsberechnungen in der Bundesrepublik nur vierteljährlich erfolgen, in dieser Untersuchung aber monatliche Daten zugrunde gelegt werden, erschien es angebracht, die industrielle Nettoproduktion als Hilfsgröße zu verwenden, da hier monatliche Zahlen vorliegen.

grund der theoretischen Überlegungen aus Teil 2.A.II.1. wirkt sich eine expansive Geldpolitik nach einem entsprechenden Übertragungsprozeß, der unterschiedliche Phasen durchlaufen kann, positiv auf die Arbeitsmarktsituation aus: Die Arbeitslosenquote sinkt.

Dieser „Mengeneffekt", der sich auch durch den Anstieg der Produktionstätigkeit kennzeichnen läßt, wird in vielen Fällen durch einen „Preiseffekt" (Beschleunigung des Inflationstempos) begleitet. Eine Isolation dieser Effekte stößt immer noch auf sehr große Schwierigkeiten (Dekompositionsproblem)[125], zumal auch die Zurechnung der Wirkungsanteile geldpolitischer Maßnahmen auf diese Effekte nur anhand von Hilfs-Konstruktionen möglich ist.

Als Indikator der Vollbeschäftigung fungiert hier die Arbeitslosenquote, wobei eine Zunahme dieser Quote gegenüber dem Vormonat mit einem negativen Vorzeichen versehen wird, während eine Abnahme einen positiven Wert zugeordnet bekommt. Diese Größe wurde deshalb ausgewählt, da sie in der stabilitätspolitischen Diskussion eine wesentliche Rolle spielt, zumal sie auch von der Bundesregierung in ihrer Jahresprojektion als Zielwert numerisch fixiert wird[126].

β) Preisniveauentwicklung

Die Entwicklung des Preisniveaus wird durch den Preisindex für die Lebenshaltung eines Vier-Personen-Arbeitnehmer-Haushalts wiedergegeben, wobei zum einen Ursprungszahlen des Statistischen Bundesamtes, und zum anderen saisonbereinigte Zahlen der Deutschen Bundesbank zugrunde gelegt wurden. Die Aufbereitung der Daten erfolgt dabei in der Weise, daß die Wachstumsraten der Indices gegenüber den entsprechenden Vorjahreszeiträumen ausgewählt wurden.

Eine Zunahme dieser Raten gegenüber dem Vormonat wurde mit positivem Vorzeichen bewertet, da aufgrund der theoretischen Überlegungen aus Teil 2.A.II.1. angenommen werden kann, daß eine expansive Politik, die auf eine Steigerung der volkswirtschaftlichen Aktivität ausgerichtet ist, im Falle begrenzter Kapazitäten eine Steigerung auch des Preisniveaus verursachen wird („Preiseffekt").

---

125 *M. Shinohara* hatte z. B. bei Multiplikatorwirkungen eine Unterscheidung in reale und monetäre Effekte vorgeschlagen, wobei Preis- und Mengenelastizitäten als Gewichtungsfaktoren die jeweiligen Anteile widerspiegeln. Vgl. *Jorg-Günther Grunwald:* Erfolgskontrolle, S. 92 ff.

126 Vgl. *Jorg-Günther Grunwald:* Erfolgskontrolle, S. 41 ff.

III. Eine statistische Überprüfung von geldpolitischen Wirkungshypothesen

Ausgehend von den theoretischen Überlegungen aus Teil 2.A.II. werden im folgenden einige ausgewählte Lag-Hypothesen getestet. Als Berechnungsmethode wird die im Teil 1.B.VI. dargestellte nicht-parametrische Methode verwendet.

1. Bemerkungen zu dem Testverfahren

Das Ziel der Untersuchungen liegt allein bei einer zeitlichen Analyse der Wirkungs*richtungen*. Dabei wird davon ausgegangen, daß quantitative Angaben nur unzulängliche Schlußfolgerungen hinsichtlich der Zeitbeziehungen zulassen. Eine Fälle anderer Einflußfaktoren „verfälscht" unter Umständen die Wirkungsaussage der jeweils unterstellten Lag-Hypothesen. Dieser Einwand trifft jedoch auf alle statistischen Berechnungsmethoden zu.

Dazu kommt, daß unterschiedliche Konstellationen der sog. ökonomischen Umwelt jeweils quantitativ gleich starke Maßnahmen unterschiedlich stark wirken lassen. Ein Einsatz gleicher Instrumente kann nämlich auch bei einer ähnlichen Ausgangslage trotzdem unterschiedliche Wirkungen zeigen. Für die Verzögerungsanalyse sind somit nur die qualitativ *gleichgerichteten* Ausprägungen interessant. Die Qualifizierung quantitativer Daten stellt in diesem Sinne eine gewisse Bereinigung dar, da alle quantitativen Ausprägungen von konjunkturpolitischen Richtungsänderungen *gleichgewichtet* berücksichtigt werden.

Die statistische Methode des Hypothesentests gibt nun eine Bestätigung bzw. Nichtbestätigung für die Behauptung, daß eine Veränderung einer Zielvariablen nach k-Perioden von vorangegangenen Veränderungen von möglichen Ursachenvariablen *begleitet* wurde. Diese Methode gibt somit keine Antwort auf die Frage nach den tatsächlichen Kausalitätsbeziehungen, sondern sie überprüft lediglich, ob ein statistisch signifikanter Zusammenhang zwischen den beiden Qualitätsreihen besteht. Jedoch unter Berücksichtigung einer vorgegebenen Irrtumswahrscheinlichkeit kann bei Überschreiten einer als „kritische Schwelle" bezeichneten Größe dieser Zusammenhang nicht ganz abgelehnt werden.

Die Darstellung des Zusammenhangs erfolgt mit Hilfe der Vier-Felder-Tafel . Die Signifikanzschwelle liegt im vorliegenden Fall bei einer unterstellten Irrtumswahrscheinlichkeit von $\alpha = 0{,}05$ bei dem kritischen Wert $\chi^2_k = 3{,}841$. Die zeitliche Streuung aller χ^2-Werte, die diesen Schwellenwert übersprungen haben, läßt sich annäherungsweise auch als *Wirkungsverteilung* interpretieren. Die Vorzeichen geben Hinweise, ob der unterstellte Zusammenhang positiv oder negativ ist. Kriterium ist dabei die Differenz im Zähler der Testgröße.

Die Folge der χ^2-Werte ist im Zeitablauf oft großen Schwankungen unterworfen. Das liegt z. T. daran, daß in dem Betrachtungszeitraum die konjunkturelle Wirksamkeit von Zyklus zu Zyklus schwankt. Aus diesem Grunde wurden vielfach die Ergebnisse mit einem gleitenden Dreimonatsdurchschnitt geglättet.

Da auch die qualitative Analyse (wie übrigens jede statistische und auch ökonometrische Meßmethode) nicht frei von „Verfälschungen“ durch andere Einflußfaktoren sein kann[127], wird in den Untersuchungen nur der „fühlbare“ Einfluß gemessen, den eine Maßnahme unter Berücksichtigung aller übrigen Einflüsse und unter Zugrundelegung einer angenommenen zeitlichen Verschiebung auf eine Zielvariable ausübt. Impulse, die durch entgegengesetzte Verlaufsrichtungen dieser Zielvariable möglicherweise kompensiert wurden, werden somit unterschlagen. Das ist jedoch ein Problem, vor dem auch die quantitative Wirtschaftsforschung steht. Eine Politik, der es letztendlich gelingen würde, daß durch ihren antizyklischen Instrumenteneinsatz keine Abweichungen vom Gleichgewichtspfad zustande kämen, muß man als „erfolgreich“ bezeichnen. Jedoch die Wirkungen dieser Stabilisierungsmaßnahmen lassen sich trotzdem nicht genau messen. Es sei denn, die Störimpulse wären in ihrer quantitativen und zeitlichen Ausprägung vorher bekannt[128]. Im Falle eines unvollkommenen Prognosesystems läßt sich die Wirkung (quantitativ sowie zeitlich) nur dann feststellen, wenn gleichgerichtete *Abweichungen* der Zielvariablen gemessen werden können.

2. Verzögerungen in der Wirkung auf die monetären Zwischenziele

Die 1. Phase der geldpolitischen Wirkungsverzögerungen umfaßt die Zeitspanne vom Einsatz der Maßnahmen bis zur ersten „fühlbaren“ Änderung monetärer Zwischenvariablen („intermediate lag“). Die

---

127 Solche Einflüsse sind insbesondere das Ausland und die staatliche Finanzpolitik.

128 Vgl. in der Einleitung Kapitel B.

„Fühlbarkeit der Wirkung" ist dabei so definiert, daß die Vorzeichen der ausgewählten Indikatoren die gleiche „Tendenz" aufweisen sollen. Die Häufigkeiten in der Übereinstimmung dieser Vorzeichen werden anhand der χ^2-Verteilung auf ihre Signifikanz getestet, wobei die zeitliche Folge der χ^2-Werte auch als Wirkungsverteilung interpretiert wird.

Instrumentvariable ist im vorliegenden Fall der in Teil 2.A.II.2.b.(ε) vorgestellte Geldpolitikindiaktor, der die qualitativen Ausprägungen des geldpolitischen Instrumenteneinsatzes in der Periode 1960 bis 1976 umfaßt. Als Zwischenindikatoren werden betrachtet:

- die Zentralbankgeldmenge (ZBGM)
- die freien Liquiditätsreserven (FLR)
- die Geldmengen M_1 und M_2
- die Zinsentwicklung auf dem Geldmarkt
- die Kreditentwicklung.

a) Die Entwicklung der Zentralbankgeldmenge

Die Berechnungen wurden mit zwei Indikatoren durchgeführt. Dabei stellte sich heraus, daß für die erste Untersuchung, der die auf Jahresrate umgerechneten Veränderungen in den jeweils letzten sechs Monaten zugrunde lag, keine signifikanten χ^2-Werte ermittelt werden konnten, die einem Signifikanzgrad von $\alpha = 0{,}05$ genügt hätten. Der höchste χ^2-Wert für einen gleichgerichteten Zusammenhang ergab sich im Falle kontraktiver Maßnahmen bei einem unterstellten Lag von 0 Monaten (Fehlerwahrscheinlichkeit jedoch 20 %), und bei expansiver Politik bei einem Lag von $k = 1$ Monat (Fehlerwahrscheinlichkeit 30 %).

Es ist erstaunlich, daß bei dieser Untersuchung, bei der immerhin die von der Bundesbank selbst ausgewiesenen Zahlen zugrunde gelegt wurden, keine stärkere Signifikanz ermittelt werden konnte. Unabhängig davon deuten die Ergebnisse jedoch auf die plausibel erscheinende kurze Wirkungsverzögerung von 0–1 Monat hin, wobei sich Kontraktionsmaßnahmen schneller und strikter auswirken, als expansive politische Impulse.

Für die Berechnungen mit Wachstumsraten gegenüber dem entsprechenden Vorjahresmonat ergaben sich dagegen signifikante von Null verschiedene Werte ($\alpha = 0{,}05$) bei kontraktiver Politik für die jedoch unverständlich lange Zeitspanne von $k = 3$ Monate bis $k = 12$ Monate. Da die Werte ziemlich großen Schwankungen unterworfen sind, wurden sie mit Hilfe von gleitenden Dreimonats- bzw. Fünfmonatsdurchschnitten geglättet. Die höchsten Werte liegen dann bei Zeitverzögerungen von 5 bzw. 6 Monaten[129].

Auch im Falle expansiver Politik scheint das Ergebnis auf eine mehrgipflige Verteilung herauszulaufen: Mit 20 %-iger Fehlerwahrscheinlichkeit bei $k = 4$ Monaten und mit 10 %-iger Fehlerwahrscheinlichkeit bei 9 Monaten[130]. Dieses Ergebnis wird durch zusätzliche Berechnungen bestätigt, die für einen kürzeren Zeitraum (1971–1976) durchgeführt wurden[131]. Hier ergaben sich sogar signifikante von Null verschiedene Werte für $\alpha = 0{,}05$.

Diese Zweigipfligkeit stellt sich auch im kontraktiven Fall ein bei $k = 3$ und $k = 11$ Monaten. Der erste signifikante Wert liegt hier um einen Monat früher als bei der Expansionspolitik. Der Schluß, daß sich ein Kontraktionskurs auf die Entwicklung der Zentralbankgeldmenge nicht nur strikter sondern auch schneller durchsetzt, wird durch dieses Ergebnis bekräftigt.

Für den zweiten Gipfel in der Verteilung der χ^2-Werte läßt sich dagegen nur schwer eine Erklärung finden. Da er jedoch in der Regel zwischen dem neunten und zwölften Monat zu finden ist, liegt die Vermutung nahe, daß hier ausgeprägte saisonale Einflüsse eine große Rolle spielen. In ihren Äußerungen weist die Bundesbank immer wieder darauf hin, daß sie die Zentralbankgeldversorgung auch nach dem kurzfristigen Bedarf der Kreditinstitute steuern muß, will sie ihre mittelfristige Zielvorgabe (Zunahme der Zentralbankgeldmenge um 6 bis 7 bzw. 8 Prozent im Verlauf (Durchschnitt des Jahres) erreichen.

„Der Bedarf an Zentralbankgeld ist saisonalen Einflüssen unterworfen. Infolge der Medioanspannung ist er im Juni und infolge der Reisezeit im Juli besonders hoch. Bei der Versorgung der Banken mit liquiden Mitteln hat die Bundesbank diese Einflüsse zu berücksichtigen[132].“

Vergleiche zwischen beiden Indikatoren zeigen, daß die von der Bundesbank verwendeten Zuwachsraten der jeweils letzten sechs Monate auf Jahresrate umgerechnet zwar zu den plausiblen Ergebnissen kür-

---

[129] Vgl. Abb. 31.

[130] Vgl. Abb. 30.

[131] Vgl. Abb. 34 und 35.

Aufgrund der kürzeren Zeitreihen ($N = 67$) wurden die Berechnungen mit *Yates*-Korrektur durchgeführt.

[132] *Claus Köhler:* Geld muß billig bleiben, Interview in: Die Zeit, 32. Jg., Nr. 23 vom 27. 5. 1977, S. 24.

zerer Wirkungsverzögerungen kommen, und daß die Wachstumsraten im Vorjahresvergleich um ca. ein Vierteljahr hinterherhinken, jedoch die fehlende Signifikanz läßt insgesamt auf keinen strengen Zusammenhang schließen. Allein die Änderungsraten gegenüber dem Vorjahr erscheinen hier ein aussagekräftiger Indikator zu sein, wobei es bemerkenswert ist, daß die über ein dreiviertel Jahr ausgedehnte *Verteilung* kontraktiver Impulse der Jahre 1960 bis 1976 sich in der jüngeren Zeit, in der die Bundesbank speziell eine Beeinflussung der Zentralbankgeldmenge anstrebt, sich stärker auf *eindeutige* und kürzere Lag-Perioden konzentriert.

b) Die Entwicklung des Geldvolumens

Die Berechnungen der zeitlichen Beziehungen zwischen dem Geldpolitikindikator und den verschiedenen Geldmengenindikatoren förderten ziemlich unterschiedliche Ergebnisse zutage. So ergab die Analyse von M_1 (Veränderungsraten gegenüber dem Vorjahresmonat), daß der Wirkungsverlauf expansiver Impulse langanhaltend und abnehmend ist. Der höchste von Null verschiedene und signifikante Wert liegt bei einer Verzögerung von $k = 0$ Monaten ($\alpha = 0{,}01$). Der gleitende Dreimonatsdurchschnitt[133] der χ^2-Werte nimmt kontinuierlich ab, ist jedoch noch bis zum achten Monat mit 5 %-iger Fehlerwahrscheinlichkeit von Null verschieden[134].

Ein ganz anderes Bild ergibt sich für den Fall kontraktiver Politik. Die erste spürbare Wirkung setzt erst nach einem Vierteljahr ein ($\alpha = 0{,}01$). Sie hält mit hoher Wirkungsimpulsität nur relativ kurze Zeit an (3 Monate). Ab dem sechsten Monat sind die χ^2-Werte nicht mehr signifikant von Null verschieden. Die Nullhypothese kann also nicht abgelehnt werden[135].

Diese Ergebnisse deuten darauf hin, daß die Reaktionszeiten der Nichtbanken in den verschiedenen Konjunkturphasen unterschiedlich verlaufen. Im Unterschied zur Analyse der Zentralbankgeldmenge ist die expansive Wirkung kontinuierlich abnehmend verteilt, während sie im kontraktiven Fall eher einem Impulsstoß ähnelt, der sich hauptsächlich zwischen dem dritten und fünften Monat auswirkt.

---

133 Für $k = 0$ und $k = 12$ wurde ein Zweimonatsdurchschnitt berechnet.

134 Vgl. Abb. 34. Die χ^2-Werte wurden hier nur bis zum zwölften Verzögerungsmonat dargestellt, da sie im weiteren Verlauf lediglich um die Null-Linie schwanken.

135 Vgl. Abb. 35.

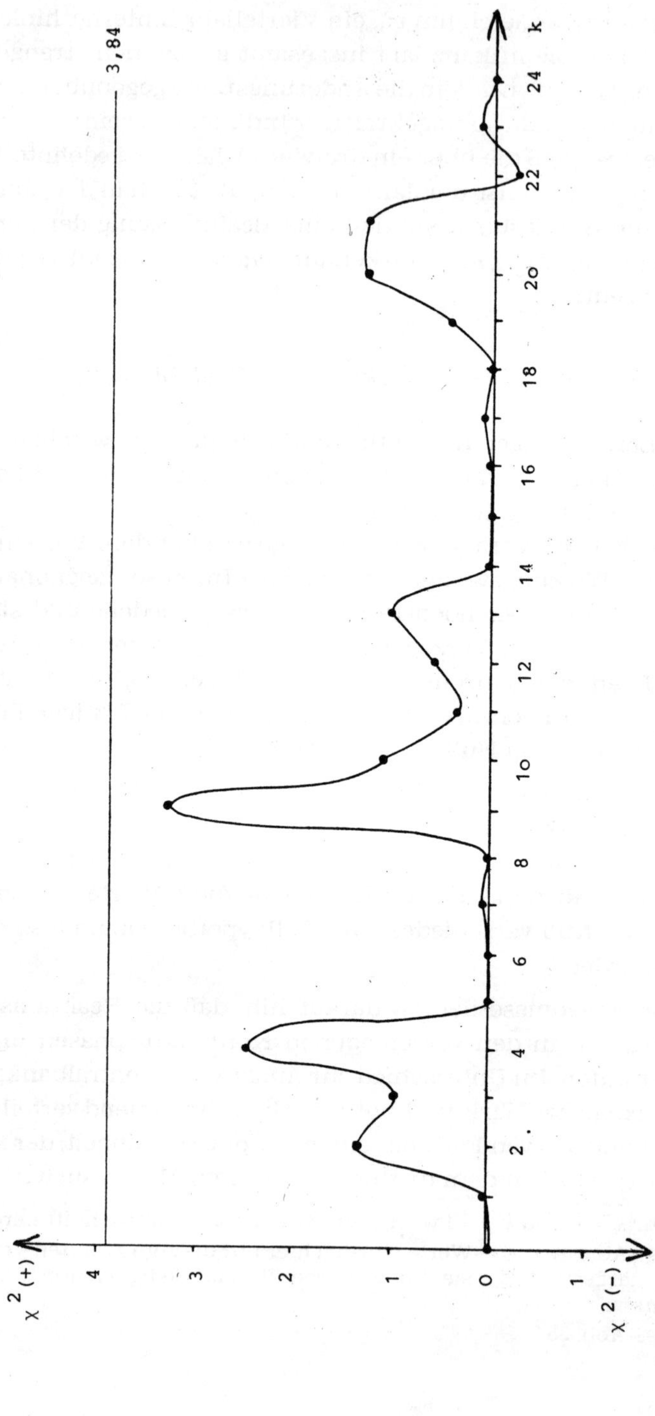

Abb. 30: Expansive Geldpolitik – Zentralbankgeldmenge (Vorjahresraten)

Abb. 31: Kontraktive Geldpolitik - Zentralbankgeldmenge (Vorjahresraten)

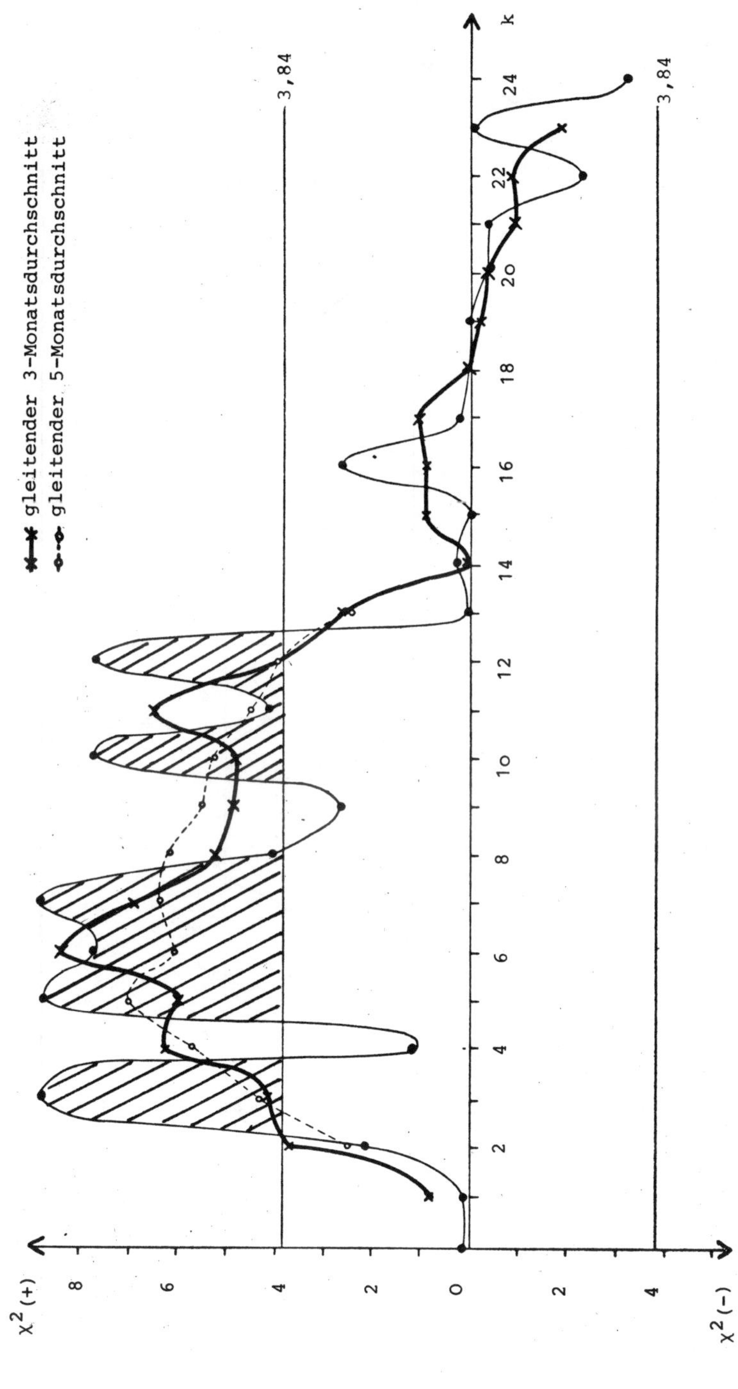

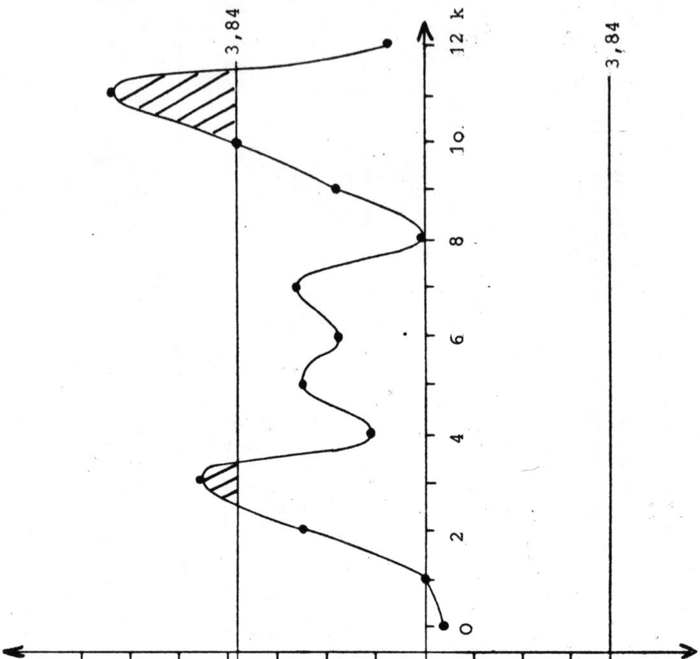

Abb. 33: Kontraktive Geldpolitik - Zentralbankgeldmenge (Vorjahresraten) 1971-1976

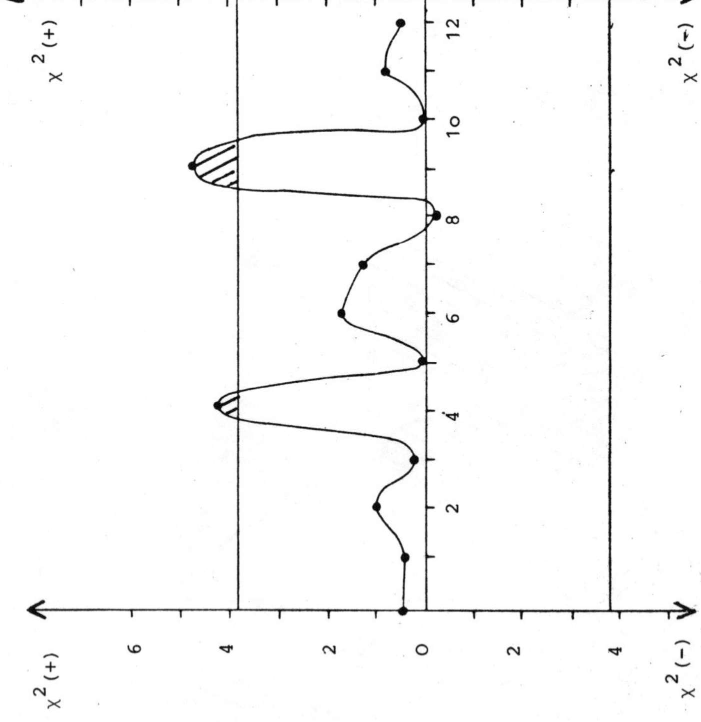

Abb. 32: Expansive Geldpolitik - Zentralbankgeldmenge (Vorjahresraten) 1971-1976

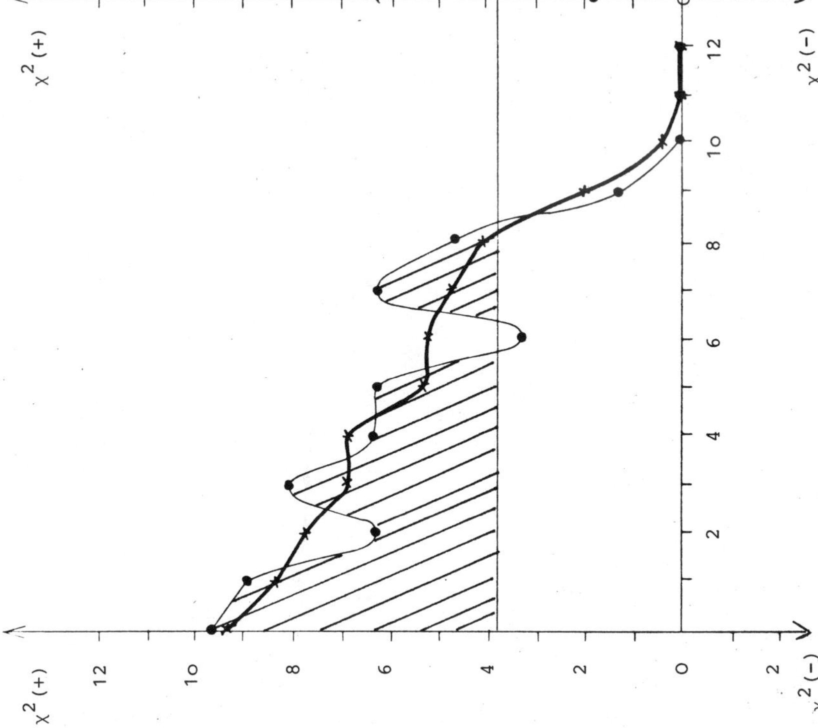

Abb. 34: Expansive Geldpolitik - Geldmenge M_1

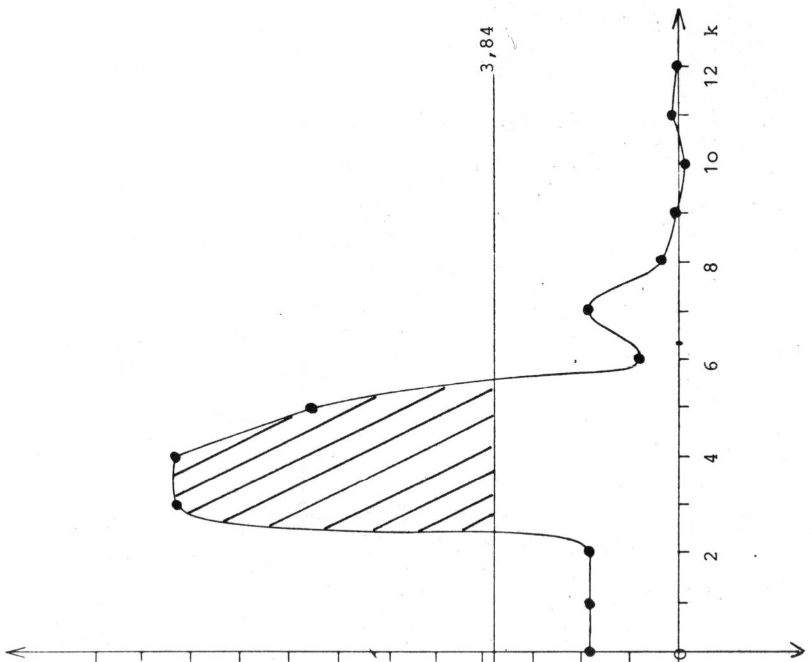

Abb. 35: Kontraktive Geldpolitik - Geldmenge M_1

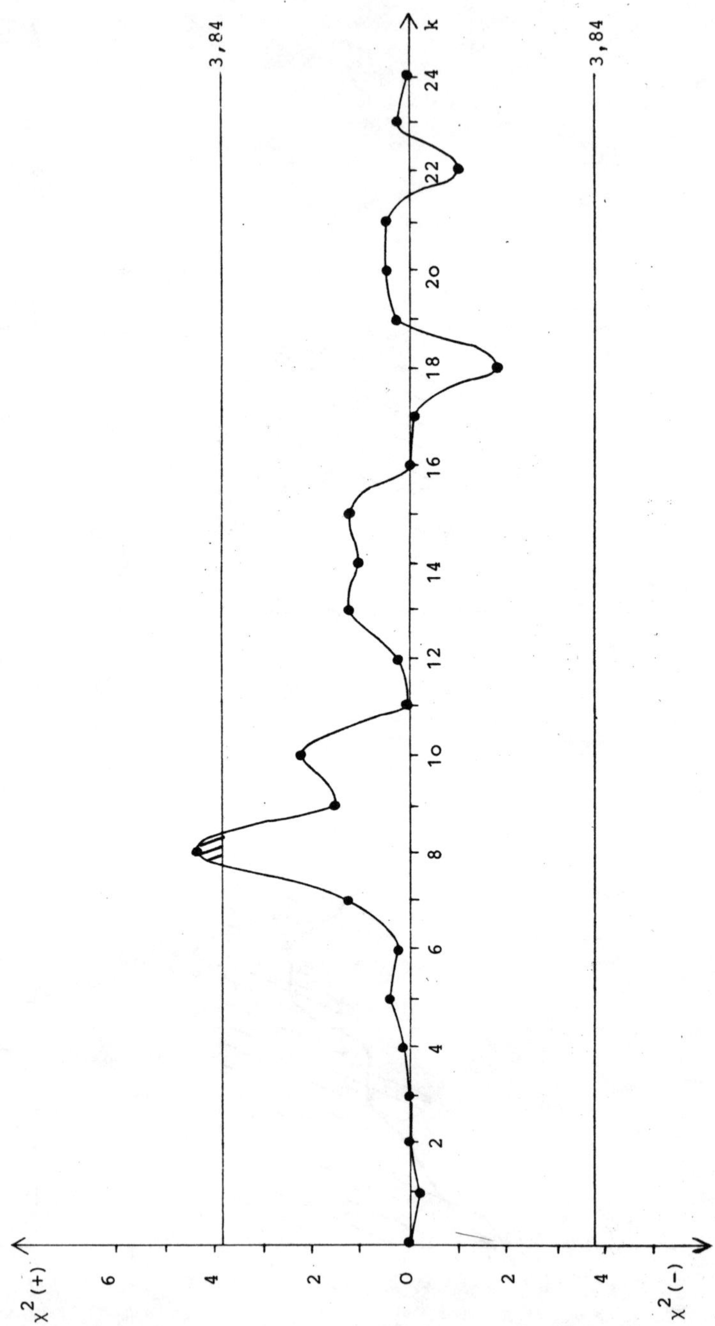

Abb. 36: Expansive Geldpolitik - M_2

Abb. 37: Kontraktive Geldpolitik - M_2

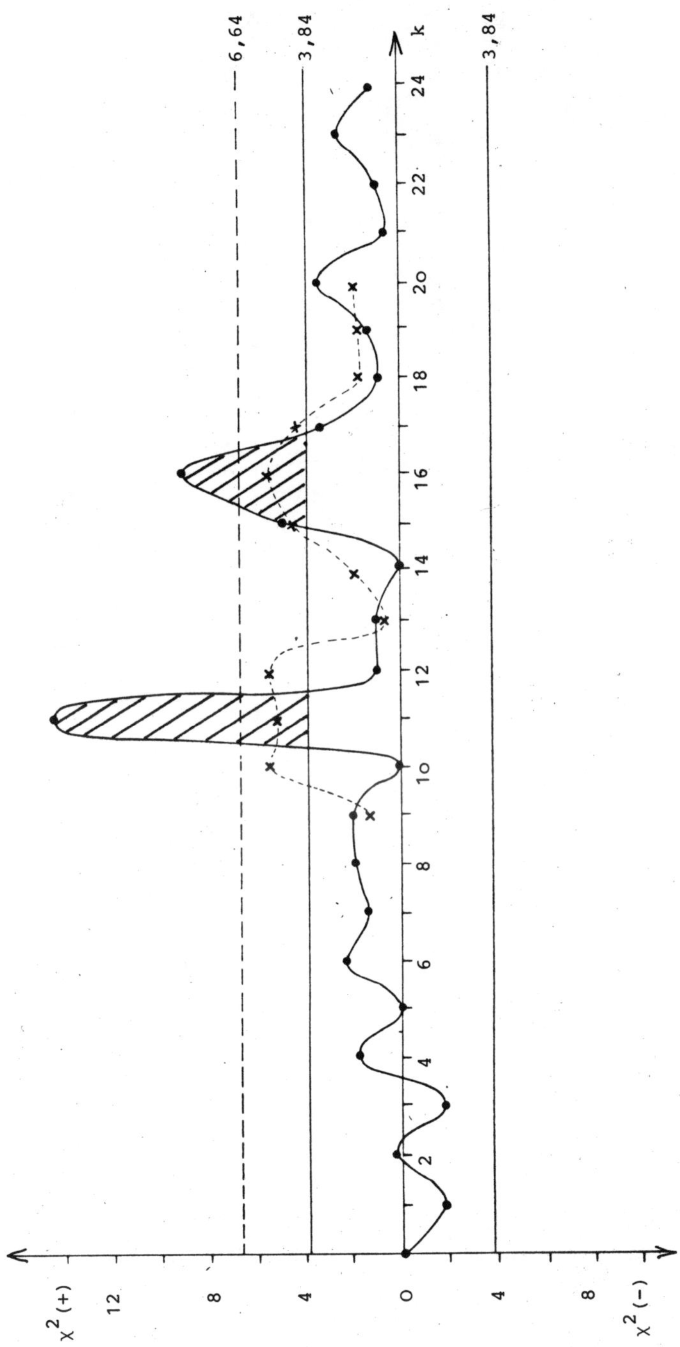

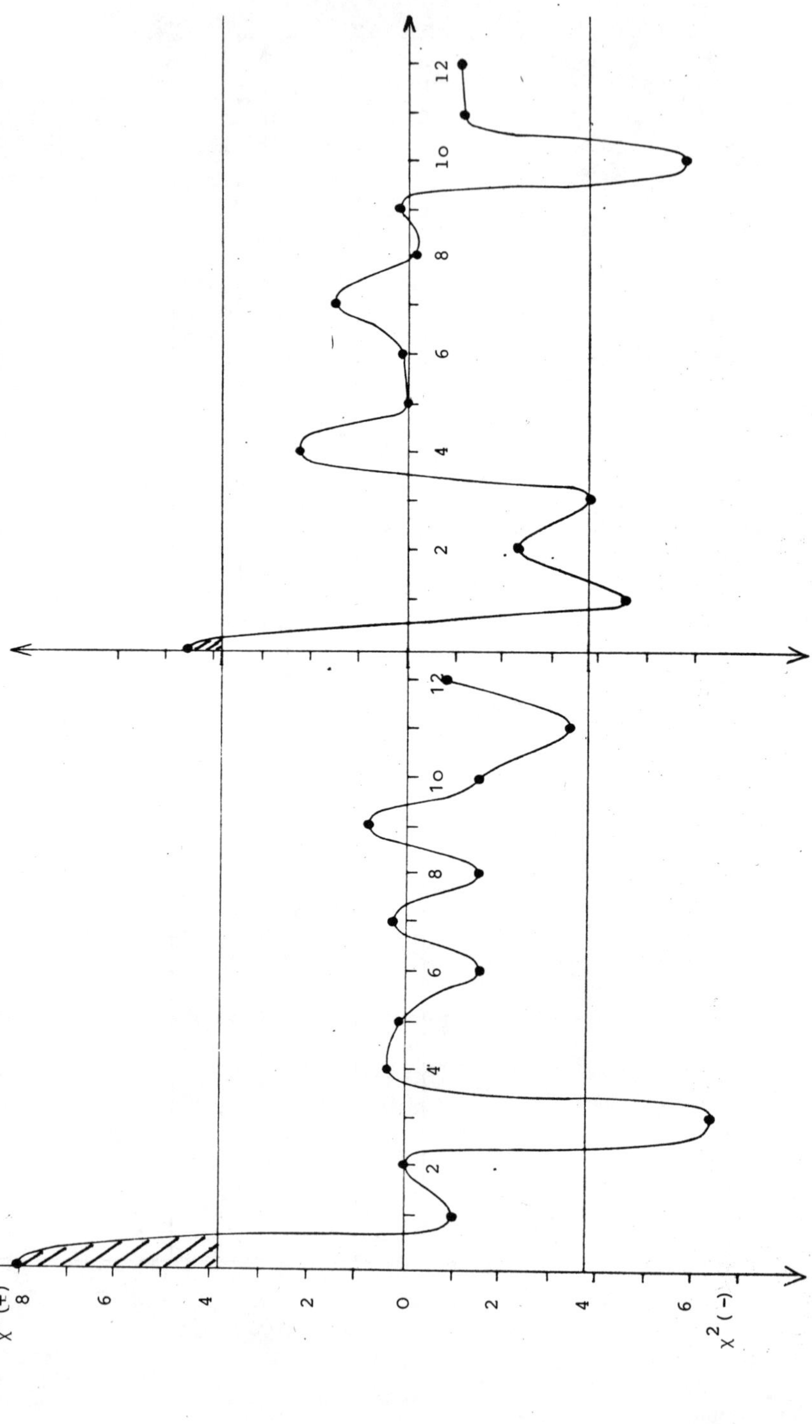

Abb. 38: Zentralbankgeldmenge (expansive Entwicklung) - Geldmenge M_1

Abb. 39: Zentralbankgeldmenge (kontraktive Entwicklung) - Geldmenge M_1

Abb. 40: Zentralbankgeldmenge (expansive Entwicklung) – M_2

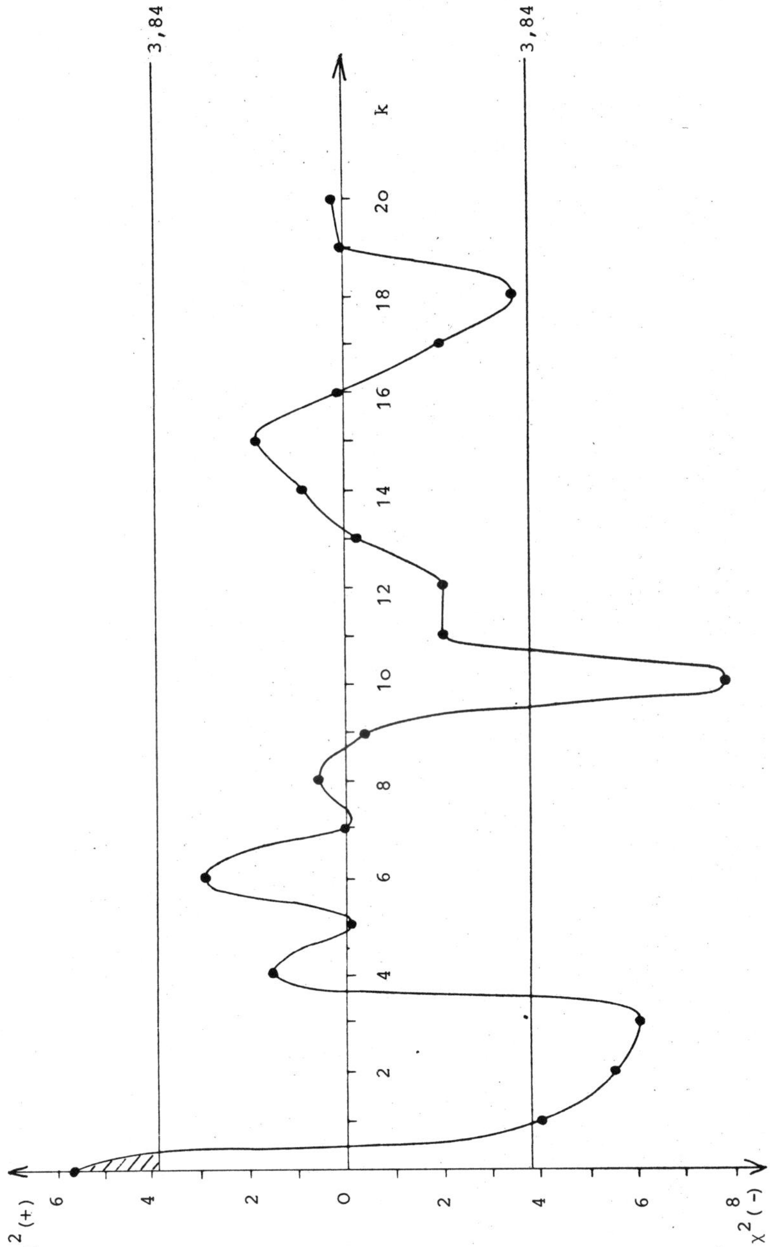

Abb. 41: Zentralbankgeldmenge (kontraktive Entwicklung) – M_2

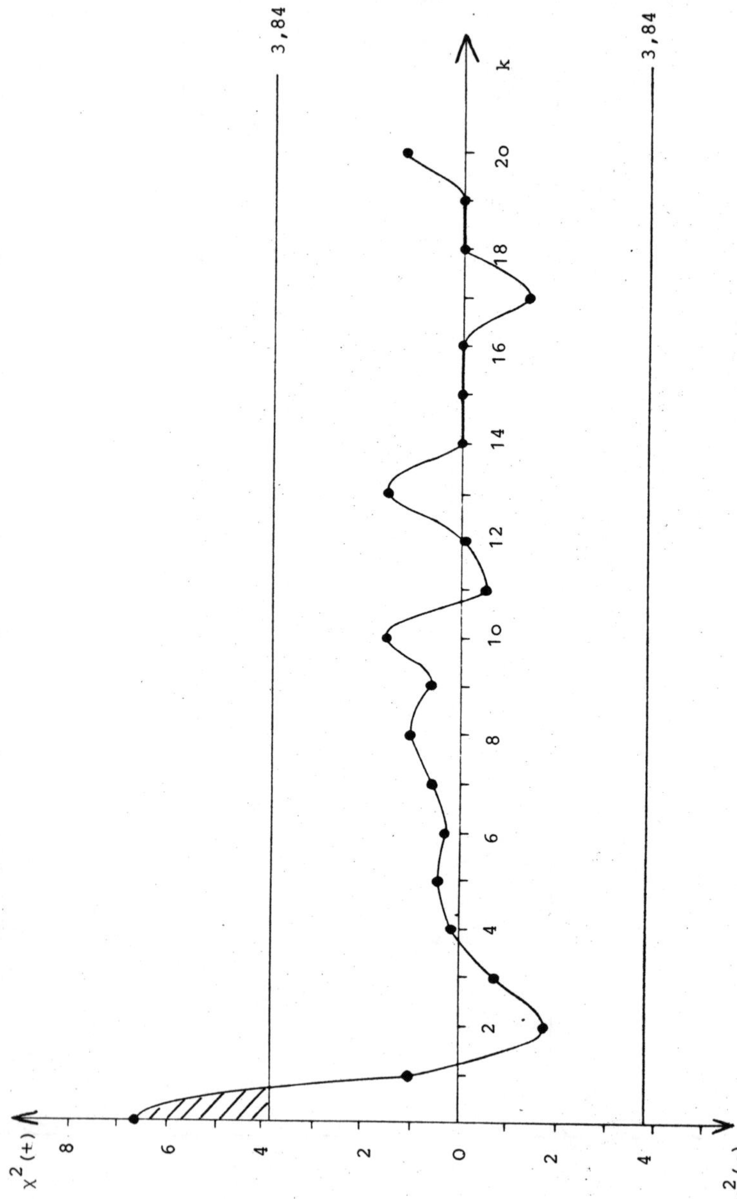

Bei der zeitlichen Analyse von M_2 ergeben sich dagegen recht widersprüchliche Resultate. Im expansiven Fall stellt sich ziemlich eindeutig eine Verzögerung von acht Monaten heraus, während im kontraktiven Fall erst ein Gipfel bei elf Monaten und einer bei 15 bis 16 Monaten vorkommt. D. h. die Wirkung auf M_2 stellt sich im Durchschnitt um ca. 8 Monate später ein als bei M_1, wobei dafür die Berücksichtigung der Termineinlagen ursächlich sein muß.

Festgelder und Kündigungsgelder werden den Kreditinstituten nämlich für bestimmte Zeiträume überlassen, wobei in der Regel feste Laufzeiten der Einlagen bzw. Kündigungsfristen (mindestens 1 Monat, längstens 4 Jahre) vereinbart werden. Somit ist also die Verfügbarkeit der Einleger über diese Terminguthaben eingeschränkt. Die „fühlbare" Reaktion von M_2 auf geldpolitische Aktionen erfolgt deswegen so spät, da die Wirtschaftssubjekte in jedem Fall die Festlegungs- bzw. Kündigungsfrist abwarten müssen, ehe sie über diese Guthaben verfügen können.

Die zeitliche Analyse zwischen der Zentralbankgeldmenge (als Einflußgröße) und dem Geldvolumen (als Reaktionsgröße) erbringt Evidenz für unverzögerte Beziehungen. Sowohl die Wirkungskette ZBGM - M_1 als auch ZBGM - M_2 ergab „positive" Signifikanz[136] für die Lag-Hypothese $k = 0$. Dieses Ergebnis ist auch unabhängig von der zugrundeliegenden Datenzubereitung (Wachstumsraten gegenüber dem Vorjahr bzw. der letzten sechs Monate auf Jahresbasis umgerechnet).

c) Die Entwicklung der Bankenliquidität

Entsprechend dem Konzept der Bundesbank und der Definition der freien Liquiditätsreserven[137] schlagen sich geldpolitische Aktionen, insbesondere Mindestreservesatzvariationen, Rediskontkontingentsänderungen und Offenmarkttransaktionen, sofort in Veränderungen der Verwendungskomponenten von FLR nieder. Die empirischen Untersuchungen (Abb. 42, 43) bestätigen diese Vermutung, wobei die im expansiven Fall konstatierte Verzögerung von einem Monat möglicherweise nur statistische Gründe hat.

---

136 Unter „positiver Signifikanz" soll im folgenden die Tatsache eines positiven Zusammenhangs bezeichnet werden, der mit 5 %iger Fehlerwahrscheinlichkeit signifikant von Null verschieden ist.

137 Vgl. Teil 2.A.II.1.c.

Abb. 43: Kontraktive Geldpolitik –
Freie Liquiditätsreserven (1971–1976)

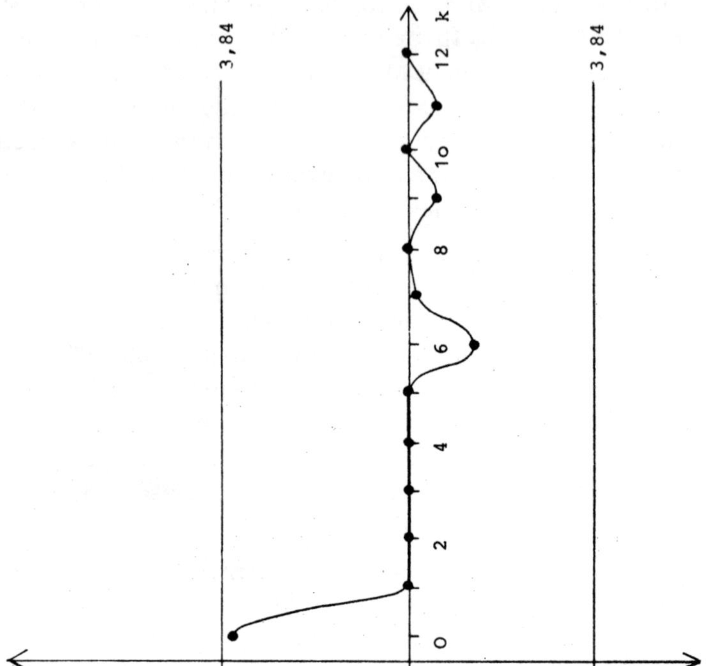

Abb. 42: Expansive Geldpolitik –
Freie Liquiditätsreserven (1971–1976)

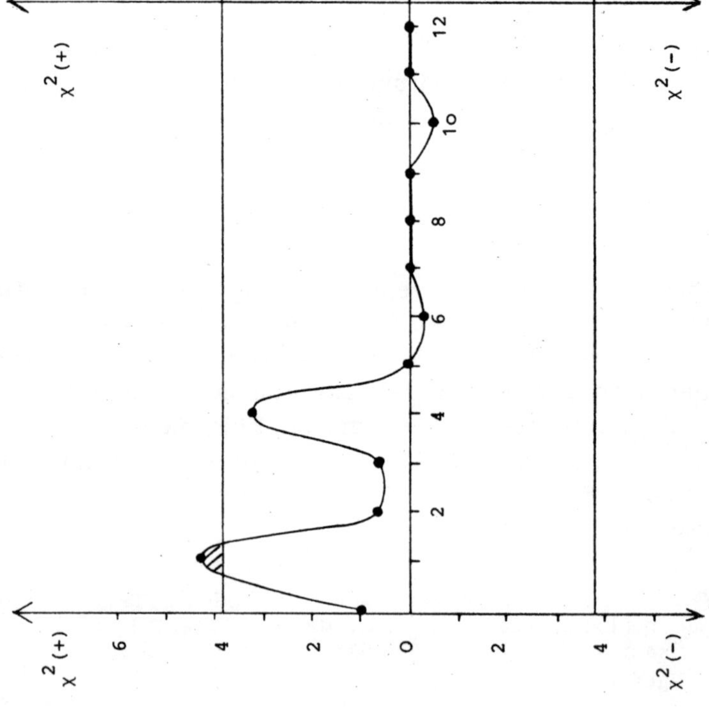

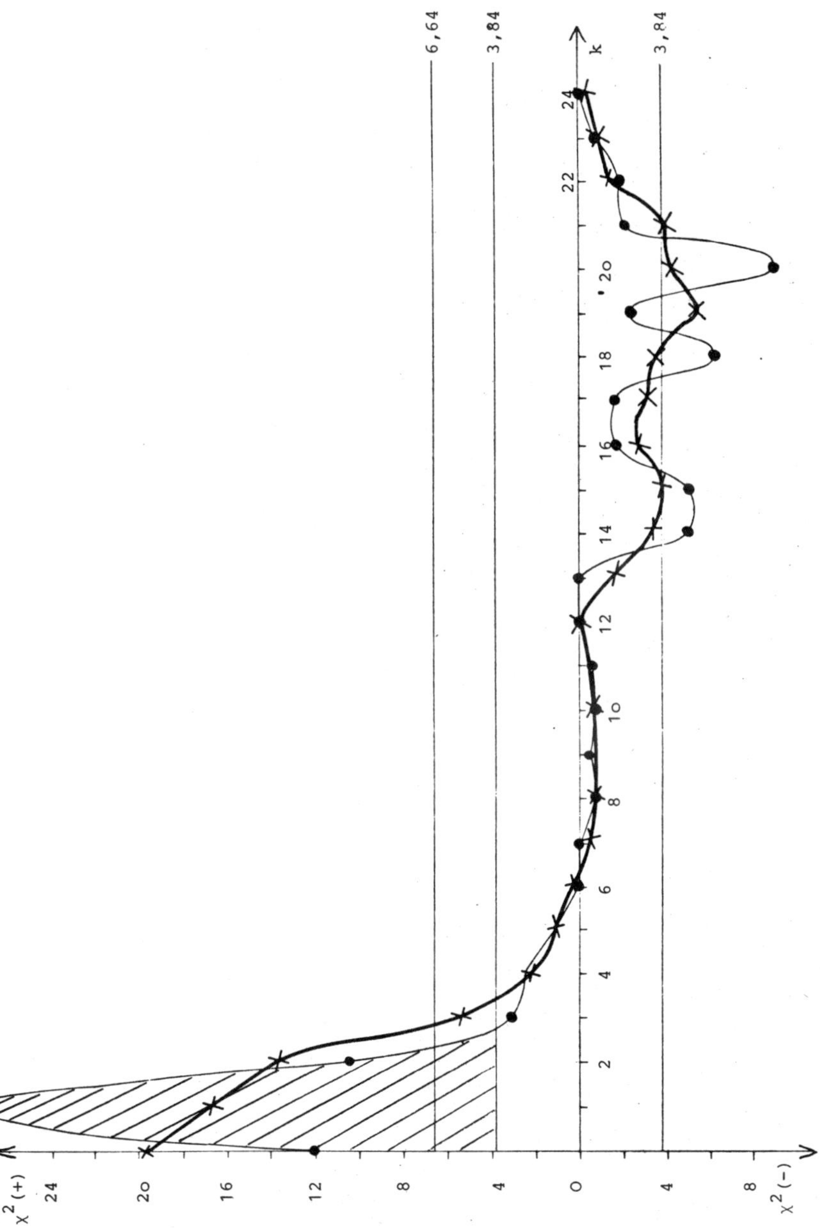

Abb. 44: Expansive Geldpolitik – Geldmarktzins

Abb. 45: Kontraktive Geldpolitik – Geldmarktzins

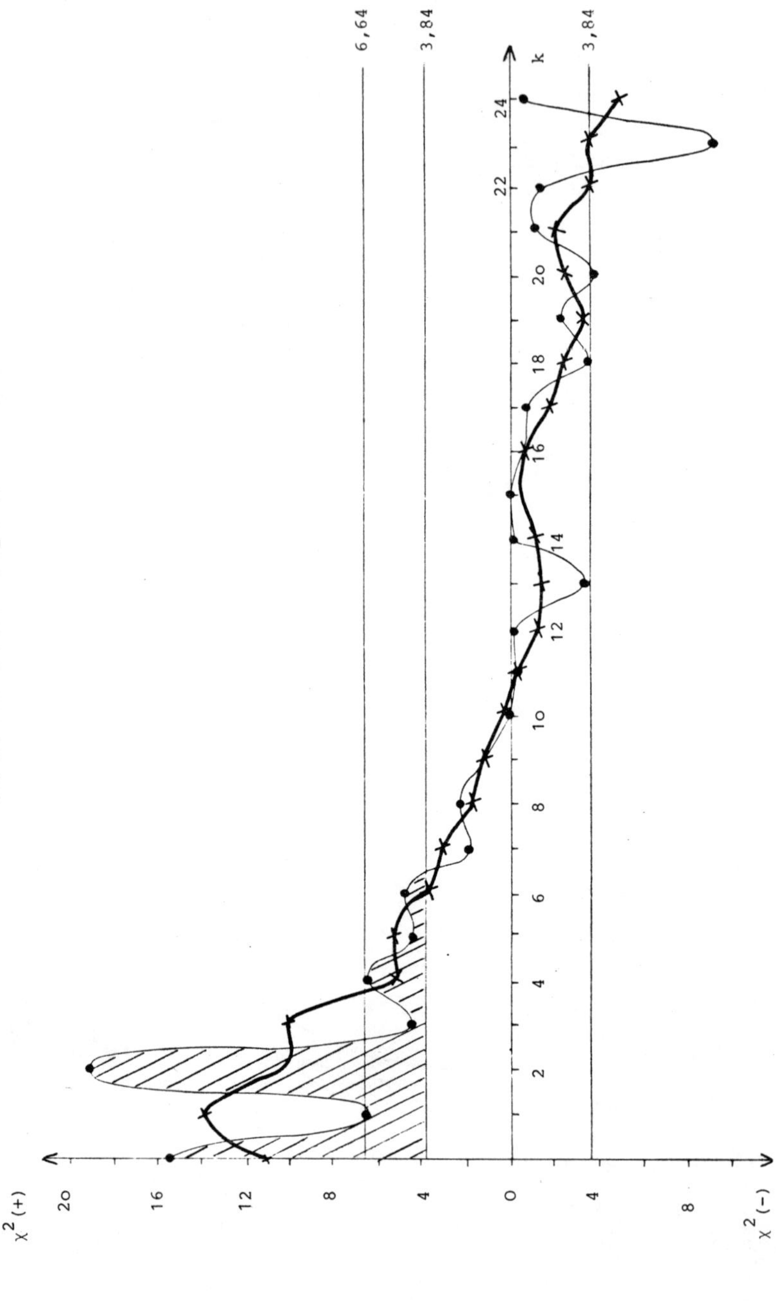

Viel schwieriger zu erklären ist dagegen der zweite Gipfel in Abb. 42, der einen erneuten Reaktionsstoß ein viertel Jahr später anzeigt. Unter Umständen handelt es sich um Auswirkungen zinspolitischer Maßnahmen und/oder Änderungen der überwiegend marktmäßigen Bestimmungsfaktoren der Zentralbankgeldversorgung, insbesondere Bargeldumlauf und Nettoguthaben von Nichtbanken[138], die sich verzögert erst nach ca. vier Monaten bemerkbar machen. Auf diese sog. Marktfaktoren hat die Zentralbank keinen direkten Einfluß, da eine Änderung dieser Komponenten weitgehend vom Willen der Nichtbanken abhängt.

d) Die Zinsentwicklung

Wie nicht anders zu erwarten war, ist der Einfluß der Notenbankpolitik auf die Zinsentwicklung auf dem Geldmarkt hochsignifikant (Abb. 44, 45). Der höchste Wert im expansiven Fall (Zinssenkung) liegt bei $k = 1$ Monat und im Restriktionsfall bei $k = 2$ Monate. Der gleitende Durchschnitt liegt jedoch auch hier bei $k = 1$ Monat. Erstaunlich ist nur die relativ lange „Nachwirkungszeit" von Zinserhöhungen, die bis zu sechs Monate betragen kann. Die These, daß die Zinspolitik der Notenbank eher konstatierend der allgemeinen Markttendenz folgt[139], findet hierdurch keine Bestätigung. Vielmehr erscheint der Einfluß der Notenbank sowohl bei Zinserhöhungen im Kontraktionsfall als auch bei Zinssenkungen im Expansionsfall dominierend zu sein.

e) Die Kreditentwicklung

Die Analyse der kurzfristigen Kreditentwicklung erbringt im Falle expansiver Geldpolitik „positive" Signifikanz bei einer Lag-Hypothese von 21/22 Monaten (Abb. 46). Dieser relativ lange Zeitraum von fast zwei Jahren läßt sich nur schwer erklären. Hier müssen in verstärktem Maße noch andere Einflußfaktoren ursächlich gewesen sein.

Eine Restriktionspolitik, die auf eine Verminderung des Kreditzuwachses gerichtet ist, erscheint dagegen schon nach 7, 12 und 14 Monaten erfolgreich (Abb. 47). Die unterschiedlichen Zeitpunkte deuten dar-

[138] Seit 1973 unterteilt die Bundesbank in ihrer bankenstatistischen Gesamtrechnung die Bestimmungsfaktoren der Bankenliquidität nicht mehr in „überwiegend marktmäßige" und „überwiegend kreditpolitische", da sie darüber hinaus auch die Brutto-Zentralbankgeldschöpfung bzw. -vernichtung in ihrem Konzept mit berücksichtigen will.

[139] Vgl. Teil 1.B.V.2. und Teil 2.A.II.2.c. (δ).

auf hin, daß u. U. unterschiedliche Kreditlaufzeiten die Entwicklung beeinflussen können. Eine kontraktive Politik kommt in ihrer Wirkung zwar schneller als Expansionspolitik zum Ziel, jedoch nicht ganz so schnell, wie es vielleicht im Hinblick auf eine konjunkturpolitische Beschränkung der zusätzlichen Finanzierungsmöglichkeiten des wirtschaftlichen Wachstums angebracht erscheint.

Die Zinsabhängigkeit kurzfristiger Kredite läßt sich mit einer Fehlerwahrscheinlichkeit von 5 Prozent nur im Kontraktionsfall (steigende Zinsen) nachweisen (Abb. 49). Die Zeitpunkte stark verminderten Kreditzuwachses liegen hier jedoch einen Monat früher als bei der Analyse mit dem Geldpolitikindikator. Positive Signifikanz ist nämlich für k = 6, 11, 13 und 14 gegeben, während eine Reaktion des Kreditzuwachses auf Zinssenkungen nach 7 Monaten und - in etwas geringerem Maße - nach 23 Monaten zu erwarten ist.

Der höchste signifikante Wert (im Kontraktionsfall (α = 0,01) liegt jedoch bei sechs Monaten. Diese Zeitverzögerung mag darauf zurückzuführen sein, daß die Kreditinstitute den Privatpersonen und Unternehmen Kreditlinien eingeräumt haben, die nicht ohne weiteres gekündigt werden können, auch wenn die Entwicklung auf dem Geldmarkt es für angebracht hätte erscheinen lassen.

Im umgekehrten Fall sinkender Geldmarktzinsen ergibt sich kein eindeutiges Ergebnis. Der höchste χ^2-Wert ist jedoch auch hier nach ca. einem halben Jahr zu beobachten (7 Monate). Die These einer halbjährigen Reaktion der Kreditentwicklung auf Geldmarktveränderungen erfährt dadurch eine Bestätigung. Auf der anderen Seite aber ist der Wert bei weitem nicht als signifikant anzusehen. Dieses uneinheitliche Bild mag auf unterschiedliches Verhalten der Wirtschaftssubjekte in den entsprechenden Konjunkturphasen zurückzuführen sein. Eine Zinserhöhung bewirkt durch den Kostenerhöhungseffekt einen direkten Einschnitt in der Kreditplanung der Wirtschaftssubjekte, während eine Zinssenkung diesen Bereich nur indirekt berührt, da dadurch die *Möglichkeit* einer vermehrten Kreditnachfrage eröffnet wird. Aus Vorsichtsgründen folgen die Wirtschaftssubjekte nicht automatisch den expansiven Effekten. Dagegen ist die Reaktion bei kontraktiver Entwicklung ausgeprägter.

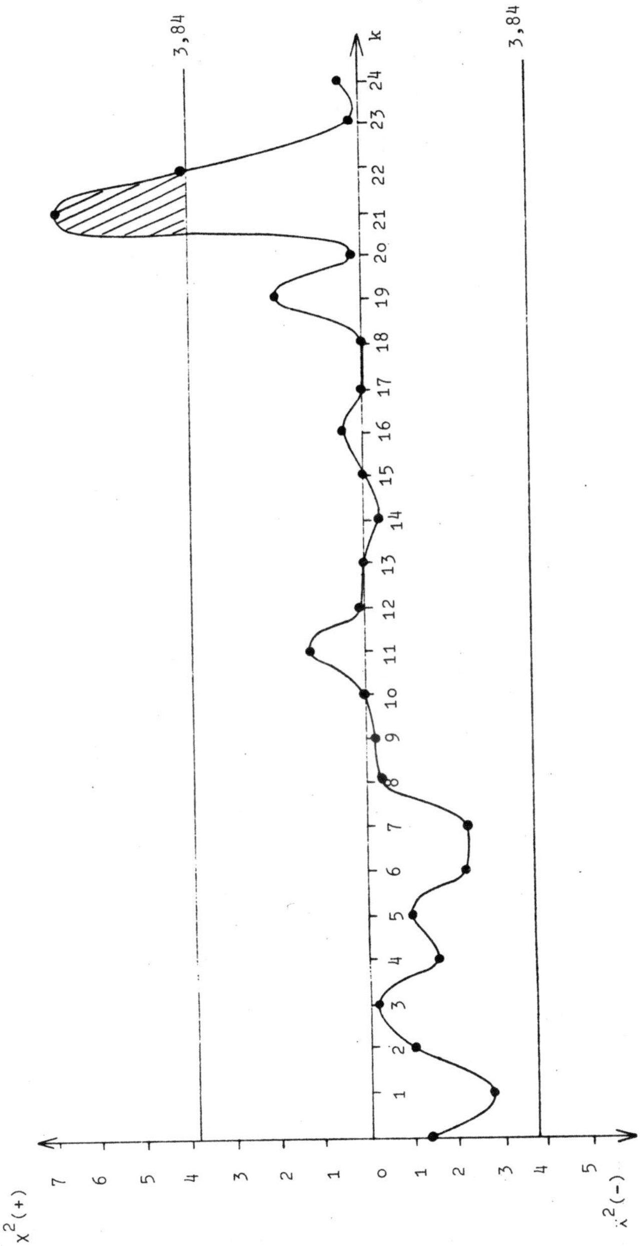

Abb. 46: Expansive Geldpolitik – Kreditentwicklung

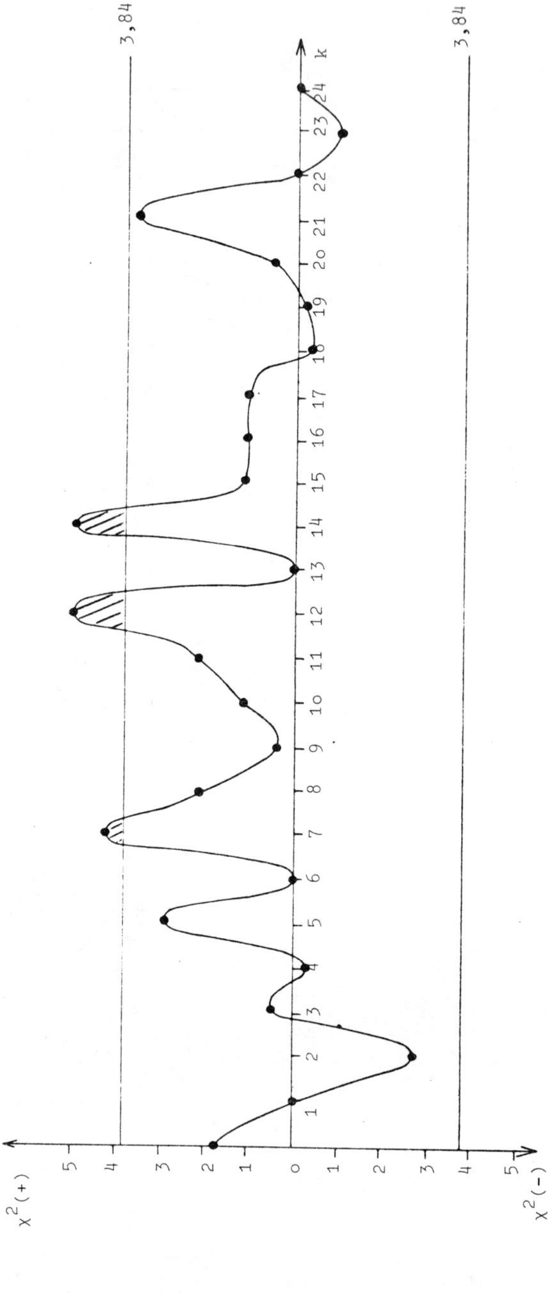

Abb. 47: Kontraktive Geldpolitik – Kreditentwicklung

Abb. 48: Geldmarktzinsen (expansive Entwicklung) - kurzfristige Kredite

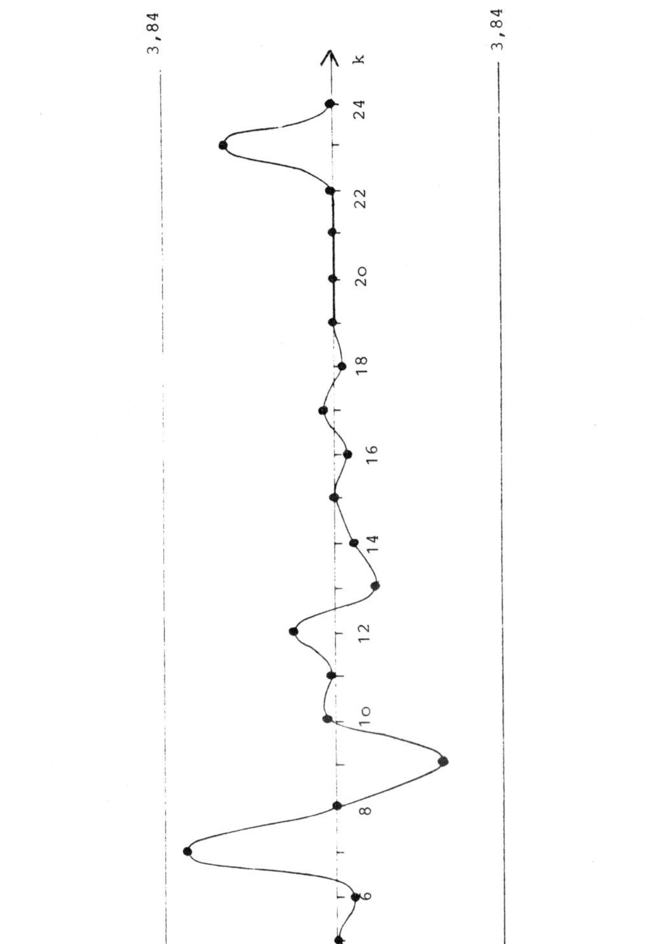

Abb. 49: Geldmarktzinsen (kontraktive Entwicklung) – kurzfristige Kredite

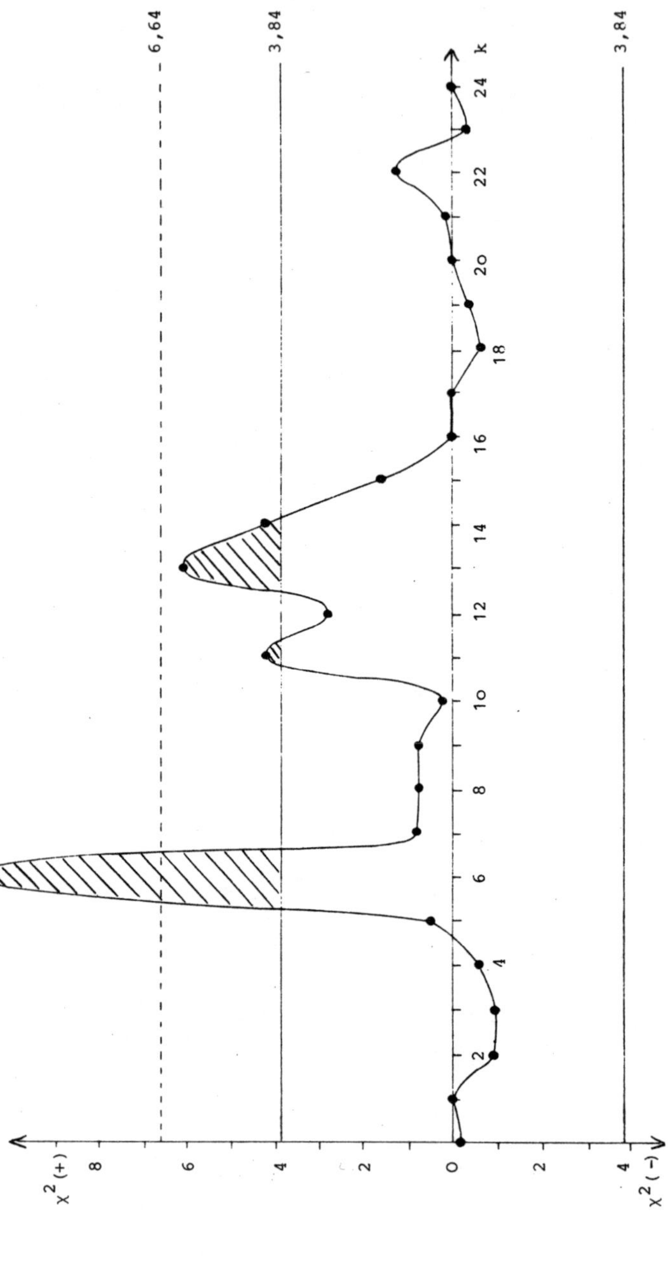

3. Verzögerungen in der Wirkung auf realwirtschaftliche Größen

Die zweite Phase geldpolitischer Wirkungsverzögerungen umfaßt als sog. Kernwirkungsverzögerung die Zeitspanne zwischen der Änderung monetärer Zwischenziele und der durch sie verursachten Änderung realwirtschaftlicher Variablen. Da jedoch die Instrumentvariable in vielen Fällen wieder der Geldpolitikindikator ist, umfaßt der ermittelte Lag den *gesamten* Wirkungszeitraum inklusive „Zwischenzielverzögerung“.

a) Die Entwicklung der Industrieproduktion

Die Ergebnisse der Untersuchung der Wirkungsbeziehungen zwischen Geldpolitik und industrieller Nettoproduktion lassen sich sowohl im expansiven als auch im kontraktiven Fall sehr gut als Wirkungsverteilungen interpretieren, wobei der Lag-Horizont restriktiver Maßnahmen mit ca. 5 Monaten erheblich kürzer ist als derjenige von expansiven Maßnahmen mit ca. 12 Monaten. Zwar liegt der höchste χ^2-Wert im Expansionsfall früher ($k = 11$ Monate) als im Kontraktionsfall ($k = 14$ Monate), doch die Nullhypothese kann mit 5 %iger Fehlerwahrscheinlichkeit noch für unterstellte Wirkungsverzögerungen bis zum zwanzigsten Monat abgelehnt werden, während im Restriktionsfall die Wirkung nur bis zum fünfzehnten Monat reicht.

Exkurs: Berechnung der Lag-Hypothese anhand eines „außenwirtschaftsorientierten“ Geldpolitikindikators

Während in den zuvor durchgeführten Berechnungen von einer „mechanistischen“ Interpretation geldpolitischer Maßnahmen ausgegangen wurde, soll im folgenden einmal exemplarisch eine Analyse mit einem sog. „außenwirtschaftsorientierten“ Geldpolitikindikator durchgeführt werden. Die Qualifizierung der Variablenwerte erfolgt dabei anhand der außenwirtschaftlich bestimmten Intentionen der Deutschen Bundesbank[140]. D. h. die Jahre 1970/71, die anhand mechanistischer Interpretation expansiv eingestuft wurden, sind hier als „kontraktiv wirksam“ gewertet worden.

Die Ergebnisse in den Abb. 52–53 zeigen, daß expansive Maßnahmen in der Beobachtungsperiode eine durchschnittliche Wirkungsverzöge-

140 Vgl. hierzu den Exkurs auf S. 173 ff.

rung von über einem halben Jahr aufweisen (7 bis 14 Monate), wobei der Gipfelwert bei $k = 11$ Monaten liegt. Dieses Ergebnis bestätigt - wie nicht anders zu erwarten war - die Ergebnisse, die anhand mechanistischer Interpretation gewonnen wurden.

Ein etwas anderes Bild ergibt sich jedoch in dem Kontraktionsfall, da hier - von der Interpretation geldpolitischer Wirksamkeit her - größere Zeitabschnitte kontraktiv gewertet wurden: Der Wirkungsbereich umfaßt eine Zeitspanne von 0 bis 15 Monaten, wobei der Gipfelwert (analog zum Expansionsfall) auch bei $k = 11$ Monaten liegt. Dieses Ergebnis verdeutlicht erstens eine größere Effizienz kontraktiver Geldpolitik, da signifikante χ^2-Werte bereits bei $k = 0$ beobachtet wurden, und zweitens eine gewisse Parallelität zur mechanistischen Analyse, da auch dort bei $k = 11$ Monaten ein (wenn auch nur lokales) Maximum festgestellt werden konnte. Wirkungen sind in keinem Fall mehr nach 14/15 Monaten zu beobachten.

b) Die Entwicklung der Bauproduktion

Die Auswirkungen auf die Bauindustrie lassen sich durch zwei Indikatoren darstellen: Baugenehmigungen (Abb. 54, 55) und Bauproduktion (Abb. 56, 57). Im beiden Fällen ergeben sich für die jeweiligen Konjunkturphasen analoge Ausprägungen, wobei die Baugenehmigungen stärker eindeutige und in der Regel auch um einen Monat vorgelagerte Lag-Beziehungen aufweisen. Die Auswirkungen auf die Bauproduktion scheinen dagegen auf einen Lag-Horizont von 4 bis 6 Monaten verteilt zu sein.

Im expansiven Fall ergibt sich Signifikanz ($\alpha = 0{,}05$) für $k = 8$ Monate bei den Baugenehmigungen und für $k = 7$ bis $k = 11$ Monate für die Bauproduktion, wobei der höchste χ^2-Wert ($\alpha = 0{,}01$) bei $k = 10$ liegt. Die restriktive Politik wirkt in der Regel um 1 bis 2 Monate schneller. Aufgrund unterschiedlicher Ausreifungszeiten mancher Projekte ergibt sich jedoch ein zweiter Gipfel. Das liegt zum größten Teil daran, daß viele Projekte, deren Bauten schon in Angriff genommen wurden, nicht plötzlich gestoppt werden können. Der Wirkungslag beträgt hier 13 Monate bei den Baugenehmigungen bzw. 14 Monate bei der Bauproduktion.

Ein Vergleich mit der Entwicklung der gesamten Industrie (Abb. 50, 51) zeigt, daß sich geldpolitische Maßnahmen in der Bauindustrie

Abb. 50: Expansive Geldpolitik – Industrieproduktion

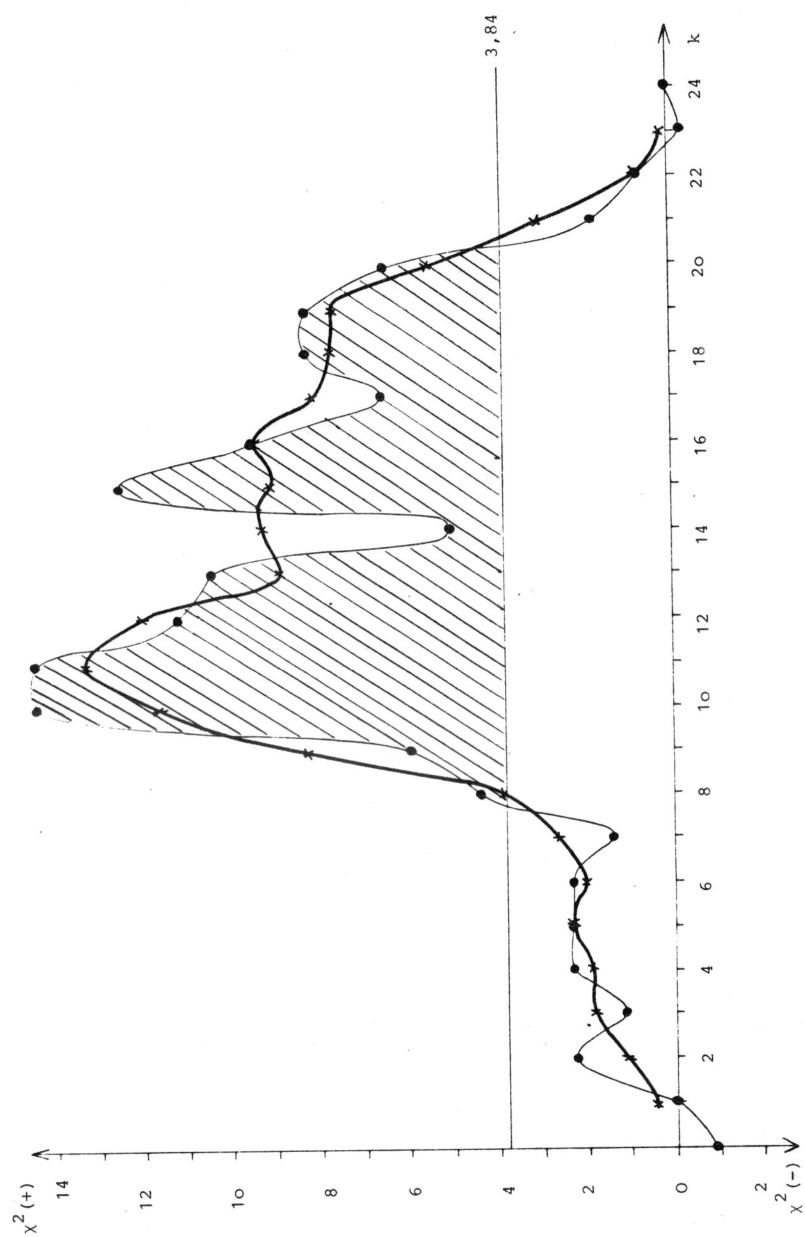

Abb. 51: Kontraktive Geldpolitik – Industrieproduktion

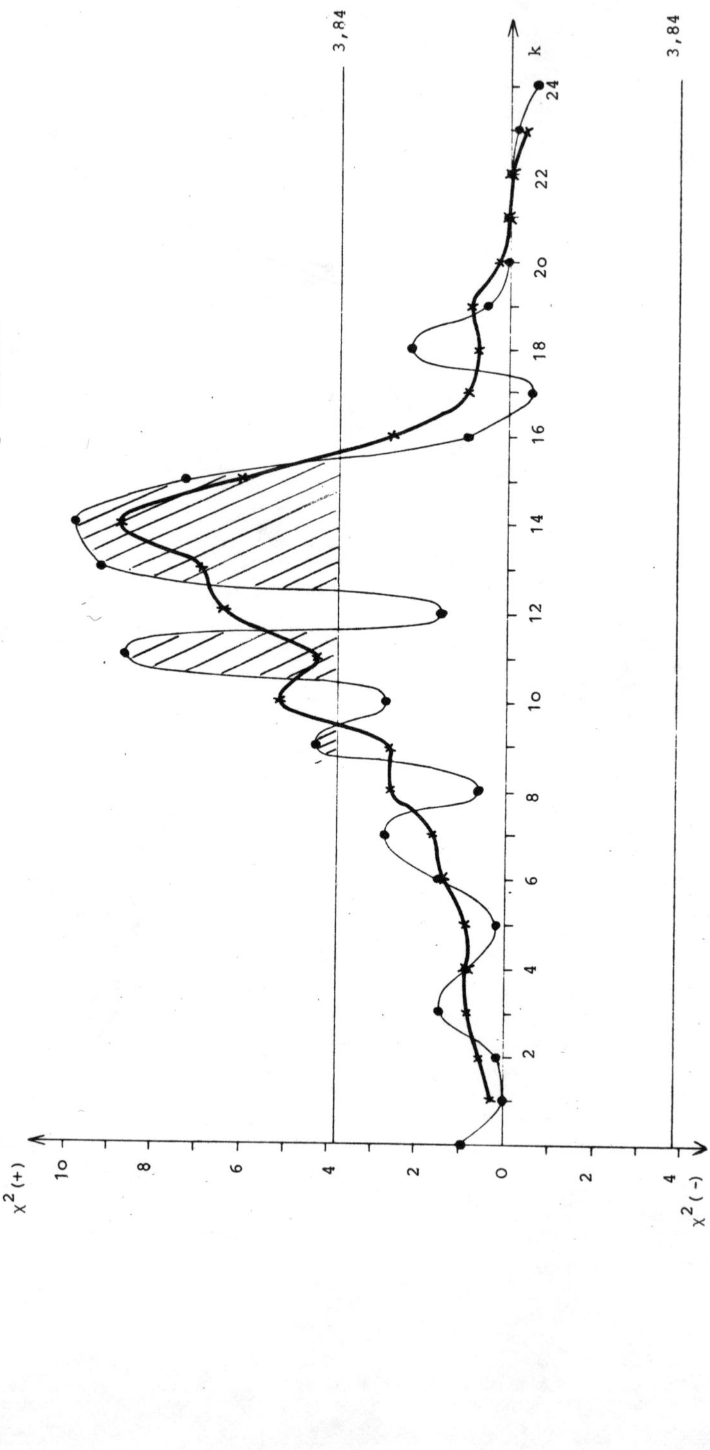

Abb. 52: Expansive (außenwirtschaftsorientierte) Geldpolitik – Industrieproduktion

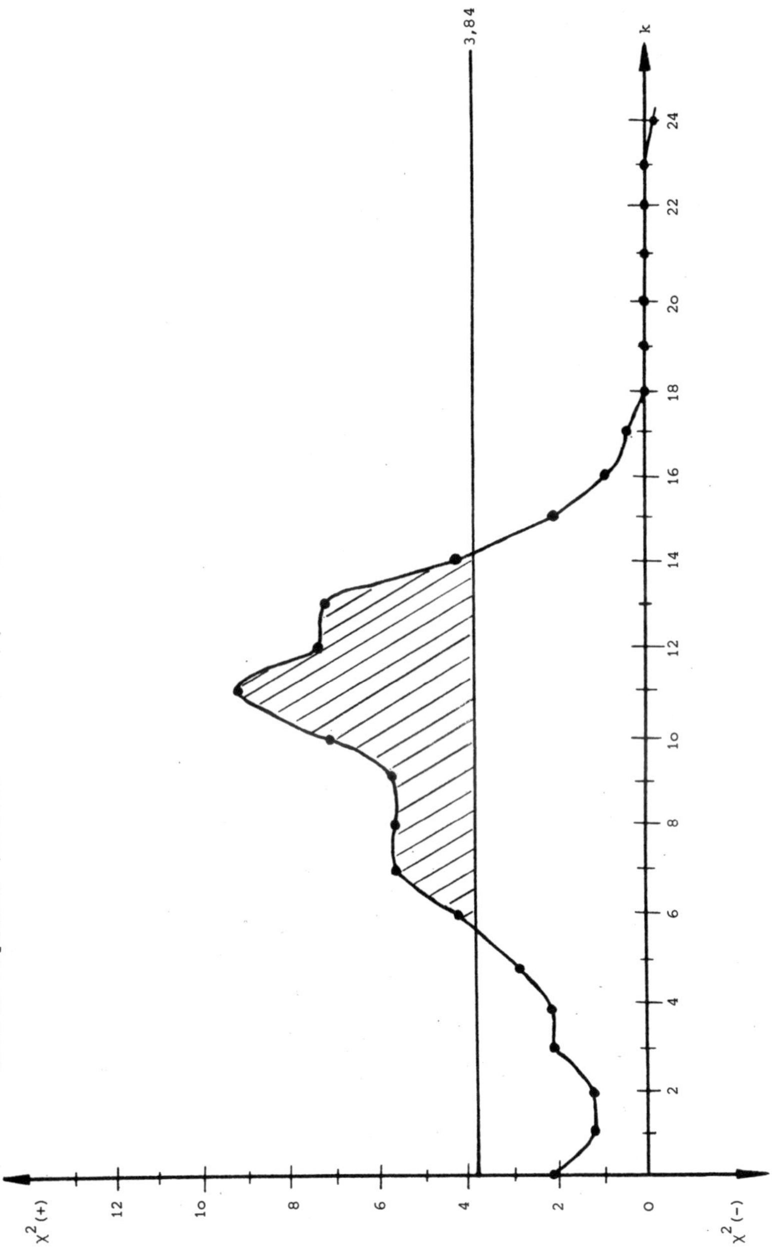

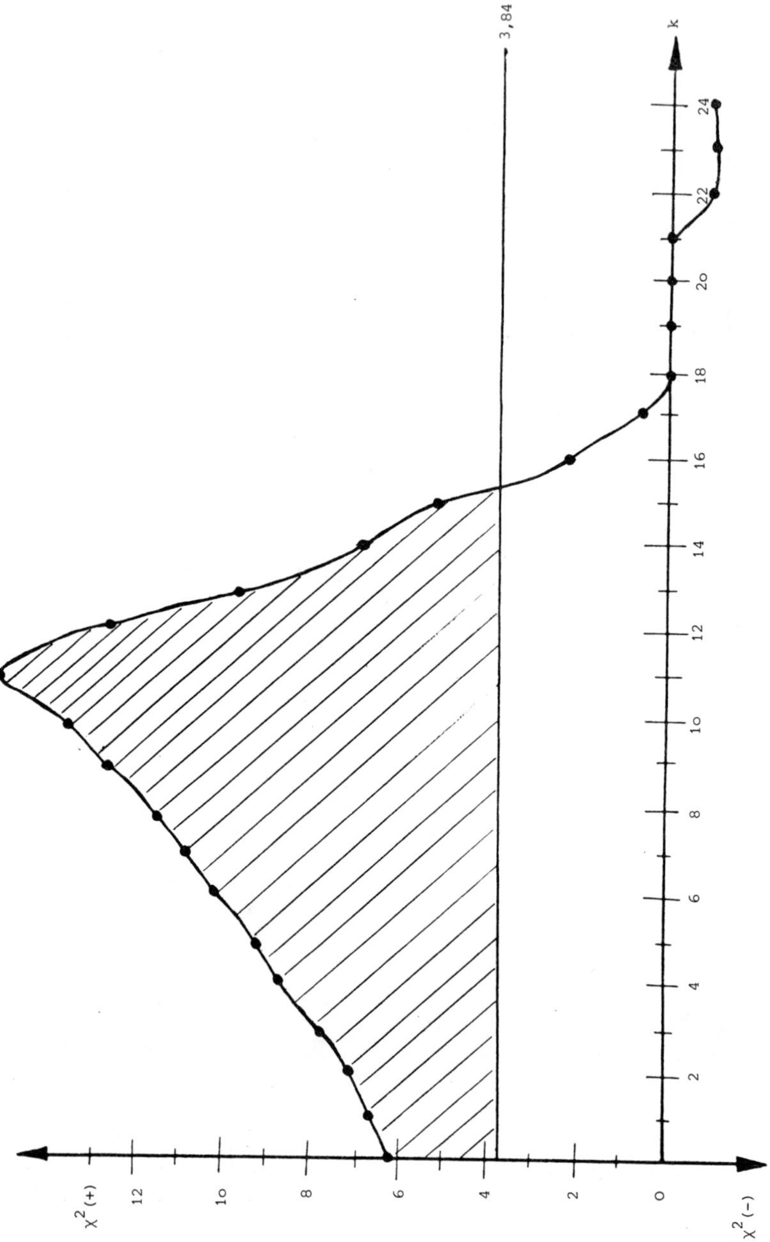

Abb. 53: Kontraktive (außenwirtschaftsorientierte) Geldpolitik – Industrieproduktion

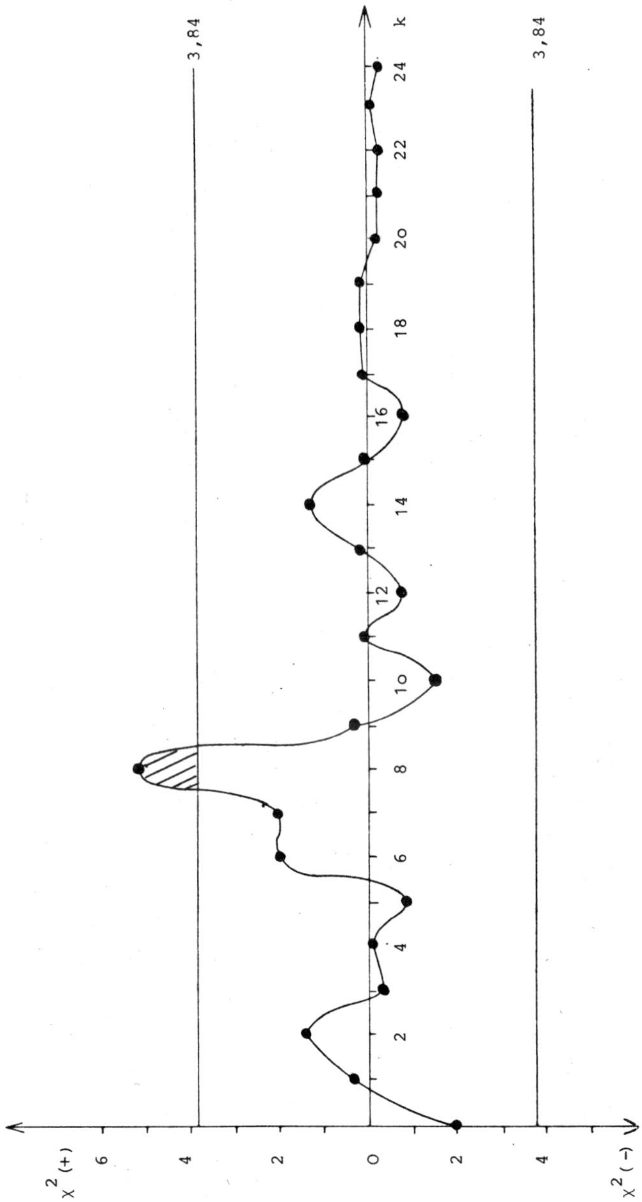

Abb. 54: Expansive Geldpolitik – Baugenehmigungen

Abb. 55: Kontraktive Geldpolitik - Baugenehmigungen

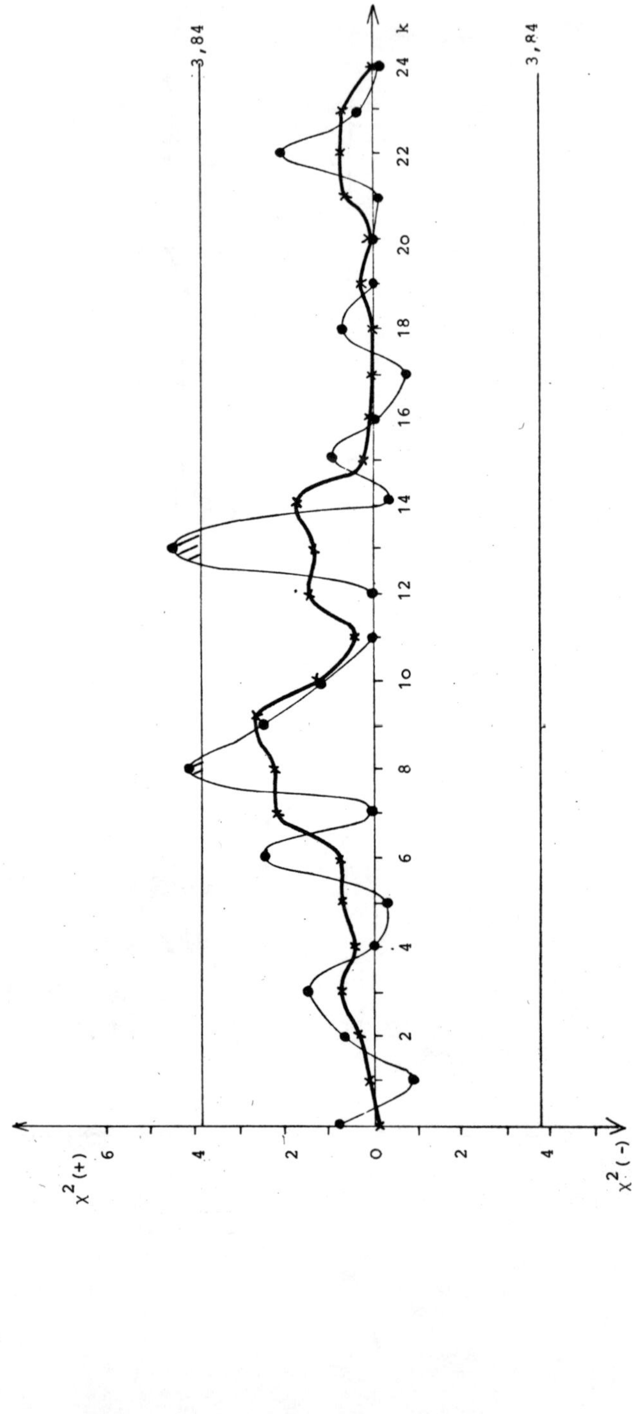

Abb. 56: Expansive Geldpolitik – Bauproduktion

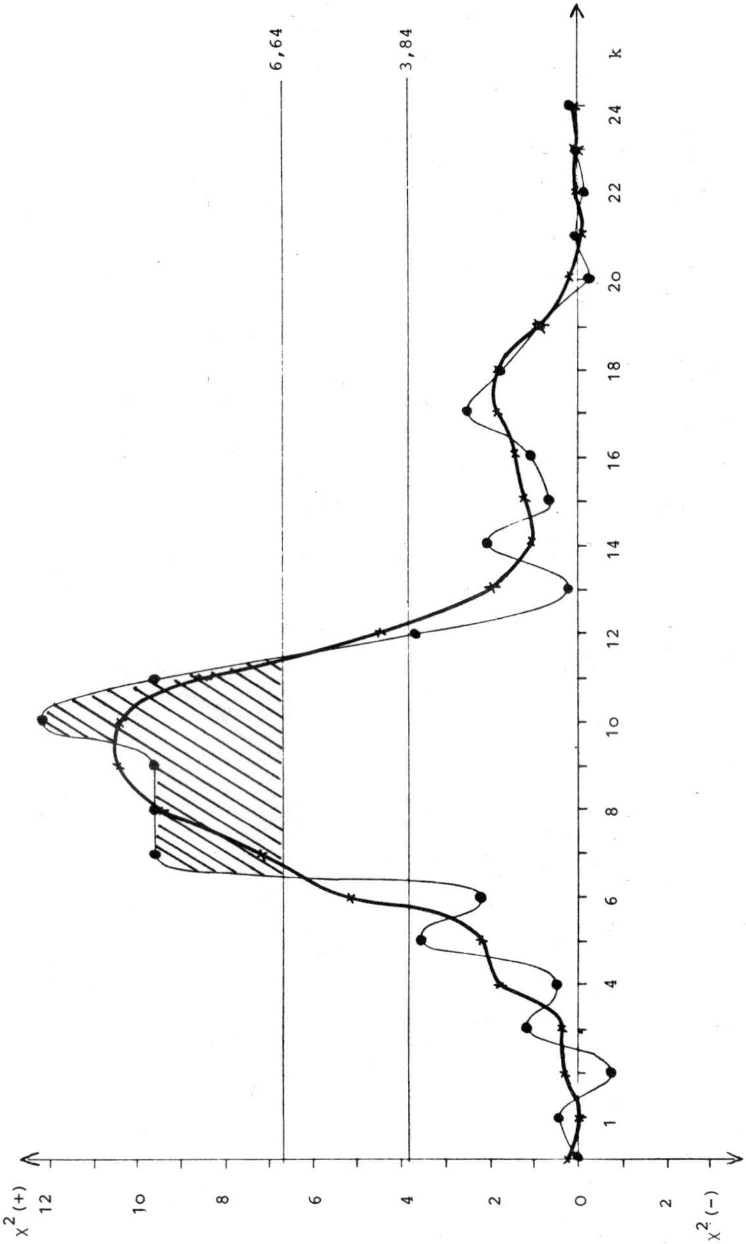

Abb. 57: Kontraktive Geldpolitik - Bauproduktion

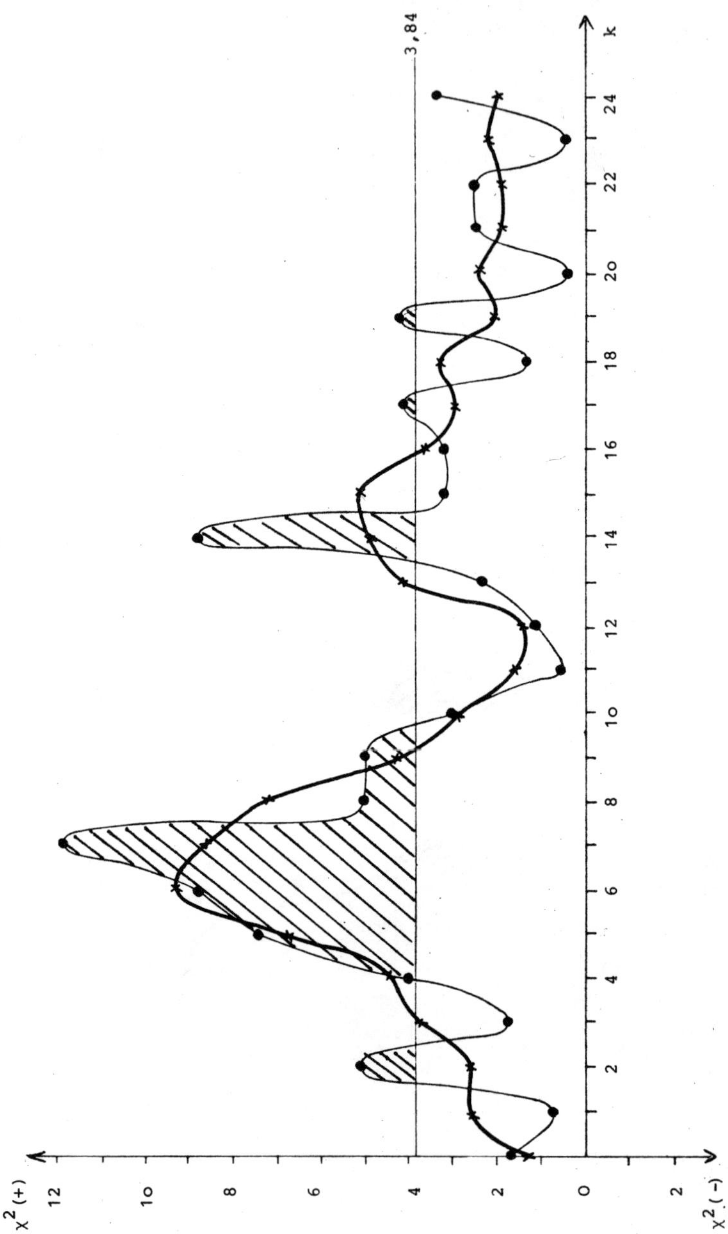

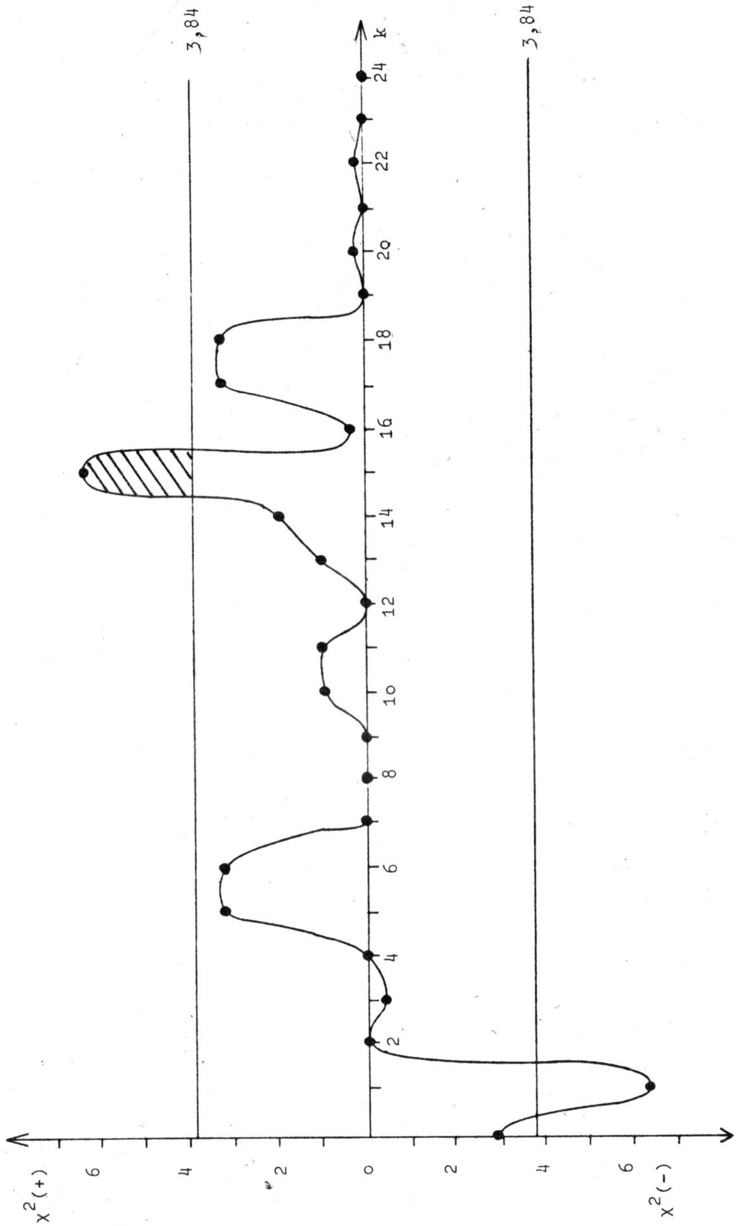

Abb. 58: Geldmarktzins (expansive Entwicklung) - Bauproduktion

Abb. 59: Geldmarktzins (kontraktive Entwicklung) - Bauproduktion

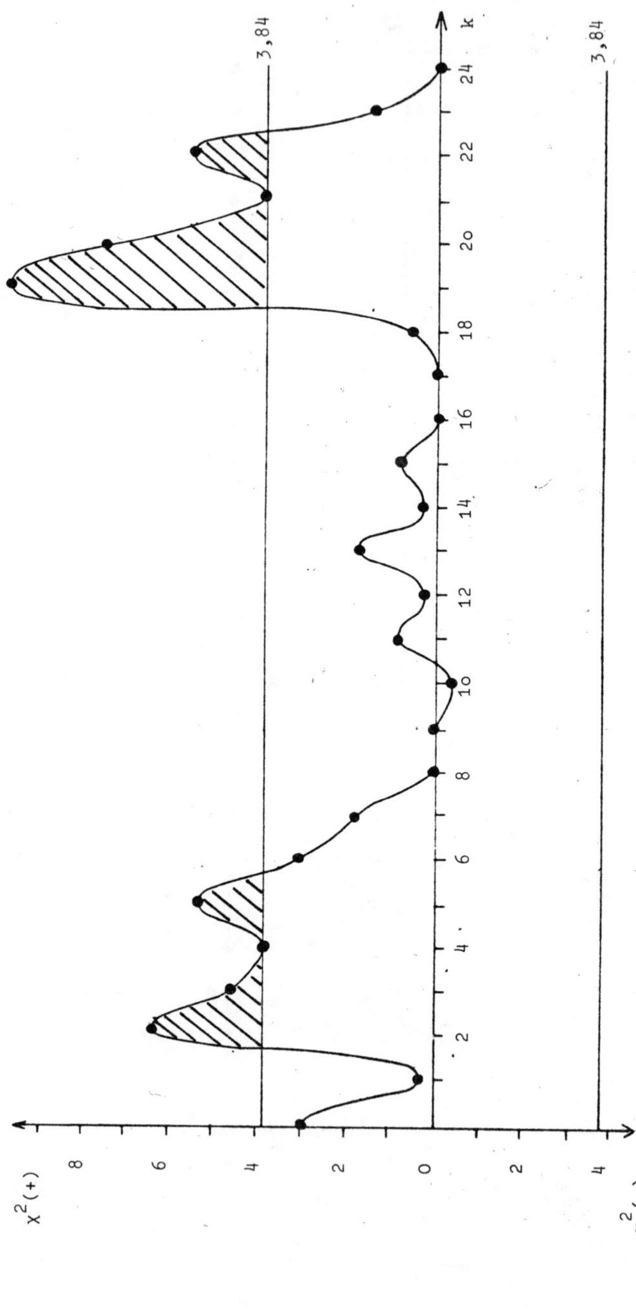

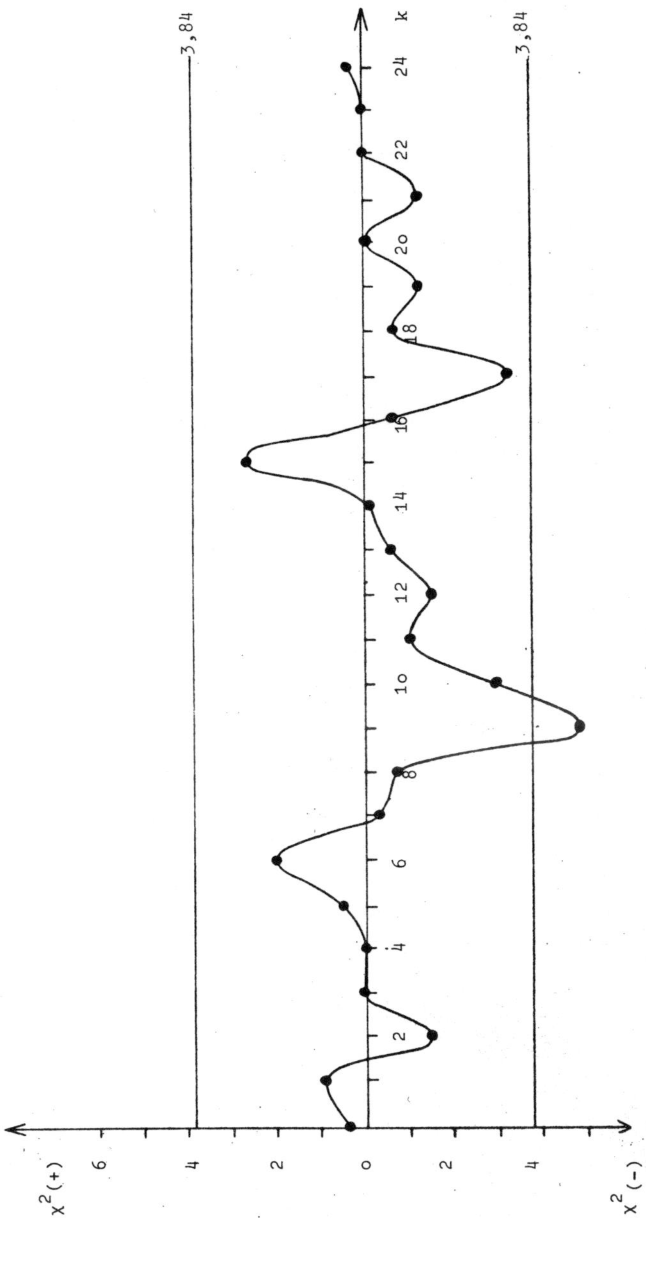

Abb. 60: Kurzfristige Kredite (expansive Entwicklung) - Bauproduktion

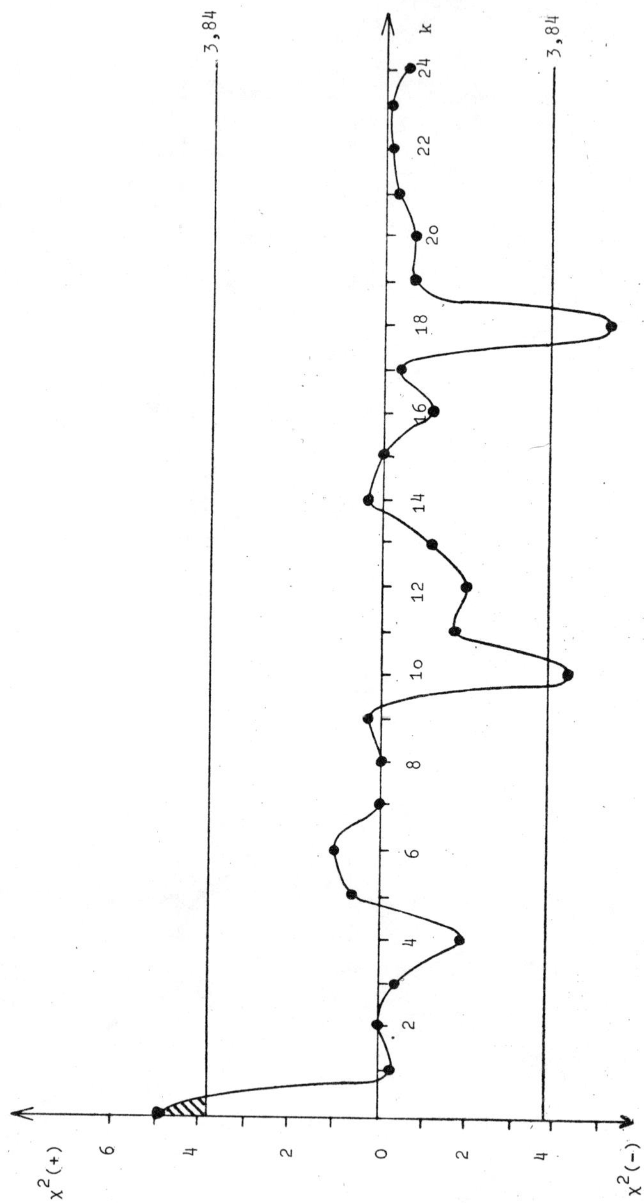

Abb. 61: Kurzfristige Kredite (kontraktive Entwicklung) - Bauproduktion

wesentlich früher auswirken. Zwar liegt der Gipfel expansiver Politik in beiden Fällen bei $k = 10$ (11) Monaten, doch der Lag-Horizont bei der Bauproduktion beispielsweise ist mit fünf Monaten ($k = 7$ bis 11) bedeutend kürzer als derjenige bei der gesamten Industrieproduktion mit zwölf Monaten ($k = 8$ bis 20) Ähnlich verhält es sich auch im Restriktionsfall, wo positive Signifikanz in der Bauindustrie bereits nach 2 Monaten auftritt; der Gipfel liegt bei $k = 7$, während bei der gesamten Industrie doppelt so lange Zeit benötigt wird ($k = 14$). Hierdurch findet also die These eine Bestätigung, daß der Bausektor für die konjunkturelle Beurteilung der allgemeinen wirtschaftlichen Aktivität eine bedeutende Rolle spielt. Darüber hinaus bestätigt sich auch die Eignung geldpolitischer Maßnahmen zur Steuerung dieses wichtigen Aggregats, zumal im Kontraktionsfall die erste „fühlbare" Wirkung der Bauproduktion bereits nach 2 Monaten eintritt.

Die Zinsabhängigkeit der Bauproduktion (Abb. 58, 59) erbringt positive Signifikanz im Expansionsfall (sinkende Geldmarktzinsen und steigende Produktion) ziemlich eindeutig nach 15 Monaten, während im Restriktionsfall (steigende Zinsen, sinkende Produktion) aufgrund der unterschiedlichen Ausreifungszeiten der Bauprojekte zwei Lag-Verteilungen ermittelt werden konnten, deren Formen aber sehr starke Ähnlichkeiten aufweisen:

$k_1 = 2$ bis 5 Monate und
$k_2 = 19$ bis 22 Monate.

Die Analyse der kurzfristigen Kredite (Abb. 60, 61) bestätigt nur zum Teil die zuvor schon getroffenen Ergebnisse. Allein im Restriktionsfall ist nämlich positive Signifikanz ermittelt worden, wobei die Bauproduktion unmittelbar auf eine Verminderung des Kreditzuwachses reagiert ($k = 0$). Im Expansionsfall können Gipfel nach 6 bzw. 15 Monaten beobachtet werden, die jedoch nicht mit 5 %iger Fehlerwahrscheinlichkeit signifikant von Null verschieden sind.

c) Die Entwicklung der Beschäftigung

Der Einfluß der Geldpolitik auf die Beschäftigungssituation in der Bundesrepublik Deutschland muß als hochsignifikant angesehen werden (Abb. 62, 63). Das erscheint insofern plausibel, da die Arbeitsmarktlage positiv korreliert ist mit der Entwicklung der allgemeinen wirtschaftlichen Aktivität, die sich anhand der industriellen Nettoproduktion wiedergeben läßt (Abb. 50, 51). Im Expansionsfall ist die erste „fühlbare“ Wirkung nach ca. 9 Monaten; der Gipfel liegt (ebenso wie bei der Industrieproduktion) bei $k = 11$ Monaten.

Ziemlich unruhig dagegen ist das Bild im Falle restriktiver Politik. Der Lag-Horizont ist mit fast 18 Monaten von $k = 8$ (9) bis 26 Monaten ungewöhnlich lang, wobei die χ^2-Werte im Zeitablauf sehr großen Schwankungen unterliegen. Der Grund dafür liegt in der seit 1970 fast stetig zugenommenen Arbeitslosenquote. D. h. „exogene“ Impulse haben den Kontraktionseffekt auf die Beschäftigung in dem Beobachtungszeitraum erheblich verstärkt. Die Ursächlichkeit monetärer Maßnahmen für diese Entwicklung muß deswegen - trotz signifikanter Ergebnisse - erheblich relativiert werden.

d) Die Lohn- und Preisentwicklung

Während bei den Mengenkomponenten geldpolitischer Wirkungen sowohl im restriktiven als auch expansiven Fall signifikante Ergebnisse ermittelt werden konnten, trifft das für die Preiskomponenten nur bedingt zu. Positive Signifikanz (mit $\alpha = 0{,}05$) stellt sich nur im Restriktionsfall ein, wobei sowohl bei der Lohnkostenreihe (Abb. 64/65) als auch bei der Preisniveaureihe (Abb. 66/67) eine ausgeprägte Dreigipfligkeit ermittelt werden konnte, und zwar bei den Lohnkosten bei $k = 14, 18, 21$ (22) Monaten; bei der Preisentwicklung bei $k = 22, 24, 27$ (28) Monaten. Dieser Vorlauf der Löhne vor den Preisen tritt auch im Expansionsfall auf (wenn auch nicht ganz so deutlich). Die höchsten χ^2-Werte liegen bei den Lohnkosten bei $k = 10$ und 11 Monaten ($\alpha = 0{,}1$) und bei den Preisänderungen bei $k = 15$, 17 Monaten.

Eine Analyse der Lohn-Preis-Beziehung ermittelt Signifikanz bei einer Verzögerung der Preisentwicklung gegenüber der Lohnentwicklung von fünf und sieben Monaten im Expansionsfall (Abb. 68/69), während es im Kontraktionsfall immerhin 14 und 18 Monate sind.

Die Mehrgipfligkeit in der Lohnkostenanalyse läßt sich vermutlich durch die Häufigkeit einzelner Tariflohnabschlüsse auf nur einzelne wenige Monate erklären. Diese vertragliche Festlegung der Lohnentwicklung auf die Dauer von mindestens einem Jahr mag auch der Hauptgrund dafür sein, daß die Reaktion auf geldpolitische Maßnahmen relativ spät erfolgt. Die These, daß die Lohnentwicklung einen bedeutenden Kostenfaktor darstellt und daß sie damit auch Bestimmungsgrund für die Preisentwicklung ist, wird durch diese Untersuchung also nicht verworfen.

Abb. 62: Expansive Geldpolitik - Arbeitslosenquote

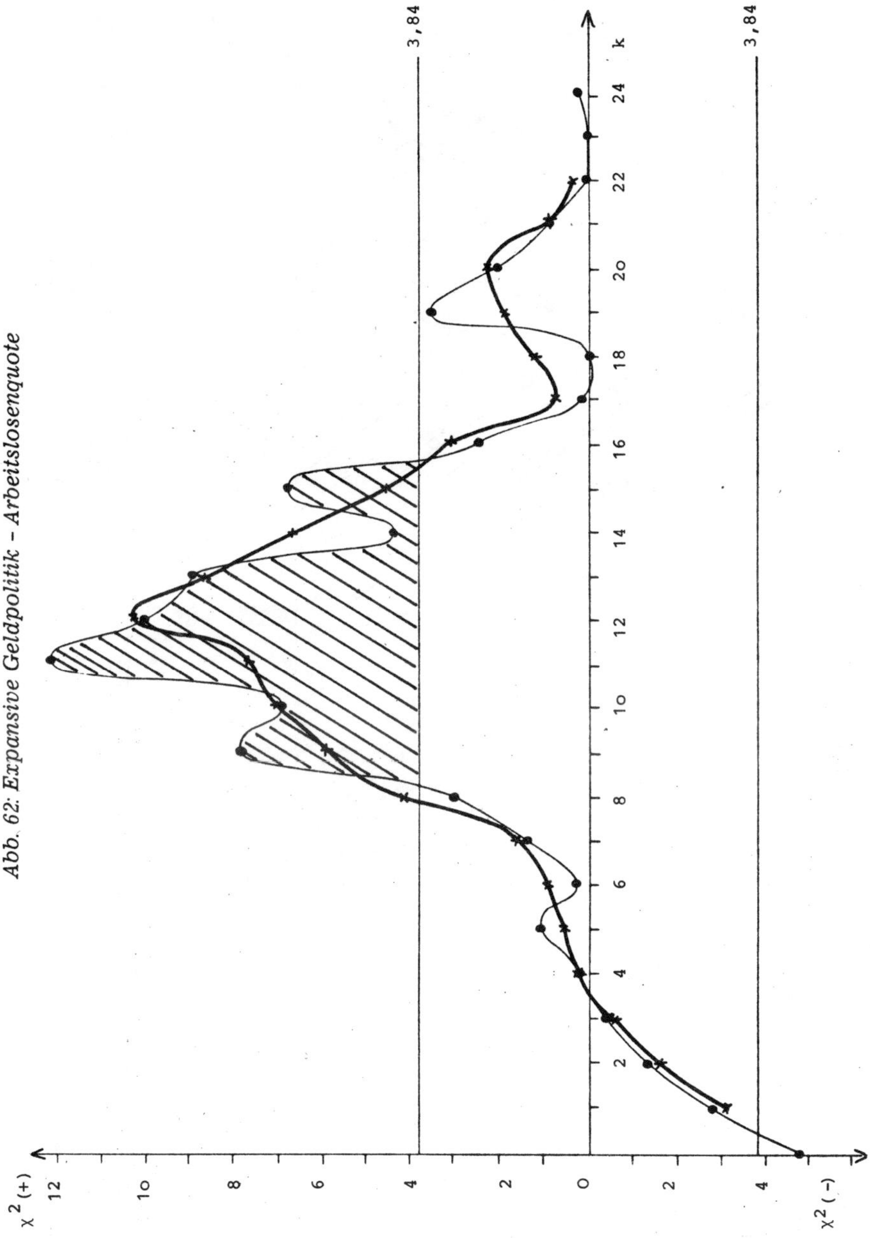

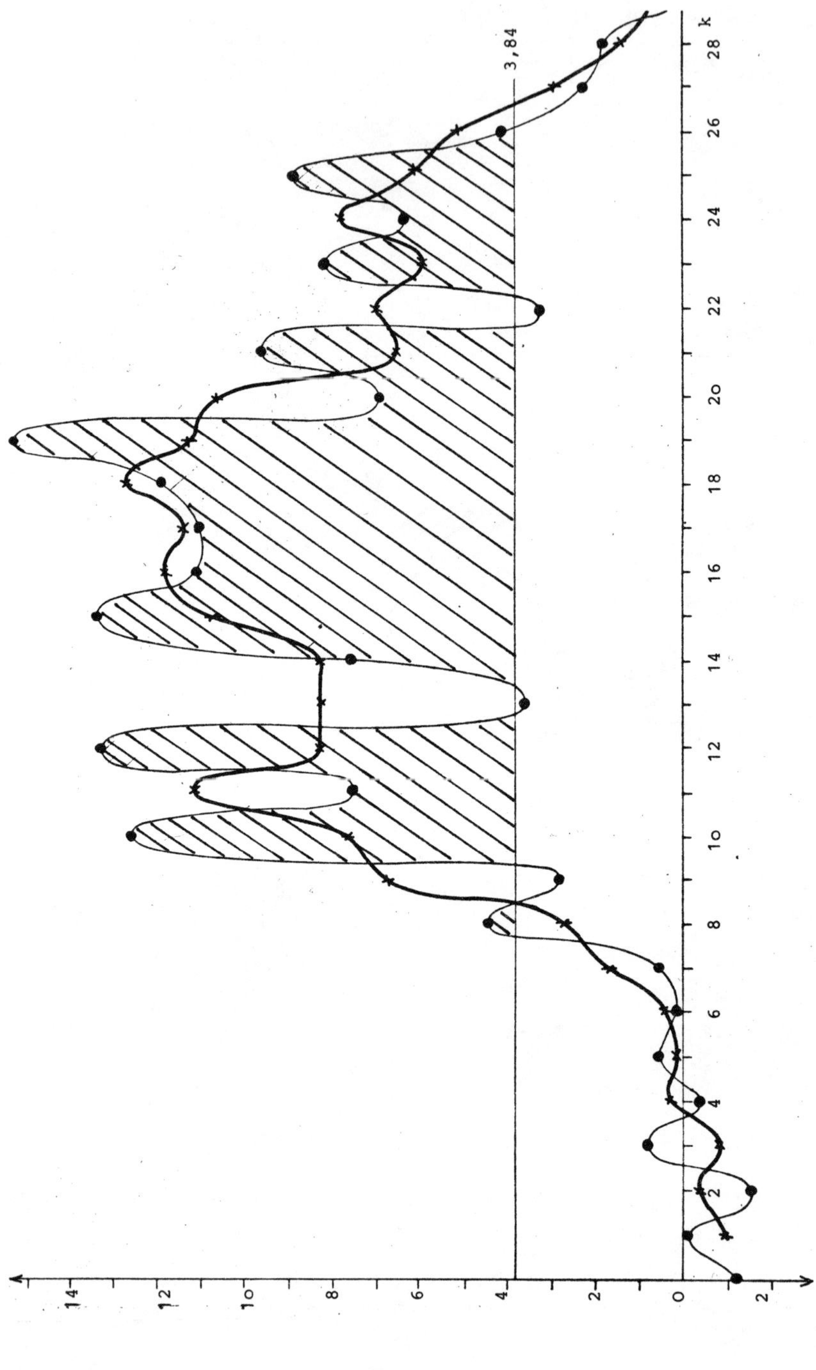

Abb. 63: Kontraktive Geldpolitik – Arbeitslosenquote

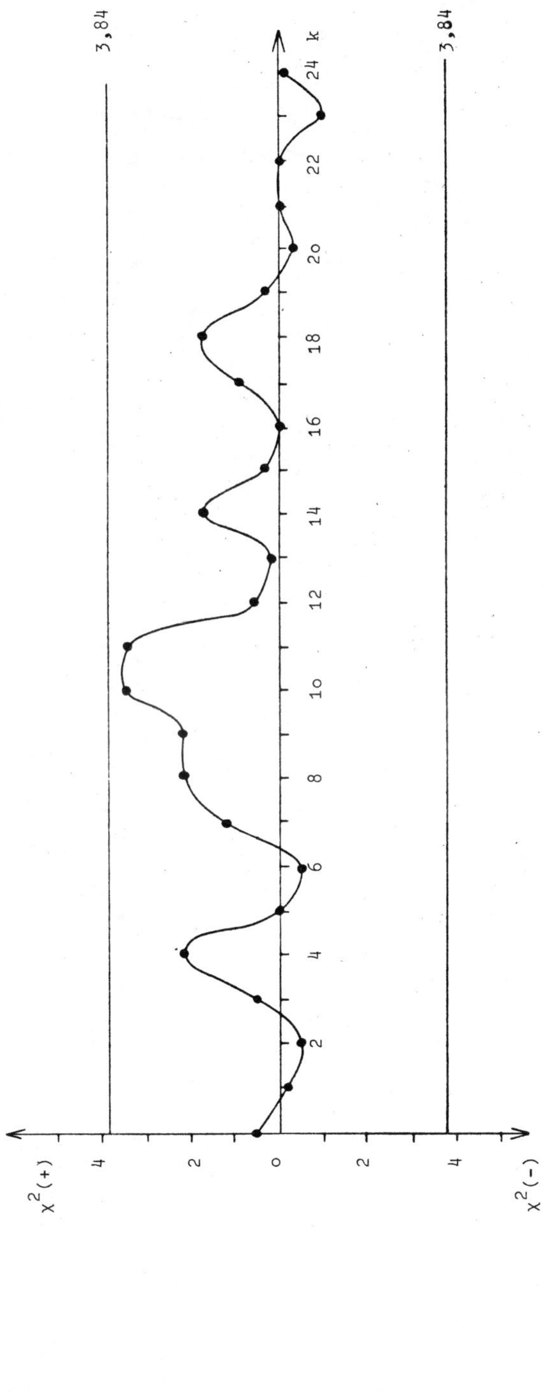

Abb. 64: Expansive Geldpolitik - Lohnkosten

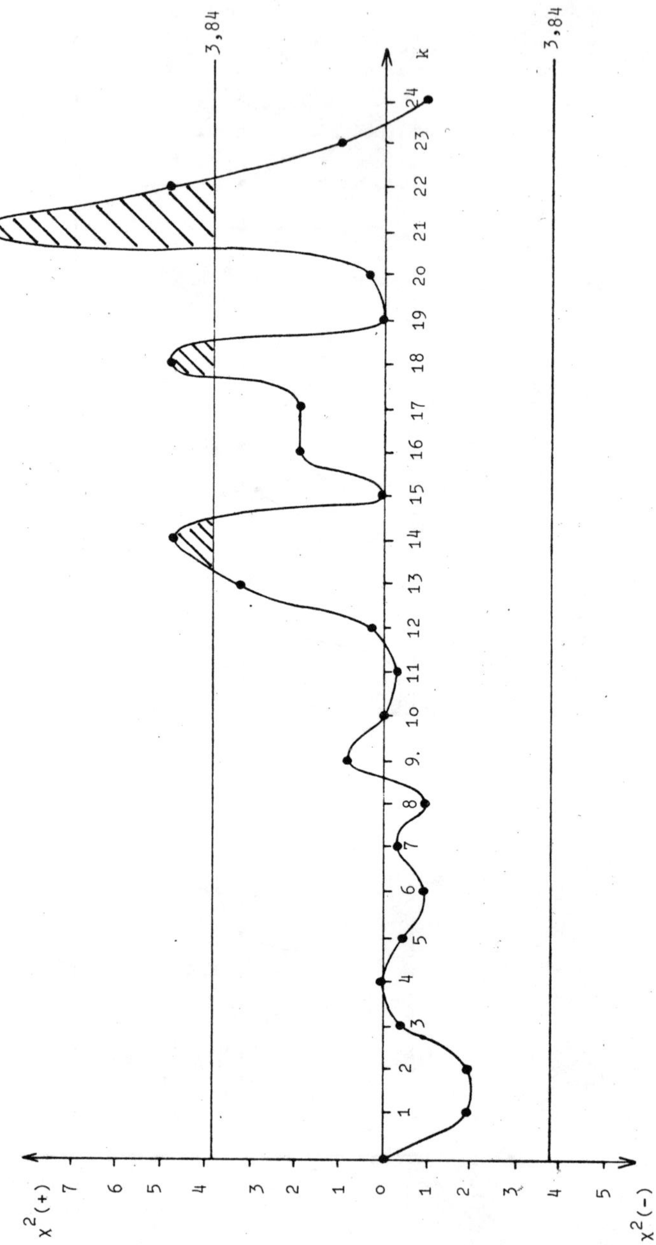

Abb. 65: Kontraktive Geldpolitik – Lohnkosten

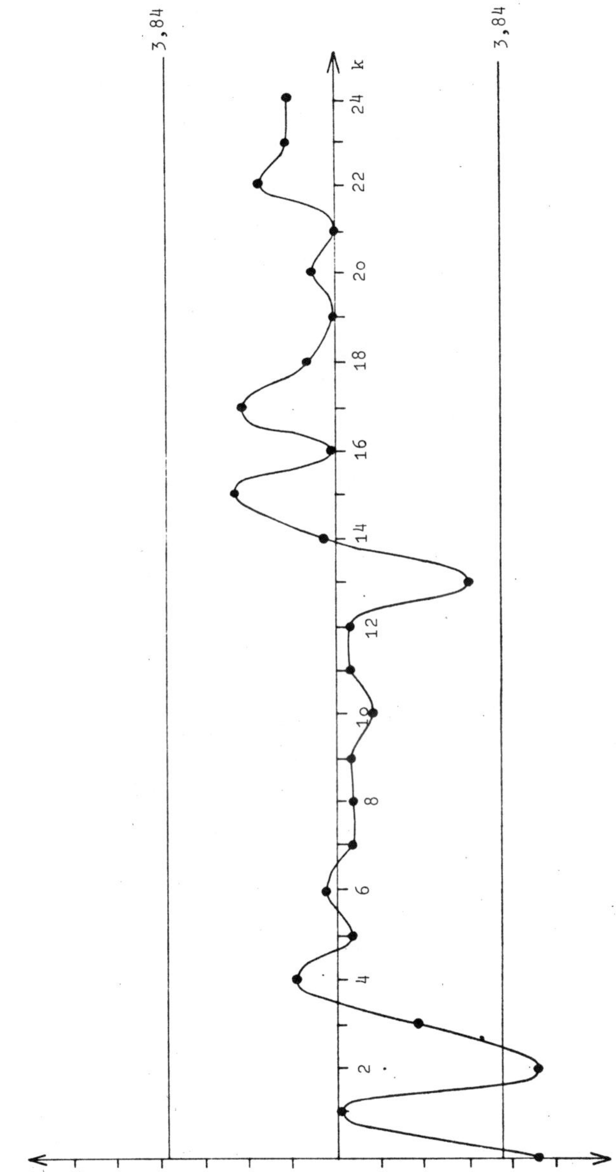

Abb. 66: Expansive Geldpolitik – Preisentwicklung

Abb. 67: Kontraktive Geldpolitik - Preisentwicklung

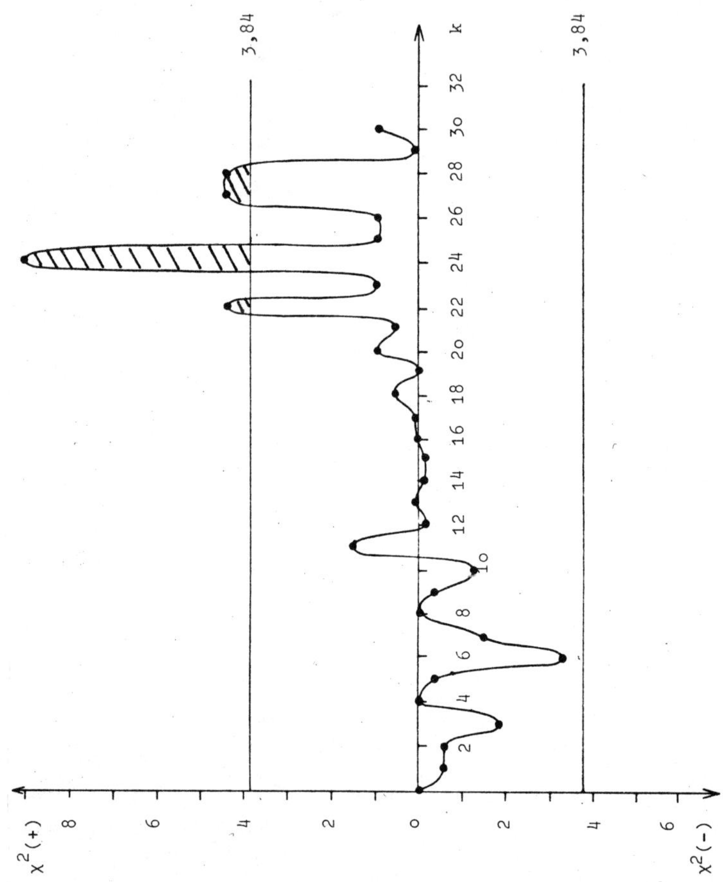

Abb. 68: Lohnkosten (Expansion) - Preisentwicklung

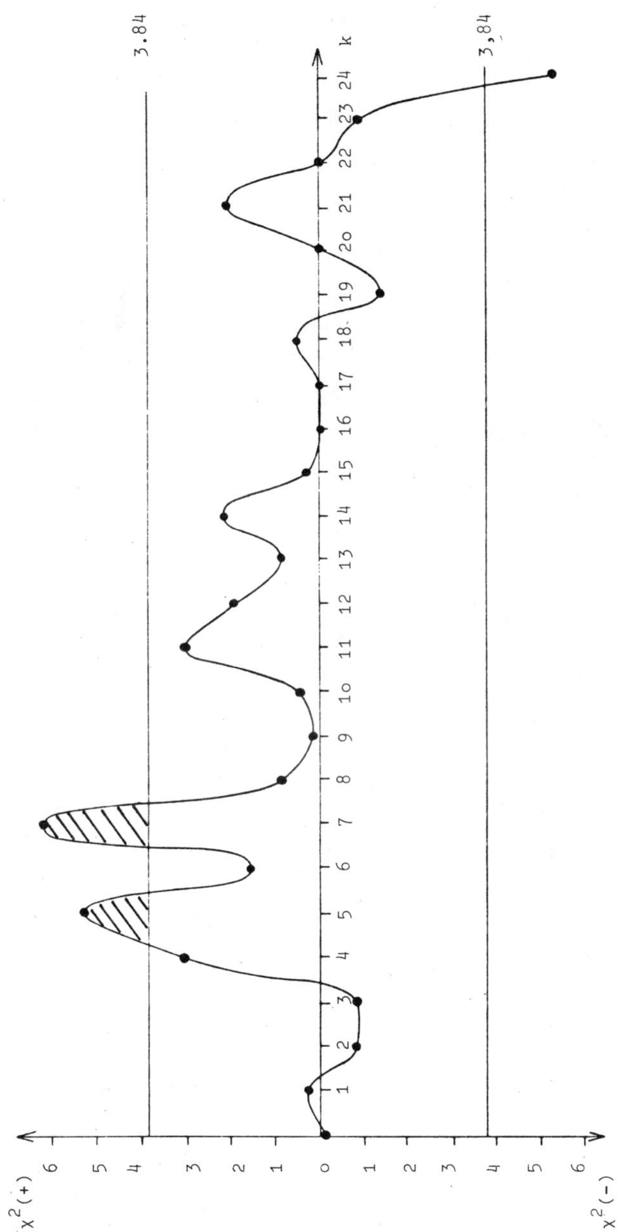

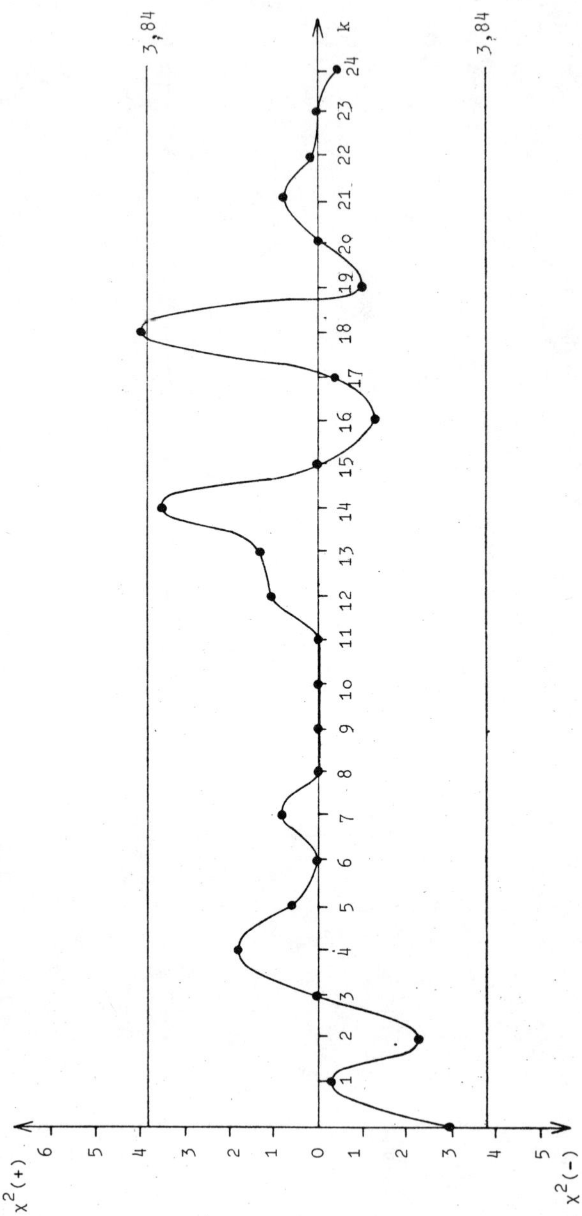

Abb. 69: Lohnkosten (Kontraktion) – Preisentwicklung

B. Die Bestimmungen zeitlicher Verzögerungen ausgewählter finanzpolitischer Maßnahmen

I. Vorbemerkungen

Im Gegensatz zu den geld- und kreditpolitischen Wirkungsabläufen kann man in der Finanzpolitik davon ausgehen, daß die Maßnahmen schneller ihre beabsichtigte Wirksamkeit erreichen. Das liegt hauptsächlich daran, daß die monetäre Zwischenzielphase „übersprungen" wird, die Instrumente also direkt an den realwirtschaftlichen Größen angreifen. Eine Beeinflussung monetärer Größen findet nur indirekt statt, da jedem güterwirtschaftlichen Prozeß notwendigerweise ein geldwirtschaftlicher Prozeß gegenübersteht.

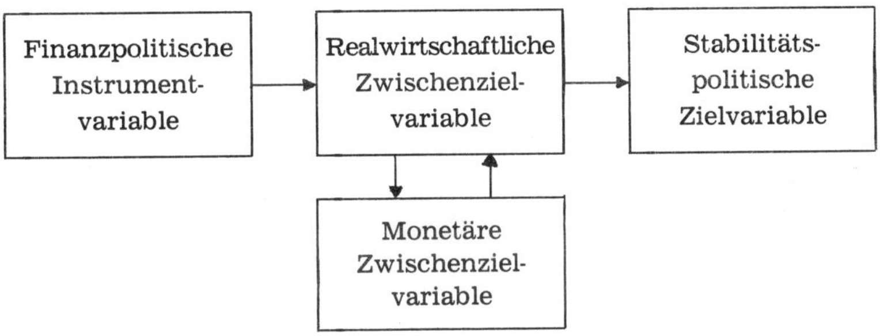

Im Gegensatz zu den geld- und kreditpolitischen Maßnahmen, bei denen der „outside lag" mit dem Zeitpunkt des Inkrafttretens der Politikvariable beginnt, ergeben sich bei der Analyse finanzpolitischer Verzögerungen jedoch Abgrenzungsschwierigkeiten. Denn die Untersuchungen der ökonomischen Wirksamkeit des Haushaltsvollzugs (Einnahmenpolitik, Ausgabenpolitik) enthalten hinsichtlich der zeitlichen Erfassung des „economic impact" auf den gesamtwirtschaftlichen Kreislauf mehrere Dimensionen. So unterscheidet man zweckmäßigerweise zwischen

- den institutionell bedingten Wirkungsverzögerungen der Haushaltswirtschaft und

– den ökonomisch begründeten Verzögerungen bei den Auswirkungen auf die gesamtwirtschaftlichen Zielgrößen.

Die Ursachen für die sog. institutionellen Verzögerungen liegen in den zeitlichen Divergenzen von rechtlicher, wirtschaftlicher und kassenmäßiger Erfassung öffentlicher Transaktionen begründet. Je nachdem, welches Erfassungskonzept der Analyse zugrunde liegt, desto länger oder kürzer fällt der gesamte Wirkungsprozeß aus.

Neben dieser methodischen Frage nach dem eigentlichen Beginn des Stabilitätsimpulses muß noch das theoretische Problem der Übertragung dieser finanzpolitischen Aktivitäten gelöst werden. Der statische Multiplikatorprozeß öffentlicher Ausgaben und Einnahmen erfährt zu diesem Zweck eine „Dynamisierung".

II. Die theoretische und methodische Basis

1. Der Wirkungsablauf finanzpolitischer Maßnahmen

a) Die zeitliche Erfassung finanzpolitischer Maßnahmen

Grundsätzlich unterscheidet man folgende drei Phasen des Haushaltsvollzugs[1]:

1. Die *rechtliche* Entstehung von Forderungen und Verbindlichkeiten
2. Die *wirtschaftliche* Entstehung von Forderungen und Verbindlichkeiten
3. Die *kassenmäßige* Tilgung von Forderungen und Verbindlichkeiten.

Aufgrund der administrativen Instanzenwege werden diese drei Ebenen des Haushaltsvollzugs nicht auf denselben Zeitpunkt fallen. Vielmehr werden in der Praxis zeitliche Verwerfungen auftreten, so daß – institutionell bedingt – sich die gesamtwirtschaftlichen Auswirkungen der Finanzpolitik verzögert bemerkbar machen.

Diese Verzögerungen decken sich teilweise mit dem Durchführungslag, je nachdem, welche Phase des Haushaltsvollzugs als Wirkungsbeginn finanzpolitischer Maßnahmen angesehen wird. Grundsätzlich muß man davon ausgehen, daß der wirtschaftliche Entstehungszeit-

[1] Vgl. *Hannes Rehm:* Zum Konzept der zeitlichen Erfassung von Einnahmen und Ausgaben in der Bundeshaushaltswirtschaft, in: Konjunkturpolitik, 23. Jg., (1977), Heft 1, S. 43–65, hier S. 48.

punkt von Forderungen und Verbindlichkeiten als Ansatzpunkt für die Wirkungs-Lag-Messung geeignet ist. Jedoch in vielen Fällen scheitern die Untersuchungen an der mangelhaften Erfaßbarkeit dieser ökonomischen Ereignisse.

α) Der Ausgabenprozeß

Entsprechend der Aufteilung finanzpolitischen Handelns in eine rechtliche, ökonomische und fiskalische Phase lassen sich beim Ausgabenprozeß die folgenden drei Ereignisse unterscheiden:

- der Verpflichtungsermächtigung (VE)
- die Zahlungsverpflichtung (Z)
- die Verausgabung der Mittel (A).

Es wurde schon darauf hingewiesen, daß diese drei Ereignisse nicht notwendigerweise auf *einen* Zeitpunkt fallen müssen, sondern aufgrund der oft unflexiblen und schwerfälligen Bürokratie häufig divergieren können. Obwohl diese Verzögerungen also institutionell bedingt sind, erscheint es zweckmäßig, sie nicht zum Durchführungs-, sondern zur ersten Phase des Wirkungslags zu zählen. Zwar wird in vielen Untersuchungen allein der Zeitpunkt der tatsächlichen Verausgabung der zur Verfügung stehenden Mittel als Wirkungsbeginn angesetzt, jedoch der Leistungsanspruch auf diese Zahlungen erfolgt schon wesentlich früher. Denn die Verpflichtungsermächtigung impliziert notwendigerweise schon die Verpflichtung zur Zahlung und damit auch zur faktischen Verausgabung. Sobald nämlich die Entscheidungsträger Klarheit über die Mittelbeschaffung und die Finanzierung der Ausgabenprojekte haben, können die Vollzugsbehörden ermächtigt werden, Verbindlichkeiten einzugehen. Diese Verbindlichkeiten werden in der Regel erst zu einem späteren Zeitpunkt mit der tatsächlichen Verausgabung der Mittel gelöscht werden. Trotzdem ist die Kreislaufwirksamkeit schon wesentlich eher festzustellen, da z. B. die Zahlung der Löhne und Gehälter schon mit dem Zeitpunkt der Zahlungsverpflichtung erfolgen kann.

In diesem Sinne lassen sich die Stationen des Ausgabenprozesses auch nach den Entstehungsebenen staatlicher Verbindlichkeiten differenzieren:

- Die Verpflichtungsermächtigung (bzw. die Bereitstehung der Mittel) symbolisiert die *rechtliche* Entstehung einer staatlichen Schuld, während

- die Zahlungsverpflichtung die *ökonomische* Wirksamkeit der Ausgabenbeschlüsse begründet.
- Mit der faktischen Verausgabung der Mittel, die entweder in Form fortlaufender Zahlungen oder durch einen einmaligen Pauschalbetrag erfolgen kann, ist ein *kassenmäßiger* Effekt verbunden. Die Forderung des Privatsektors an den Staat erlischt.

Damit ist jedoch erst die erste Phase im Wirkungsprozeß staatlicher Maßnahmen beendet, da sich hieran noch Einkommens- und Produktionswirkungen anschließen werden. In vielen Fällen erfolgt die letzte Zahlung erst mit der endgültigen Fertigstellung bzw. Lieferung der Projekte bzw. Güter und Dienste durch den Privatsektor.

Die Verknüpfung des staatlichen Ausgabenprozesses mit dem gesamtwirtschaftlichen Produktions- und Einkommensprozeß läßt aber nur die Schwierigkeiten deutlich werden, die bei der Wahl der öffentlichen Ausgaben als Politikindikatoren auftreten können. Deshalb erscheint es angebracht, den Zeitpunkt der Zahlungsverpflichtung als Wirkungsbeginn zu nehmen, obwohl das bei den empirischen Untersuchungen auf Erhebungsschwierigkeiten stoßen dürfte.

Das wird noch dadurch unterstrichen, daß die Erfassung von Forderungen und Verbindlichkeiten zum Zeitpunkt ihrer wirtschaftlichen Entstehung auch nach der Haushaltsreform von 1969 im deutschen Haushaltsrecht nicht vorgesehen ist. Eine Notwendigkeit zur Erfassung des ökonomischen Zeitbeginns besteht jedoch nur dann, wenn erhebliche zeitliche Differenzen zum Kasseneffekt auftreten können, wie das beispielsweise bei Investitionsprojekten mit langer Fertigungsdauer der Fall ist[2].

Unabhängig von diesen Überlegungen sollten die finanzpolitischen Entscheidungsträger bestrebt sein, die Ausgabenprozeßverzögerungen insgesamt möglichst gering zu halten. Es ist offensichtlich, daß ein System von Vorauszahlungen die Verzögerungen erheblich verkürzt. Ebenso ist es möglich, daß andererseits ein dem Staat eingeräumter Zahlungsaufschub diesen Zeitraum verlängern kann. Zahlungsmodalitäten und Finanzierungsmöglichkeiten haben somit einen erheblichen Einfluß auf die Länge dieses Lags.

Die zeitverschobenen Ebenen des Ausgabenprozesses lassen sich nun wie folgt überblickartig darstellen:

---

[2] Vgl. *Hannes Rehm:* Zum Konzept der zeitlichen Erfassung, S. 62.

Übersicht 7: Die Ebenen und Phasen eines Ausgabenprozesses

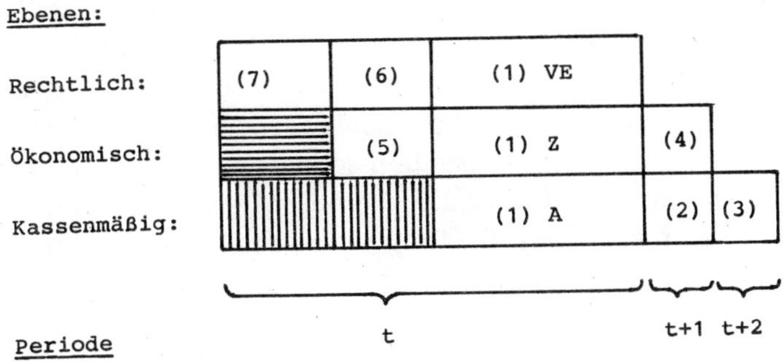

Erläuterungen zu Übersicht 7:

(1) Auszahlungen aufgrund von Verpflichtungsermächtigungen sowie Zahlungsverpflichtungen der gleichen Periode (keine Verzögerungen im Ausgabenprozeß)
$A = Z = VE$

(2) Auszahlungen aufgrund von Zahlungsverpflichtungen der gleichen Periode, jedoch aufgrund von Verpflichtungsermächtigungen der Vorperiode. (Keine Verzögerung gegenüber *Z*, Verzögerung gegenüber *VE*)

(3) Auszahlungen aufgrund von Verpflichtungsermächtigungen sowie Zahlungsverpflichtungen der Vorperioden (Verzögerungen gegenüber *Z* und *VE*).

(4) Zahlungsverpflichtungen aufgrund von *VE* der Vorperiode mit Auszahlung in der gleichen Periode (Verzögerung gegenüber *VE*).

(5) Zahlungsverpflichtungen, denen keine Auszahlungen der laufenden Periode gegenüberstehen.

(6) Verpflichtungsermächtigungen, denen Zahlungsverpflichtungen in der gleichen Periode folgen, denen jedoch keine Ausgaben gegenüberstehen.

(7) Verpflichtungsermächtigungen, denen weder Zahlungsverpflichtunge noch Auszahlungen gegenüberstehen.

≣ Betrag zeitlich noch folgender Zahlungsverpflichtungen.

|||| Betrag zeitlich noch folgender Verausgabungen.

Empirische Untersuchungen, in denen diese Ausgabenprozeß-Verzögerungen gemessen wurden, liegen zur Zeit erst für den Bereich der Vereinigten Staaten vor[3]. Und zwar ergibt sich dort ein „mittlerer Lag"[4]

---

3 *Harvey Galper / Helmut F. Wendel:* Time lags in the Federal Expenditure Process and Their Stabilisations Implications, in: Public Finance Quarterly, Bd. 1 (1973), S. 123–146. In deutscher Übersetzung unter dem Titel: Time lags im staat-

bei zivilen Ausgabenprogrammen zwischen *VE* und *Z* von zwei Monaten, während zwischen *Z* und *A* fast 11 Monate (!) vergehen. Insgesamt beläuft sich die Verzögerung also auf eine Zeitspanne von über einem Jahr (ca. 13 Monate)[5].

Im Unterschied dazu verkürzt sich der Prozeß, wenn statt der zivilen Programme Verteidigungsausgaben getätigt werden, auf 8 Monate. Als Erklärungsursachen werden u. a. die bei militärischen Beschaffungsprogrammen in größerem Umfang getätigten Vorauszahlungen sowie die Ungenauigkeiten bei der zivilen Datenerfassung genannt.

Tab. 17: Durchschnittliche Verzögerungen im Ausgabenprozeß
(in Monaten)

Zeitspanne	Zivile Programme	Verteidigungsprogramm
Zwischen *VE* und *Z*	2,184	2,556
Zwischen *Z* und *A*	10,980	5,256
Zwischen *VE* und *A*	12,828	7,668

Quelle: Berechnet nach *Harvey Galper/Helmut F. Wendel:* Time lags, S. 118.

β) Der Einnahmenprozeß

Bei der Erfassung der Steuerwirkungen wird im allgemeinen von erstmaligen Veränderungen der staatlichen Eingriffe in das Wirtschaftsleben ausgegangen. Solche Veränderungen, die die Einnahmenseite der öffentlichen Haushalte berühren, sind:

– die Einführung neuer bzw. die Abschaffung alter Steuern sowie

– die Erhöhung bzw. Herabsetzung bestehender Steuern.

Der Wirkungsprozeß läßt sich dann als Kette veränderter Verhaltensweisen der betroffenen Wirtschaftssubjekte darstellen, wobei im einzelnen unterschiedliche Märkte betroffen werden können. Einteilungskriterium dieser Wirkungsphasen ist – mikroökonomisch gese-

lichen Ausgabenprozeß und ihre Stabilisierungswirkungen, in: *Klaus Mackscheidt* (Hrsg.): Budgetwirkungen und Budgetpolitik, Stuttgart - New York 1977, S. 111-126. Im folgenden wird hieraus zitiert.

[4] Der „mittlere Lag“ wurde im vorliegenden Fall als gewichteter Durchschnitt aus den Einflußkoeffizienten für das laufende Jahr, sechs früherer Jahre sowie einem „Restkoeffizienten“ für noch weiter zurückliegende Jahre berechnet.

[5] Vgl. dazu Tabelle 17.

Übersicht 8: Die Phasen einer Steuerwirkung

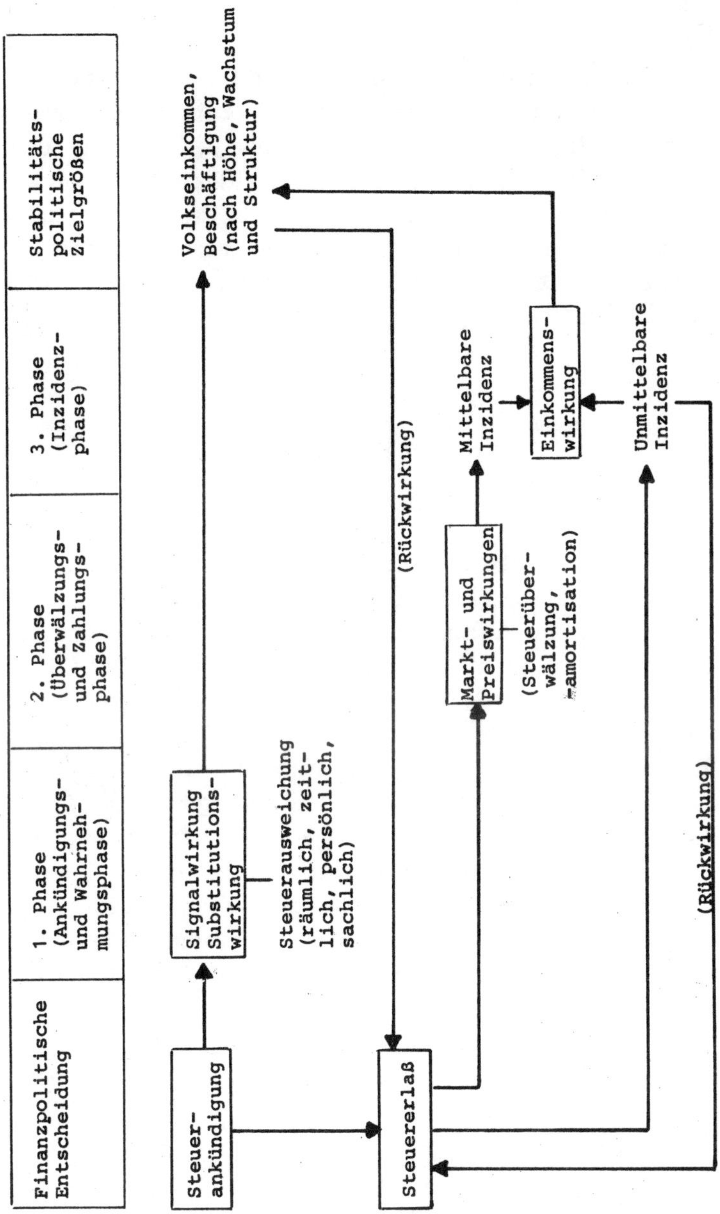

hen - der Freiheitsgrad der Steuerbürger bei der Steuerumgehung, der von der bloßen Wahrnehmung und Steuerausweichung über die Steuerüberwälzung auf andere Wirtschaftssubjekte bis letztendlich zur Inzidenz reicht[6].

Dieser modelltheoretische Phasenablauf[7] dürfte in der Praxis nicht in dieser scharf abgegrenzten Form vorkommen. Die klare Trennung ist daher empirisch nicht exakt nachvollziehbar, obwohl die Verhaltensänderungen der Wirtschaftssubjekte, insbesondere der privaten Haushalte und der Unternehmungen, die zeitgerechte Wirksamkeit stabilitätspolitisch motivierter Steueränderungen sehr stark beeinträchtigen können. Feststellbar ist lediglich die Zeit, die vergeht, bis sich die Besteuerung in Änderungen ausgewählter konjunkturpolitischer Indikatoren niederschlägt.

b) Der Einkommenseffekt

Grundlage für die Analyse staatlicher Einnahmen und Ausgaben ist die Multiplikatortheorie[8], mit Hilfe derer die Auswirkungen finanzpolitischer Maßnahmen auf die volkswirtschaftliche Aktivität erfaßt werden können. Denn die staatlichen Impulse bewirken - infolge der Endnachfrageänderungen - direkte und indirekte Produktions- und Einkommensänderungen, die ihrerseits jedoch über die Änderung des privaten Verbrauchs erneute Produktions- und Einkommensänderungen in den Folgeperioden induzieren können. Trotz dieses dynamischen Aspekts erfolgten empirische Berechnungen der Multiplikatoren jedoch meistens auf der Grundlage statischer Modelle. So sind beispielsweise die Multiplikatorwirkungen des Konjunkturprogramms von 1975 vom DIW und vom Institut für Arbeitsmarkt- und Berufsforschung der Bundesanstalt für Arbeit im Rahmen eines um den keynesischen Multiplikator erweiterten Input-Output-Modells berechnet worden[9].

---

[6] Zur Steuerwirkungslehre vgl. beispielsweise die Darstellung bei *Mathias Ernst Kamp / Christoph Rothkegel:* Steuerlehre. Allgemeiner Teil, Bonn 1971, S. 103 ff.

[7] Vgl. Übersicht 8.

[8] Ursprung - auch für die neueren Multiplikatortheorien - ist die grundlegende Darstellung bei *Erich Schneider:* Einführung in die Wirtschaftstheorie, III. Teil: Geld, Kredit und Beschäftigung, 11. verb. u. erw. Aufl., Tübingen 1969, S. 149 ff, insbes. S. 252 ff. Vgl. auch bei *Jorg-Günther Grunwald:* Erfolgskontrolle, S. 87 ff.

Bei den Simulationsrechnungen handelt es sich jedoch nur um Quantifizierungen der vom „Programm zur Stärkung von Bau- und anderen Investitionen" ausgehenden direkten und indirekten Produktions- und Einkommenseffekte der ersten Periode. Der zeitliche Aspekt bleibt in diesen Untersuchungen unberücksichtigt. Es wird lediglich ein offenes statistisches *Leontief*-Modell zugrundegelegt, wobei zwischen den ökonomischen Ereignissen eines (iterativen) Prozesses Zeitverzögerungen von Null-Perioden angenommen werden.

Die Änderungen der Einflußvariablen induzieren zwar eine Kettenreaktion neuer Änderungen, jedoch die Autoren benutzten für die sich laufend wiederholenden Abschnitte der Prozeßkette den Ausdruck „Runde", obwohl eigentlich „Periode" gemeint sein müßte. Dadurch soll der Eindruck eines dynamischen Wirkungsablaufs vermieden werden. Doch die Anpassungsreaktionen der Wirtschaftssubjekte werden nicht mit unendlich hoher Geschwindigkeit erfolgen. Um den zeitlichen Ablauf finanzpolitischer Maßnahmen darstellen zu können, ist deshalb eine Weiterentwicklung hin zu einer dynamischen Multiplikatortheorie notwendig.

c) Ein dynamisches Multiplikatormodell

Im Rahmen eines großangelegten ökonometrischen Modells für die Bundesrepublik Deutschland („Bonner-Modell") sind von *Wilhelm Krelle* und Mitarbeitern dynamische Multiplikatoren staatlicher Maßnahmen mit Hilfe von Simulationsrechnungen ermittelt worden[10]. Dabei wurden die Wirkungsverläufe von einmaligen Parameteränderungen (Impulsströme) aufgezeigt, wie sie sich modelltheoretisch auf der Basis der vierten Version des Bonner Prognosemodells in nachfolgenden Perioden ergeben würden. Ausgangsbasis war zum einen ein 12jähriger Wirkungshorizont (1969–1981) und zum anderen ein 9jähriger Wirkungshorizont (1972–1981).

---

9 *Reiner Stäglin* unter Mitarbeit von *Rainer Pischner, Brigitta Welser, Hans Wessels:* Multiplikatorwirkungen des Konjunkturprogramms von 1975. Anwendung des um den keynesischen Multiplikator erweiterten Input-Output-Modells (Beiträge zur Strukturforschung des DIW, Heft 45), Berlin 1976.

E. Spitznagel: Anwendung des erweiterten Input-Output-Modells auf das Programm zur Stärkung von Bau- und anderen Investitionen, in: Mitteilungen aus der Arbeitsmarkt- und Berufsforschung, Heft 3/1976, S. 350–362.

10 *Wilhelm Krelle:* Erfahrungen mit einem ökonometrischen Prognosemodell für die Bundesrepublik Deutschland (Mathematical Systems in Economics, Bd. 12), Meisenheim am Glan 1974.

Da die Berechnungen auf jährlicher Datenbasis erfolgt sind, lassen sich leider keine feinabgestimmten Wirkungsverläufe herleiten. Trotzdem geben die Ergebnisse recht brauchbare Hinweise über die zeitliche Verteilung ausgewählter finanzpolitischer Einflußvariablen, zumal die empirischen Ergebnisse im wesentlichen mit den Überlegungen der Multiplikatortheorie übereinstimmen.

Der Untersuchung liegen dabei folgende theoretische Überlegungen zugrunde[11]:

Es wird ein dynamisches System der Art

$$y_t = f(x_\tau),\ \tau = 1 \ldots t$$

betrachtet, wobei der Multiplikator m_t definiert ist als

$$m_t = \frac{dy_t}{dx_\tau},\ \tau = 1 \ldots t$$

Im Falle endlicher Differenzen und bei Normierung der Einflußgrößen zu

$$\Delta x_\tau = 1,$$

vereinfacht sich der Multiplikator wie folgt:

$$m_t = \Delta y_t$$

Die Simulation erfolgte nun in der Weise, daß zu einem bestimmten Zeitpunkt t (1969 bzw. 1972) eine einmalige Parameteränderung in Höhe von 1 (= 1 Mrd. DM) vorgenommen wurde, und daß für die nachfolgenden Perioden die entsprechenden Multiplikatoren m_{t+k} ($k = 0, \ldots,$ 9 bzw. $k = 0, \ldots, 12$) festgestellt wurden. Allein bei den direkten Steuern wurde eine laufende zusätzliche Erhöhung von 1 (= 1 Mrd. DM) ab der Periode t unterstellt.

Die aufgrund der jährlichen Datenbasis zwar recht groben Ergebnisse deuten insgesamt jedoch darauf hin, daß die Wirkungen finanzpolitischer Maßnahmen im wesentlichen selten länger als ein Jahr ausfallen dürften (Abb. 70–72). In vielen Fällen erreicht der Multiplikator sogar seinen höchsten Wert bei einer Verzögerung von ziemlich genau einem Jahr.

---

11 *Wilhelm Krelle:* Erfahrungen, 1974, Anhang A, S. 5 ff.

Tab. 18: Dynamische Multiplikatoren ausgewählter finanzpolitischer Maßnahmen bzg. des BIP
(nominal und real)

Nr.	Einfluß-variable* (t)	Ziel-variable ($t+k$)	k (Jahre) 0	1	2	3	4	5	6	7	8	9	10	11	12	Σ
(1)	A_{St}^G (1969)	*BIP*	2.086	2.397	1.323	1.363	0.990	0.519	0.440	0.421	0.378	0.311	0.230	0.189	0.151	10,858
(2)	A_{St}^G (1972)	*BIP*	2.093	2.353	1.330	1.089	0.877	0.530	0.448	0.557	0.611	0.528	–	–	–	10,416
(3)	A_{St}^T (1969)	*BIP*	1.033	0.646	0.636	0.455	0.370	0.268	0.244	0.231	0.233	0.223	0.206	0.202	0.191	4,938
(4)	T_q^d (1969)**	*BIP*	−0.929	−1.811	−1.589	−1.492	−1.405	−1.306	−1.236	−1.266	−1.313	−1.343	−1.357	−1.377	−1.394	–
(5)	T_l^d (1969)**	*BIP*	−1.035	−0,836	−0.298	0.219	0.252	0.832	0.955	0.973	0.962	0,945	0.925	0,878	0.819	–
(6)	A_{St}^G (1969)	BIP^{real}	0.663	0.488	0.033	0.123	−0.106	−0.280	−0.247	−0.146	−0.075	−0.073	−0.020	0.051	0.083	0.474
(7)	A_{St}^G (1972)	BIP^{real}	0.424	0.247	−0.083	−0.078	−0.170	−0.230	−0.135	−0.004	0.048	0.047	–	–	–	0.066
(8)	A_{St}^T (1969)	BIP^{real}	0.268	0.024	0.033	−0.040	−0.084	−0.127	−0.121	−0.101	−0.084	−0.077	−0.065	−0.049	−0.041	0.464
(9)	T_q^d (1969)**	BIP^{real}	−0.239	−0.384	−0.145	−0.084	−0.001	0.125	0.165	0.118	0.067	0.030	−0.017	−0.081	−0.145	–
(10)	T_l^d (1969)**	BIP^{real}	−0.269	−0.050	0.152	0.286	0.368	0.441	0.414	0.348	0.306	0.287	0.279	0.275	0.289	–

* Einmalige zusätzliche Maßnahmen von 1 (= 1 Mrd. DM) in Periode t (1969) bzw. 1972) - ** Laufende zusätzliche Maßnahmen von 1 (= 1 Mrd. DM) ab Periode t (= 1969).

Erläuterungen der Symbole zu den Tabellen 18 und 19: A_{St}^G = Ausgaben für Güter und Dienste; A_{St}^T = Transferausgaben; T_q^d = direkte Steuern auf den Gewinn; T_l^d = direkte Steuern auf den Lohn; I_{priv}^{Anl} = private Anlageinvestitionen; I_{priv}^{net} = private Nettogewinne; P = allgemeines Preisniveau; A = Arbeitsstunden; U = Arbeitslose; TS = Gesamte Steuersumme

Tab. 19: Dynamische Multiplikatoren staatlicher Ausgaben für Güter und Dienste bezüglich ausgewählter Zielvariablen

Nr.	Einfluß-variable* (t)	Ziel-variable $(t+k)$	k (Jahre)										
			0	1	2	3	4	5	6	7	8	9	Σ
(11)	A_{St}^{G} (1972)	I_{priv}^{Anl}	0.217	1.363	0.553	0.208	0.141	0.095	0.107	0.265	0.372	0.323	3,644
(12)	A_{St}^{G} (1972)	$Q_{pr.}^{Netto}$	0.589	0.470	0.053	0.071	0.041	−0.013	0.088	0.207	0.204	0.131	1,691
(13)	A_{St}^{G} (1972)	$C_{pr.}$	0.708	1.242	1.138	0.861	0.637	0.442	0.333	0.333	0.360	0.343	6.391
(14)	A_{St}^{G} (1972)	P	0.003	0.005	0.004	0.003	0.003	0.002	0.002	0.001	0.001	0.001	0.025
(15)	A_{St}^{G} (1972)	A	0.060	0.048	0.018	0.003	−0.012	−0.024	−0.021	−0.018	−0.017	−0.016	0.045
(16)	A_{St}^{G} (1972)	U	−0.007	−0.005	−0.001	−0.001	0.001	0.003	0.003	0.002	0.001	0.001	−0.006
(17)	A_{St}^{G} (1972)	TS	0.857	1.000	0.618	0.464	0.374	0.222	0.167	0.199	0.228	0.209	4,338

* Einmalige zusätzliche Maßnahmen von 1 (= 1 Mrd. DM) in Periode t (= 1972)

Quelle: Wilhelm Krelle: Erfahrungen, 1974, Anhang A, S. 7.

Tab. 20: Wirkungsverteilung ausgewählter finanzpolitischer Maßnahmen bezüglich des Bruttoinlandsprodukts (nominale Werte)
(in Prozent der Gesamtwirkung*)

Nr.	(1)	(2)	(3)
k (Jahre)	A^G_{St} (69)	A^G_{St} (72)	A^T_{St}
0	19,2	20,1	20,9
1	22,1	22,6	13,6
2	12,2	12,8	12,9
3	12,6	10,5	9,2
4	9,1	8,4	7,5
5	5,3	5,1	5,4
6	4,1	4,3	4,9
7	3,9	5,3	4,7
8	3,5	5,9	4,7
9	2,9	5,1	4,5
10	2,1	.	4,2
11	1,7	.	4,1
12	1,4	.	3,9
Summe	100	100	100

* Die Gesamtwirkung *W* ergibt sich durch die Kummulation der Periodenmultiplikatoren im betrachteten Zeithorizont

$$W = \sum_{k=0}^{T} m_{t+k} \text{ mit } T = 9 \text{ bzw. } T = 12.$$

Abweichung in der Summe durch Runden

Quelle: Berechnet nach Tabelle 18.

Tab. 21: Wirkungsverteilung ausgewählter finanzpolitischer Maßnahmen bezüglich des BIP (reale Werte)
(in % der Gesamtwirkung*)

Nr.	(6)	(7)	(8)
k (Jahre)	A_{St}^{G} (69)	A_{St}^{G} (72)	A_{St}^{T}
0	139,9	642,4	57,8
1	103,0	374,2	5,2
2	7,0	−125,8	7,1
3	25,9	−118,2	− 8,6
4	−22,4	−257,6	−18,1
5	−59,0	−348,5	−27,4
6	−52,1	−204,5	−26,1
7	−30,8	− 6,1	−21,8
8	−20,0	72,7	−18,1
9	−15,4	71,2	−16,6
10	− 4,2		−14,0
11	10,8	.	−10,6
12	17,5	.	− 8,8
	100,0	100,0	100,0

* Vgl. Fußnote* von Tabelle 20
Quelle: Berechnet nach Tabelle 18.

Tab. 22: Wirkungsverteilung staatlicher Ausgaben für Güter und Dienste bezüglich ausgewählter Zielvariablen – in Prozent der Gesamtwirkung* –

Nr.	(11)	(12)	(13)	(14)	(15)
k	I_{pr}^{Anl}	Q_{pr}^{netto}	C_{pr}	P	A
0	6,0	34,8	11,1	12,0	133,3
1	37,4	27,8	19,4	20,0	107,0
2	15,2	3,1	17,8	16,0	40,0
3	5,7	4,2	13,5	12,0	6,7
4	3,9	2,4	10,0	12,0	–26,7
5	2,6	–0,8	6,9	8,0	–53,3
6	2,9	5,2	5,2	8,0	–46,7
7	7,3	12,2	5,2	4,0	–40,0
8	10,2	12,1	5,6	4,0	–37,8
9	8,9	7,7	5,4	4,0	–35,6
	100	100	100	100	100

* Vgl. Fußnote * von Tabelle 20.
Quelle: Berechnet nach Tabelle 19.

Abb. 70: Dynamische Multiplikatoren staatlicher Ausgaben für Güter und Dienste bezüglich BIP (Bruttoinlandsprodukt)

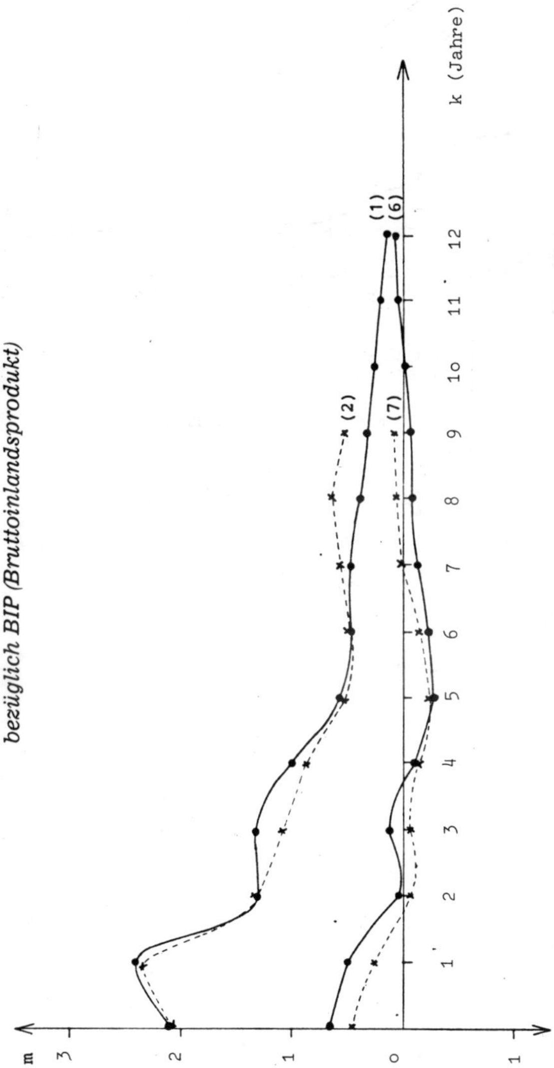

Quelle: Tabelle 18; *Wilhelm Krelle:* Erfahrungen, 1974, S. 6 f.

Abb. 71: Dynamische Multiplikatoren ausgewählter finanzpolitischer Maßnahmen bzgl. BIP

a) Transferausgaben und BIP

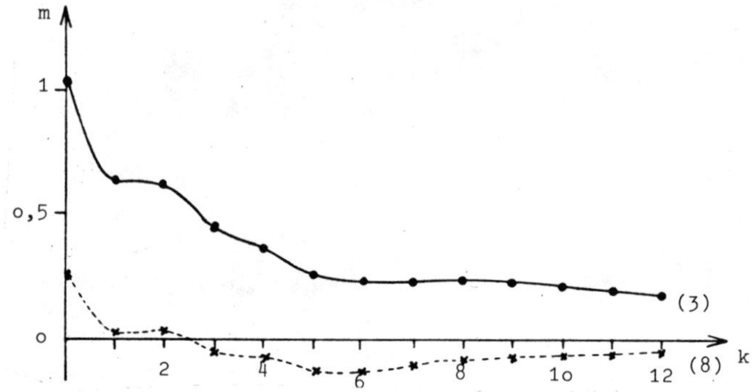

b) Direkte Gewinnsteuern und BIP

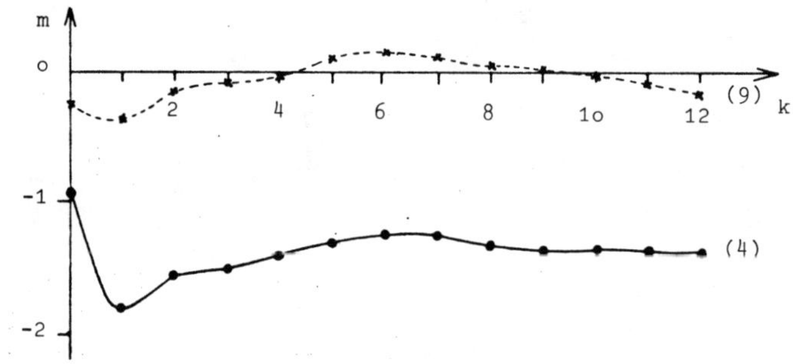

c) Direkte Lohnsteuern und BIP

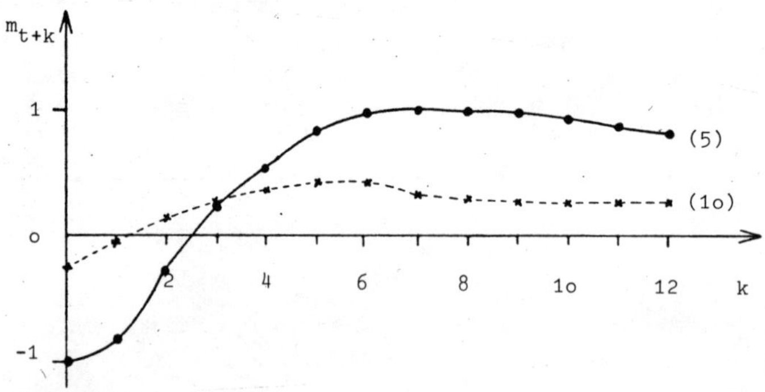

Abb. 72: Dynamische Multiplikatoren staatlicher Ausgaben für Güter und Dienste (in Jahren) bzgl. ausgewählter Zielvariablen

a) Private Bruttoanlageinvestition ($I_{pr}^{Anl.}$)

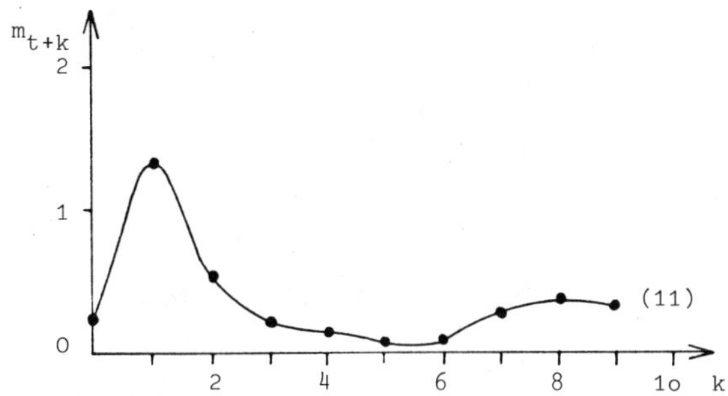

b) Nettogewinnsumme im privaten Sektor (Q_{pr}^{net})

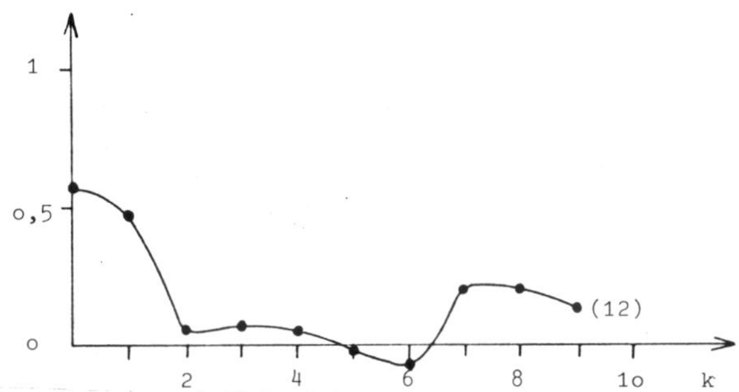

c) Privater Konsum (C_{pr})

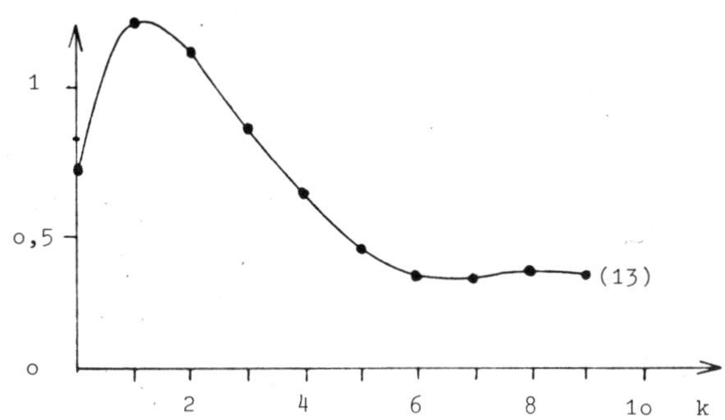

d) Generelles Preisniveau (*P*)

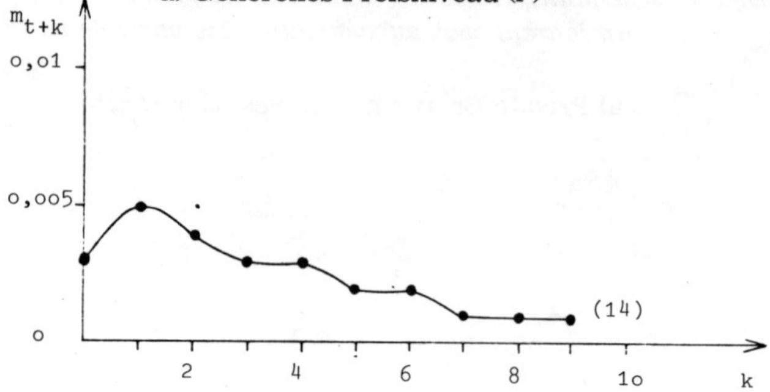

e) Arbeitsstunden insgesamt (*A*)

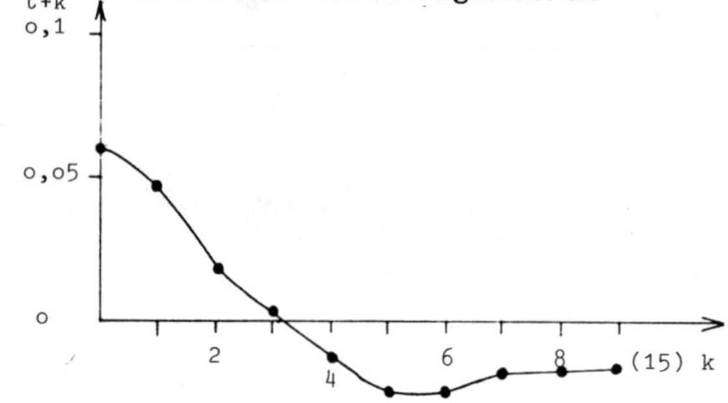

f) Arbeitslose (*U*)

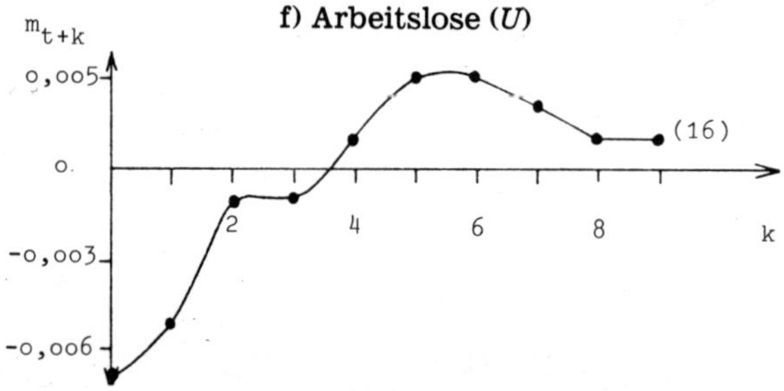

g) Gesamte Steuersumme (*TS*)

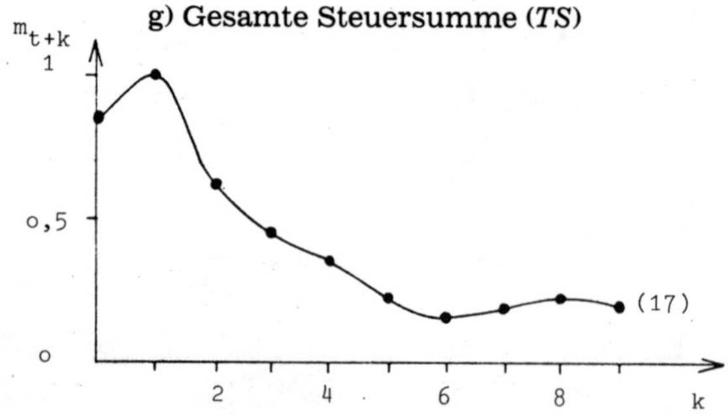

Sehr interessant ist ein Vergleich nominaler und realer Wert. Die unterschiedlichen Größenordnungen und zeitlichen Verteilungen deuten auf eine sehr hohe Zunahme der monetären Komponente in den Folgeperioden hin. So wirkt (real betrachtet) eine einmalige Erhöhung der Staatsausgaben für Güter und Dienste am stärksten in der Periode 0, während die Auswirkungen auf das Bruttoinlandsprodukt (BIP) zu laufenden Preisen erst nach einem Jahr den höchsten Wert erreicht.

2. Die Auswahl der Indikatorvariablen

Ausgehend von der Kreislaufwirksamkeit staatlicher Einnahmen und Ausgaben läßt sich die Finanzpolitik ebenfalls vereinfacht in expansive und kontraktive Maßnahmen einteilen[12]. In Anlehnung an die Bestimmungen des Stabilitäts- und Wachstumsgesetzes (StWG) stehen der Bundesregierung nämlich Instrumente zur Verfügung, die im Falle einer Rezession durch zusätzliche Ausgaben bzw. durch verminderte Einnahmen die gesamtwirtschaftliche Nachfragelücken schließen können, und die analog im Boomfalle die Ausgaben vermindern bzw. die Einnahmen steigern sollen[13].

a) Expansive Maßnahmen

Seit Inkrafttreten des StWG im Jahre 1967 setzte die Bundesregierung auf der Ausgabenseite bis Ende 1976 insgesamt sechs Sonderprogramme zur Anregung der konjunkturellen Entwicklung[14, 15], und zwar in den Rezessionen 1967 und 1974/75:

– (Erstes) Konjunkturprogramm vom 19. 1. 1967 in Höhe von 2,5 Mrd. DM in Form eines Eventualhaushalts zur reinen Investitionsfinanzierung, dessen Träger der Bund war.

---

12 Zur stabilitätspolitischen Eignung finanzpolitischer Instrumente vgl. *Jorg-Günther Grunwald:* Erfolgskontrolle, S. 116 ff.

13 Eine chronologische Darstellung der wichtigsten konjunkturpolitich motivierten Maßnahmen von 1967 bis 1976 befindet sich ebenda S. 349 ff.

14 Zu Beginn des Jahres 1977 wurde ein weiteres Investitionsprogramm von Bund, Ländern und Gemeinden zur Verbesserung der Infrastruktur eingesetzt, auf das hier jedoch nicht eingegangen wird, da der Wirkungszeitraum zu kurz ist.

15 In dem Beobachtungszeitraum wurden von der Bundesregierung auch Fördermaßnahmen zur Anregung der privaten Investitionstätigkeit durchgeführt (z. B. Investitionszulage), auf die jedoch hier nicht näher eingegangen werden kann.

- (Zweites) Konjunkturprogramm vom 10. 8. 1967 gemäß §§ 6 (1), 8, 9 (2) StWG in Höhe von 5,3 Mrd. DM. Träger: Bund, Länder und Gemeinden
- (Erstes) Konjunkturprogramm vom 6. 2. 1974 „... für Gebiete mit speziellen Strukturproblemen" in Höhe von 0,6 Mrd. DM, wobei die Finanzierung vorrangig durch die Auflösung des bei der Bundesbank stillgelegten Mehraufkommens der Mineralölsteuererhöhung des Jahres 1973 erfolgte.
  Träger: Bund und Länder
- (Zweites) Konjunkturprogramm vom 25. 9. 1974 „... zur regionalen und lokalen Abstützung der Beschäftigung" in Höhe von 0,95 Mrd. DM, wobei die Finanzierung überwiegend aus den Investitionssteuerrücklagen von Bund und Ländern erfolgte.
- (Drittes) Konjunkturprogramm vom 12. 12. 1974 „... zur Förderung von Beschäftigung und Wachstum bei Stabilität" in Höhe von 1,73 Mrd. DM.
  Träger: Bund
- (Viertes) Konjunkturprogramm vom 27. 8. 1975 „... zur Stärkung von Bau- und anderen Investitionen" in Höhe von 5,75 Mrd. DM. Die Finanzierung erfolgte vorwiegend durch die Auflösung der Konjunkturausgleichsrücklagen bei der Deutschen Bundesbank.
  Träger: Bund, Länder und Gemeinden.

Wirkungsökonomische Ansatzpunkte bei der Lag-Messung dieser Programme wären idealtypischerweise die Zeitpunkte, zu denen die jeweiligen finanzpolitischen Entscheidungsträger Zahlungsverpflichtungen eingegangen waren. Angaben über die Zeitpunkte der Auftragsvergabe sind aber bisher lediglich für die beiden 67er Programme veröffentlicht worden[16]. Da für die übrigen Programme kein genaues Datenmaterial vorliegt, ist man hilfsweise auf die Zeitreihen der Mittelverausgabung angewiesen, obwohl die Höhe der monatlichen Auszahlungsbeträge nicht den Zeitablauf der konjunkturanregenden Maßnahmen exakt widerspiegelt. Denn die Mittelabflüsse der einzelnen Programme hängen stark von Zufälligkeiten in der praktischen Ausführung ab. So ist beispielsweise jeweils am Jahresende ein Auszahlungsgipfel festzustellen, was hauptsächlich wohl haushaltspolitische Gründe haben dürfte.

---

16 *Bundesregierung:* Abschlußbericht über das Erste Konjunkturprogramm und das zweite Programm für besondere konjunktur- und strukturpolitische Maßnahmen 1967/68, Deutscher Bundestag, Drucksache V/3630.

In diesem Sinne muß dann auch die Feststellung relativiert werden, daß z. B. das Dezember-Programm 1974 in der Anfangsphase schneller durchgeführt worden sei als das September-Programm 1974. Denn schon 9 Monate nach Verabschiedung des Programms am 12. 12. 74 waren mehr als 50 Prozent des Sollbetrages ausgezahlt, während es beim September-Programm knapp ein Jahr (ca. 11 Monate) gedauert hat, beim August-Programm 1975 sogar etwas mehr als ein Jahr.

Da ein großer Teil der 74er und 75er Programme durch die Auflösung von zuvor in expansiven Phasen stillgelegten Mitteln bei der Bundesbank (Konjunkturausgleichsrücklagen) finanziert wurde, läßt sich annäherungsweise die Zeitreihe der Sondereinlagen-Entwicklung bei der Bundesbank als finanzpolitischer Indikator für die statistischen Wirkungslag-Berechnungen heranziehen. Berücksichtigt werden muß dabei insbesondere die institutionell bedingte zeitliche Phasenverschiebung zwischen kassenmäßiger und ökonomischer Verausgabung, die die Untersuchung verzerren kann, sowie die multiplikative Wirksamkeit der Maßnahmen auf andere Wirtschaftsbereiche und Sektoren, wobei jedoch eine Schätzung dynamischer Multiplikatoren von Einzel-Programmen zum gegenwärtigen Zeitpunkte noch nicht möglich ist.

Bei einem diskretionären Einsatz öffentlicher Investitionen ergeben sich zwangsläufig zeitliche Verzögerungen, die hauptsächlich in der Durchführungs- und Wirkungsphase begründet liegen. Die Belebung der gesamtwirtschaftlichen Aktivität durch die beiden Konjunkturprogramme des Jahres 1967 war deshalb von Erfolg gekrönt, da die Auftragsvergabe relativ schnell durchgeführt wurde und die Wirtschaft diese konjunkturpolitischen Impulse unverzüglich aufgenommen hatte. Das war möglich, da entweder unterbrochene Projekte fortgesetzt wurden und/oder nur vergabereife Neuprojekte in Angriff genommen wurden[17].

So ergab sich, daß beim ersten Investitionsprogramm die Liefertermine bzw. Baubeginne mit 58 Prozent im zweiten Quartal 1967 und früher lagen (1,46 Mrd. DM), mit 22,3 Prozent im dritten Quartal (0,56 Mrd. DM) und mit 12,4 Prozent im vierten Quartal (0,3 Mrd. DM) waren.

Die expansiven Impulse hätten aber noch schneller ausgelöst werden können, wenn die gesamten Mittel nicht in drei Tranchen (am 17. Februar, 16. März und 13. April), sondern sofort freigegeben worden

[17] Vgl. *Bundesregierung:* Abschlußbericht, S. 9, Ziff. 10.

wären. Trotzdem war bis Mitte Juni fast das gesamte Programm vergeben. Der Höhepunkt lag mit 1,2 Mrd. DM im Mai 1967[18].

Beim 2. Konjunkturprogramm 1967 wurde erstmalig das STWG angewendet. Doch ergab sich hier eine zusätzliche Schwierigkeit dadurch, daß neben dem Bund auch die Länder und Gemeinden an der Durchführung des Programms beteiligt waren und daß die Maßnahmen auch nach strukturpolitischen Kriterien vergeben wurden. Konjunkturpolitisch muß gegen dieses Programm eingewendet werden, daß es zu einem großen Teil erst im Jahre 1968 wirksam wurde. Denn die Liefertermine bzw. Baubeginne reichten mit immerhin 47 Prozent Anteil am Gesamtwert der Aufträge noch in das Jahr 1968 hinein. Seit Mitte 1967 aber stieg die industrielle Produktion wieder langsam an. Der expansive Impuls verstärkte also die marktwirtschaftlich einsetzende Eigendynamik, wenn man berücksichtigt, daß das Geschäftsklima seit Anfang 1967 sich zunehmend verbessert hat.

b) Kontraktive Maßnahmen

Instrumente zur Dämpfung der öffentlichen und privaten Nachfrage sind grundsätzlich:

- die Beschränkung öffentlicher Ausgaben bzw.
- die Erhöhung der öffentlichen Einnahmen

Entsprechend den Intentionen des StWG sollen sich diese Maßnahmen statistisch auf einem Sonderkonto der Deutschen Bundesbank niederschlagen (Konjunkturausgleichsrücklage). Denn die eingeschränkte Nachfragewirksamkeit der öffentlichen Haushalte wird dann verstärkt durch den Liquiditätsentzug, der mit der Stillegung dieser Mittel verbunden ist. In der Bundesrepublik Deutschland sind aus konjunkturpolitischen Gründen folgende Einlagen bei der Bundesbank gebildet worden:

- Konjunkturausgleichsrücklagen (entweder obligatorisch oder freiwillig) 1970/71
- Konjunkturzuschlag 1970/71
- Stabilitätszuschlag 1973/74
- Stabilitätsanleihe 1973
- Investitionssteuer 1973/74

[18] Vgl. *Bundesregierung:* Abschlußbericht, S. 10, Ziff. 14.

Die konjunkturelle Bedeutung dieser Instrumente ist dabei abhängig von der Art der Aufbringung der stillzulegenden Mittel. Die größte multiplikative Nachfrageeinschränkung ergibt sich bei einer Ausgabensenkung und Zuführung dieser Minderausgaben in eine Konjunkturausgleichsrücklage. In der Regel erfolgt jedoch das Mittelaufkommen der Konjunkturausgleichsrücklagen durch Stillegung von Steuereinnahmen, die konjunkturbedingt im Rahmen der built-in-flexibility unseres progressiven Steuersystems anfallen („fiscal drag").

Auch die anderen Instrumente haben steuerähnlichen Charakter („Sondersteuern"), da sie das verfügbare Einkommen der Wirtschaftssubjekte treffen. Der Liquiditätseffekt dürfte jedoch bei allen Sondereinlagen der gleiche sein. Grundsätzlich sollte aus stabilitätspolitischen Gründen das Mittelaufkommen der Sondereinlagen in den Konjunkturaufschwungphasen erfolgen, die Mittelverwendung sollte antizyklisch in die Abschwungphasen fallen. Eine Analyse der Einlagenentwicklung bei der Deutschen Bundesbank zeigt aber, daß (gemessen an den Abschwungsphasen der Industrieproduktion) die Bildung und Auflösung von Sondereinlagen seit 1970 zum größten Teil prozyklisch erfolgt ist:

In der Abschwungsphase 1970/71 stiegen die öffentlichen Sondereinlagen bei der Deutschen Bundesbank kontinuierlich an. Sie erreichten Ende 1971 ihren Höhepunkt: Der Gesamtbestand der Sondereinlagen betrug ca. 10 Mrd. DM, davon entfielen fast 60 Prozent auf die Mittel aus dem Konjunkturzuschlag. Aufgrund der gesetzlichen Rückzahlungspflicht erfolgte in der Aufschwungphase 1972 ein prozyklischer expansiver Impuls[19].

Ähnliches gilt für die kontraktiven Maßnahmen der binnenwirtschaftlichen Stabilitätsprogramme vom Februar 1973: Die erste Tranche der Stabilitätsanleihe wurde noch konjunkturgerecht in der Aufschwungphase aufgelegt. Jedoch befand sich der Boom schon in einer Spätphase. Das verschärfte Stabilitätsprogramm vom 9. Mai 1973 (u. a. Auflegung einer 2. Tranche der Stabilitätsanleihe, Erhebung eines Stabilitätszuschlags, Investitionssteuer) wurde daher prozyklisch in der beginnenden Abschwungphase wirksam[20].

---

[19] Die Wirkung dieses expansiven Impulses war jedoch nicht sehr stark, ој quantitativ gesehen über 5,8 Mrd. DM an Sondereinlagen aufgelöst wurden.

[20] Es muß an dieser Stelle darauf hingewiesen werden, daß zu diesem Zeitpunkt noch das Preisstabilitätsziel vorrangig von der Bundesbank angestrebt wurde. Der Zielkonflikt zwischen Preisniveaustabilität und der Stabilität des volkswirtschaftlichen Aktivitätsniveaus trat also offen zutage.

Abb. 73a: Veränderungen auf dem Konto „Sondereinlagen“

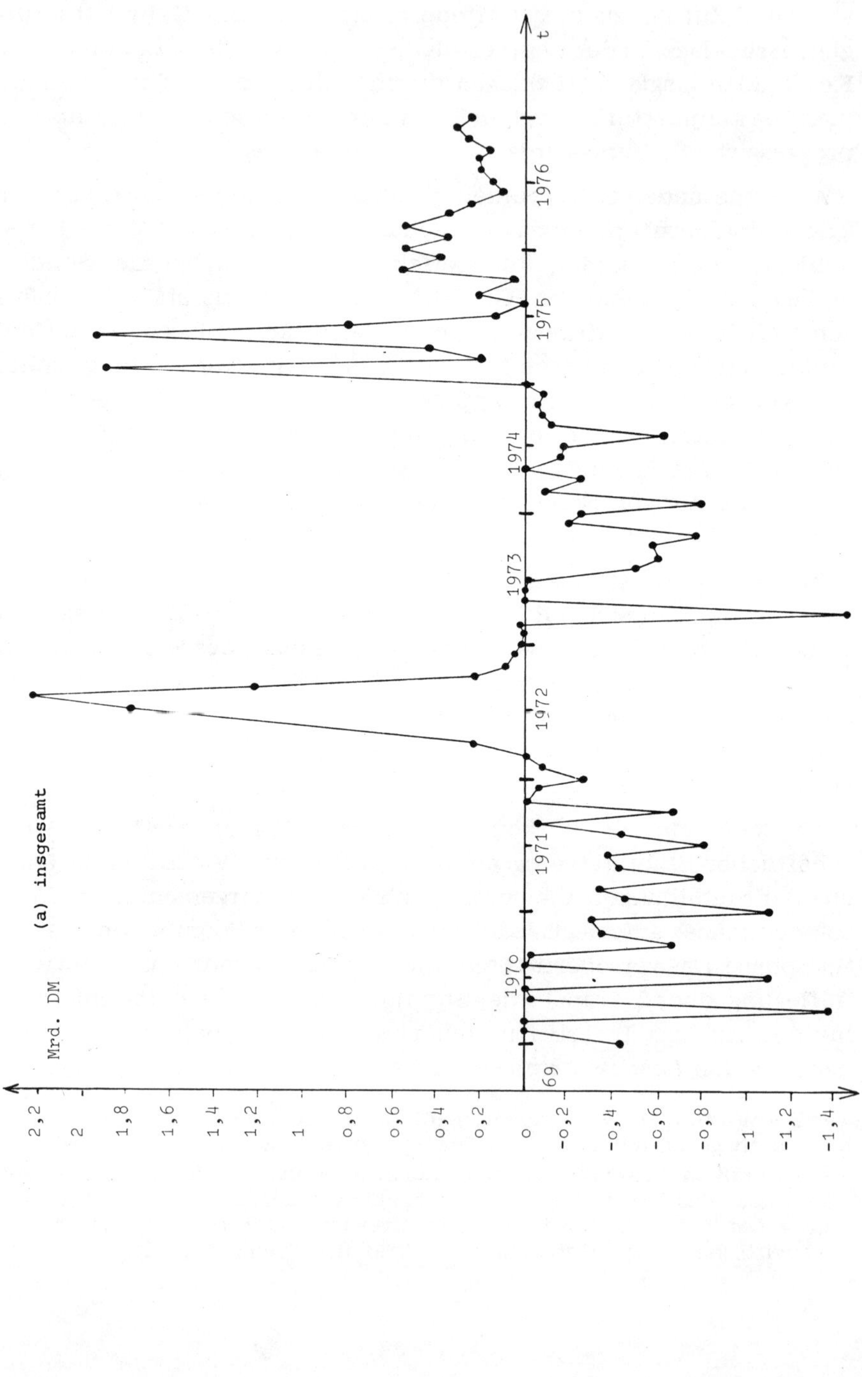

Abb. 73 b): Kasseneffekt des Konjunkturzuschlags
(Abfluß von Bundesbank-Konto: +, Zufluß: –)

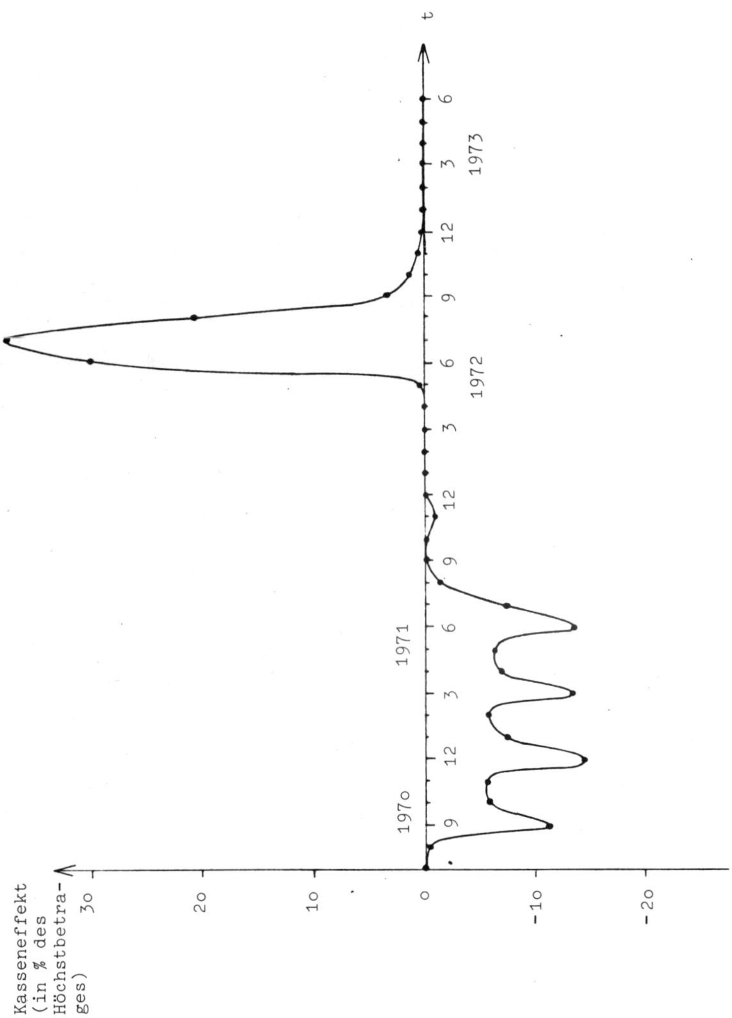

Abb. 73c): Kasseneffekt des Stabilitätszuschlages
(Abfluß von Bundesbank-Konto: +, Zufluß: –)

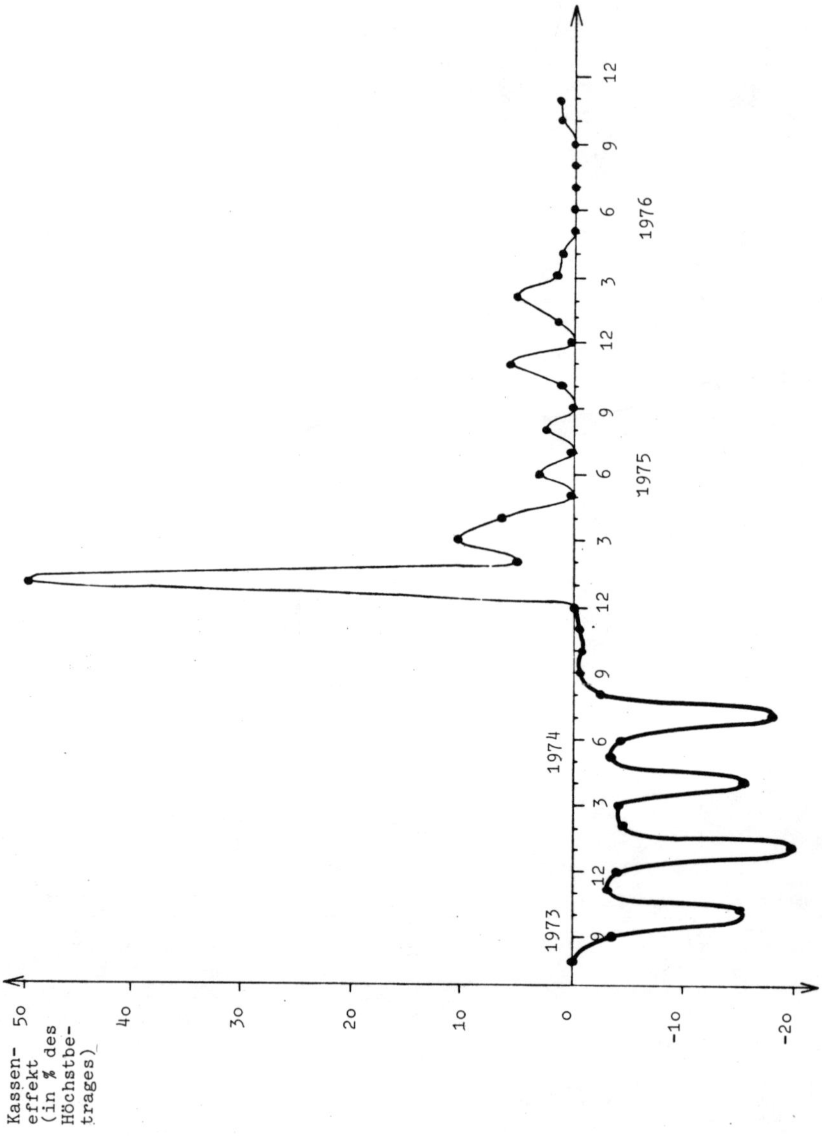

Abb. 73d): Kasseneffekt der Investitionssteuer

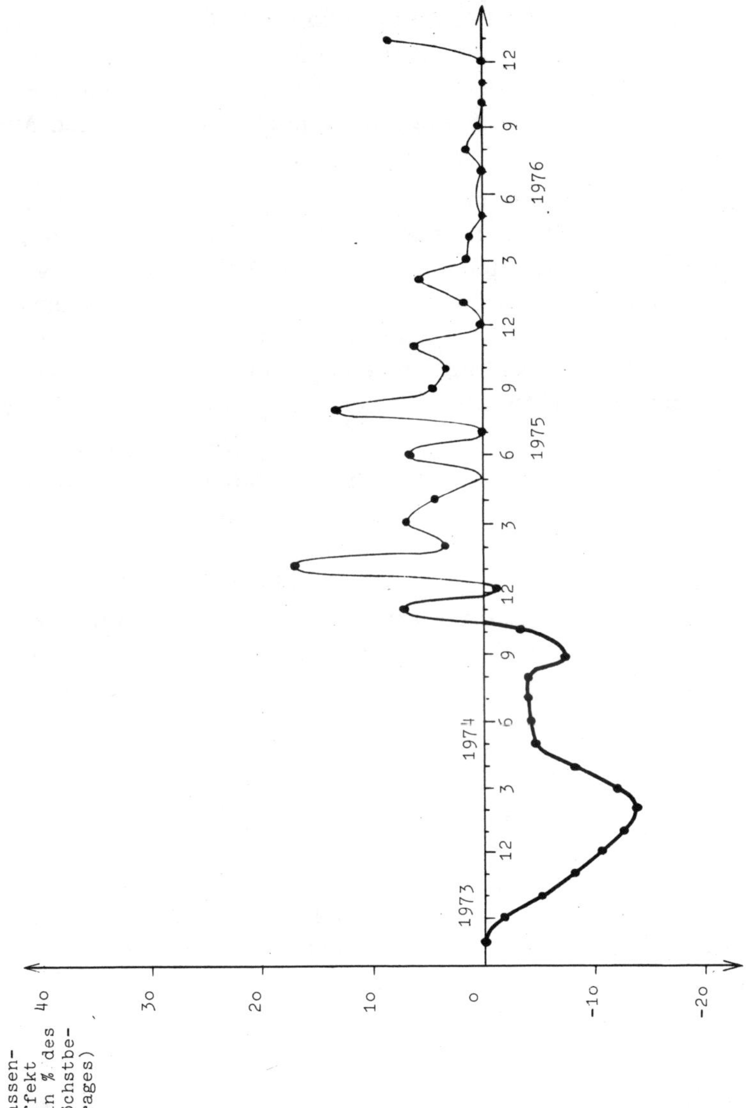

c) Ein Finanzpolitikindikator

Berücksichtigt man die Überlegungen aus den vorangegangenen Abschnitten, dann erscheint es angebracht, einen Finanzpolitikindikator zu wählen, der den Beginn der *ökonomischen* Wirksamkeit widerspiegelt. Jedoch aufgrund fehlender statistischer Unterlagen ist man in der praktischen Analyse auf Hilfsgrößen angewiesen, wie z. B. die *kassenmäßige* Erfassung der konjunkturpolitisch motivierten Ausgaben und Einnahmen öffentlicher Haushalte.

Dieser stabilitätspolitische Kasseneffekt schlägt sich seit 1969 - im Anschluß an die Bestimmungen des StWG - auf dem Konto „Sondereinlagen öffentlicher Haushalte" bei der Deutschen Bundesbank nieder. Eine Zuführung öffentlicher Mittel wird demzufolge als kontraktiver Effekt (–) interpretiert, da dadurch ein kassenmäßiger Entzugseffekt bewirkt wird, wohingegen eine Auflösung des Kontos expansive Wirkungen (+) auf die volkswirtschaftlichen Kreislaufgrößen ausübt.

Die stabilitätspolitischen Wirkungen des Konjunkturzuschlags, des Stabilitätszuschlags und der Investitionssteuer sind in den Abb. 73 (b) - (d) dargestellt. Der Kasseneffekt ist dabei anteilsmäßig am statistisch ausgewiesenen Höchstbetrag des entsprechenden Bundesbank-Kontos „Sondereinlagen" ausgewiesen. Es zeigt sich deutlich die Parallelität der Instrumente „Konjunkturzuschlag" und „Stabilitätszuschlag", wobei die vier kontraktiven Gipfel sehr deutlich die Einkommensteuer-Termine im September, Dezember, März und Juni widerspiegeln[21].

III. Eine statistische Überprüfung von finanzpolitischen Wirkungshypothesen

Die Berechnungen werden analog zu Teil 2.A.III. durchgeführt. Instrumentvariable ist der Finanzpolitikindikator, der für den Zeitraum ab Dezember 1969 bis Dezember 1976 die qualitativen Ausprägungen ausgewählter Maßnahmen erfaßt. Zielvariablen sind sowohl (direkte) realwirtschaftliche Größen als auch (indirekte) monetäre Größen.

---

[21] Die Gipfelpunkte beim Stabilitätszuschlag liegen jeweils um einen Monat später (Oktober, Januar, AçG Juli). Das liegt daran, daß der Konjunkturzuschlag *unverzüglich* abgeführuden mußte (also jeweils am zehnten Tag der entsprechenden Monate), während der Stabilitätszuschlag am Monatsende erhoben wurde. Die Mittel wurden demzufolge bei der Bundesbank erst im Folgemonat verbucht.

1. Die Entwicklung der Industrieproduktion

Der Einfluß der Finanzpolitik auf die industrielle Produktion war in dem Beobachtungszeitraum ziemlich ausgeprägt. Im Kontraktionsfall (= Zuführung öffentlicher Mittel auf das Konto „Sondereinlagen" bei der Bundesbank) reagierte die Industrieproduktion unmittelbar: Der χ^2-Wert für $k = 0$ weist positive Signifikanz auf. Im Expansionsfall dagegen ist die Wirkung auf mehrere Zeitpunkte verteilt, wobei signifikante Gipfel ($\alpha = 0{,}05$) bei $k = 0{,}3$ und 6 Monaten errechnet wurden. Der gleitende 3-Monatsdurchschnitt deutet auf eine Gleichverteilung des finanzpolitischen Einflusses im ersten Vierteljahr nach dem Zeitpunkt des Maßnahmeneinsatzes hin.

2. Die Beschäftigungsentwicklung

Im Gegensatz zur Entwicklung der Industrieproduktion, bei der eine im Zeitablauf linear abnehmende Wirkungsverteilung zu beobachten war, wirkt sich der finanzpolitische Impuls auf die Beschäftigungslage über einen ziemlich langen Zeitraum (8–9 Monate) fast gleichverteilt aus.

Im expansiven Fall ist ein ziemlich unruhiger Verlauf der Testwerte zu beobachten, dessen Gipfelpunkte ($\alpha = 0{,}01$) bei $k = 0{,}5$ und 7 Monate liegen. Die geglätteten χ^2-Werte sind jedoch noch bis zum neunten Monat signifikant ($\alpha = 0{,}05$). D. h. die Wirkungsintensität finanzpolitischer Maßnahmen erstreckt sich auf einen Zeitraum von dreiviertel Jahren. Erst dann ist mit nachlassender Wirkung zu rechnen.

Etwas kürzer ist die Wirkungsintensität im kontraktiven Fall: Signifikanz ($\alpha = 0{,}05$) wird nur bis zum achten Monat beobachtet. Die Wirkungsverteilung ähnelt dagegen eher (im geglätteten Verlauf) einer Glockenkurve, da sie im Zeitablauf langsam ansteigt bis zum Maximalpunkt (3 bzw. 4 Monate), und anschließend kontinuierlich abnimmt.

3. Die Preisentwicklung

Die Berechnungen mit dem saisonbereinigten Index für die Lebenshaltungskosten ergeben, daß die finanzpolitischen Maßnahmen in dem Beobachtungszeitraum auf die Preisentwicklung keinen positiven Einfluß (sowohl im expansiven als auch im kontraktiven Fall) ausgeübt haben. Denn die Testwerte bewegen sich zum größten Teil im Bereich der negativen Differenzen, und zwar ebenfalls überwiegend in der

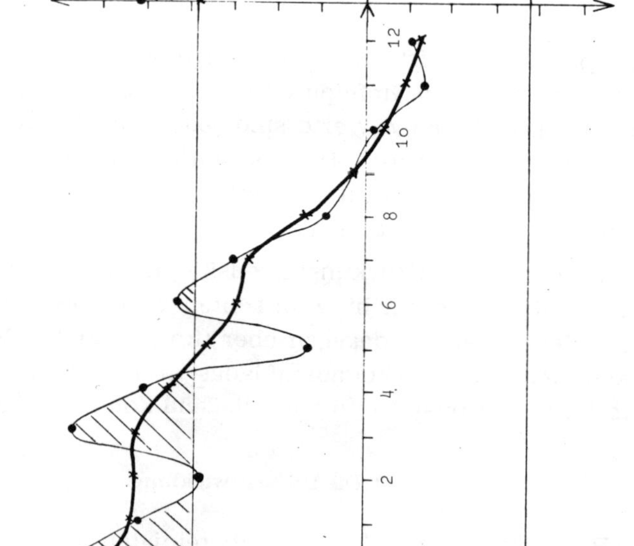

Abb. 74: Expansive Finanzpolitik - Industrieproduktion

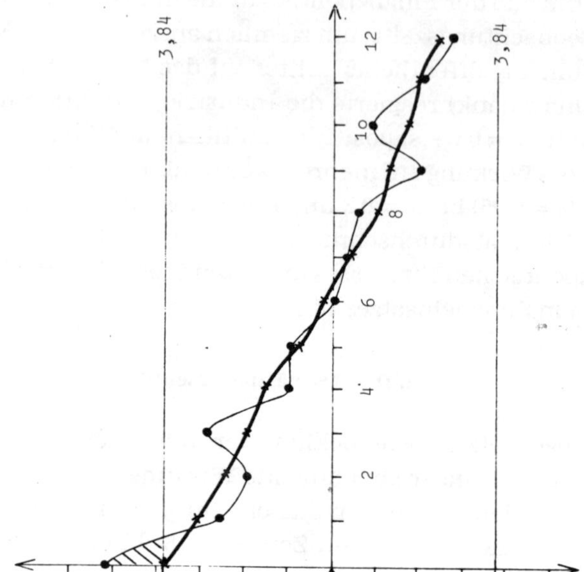

Abb. 75: Kontraktive Finanzpolitik - Industrieproduktion

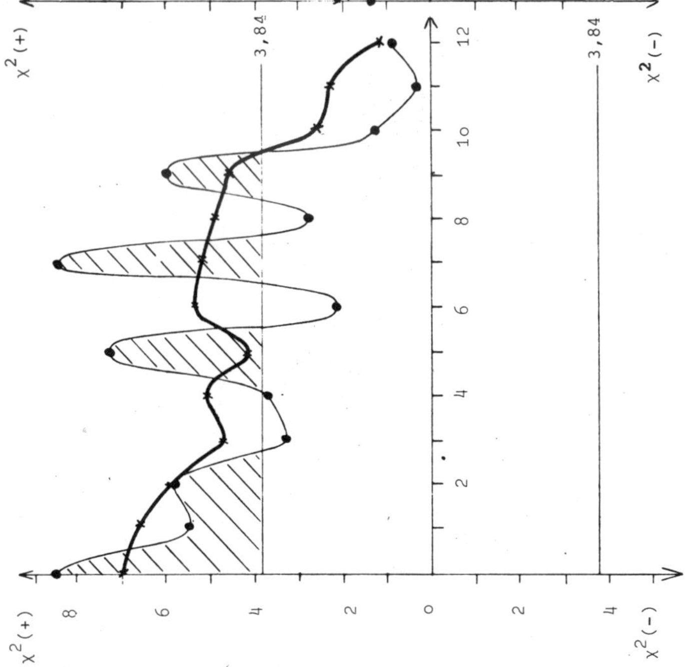

Abb. 76: Expansive Finanzpolitik–Beschäftigungsentwicklung

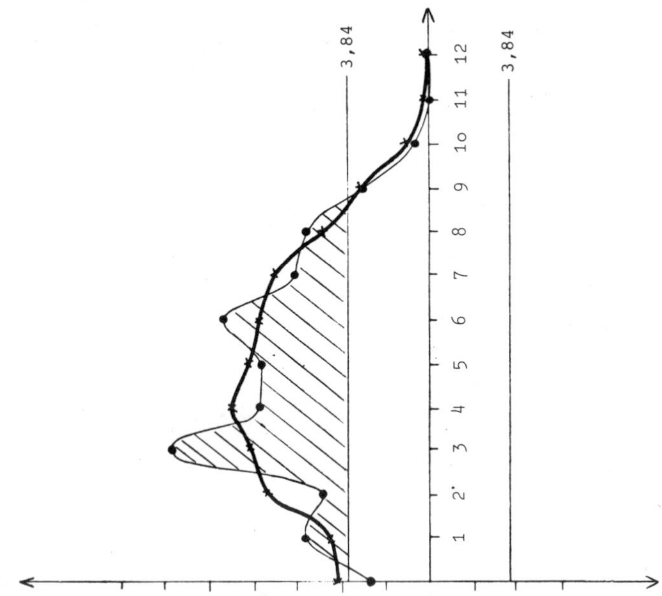

Abb. 77: Kontraktive Finanzpolitik–Beschäftigungsentwicklung

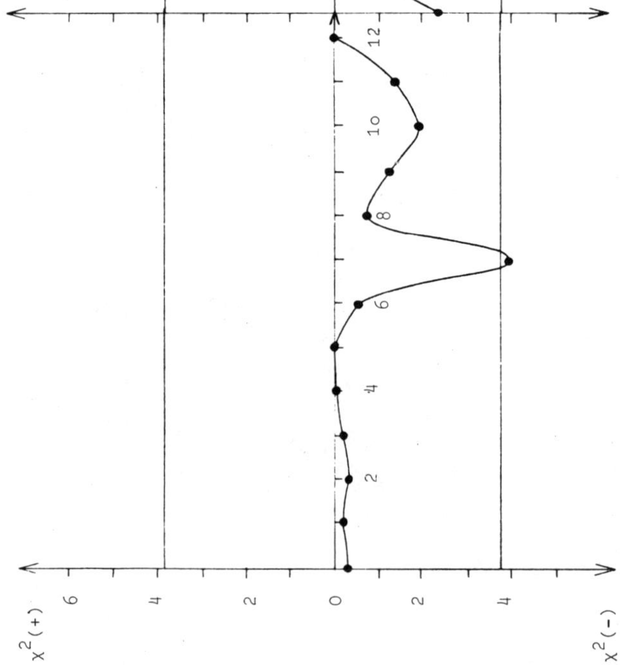

Abb. 78: Expansive Finanzpolitik - Preisentwicklung

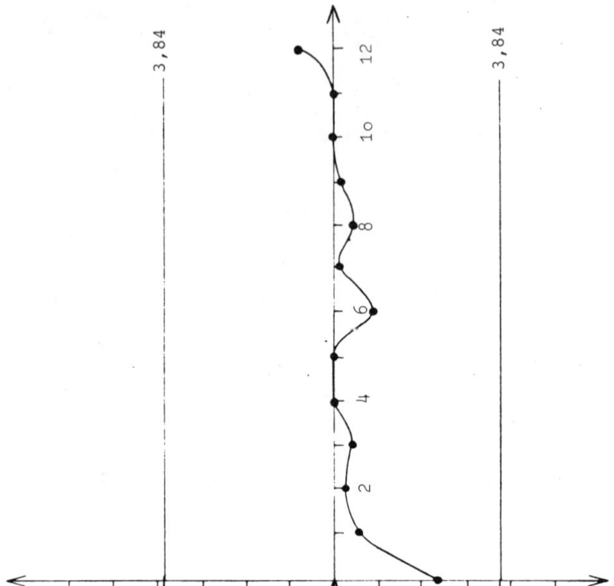

Abb. 79: Kontraktive Finanzpolitik - Preisentwicklung

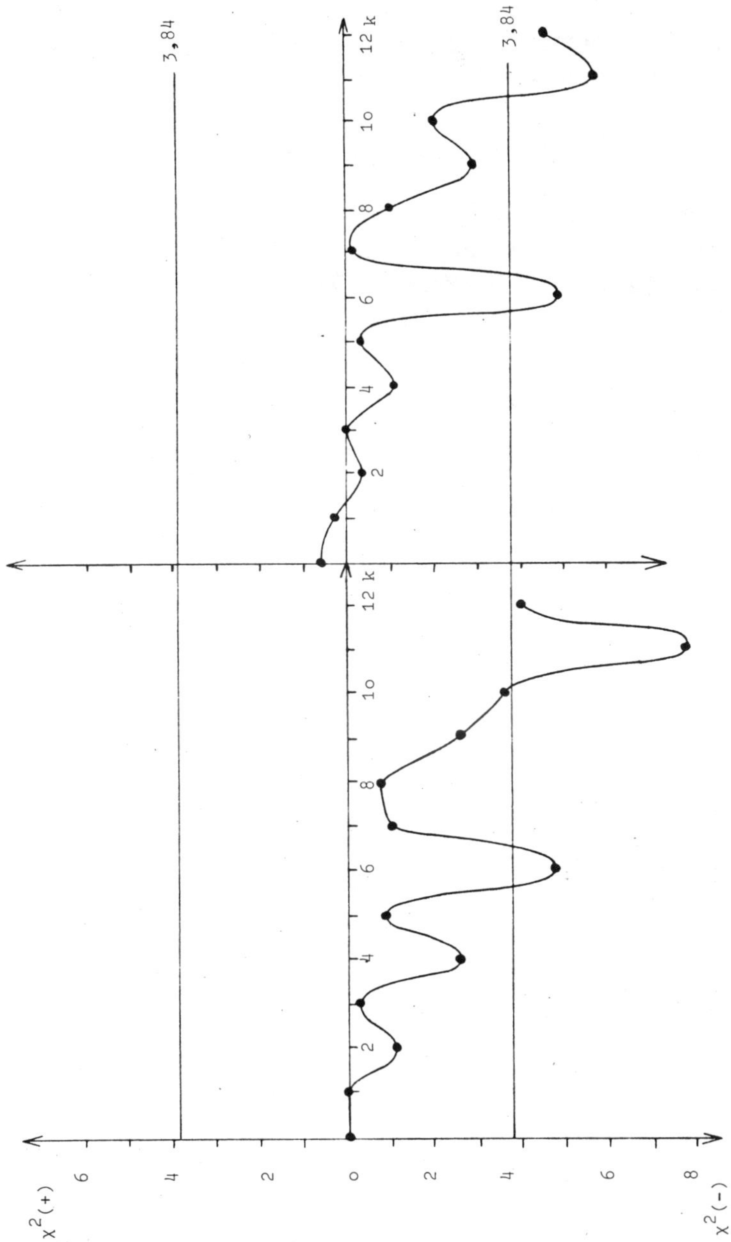

Abb. 80: Expansive Finanzpolitik – Zentralbankgeldmenge

Abb. 81: Kontraktive Finanzpolitik – Zentralbankgeldmenge

Nähe der Null-Linie. Die einzige Ausnahme bildet im Expansionsfall der Lag von $k = 7$ Monaten, da sich hier negative Signifikanz ($\alpha = 0{,}05$) ergibt. Dieses Ergebnis ist nur hinsichtlich der Lag-Länge aufschlußreich, da sich in sehr vielen der vorangegangenen Berechnungen eine siebenmonatige Verzögerung als signifikant herausgestellt hatte.

4. Der Einfluß auf die Zentralbankgeldmenge

Neben den „direkten" Einflüssen der Finanzpolitik auf die realwirtschaftlichen Größen muß man den Einfluß auf die monetären Größen als eher „indirekt" bezeichnen. Die Untersuchungen scheinen diese These zu bestätigen, da mit Ausnahme von $k = 0$ und $k = 1$ alle Testwerte sich im Bereich negativer Differenzen befinden, wobei Verzögerungen von sechs und elf Monaten besonders hervorzuheben sind.

Schlußbetrachtungen

Die empirischen Ergebnisse der nicht-parametrischen Lag-Untersuchungen aus Teil 2.A.III. und B.III. zeigen ziemlich deutlich, daß die Effekte geldpolitischer und finanzpolitischer Maßnahmen z. T. recht unterschiedlich auf ausgewählte stabilitätspolitische Zielindikatoren wirken. Globale Schlußfolgerungen wie z. B.

„Die Geldpolitik wirkt langsam und die Finanzpolitik wirkt schnell im Hinblick auf eine Stabilisierung volkswirtschaftlicher Größen“

lassen sich deshalb nicht ziehen. Vielmehr muß die Analyse jeweils differenziert erfolgen.

Der Test brachte aber in der Tat Evidenz dafür, daß geldpolitische Maßnahmen selten unter einem halben Jahr auf realwirtschaftliche Größen wirken, wobei kontraktive Maßnahmen im Durchschnitt eher wirken als expansive, während die Finanzpolitik in der Regel einen nicht so langen Lag aufweist. Vergleicht man z. B. die Auswirkungen von Geld und Finanzpolitik auf die Industrieproduktion, dann wird ersichtlich, daß die Geldpolitik erst nach acht bzw. neun Monaten „fühlbare“ Auswirkungen zeigt, während ein positiv signifikantes Ergebnis bei der Finanzpolitik bereits im laufenden Monat ($k = 0$) zu beobachten ist.

Die Untersuchungen bestätigen jedoch nicht nur die Tatsache verzögerter Wirkungsbeziehungen zwischen ausgewählten Zeitreihen, sondern sie stützen auch die Vermutung, daß die Effekte mitunter über einen längeren Zeitraum hinweg *verteilt* sein können, zum Teil sogar bis zu zwölf Monaten (z. B. bei der Industrieproduktion). Dieses Ergebnis einer Wirkungsverteilung ist insofern plausibel, da die Stabilitätsimpulse Reaktionen bei verschiedenartig handelnden Wirtschaftssubjekten auslösen. Sowohl Informationsfluß als auch Entscheidungsfindung erfolgen nämlich bei den einzelnen Haushaltungen und Unternehmungen in unterschiedlichem Maße und mit unterschiedlicher Geschwindigkeit.

Dieser allmählichen Anpassung an veränderte Situationen wird von der Theorie mit dem Modell der „korrigierten Erwartungen“ Rechnung getragen[1], wobei die „erwartete" Sollgröße an Hand der tatsächlichen Realisation der „Istgröße" entsprechend korrigiert wird. Eine andere Form der Erklärung verteilter Verzögerungen ist durch das sog. Modell der „partiellen Anpassung" gegeben[2]. Die Ursachen sind hier weniger „persönlichkeitsbezogen" als vielmehr technischer Natur. Denn den handelnden Wirtschaftssubjekten (Unternehmungen, Haushalte) ist es aufgrund bestimmter, nicht näher spezifizierter „exogener" Hemmnisse nicht möglich, die Istgröße sofort an die Plangröße anzupassen. Die Umstellung erfolgt erst allmählich („partiell") im Zeitablauf. Der Hauptunterschied zu dem ersten Modell besteht darin, daß hier die Istgröße an die Sollgröße angepaßt wird, während im anderen Fall die Sollgröße entsprechend der tatsächlichen Istgröße eine Korrektur erfährt. Welches Modell in Wirklichkeit zutrifft, läßt sich empirisch nur sehr schwer nachvollziehen, da beide Erklärungsansätze in letzter Konsequenz nämlich zu gleichen Ergebnissen führen. Die Einflußgrößen führen nicht nur nach einer bestimmten Periode zu einer Reaktion der betroffenen Wirtschaftssubjekte, sondern auch schon vorher und/oder nachher, wobei die Verteilung der Wirkungseinflüsse letztendlich vom *Verhaltensmuster* der reagierenden wirtschaftspolitischen Handlungsträger und der „technischen Reibung" des *ökonomischen Handlungsrahmens* abhängt. Eine Analyse der Verhaltensmuster ist jedoch ein Problem der Verhaltensforschung unternehmerischer sowie haushaltsspezifischer Entscheidungen, während die Einflüsse der ökonomischen Umwelt durch modelltheoretische Wirkungszusammenhänge beschrieben werden können.

Für eine effiziente Stabilitätspolitik ist neben dem zeitlichen „Verteilungsaspekt" aber auch die Kenntnis über

– die durchschnittlich zu erwartende Länge und

– die Variabilität

der Wirkungsverzögerungen im Zeitablauf von großer Bedeutung, da die Existenz von time-lags - trotz vielfältiger Verkürzungsmöglichkeiten - letztendlich als „unumgänglich" anzusehen ist. Denn das schon angesprochene „ökonomische Trägheitsmoment" wird - analog zur kybernetischen Beschleunigung - eine sofortige Durchsetzung der Stabilitätsimpulse verhindern.

---

1 *Peter Schönfeld:* Methoden, Bd. II, S. 84 f.

2 Ebenda, S. 84.

Die empirischen Ergebnisse zeigten recht deutlich, daß die Anpassungsgeschwindigkeit der Wirtschaftssubjekte von Konjunkturphase zu Konjunkturphase unterschiedlich verlaufen kann. Sie ist in der Regel im Falle restriktiver Maßnahmen schneller als im Falle expansiver Maßnahmen. Das deutet darauf hin, daß neben ökonomischen und technischen Hemmnissen auch sehr stark persönlichkeitsbezogene Einflüsse, wie z. B. Vertrauen in die allgemeine wirtschaftliche Entwicklung, Zukunftsaussichten etc., die Reaktion mitbestimmen. Aussagen über die durchschnittlich zu erwartenden Lag-Längen müssen daher sehr stark relativiert werden. Denn die angesprochenen Bestimmungsgründe eines Lags sind oft ursächlich für die hohe Variabilität im Zeitablauf.

Geht man jedoch von der Unvermeidlichkeit bestimmter nicht konstanter Lag-Längen aus, dann ist im Hinblick auf einen zielgerechten Maßnahmeeinsatz eine zuverlässige *Prognose* der Entwicklung stabilitätspolitisch wichtiger Zielindikatoren notwendig.

Ist der Gesamtlag (L) des stabilitätspolitischen Maßnahmesystems größer als die Länge des *zuverlässigen* Prognosezeitraumes des stabilitätspolitischen Zielsystems (P) hinsichtlich der Eintrittswahrscheinlichkeit der Ereignisse, dann muß nämlich unter Umständen mit destabilisierenden Effekten der Maßnahmen gerechnet werden:

$$\mathrm{L} \begin{cases} > P\text{: Destabilisierende Effekte möglich} \\ \leq P\text{: stabilisierende Effekte möglich} \end{cases}$$

wobei

L = Länge des durchschnittlich zu erwartenden Lags der Instrumentalwirkung.

P = Länge des *zuverlässigen* Prognosezeitraums

Sollte also unter Umständen eine weitere Verkürzung der Lags nicht mehr möglich sein (z. B. infolge fest vorgegebener institutioneller Hemmnisse), dann muß das Prognosesystem weiter ausgebaut werden, um eine erfolgreiche (d. h. zielgerechte) Stabilitätspolitik gewährleisten zu können. Da jedoch das Prognoseproblem zum gegenwärtigen Zeitpunkt noch nicht voll gelöst ist, ergibt sich für die wirtschaftspolitischen Entscheidungsträger eine Dilemmasituation, die aus der Ungewißheit über die Bestimmungsgründe der diagnostizierten Indikatorveränderungen herrührt. Dieses Problem wird insbesondere dann evident, wenn ein Instrumenteneinsatz stattgefunden hat, und die erwartete Wirkung auf die Zielvariablen (vorerst) ausgeblieben ist.

Hierfür gibt es mehrere Gründe:

Erstens: Die Maßnahme kann schon im Ansatz unwirksam gewesen sein; die Wirkung „verpuffte".

Zweitens: Verhaltensänderungen der betroffenen Wirtschaftssubjekte können aufgrund anderer „exogener" Impulse eine Indikatoränderung verhindert haben: Die Wirkung der Maßnahme wurde „kompensiert".

Drittens: Die Maßnahme war in Dosierung und Ansatz zwar richtig, jedoch sie wirkt erst wesentlich später als ursprünglich angenommen.

Die Folgerungen für die Wirtschaftspolitiker aus diesen Überlegungen lassen sich dann wie folgt skizzieren:

Im ersten Fall wäre die Suche nach geeigneten Ansatzpunkten ratsam. Eine fundierte Wirkungsanalyse der Instrumente im Hinblick auf eine Zielbeeinflussung ist Voraussetzung für erfolgreiche Stabilitätspolitik.

Im zweiten Fall wäre ein nochmaliger jedoch stärker dosierter Instrumenteneinsatz notwendig.

Im dritten Fall sollten sich die wirtschaftspolitischen Handlungsträger auf ein Abwarten und „Nichtstun" beschränken. Jede andere Entscheidung (Einsatz der gleichen oder anderer Instrumente) würde nur eine Übersteuerung zur Folge haben. Je länger nämlich der Wirkungshorizont ist, desto längere Zeit braucht dann auch eine Korrektur etwaiger Fehlentscheidungen.

Zusammenfassung

Die vorliegende Arbeit befaßt sich mit dem grundlegenden Problem von zeitlichen Verzögerungen in der Stabilitätspolitik. Dabei hat sich gezeigt, daß die Länge des Zeitraums zwischen den einzelnen ökonomischen Ereignissen mit der institutionellen Ausgestaltung des Wirtschaftssystems und den relevanten Verhaltensänderungen der Wirtschaftssubjekte im Konjunkturverlauf variiert. Es ist daher für die Wirtschaftswissenschaft nahezu unmöglich, begründete a–priori–Urteile über die Länge dieser Wirkungsverzögerungen abzugeben.

Ex-post-Untersuchungen stellen deshalb die einzige praktikable Möglichkeit zur Erfassung dieses Problembereiches dar. Aus diesem Grund werden im ersten Teil dieser Arbeit - nach einer kurzen Darlegung der wesentlichsten Begriffe der Verzögerungsanalyse - einige wichtige Methoden zur ex-post-Messung wirtschafts- und stabilitätspolitischer Verzögerungen vorgestellt. Die kurzen methodischen Ausführungen werden durch ausgewählte empirische Untersuchungen, insbesondere von geld- und kreditpolitischen Maßnahmen ergänzt. Im einzelnen handelt es sich um die einfache deskriptive Analyse, die Kreuzkorrelogrammanalyse, die Regressionsanalyse (unter Zugrundelegung verschiedener „distributed lag"-Ansätze), die Spektralanalyse (als Sonderform der Zeitreihenanalyse im Frequenzbereich) und die nichtparametrische Analyse.

Die Gegenüberstellung dieser verschiedenen Untersuchungsmethoden sowie ihrer empirischen Ergebnisse relativiert sehr stark den wirtschaftspolitischen Aussagegehalt, insbesondere der quantitativen Analysen, da mitunter die Schlußfolgerungen - auch in der Tendenz - unterschiedlich ausfallen können. Darum werden in einem zweiten Hauptteil ausgewählte geld- und finanzpolitische Verzögerungs-Hypothesen mit Hilfe der nicht-parametrischen Untersuchungsmethode erneut getestet, wobei sowohl Einfluß- als auch Wirkungsvariablen „qualitativ" interpretiert werden.

Die bei dieser Analyse berechneten Chi-Quadrat-Testwerte werden im Text graphisch dargestellt. Eine Überschreitung der Signifikanzschwelle wird als „fühlbare" Wirkung der Zielvariablen auf vorangegangene Änderungen der Einflußvariablen aufgefaßt. Die zeitlichen Streuungen dieser Werte, die diesen Schwellenwert überschritten haben, können annäherungsweise als „Wirkungs-Verteilung" angesehen werden.

Summary

The study deals with the fundamental problem of time-lags following measures of government stability policy. It is apparent that the time between individual economic events varies according to the structure of the economic system being considered and changes in the behaviour of participants in the economy in the course of the business cycle. This makes it almost impossible for theoreticians to make reasoned "a priori" judgements about the length of such lags.

"Ex post" investigations are hence the only practicable way of dealing with the problem. For this reason the first part of the study - after a short exposition of the main concepts concerned in this type of analysis - describes some important methods of measuring the delay of policy effects "ex post". These brief comments on methodology are supplemented by selected empirical studies, especially of monetary and credit policy measures. The approaches are simple descriptive analysis, cross correlogram analysis, regression analysis (using various distributed lag assumptions), spectrum analysis (as a special form of time-series analysis in the frequency range) and non-parametric analysis.

A comparison of these various methods and the empirical results from them makes their information value appear highly relative, especially in the case of the quantitative analyses, since deductions can be very different (even in their trend). Hence the second part re-examines selected lag hypotheses relating to monetary and fiscal policy using-non-parametric methods, with influencing and responding variables both being interpreted qualitatively.

The chi-square test values resulting from this analysis are displayed in the text in graph form. Values above the level of significance are interpreted as representing a "tangible" reaction of the target variable to the preceding changes in the predicated variable. The distribution of these values over time, as far as they are above the significance threshold, can be seen approximatively as a "distribution of response".

Résumé

La présente étude se consacre au problème fondamental du décalage dans le temps associé aux mesures de politique de stabilité économique. Il se montre que la durée entre les événements au plan économique varie selon la structure du système économique en question et en fonction des réactions des sujets économiques au cours du développement conjoncturel; d'où la presque impossibilité pour les théoriciens de livrer «a priori» des jugements fondés quant à la durée de ces retardements.

Reste alors comme seul moyen d'aborder ce problème l'examen «ex post». L'étude se propose dans sa première partie - après une présentation sommaire de la términologie essentielle de l'analyse - de décrire quelques-unes des méthodes les plus importantes pour mésurer «ex post» les décalages chronologiques. A cet exposé bref de méthologie s'ajoutent plusieurs exemples empiriques selectionnés dans le domaine de la politique de la monnaie et du crédit. Il s'agit en particulier de l'analyse déscriptive simple, la corrélation retardée, la régression (basée sur plusieurs retards distribués différents), l'analyse spéctrale (en tant que forme spéciale de l'analyse des séries temporelles sur l'étendue de fréquence) et l'analyse non-paramétrique.

La comparaison des méthodes différentes et de leurs résultats empiriques sert à dégager la force très relative de ces analyses pour les fins politiques, surtout pour ce qui est des analyses quantitatives, du fait que les conclusions ne s'accordent pas toujours bien et peuvent différer même dans la tendance. Par conséquent, l'auteur réexamine dans une deuxième partie une sélection d'hypothèses de décalage au contexte monétaire et financier à l'aide de la méthode non-paramétrique. L'interprétation des variables explicatives et expliquées se fait du point de vue qualitatif.

Les valeurs de test Chi-carré obtenues au cours de cette analyse ont été présentés en forme graphique dans le texte. On interprète les valeurs au-dessus du seuil de signifiance comme réponse «tangible» de la variable expliquée aux changements préalables de la variable explicative. La dispersion chronologique de ces valeurs situées au-dessus du seuil de signifiance peut être considerée approximativement comme «distribution de réponse».

Literaturverzeichnis

Abels, Heiner: Eine statistische Analyse der Lag-Beziehungen zwischen konjunkturrelevanten, makroökonomischen Zeitreihen für die Bundesrepublik Deutschland (Schriften zur wirtschaftswissenschaftlichen Forschung, Bd. 77), Meisenheim am Glan 1974

van den Adel, Matthijs: Geldentwertung und monetäre Stabilisierungspolitik, (Untersuchungen über das Spar-, Giro- und Kreditwesen, Abt. A, hrsg. von Fritz *Voigt*, Bd. 68), Berlin 1973

Alexander, Volbert: Time-lags in der Geldpolitik, in: WISU - Das Wirtschaftsstudium, 3. Jg. (1974), Heft 12, S. 586–591

Alexander, Volbert/*Loef*, H.-E.: Methoden und Probleme einer Geldmengensteuerung. Empirische Simulationstests für die BRD in: Kredit und Kapital, 9. Jg. 1976, Heft 4, S. 455 bis 480

Almon, Shirley: The Distributed Lag Between Capital Appropriators and Expanditures, in: Econometrica, Vol. 33, No. 1, January 1965, S. 178–196

— Lags between Investment Decisions and Their Causes, in: Review of Economics and Statistics, Vol. 50 (1968), S. 193–206

Alphen, Hendrik J. van/*Merkies*, Arnold H. Q. M.: Distributed Lags in Construction: Am Empirical Study, in: International Economic Review, Vol. 17, No. 2, June 1976, S. 411–430

Andersen, Leonall C./*Jordan*, Jerry L.: Monetary and Fiscal Actions: A Test of Their Relative Importance In Economic Stabilization, in: Review of the Federal Reserve Bank of St. Louis, Vol. 50, Nr. 10 (1968), S. 11–24

— Monetary and Fiscal Actions: A Test of Their Relative Importance In Economic Stabilization - Reply, in: Review of the Federal Reserve Bank of St. Louis, Vol. 51, Nr. 4 (1969), S. 12–16

Ando, Albert/*Brown*, Cary/*Solow*, Robert M./*Kareken*, John: Lags in Fiscal and Monetary Policy, in: *Commission on Money and Credit* (Hrsg.): Stabilization Policies, Englewood Cliffs 1963, S. 1–164

Aschinger, Gerhard A.: Der Lag und seine Anwendung in ökonomischen Systemen, in: Zeitschrift für die gesamte Staatswissenschaft, Bd. 128 (1972), S. 393 bis 406

Bachmann, Ulrich: Die Anpassungsgeschwindigkeit von Soll- und Habenzinsen an geld- und kreditpolitische Maßnahmen der Bundesbank, Dipl.-Arbeit (Münster) 1975

Badura, Jürgen R.: Time-lags der Geldpolitik in: WiSt – Wirtschaftswissenschaftliches Studium, 4. Jg. (1975), S. 557–564

Basler, Hans-Peter: Wirtschaftspolitische Zielpräferenzen in der Geldpolitik der BRD; Eine empirische Analyse des Verhaltens der Deutschen Bundesbank (Diskussionsbeiträge des Fachbereichs Wirtschaftswissenschaften der Universität Konstanz, Nr. 92), Konstanz, Dezember 1976

Blinder, Alan S./*Solow,* Robert M.: Verzögerungen und Unsicherheiten in der Fiscal Policy, in: *Mackscheidt,* Klaus (Hrsg.): Budgetwirkungen, 1977, a. a.O., S. 127 bis 142

— Analytical Foundations of Fiscal Policy, in: *Blinder,* Alan S. u. a.: The Economics of Publik Finance, Washington, D. C. 1974, S. 3–15

Box, George E. P./*Jenkins,* Gwilym M.: Time Series Analysis forecasting and control, San Francisco - Cambridge - London - Amsterdam (1970)

Brunner, Karl (Hrsg.): Targets and Indicators of Monetary Policy, San Francisco 1969

Brunner, Karl/*Fratianni,* M./*Jordan,* Jerry L./*Meltzer,* A. H./*Neumann,* J. J. M.: Fiscal and Monetary Policies in Moderate Inflation: Case Studies of three Countries, in: Journal of Money, Credit and Banking, Nr. 5 (1973), S. 313–353

Brunner, Karl/*Meltzer,* Allan H. (Hrsg.): The Phillips Curve and Labor Markets, Amsterdam u. a. 1976

— The Nature of the Policy Problem in: *Brunner,* Karl (Hrsg.): Targets and Indicators, a. a. O., S. 1–26

Bryan, William R.: Bank Adjustments to Monetary Policy: Alternative Estimates of the Lag, in: The American Economic Review, Vol. 57 (1967), S. 855–864

Bundesregierung: Abschlußbericht über das Erste Konjunkturprogramm und das Zweite Programm für besondere konjunktur- und strukturpolitische Maßnahmen 1967/68, Deutscher Bundestag, Drucksache V/3630, Bonn, 9. Dezember 1968

Caesar, Rolf: Die Rolle der Mindestreservepolitik im Rahmen der Geldbasiskonzeption der Bundesbank in: Jahrbücher für Nationalökonomie und Statistik, Bd. 191, Heft 3 (1976), S. 229–250

Cagan, Phillip: Monetary Policy in: *Cagan,* Phillip u. a.: Economic Policy and Inflation in the Sixties, Washington D. C. 1972, S. 89–153
insbes. S. 126–130: Lag in Monetary Policy

Cagan, Phillip/*Gandolfi,* Arthur: The Lag in Monetary Policy as Implied by the Time Pattern of Monetary Effects on Interest Rates, in: American Economic Review, Vol. 59 (1969), Papers and Proceedings, S. 277 ff.

Carlson, K. M./*Karnosky,* D. S.: The Influence of Fiscal and Monetary Actions on Aggregate Demand: A Quantitative Appraisal, in: Federal Reserve Bank of St. Louis, Working Paper No. 4, St. Louis 1969

Commission on Money and Credit (Hrsg.): Stabilization Policies, Englewood Cliffs 1963

Corradi, C./*Gambetta,* G.: The Estimation of Distributed Lags by Spline Functions, in: Empirical Economics, Vol. 1, Issue 1, Wien 1976, S. 14–51

Culbertson, John M.: Timing Changes in Monetary Policy, in: Journal of Finance, Vol. 14 (1959), S. 145–160

Culbertson, John M: Friedman on the lag in effect of Monetary Policy, in: The Journal of Political Economy, Vol. 68 (1960), S. 617-621;
In deutscher Übersetzung wiederabgedruckt unter dem Titel „Friedman über den Wirkungslag der Geldpolitik", in: *Dürr,* Ernst (Hrsg.): Geld- und Bankpolitik, Köln - Berlin 1969, S. 138 ff.

— The Lag in Effect of Monetary Policy: A Reply, in: The Journal of Political Economy, Vol. 69 (1961), S. 467-477

Degen, Horst: Die Nachfrage der Banken nach Zentralbankkrediten, (Theoretische Überlegungen und empirische Untersuchungen für die BRD) Diss. Bochum 1974

De Leeuw, Frank/*Kalchbrenner,* John: Monetary and Fiscal Actions: A Test of Their Relative Importance in Economic Stabilization - Comment, in: Review of the Federal Reserve Bank of St. Louis, Vol. 51, Nr. 4 (1969), S. 6-11

— Comment, in: Review of the Federal Reserve Bank of St. Louis, Vol. 52 (1970), S. 6-11

Deutsche Bundesbank: Methodische Erläuterungen zur Analyse der Bankenliquidität, in: Dieselbe: Monatsberichte, April 1965, S. 29 f.

— Erläuterungen zur Liquiditätsanalyse der Bundesbank, in: Dieselbe: Monatsberichte, Juli 1970, S. 28 ff.

— Längerfristige Entwicklung des Geldvolumens, in: Dieselbe: Monatsberichte, Juli 1971, S. 11 ff., 28

— Neuabgrenzung der „freien Liquiditätsreserven" der Banken, in: Dieselbe: Monatsberichte, Juni 1973, S. 47 f.

— Zentralbankgeldmenge und freie Liquiditätsreserven der Banken - Erläuterungen zur Liquiditätsberechnung der Bundesbank - in: Dieselbe: Monatsberichte, 26. Jg., Nr. 7, Juli 1974, S. 14-23

— Die währungspolitischen Institutionen und Instrumente in der Bundesrepublik Deutschland, Sonderdrucke der Deutschen BBk, 2. überarb. Aufl. o. O. 1975

— Währung und Wirtschaft in Deutschland 1876-1975, Frankfurt 1976

— Geschäftsberichte für die Jahre 1960-1977

— Statistische Beihefte zu den Monatsberichten, Reihe 4, Saisonbereinigte Wirtschaftszahlen, lfd. Monate

Dhrymes, Phoebus J.: Distributed Lags - Problems of Formation and Estimation, San Francisco 1971

Dickertmann, Dietrich/*Siedenberg,* Axel: Geldpolitische Lenkungsinstrumente in der BRD, 2. Aufl., Tübingen, Düsseldorf 1975

Dieckheuer, Gustav: Wirkung und Wirkungsprozeß der Geldpolitik. Eine mikro- und makroökonomische Analyse (Untersuchungen über das Spar-, Giro- und Kreditwesen, Abt. A, hrsg. von Fritz *Voigt,* Bd. 77), Berlin 1975

— Theoretische Untersuchungen zur Wirkungsverzögerung der Geldpolitik, in: Zeitschrift für die gesamte Staatswissenschaft, Bd. 130 (1974), S. 421-445

Diekwisch, Stefan: Das Zeitmoment in der antizyklischen Finanzpolitik der BRD, Diss. Freiburg o. J.

DIW (Deutsches Institut für Wirtschaftsforschung): Vierteljährliche volkswirtschaftliche Gesamtrechnung für die Bundesrepublik Deutschland, Saisonbereinigte Daten, Berlin, lfd. Quartale

Dürr, Ernst: Wirkungsanalyse der monetären Konjunkturpolitik, Frankfurt 1966

— (Hrsg.): Geld- und Bankpolitik, Köln, Berlin 1969

— Die Wirkungsverzögerung der Notenbankpolitik, in: *Büschgen,* H. E. (Hrsg.): Geld, Kapital und Kredit, Festschrift für H. *Rittershausen,* Stuttgart 1968, S. 99 ff.

— Time-lags in der Geldpolitik. Systematik der Zusammenhänge, Ursachen und Verkürzungsmöglichkeiten, in: Kredit und Kapital, Bd. 3 (1970), S. 129–148

Duwendag, Dieter/*Ketterer,* K. H./*Kösters,* Wim/*Pohl,* R./*Simmert,* D. B.: Geldtheorie und Geldpolitik, Köln 1974

Elliott, J. W.: The Influence of Monetary and Fiscal Actions on Total Spending – The St. Louis Total Spending Equation Revisited, in: Journal of Money, Credit and Banking, Vol. 7 (1975), S. 181–192

Engelke, Klaus: Einfluß realistischer Time Lags auf die Stabilität makroökonomischer Modelle, Berlin 1969

Fischer, S./*Cooper,* J. P.: Stabilization Policy and Lags, in: Journal of Political Economy, Vol. 81 (1973), S. 847 ff.

Fisher, G./*Sheppard,* D.: Effects of Monetary Policy on the United States Economy, A survey of Econometrica Evidence, OECD Economic Outlook, Occasional Studies, December 1972

Fisher, Irving: The Theory of Interest, New York 1965, (Original-Ausgabe: 1930) in deutscher Übersetzung: Derselbe: Die Zinstheorie, Jena 1932

Francke, Hans-Hermann: Bankenliquidität und Zins als Orientierungsvariable der Geldpolitik, (Untersuchungen über das Spar-, Giro- und Kreditwesen, Abt. A, hrsg. von Fritz *Voigt,* Bd. 78), Berlin 1975

Franz, Erich G.: Neue Geldpolitik hat Erwartungen nicht erfüllt, in: Handelsblatt, Beilage „Banken International" vom 25. 3. 1976

Frey, Bruno S.: Politico-Economic Models and Cycles, in: Journal of Public Economics, Vol. 9 (1978), S. 203–220

Friedman, Milton: A Monetary and Fiscal Framework for Economic Stability, in: American Economic Review, Vol. 38 (1948), S. 246–264, wiederabgedruckt (und zitiert nach): *American Economic Association* (Hrsg.): Readings in Monetary Theory, London 1952, S. 360–393

— A Programm for Monetary Stability, 3. Aufl. 1963 New York

— Der „Lag" in der Wirksamkeit geldpolitischer Maßnahmen, in: *Friedman,* Milton: Die optimale Geldmenge und andere Essays, München 1970, S. 237 ff.

— Die Gegenrevolution in der Geldtheorie, in: *Kalmbach,* Peter (Hrsg.): Der neue Monetarismus, München 1973, S. 47–69, (Zuerst erschienen als: „The Counter-Revolution in Monetary Theory", First Wincott Memorial Lecture, Institute of Economic Affairs for the Wincott Foundation, Occasional Paper, No. 33, London 1970)

Friedman, Milton: Die optimale Geldmenge und andere Essays, München, 1970

— Essays in Positive Economics, Chicago, 1953

— Geldangebot, Preis- und Produktionsänderungen in: Ordo Jahrbuch, Bd. 11 (1959), S. 193-216, wiederabgedruckt in: *Dürr* Ernst (Hrsg.): Geld- und Bankpolitik, a. a. O., S. 115-133

— Note on Lag in Effect of Monetary Policy, in: American Economic Review, Vol. 54, (Sept. 1964), S. 759-761

— The Lag in Effect of Monetary Policy, in: The Journal of Political Economy, Vol. 69, Oct. 1961, S. 447-466

— The Role of Monetary Policy, in: American Economic Review, Vol. 58, (1968), S. 1 ff.

Friedman, Milton/*Heller,* Walter: Monetary versus Fiscal Policy, New York, 1969

Friedman, Milton/*Meiselman,* David: The Relative Stability of Monetary Velocity and the Investment Multiplier in the United States, 1897-1958, in: *Commission on Money and Credit* (Hrsg.): Stabilization Policies, a. a. O., S. 165-268

Friedman, Milton/*Schwartz,* Anna: Money and Business Cycles, in: Review of Economics and Statistics, Suppl. Vol. 45 (1963), S. 32-64, wiederabgedruckt in: *Friedman,* Milton (Hrsg.): The Optimum Quantity of Money, Chicago 1969, S. 189-235

Gaab, Werner: Schätzung verteilter Lags - Eine Monte-Carlo-Untersuchung zur Beurteilung einiger ausgewählter Verfahren - (Schriften zur wirtschaftswissenschaftlichen Forschung, Bd. 78), Meisenheim am Glan 1974

Galper, Harvey/*Wendel,* Helmut F.: Time Lags im staatlichen Ausgabenprozeß und ihre Stabilisierungswirkungen in: *Mackscheidt,* Klaus (Hrsg.): Budgetwirkungen, a. a. O., S. 111-126

Gamerdinger, Dieter: Geldpolitik in ihrer Beziehung zur Finanzpolitik in: Wirtschaftsdienst, 56. Jg. (1976), S. 74-81

Garbers, Hermann: Probleme bei der praktischen Anwendung spektralanalytischer Methoden auf ökonomische Zeitreihen, in: *Wetzel,* Wolfgang (Hrsg.): Neuere Entwicklungen auf dem Gebiet der Zeitreihenanalyse (Sonderhefte zum Allgemeinen Statistischen Archiv, Heft 1), Göttingen, Zürich 1970, S. 47 ff.

Geiger, Helmut: Erfahrungen mit der neuen Geldpolitik der Deutschen Bundesbank (Institut für das Spar-, Giro- und Kreditwesen: Diskussionspapier Nr. 31), Bonn 1978

Gibson, William E.: The Lag in Effect of Monetary Policy on Income and Interest Rates, in: The Quarterly Journal of Economics, Vol. 84 (1970), S. 288-300

Giersch, Herbert: Allgemeine Wirtschaftspolitik, Bd. 1: Grundlagen, Wiesbaden 1961

– Rationale Wirtschaftspolitik in der pluralistischen Gesellschaft, Vortrag gehalten auf der Tagung der Gesellschaft für Wirtschafts- und Sozialwissenschaften - Verein für Socialpolitik - gegr. 1872, am 27. 9. 1966 in Hannover (Institut für europäische Wirtschaftspolitik der Universität des Saarlandes, Nr. 8), o. O., o. J.

Giersch, Herbert/*Borchardt,* Knut (Hrsg.): Diagnose und Prognose als wirtschaftswissenschaftliche Methodenprobleme (Schriften des Vereins für Socialpolitik, N. F., Bd. 25), Berlin 1962

Glaeser, Rolf: Finanzpolitische Willensbildung in der Bundesrepublik Deutschland. Versuch einer Analyse der Grundstruktur und Problematik (Volkswirtschaftliche Schriften, Heft 82), Berlin 1964

Gollnick, Heinz: Einführung in die Ökonometrie, Stuttgart 1968

Gramlich, M. E.: The Usefulness of Monetary and Fiscal Policy as Discretionary Stabilization Tools, in: Journal of Money, Credit and Banking, Bd. 3 (1971), S. 506–532

Granger, C. W. J.: The Typical Spectral Shape of an Economic Variable, in: Econometrica, Vol. 34 (1966), S. 150 ff.

Granger, C. W. J./*Hatanaka*, M.: Spectral Analysis of Economic Time Series, Princeton 1964

Greiner, Manfred: Die finanzpolitischen und monetären Maßnahmen der Konjunkturpolitik - unter Berücksichtigung der Time-Lags (Diss. Freiburg/Schweiz), Augsburg 1970

Griliches, Z.: Distributed Lags: A survey, in: Econometrica, Vol. 35 (1967), S. 16 ff.

Gröhn, E.: Spektralanalytische Untersuchungen zum zyklischen Wachstum der Industrieproduktion in der Bundesrepublik Deutschland 1950–1967 (Kieler Studien, Bd. 108), Tübingen 1970

Grunwald, Jorg-Günther: Erfolgskontrolle finanzpolitischer Stabilisierungsmaßnahmen (Untersuchungen über das Spar-, Giro- und Kreditwesen, Abt. A, hrsg. von Fritz *Voigt*, Bd. 89), Berlin 1977

— Geldpolitische Lag-Berechnungen mit Hilfe der deskriptiven Zeitreihenanalyse, in: Gesellschaft zur Förderung der Wissenschaftlichen Forschung über das Spar- und Girowesen (Hrsg.): Mitteilungen Nr. 5, März 1977, S. 25–31

Hamburger, Michael J.: The Lag in the Effect of Monetary Policy: A Survey of Recent Literature, in: Monetary Aggregates and Monetary Policy, Paper of the Federal Reserve Bank of New York, New York 1974, S. 104–113

Hanna, R. S.: Composite Lag Distributions in the Financial Sector, Multivariate Time- and Frequency-Domain Analysis, Toronto, London 1975

Harberger, Arnold C.: The Dynamics of Inflation in Chile, in: *Christ*, Carl u. a. (Hrsg.): Measurement in Economics, Stanford (Calif.) 1963, S. 219–250

Hartmann, Manfred: Ist die „neue" Geldpolitik der Bundesbank monetaristisch?, in: Gesellschaft zur Förderung der wissenschaftlichen Forschung über das Spar- und Girowesen (Hrsg.): Mitteilungen Nr. 5, März 1977, S. 32–39

— Bestimmungsgründe der Zentralbankgeldbeschaffung und freien Liquiditätsreserven der Kreditinstitute (Untersuchungen über das Spar-, Giro- und Kreditwesen, Abt. A, hrsg. von Fritz *Voigt*, Bd. 101), Berlin 1979

— Ökonomische Aspekte der Reform des KWG (Forschungsberichte der Gesellschaft zur Förderung der wissenschaftlichen Forschung über das Spar- und Girowesen, Bd. 3), Stuttgart o. J. (1977)

Hay, Keith A. J.: Money and Cycles in Post-Confederation, Canada, in: Journal of Political Economy, Vol. 75 (June 1967), S. 263

Hays, William L.: Statistics, London - New York - Sidney - Toronto, Reprinted 1970

Hendershott, Patric H.: The Inside Lag in Monetary Policy: A Comment, in: Journal of Political Economy Vol. 74, Oct. 1966, S. 519–523

Honeck, Gerhard: Friedman-Plan und potentialorientierte Kreditpolitik (Veröffentlichungen des Instituts für Empirische Wirtschaftsforschung, Bd. 14), Berlin 1975

Hoppmann, Erich: Die Periodenanalyse als Theorie der volkswirtschaftlichen Dynamik, Berlin 1956

Howrey, E. Philip: Distributed Lags and the Effectiveness of Monetary Policy: Note, in: The American Economic Review, Vol. 59 (1969), S. 997-1001

Hübl, Lothar: Bestimmungsgründe der nominalen Zinsentwicklung in der Bundesrepublik Deutschland 1959–1969 (Veröffentlichungen des Instituts für Empirische Wirtschaftsforschung, Bd. 10), Berlin 1973

Jarchow, Hans-Joachim: Theorie und Politik des Geldes, I. Geldtheorie, 3. neubearb. und erw. Aufl., Göttingen 1976, II. Geldmarkt, Bundesbank und geldpolitisches Instrumentarium, 2. neubearb. u. erw. Aufl., Göttingen, 1976

Jenkins, Gwilym M./*Watts*, Donald G.: Spectral Analysis and His Applications, San Francisco, 2. Aufl. 1969

Johnson, Harry G. u. a. (Hrsg.): Readings in British Monetary Economics, Oxford 1972

Johnson, Harry G./*Winder*, J. W. L.: Lags in the Effects of Monetary Policy in Canada, Ottawa 1964

Jorgenson, Dale W.: Rational Distributed Lag Functions, in: Econometrica, Vol. 3, No. 1 (January 1966), S. 135–149

Jorgenson, Dale W./*Stephenson*, J. A.: The Time Structure of Investment Behavior in United States Manufactoring 1947-1960, in: The Review of Economics and Statistics, Vol. 49 (1967), S. 10–27

Kalmbach, Peter (Hrsg.): Der neue Monetarismus, München 1973

Kamp, Mathias Ernst u. a.: Finanzpolitik (Vorlesungen über Finanzwissenschaft, Bd. 6), Köln, Bonn 1974

Kamp, Mathias Ernst/*Rothkegel*, Christoph: Steuerlehre. Allgemeiner Teil, Bonn 1971

Kareken, John/*Solow*, Robert M.: Lags in Monetary Policy, in: *Commission on Money and Credit* (Hrsg.): Stabilization Policies, Englewood Cliffs 1963, S. 14 bis 96

Kath, Dietmar: Die Entwicklung des Notenbankinstrumentariums in Abhängigkeit vom Wandel der geldpolitischen Ziele, in: Quartalshefte der Girozentrale und Bank der österreichischen Sparkassen, 10. Jg. (1975), Heft 2, S. 11–20

— Das monetäre Interpretations- und Steuerungskonzept der Deutschen Bundesbank in: WiSt-Wirtschaftswissenschaftliches Studium, 5. Jg. Heft 8, August 1976, S. 356–362

Keran, Michael W.: Monetary and Fiscal Influences on Economic Activity: The Historical Evidence, in: Review of the Federal Reserve Bank of St. Louis, Nr. 11 (1969), S. 5–23

— Monetary and Fiscal Influences on Economic Activity: The Foreign Experience, in: Review of the Federal Reserve Bank of St. Louis, Nr. 2 (1970), S. 16 bis 29

Ketterer, Karl-Heinz: Probleme der Neo-Quantitätstheorie und der Geldmengenpolitik (Veröffentlichungen des Instituts für Empirische Wirtschaftsforschung, Bd. 13), Berlin 1975

— Deutliche Wirkungen der expansiven Bundesbankpolitik, in: Ifo-Schnelldienst, 29. Jg. (1976), Heft 3, S. 3–10

Ketzel, Eberhart: Praktische Fragen zum Geldmengenkonzept in: Sparkasse, 92. Jg. (1975), Heft 1, S. 3 f.

Kirschen, E. S. u. a. (Hrsg.): International vergleichende Wirtschaftspolitik. Versuch einer empirischen Grundlegung (Quaestiones oeconomicae, Bd. 3), Berlin 1967; Titel der holländischen Originalausgabe: Economic Policy in Our Time, Vol. I: General Theory, Amsterdam 1964

Klatt, Sigurd/*Willms*, Manfred: Strukturwandel und makroökonomische Steuerung. Festschrift für Fritz *Voigt*, Berlin 1975

Klein, Lawrence R.: The Estimation of Distributed Lags, in: Econometrica, Vol. 26 (1958), S. 553 ff.

Kloten, Norbert: Erfolg und Mißerfolg der Stabilisierungspolitik (1969–1974) in: *Deutsche Bundesbank* (Hrsg.): Währung und Wirtschaft, a. a. O., S. 643 ff.

Kmenta, Jan: Elements of Econometrics, New York, London 1971

Köhler, Claus (Hrsg.): Geldpolitik - kontrovers, Köln 1973

— Geld muß billig bleiben, Interview in: Die Zeit, 32. Jg., Nr. 23 vom 27. 5. 1977, S. 24

— Geldwirtschaft, Bd. 1: Geldversorgung und Kreditpolitik, 2. veränderte Aufl. Berlin 1977

— Möglichkeiten und Grenzen der Geldpolitik, in: *Deutsche Bundesbank:* Auszüge aus Presseartikeln, Nr. 30 vom 12. 4. 1978, S. 1–3

König, Heinz: Makroökonometrische Modelle: Ansätze, Ziele, Probleme, in: Schweizerische Zeitschrift für Volkswirtschaft und Statistik, Bd. 107 (1971), S. 546 ff.

König, Heinz/*Wolters*, Jürgen: Einführung in die Spektralanalyse ökonomischer Zeitreihen, Meisenheim am Glan, 1972

— Über den Zusammenhang zwischen kurz- und langfristigem Zinssatz: Eine Spektralanalyse der westdeutschen Zinsstruktur (Discussion Paper No. 6/68 des Instituts für Statistik und Ökonometrie und des Instituts für Empirische Wirtschaftsforschung der Universität Mannheim), Mannheim 1968

— Über den Zusammenhang zwischen kurz- und langfristigem Zinssatz: Bemerkungen zur Modigliani-Sutch-Hypothese der Zinsstruktur (Discussion Paper No. 13/1969 der Institute für Statistik und Ökonometrie und für empirische Wirtschaftsforschung an der Universität Mannheim), Mannheim 1969

Körner, Heiko: Theoretische Grundlagen der Wirtschaftspolitik, Köln 1977,

Kösters, Wim: Ergebnisse und Probleme empirischer Tests geldtheoretischer Hypothesen, in: WSI-Mitteilungen, 26. Jg. Heft 1, Januar 1973, S. 26–35

Koyck, L. M.: Distributed Lags and Investment Analysis, Amsterdam 1954

Krelle, Wilhelm: Erfahrungen mit einem ökonometrischen Prognosemodell für die Bundesrepublik Deutschland (Mathematical Systems in Economics, Bd. 12), Meisenheim am Glan (1974)

Krelle, Wilhelm: Möglichkeiten und Grenzen der Konjunkturdiagnose, in: *Giersch,* Herbert/*Borchardt,* Knut: a. a. O., S. 30–81

— Die Investitionsfunktion, in: Jahrbücher für Nationalökonomie und Statistik, Bd. 172 (1960), S. 345–391

— (unter Mitarbeit von Dieter *Coenen*): Präferenz- und Entscheidungstheorie, Tübingen 1968

— Neue Hilfen der Wirtschaftstheorie und Ökonometrie für die Wirtschaftspolitik: Ökonomische Prognosesysteme, in: Sigurd *Klatt,* Manfred *Willms:* Strukturwandel, a. a. O. S. 39–79

Kullmer, Lore: Zeitwahl und administrativer Vollzug als Probleme einer konjunkturorientierten Finanzpolitik, in: Finanzarchiv, Bd. 20 (1959/60), S. 384–393

Lange, Klaus: Über die Verwendung zusätzlicher a-priori-Information in Distributed-Lag-Modellen bei Multikollinearität, Diss. Hamburg 1970

Leiner, Bernd: Spektralanalyse, Einführung in Theorie und Praxis moderner Zeitreihenanalyse, Opladen 1976

Levi, Maurice D.: Effectiveness of Monetary vs. Fiscal Policy as Revealed by the Behavior of Inventory Stocks - An Empirical Investigation, in: Journal of Monetary Economics, Bd. 1 (1975), S. 151–170

Lindbeck, Assar: Is Stabilization Policy Possible? Time-Lags and Conflicts of Goals, in: *Smith,* Warren L. / *Culbertson,* John M.: Public Finance and Stabilization Policy - Essays in Honor of Richard A. *Musgrave* -, Amsterdam, Oxford, New York 1974, S. 269–307

Lorenzen, Gunter: Überlegungen zur Spezifikation der Lagstruktur in Distributed-Lag-Modellen in: Allgemeines Statistisches Archiv, Bd. 59, Heft 4, 1975, S. 337–345

Macesich, George: The Rate of Change in Money Stock as a Leading Canadian Indicator, in: Canadian Journal of Economics and Political Science, Vol. 28 (1962), S. 424–430

Mackscheidt, Klaus (Hrsg.): Budgetwirkungen und Budgetpolitik Stuttgart - New York 1977

Mackscheidt, Klaus/*Steinhausen,* Jörg: Finanzpolitik. Grundfragen fiskalpolitischer Lenkung, 2. verb. Auflage, Tübingen - Düsseldorf 1975

Malinvaud, E.: Statistical Methods of Econometrics (Studies in Mathematical and Managerial Economics, hrsg. von H. *Theil,* Bd. 6), Amsterdam 1966

Mayer, Thomas: The Inflexibility of Monetary Policy, in: The Review of Economics and Statistics, Vol. 40 (1958), S. 358–374; wiederabgedruckt in: *Thorn,* Richard S. (Hrsg.): Monetary Theory and Policy. Major Contributions to Contemporary Thought, New York 1966, S. 594–627

— The Lag in the Effect of Monetary Policy: Some Criticism, in: Western Economic Journal, Vol. 5 (1967), S. 324–342; wiederabgedruckt in: *Mittra,* S. (Hrsg.): Money and Banking, Theory, Analysis and Policy - A Textbook of Readings -, New York 1970, S. 460–473

Metzler, Lloyd A.: Three lags in the Circular Flow of Income, in: Income, Employment and Public Policy (Essays in honor of A. H. *Hansen),* New York 1948, S. 11–32

Mittra, S. (Hrsg.): Money and Banking: Theory, Analysis and Policy - A Textbook of Readings -, New York 1970

Möller, Walter/*Vogl*, Gerald/*Woll*, Artur: Moderne Quantitäts- versus Liquiditätstheorie: Ein Test konkurrierender Hypothesen, in: Kredit und Kapital, Bd. 5 (1972), S. 156 ff.

Müller, Heinz: Die Bedeutung der time-lags für die Wirksamkeit der Geld- und Kreditpolitik in der Bundesrepublik Deutschland, in: Weltwirtschaftliches Archiv, Bd. 100 (1968), S. 272–289

— Die Politik der deutschen Zentralbank, 1948–1967, Eine Analyse der Ziele und Mittel (Kieler Studien, 96) Tübingen 1969

Mussel, Gerhard: Freie Liquiditätsreserven und Geldbasis als Indikatoren der Zentralbankpolitik, Diss. Stuttgart 1974

— Zur Problematik der Beurteilung der Zentralbankpolitik, in: Konjunkturpolitik, Zeitschrift für angewandte Konjunkturforschung, 22. Jg., Heft 2 (1976), S. 61–80

Naeve, Peter: Spektralanalytische Methoden zur Analyse von ökonomischen Zeitreihen, Würzburg 1969

Nerlove, Marc: Spectral Analysis of Seasonal Adjustment Procedures, in: Econometrica, Vol. 32 (1964), S. 241 ff.

— Lags in Economic Behavior, in: Econometrica, Vol. XL, March 1972, S. 221–251

Neubauer, Werner: Strategien, Techniken und Wirkungen der Geld- und Kreditpolitik. Eine theoretische und empirische Untersuchung für die Bundesrepublik Deutschland, Göttingen 1972

Neumann, F./*Gerstenberger*, W.: Investitionszulage verhindert stärkeren Investitionseinbruch in: Ifo-Schnelldienst, 29. Jg. (1976), Heft 10, S. 4 f.

Neumann, Manfred J. M.:. Zwischenziele und Indikatoren der Geldpolitik, in: Kredit und Kapital, 4. Jg., 1971, S. 398 ff.

— Zur relativen Bedeutung fiskalischer und monetärer Impulse in: WSI-Mitteilungen, 26. Jg., Heft 1, Januar 1973, S. 14–25

— Hypothesen - Evidenz - Kritik, in: WSI-Mitteilungen, 26. Jg., Heft 6, Juni 1973, S. 251–256

— Konstrukte der Zentralbankgeldmenge in: Kredit und Kapital, 8. Jg., 1975, S. 317–345

Neumark, Fritz: Die komparative Bedeutung von Geld- und Fiskalpolitik für die Verwirklichung wirtschaftlicher Stabilität (Walter Eucken Institut, Vorträge und Aufsätze, Nr. 41), Tübingen 1973

Oberhauser, Alois: Geld- und Kreditpolitik bei weitgehender Vollbeschäftigung und mäßigem Preisanstieg (1958–1968) in: *Deutsche Bundesbank* (Hrsg.): Währung und Wirtschaft, a. a. O., S. 609 ff.

Oertli, Peter: Kybernetische Analyse und Synthese eines ökonometrischen Modells, in: Zeitschrift für die gesamte Staatswissenschaft, Bd. 128 (1972), S. 407–436

OECD (Hrsg.): Monetary Policy in Germany (OECD Monetary Studies Series), o. O. (Paris), Dezember 1973

Ott, Alfred Eugen: Wachstumszyklen - Über die neue Form der Konjunkturschwankungen. Theoretische und empirische Beiträge (Schriften des Vereins für Socialpolitik, N. F., Bd. 71), Berlin 1973

— Einführung in die dynamische Wirtschaftstheorie, Göttingen 1963

O. V.: Zwischenbilanz der Geldpolitik in: DIW: Wochenbericht 37/76, 43. Jg., Berlin, 16. Sept. 1976, S. 339–344

Pfanzagl, Johann: Allgemeine Methodenlehre der Statistik II, 2. verb. Aufl., Berlin 1966

Pohl, Rüdiger: Geldkreislauf und Einkommenskreislauf. Eine kreislaufanalytische Interpretation der Zentralbankpolitik. (Veröffentlichungen des Instituts für empirische Wirtschaftsforschung, Bd. 16), Berlin 1976

— Zur Kritik der Theorie der Vermögensstruktur und der relativen Preise in: Kredit und Kapital, 8. Jg. (1975), S. 219–244

Pütz, Theodor: Grundlagen der theoretischen Wirtschaftspolitik, Stuttgart 1971

Pusch, Reinhard H.: Die Wirksamkeit der Geldmengenpolitik und ihre zeitliche Verzögerung im Rahmen der Konjunktursteuerung in: Archiv für das Spar-, Giro- und Kreditwesen, Heft 10, Bonn 1970, S. 14–24

Rea, John D.: Monetary Policy and the Cyclical Behavior of the Money Supply, in: Journal of Money, Credit and Banking, Vol. VIII, No. 3, August 1976, S. 347–358

Rehm, Hannes: Zum Konzept der zeitlichen Erfassung von Einnahmen und Ausgaben in der Bundeshaushaltswirtschaft, in: Konjunkturpolitik, 23. Jg. (1977), Heft 1, S. 43–65

Roosa, R.: Interest Rates and the Central Bank, wiederabgedruckt in: *Thorn*, R. S. (Hrsg.): Monetary Theory and Policy, New York, 1966, S. 559 ff.

Rürup, Bert: Handlungsverzögerungen diskretionärer Fiskalpolitik: Konstruktionsfehler oder Elemente rationaler Politik? in: Zeitschrift für Wirtschafts- und Sozialwissenschaften, 93. Jg. 1973, S. 35–50

Sachverständigenrat zur Begutachtung der gesamtwirtschaftlichen Entwicklung: Gleicher Rang für den Geldwert, Jahresgutachten 1972/73, Stuttgart, Mainz 1972

— Mut zur Stabilisierung, Jahresgutachten 1973/74, Stuttgart, Mainz 1973

— Vor dem Aufschwung, Jahresgutachten 1975/76, Stuttgart, Mainz 1975

— Zeit zum Investieren, Jahresgutachten 1976/77, Stuttgart, Mainz 1976

Schips, Bernd: Lag-Hypothesen in makroökonomischen Konjunkturmodellen, in: *Ott*, Alfred Eugen (Hrsg.): Wachstumszyklen - Über eine neue Form der Konjunkturschwankungen - Theoretische und empirische Beiträge (Schriften des Vereins für Socialpolitik, N. F., Bd. 71), S. 79 ff.

— Ergebnisse einer Analyse der wirtschaftlichen Entwicklung in der BRD von 1950–71, in: *Ott*, Alfred Eugen (Hrsg.): Wachstumszyklen - über eine neue Form der Konjunkturschwankungen - Theoretische und empirische Beiträge (Schriften des Vereins für Socialpolitik, N. F., Bd. 71), S. 183–199

Schlesinger, Helmut: Die Geldpolitik der Deutschen Bundesbank 1967–1977, in: Kredit und Kapital, 11. Jg. (1978), S. 3–29

— Neuere Erfahrungen der Geldpolitik in der Bundesrepublik Deutschland, in: Kredit und Kapital, 9. Jg., Heft 4, 1976, S. 433–454

Schmidt, Peter/*Waud,* Roger N.: The Almon Lag Technique and the Monetary versus Fiscal Policy Debate, in: Journal of the American Statistical Association, Vol. 68 (1973), S. 11-20

Schneeweiss, Hans: Ökonometrie, Würzburg, Wien 1971

Schönfeld, Peter: Methoden der Ökonometrie, Bd. II: Stochastische Regressoren und simultane Gleichungen, München 1971

Schwietert, A.: Gelingt die Globalsteuerung?, in: Der Volkswirt, Nr. 51/52 (1967), S. 2831

Siebke, Jürgen/*Willms,* Manfred: Das Geldangebot in der Bundesrepublik Deutschland, in: Zeitschrift für die gesamte Staatswissenschaft, Bd. 126 (1970), S. 55-74

— Zinsniveau, Geldpolitik und Inflation, in: Kredit und Kapital, Bd. 5 (1972), S. 171-205

— Die Determinanten des Zinsniveaus, in: WISU - Das Wirtschaftsstudium, Bd. 1 (1972), S. 474-478

— Geldpolitik und Konjunktur, in: Wirtschaftsdienst, 50. Jg. (1970), S. 329-334

Siedenberg, Axel: Investitionsorientierte Fiskalpolitik, Eine Effizienzanalyse mit Hilfe investitionstheoretischer Ansätze (Finanzwissenschaftliche Forschungsarbeiten, N. F. Heft 47), Berlin 1976

Simmert, Diethard B.: Kritische Anmerkungen zur „neuen Geldpolitik", in: Sparkasse, 92. Jg., Nr. 8/1975, S. 222-230

Smith, Warren L.: On the Effectiveness of Monetary Policy, in: The American Economic Review, Vol. 46 (1956) S. 588 ff.

Smith, Warren L./*Culbertson,* John M. (Hrsg.): Public Finance and Stabilization Policy - Essays in Honor of Richard A. *Musgrave,* Amsterdam, Oxford, New York 1974

Smith, Warren L./*Teigen,* R. L. (Hrsg.): Readings in Money, National Income and Stabilization Policy, Homewood (Ill.) 1965

Söffner, Frank: Zögernder Aufschwung in der Bauwirtschaft, in: Wirtschaftskonjunktur, 28. Jg. Heft 8, August 1976, S. A1-A8

Solow, Robert M.: On a Family of Lag Distributions, in: Econometrica, Vol. 28 (1960), April, S. 391-406

Spitznagel, E.: Anwendung des erweiterten Input-Output-Modells auf das Programm zur Stärkung von Bau- und anderen Investitionen, in: Mitteilungen aus der Arbeitsmarkt- und Berufsforschung, Heft 3/1976, S. 350-362

Sprinkel, Beryl: Monetary Growth as a Cyclical Predictor, in: Journal of Finance, Vol. 14, Sept. 1959, S. 333-346

Stäglin, Reiner/ unter Mitarbeit von: *Pischner,* R./*Weiser,* B./*Wessels,* H.: Multiplikatorwirkungen des Konjunkturprogramms von 1975. Anwendung des um den keynesischen Multiplikator erweiterten Input-Output-Modells (Beiträge zur Strukturforschung des DIW, Heft 45), Berlin 1976

Steeb, Karl-Rüdiger: Untersuchungen zum Problem der intermediären Wirkungsverzögerungen in der Geldpolitik, Diss. München 1974

Strigel, Werner H.: Der Finger am Puls der Wirtschaft. Entwicklung und Bedeutung der Ifo-Umfragen, in: Wirtschaftskonjunktur, 28. Jg., Heft 3 (1976), S. A1 bis A11

Tanner, J. Ernest: Lags in the Effects of Monetary Policy, in: The American Economic Review, 59. Jg. (1969), S. 794–805

Thieme, H. Jörg: Geld- und fiskalpolitische Prozeßsteuerung in der Marktwirtschaft - Alternative Stabilisierungskonzepte?, in: *Cassel,* Dieter u. a. (Hrsg.): 25 Jahre Marktwirtschaft in der Bundesrepublik Deutschland, Stuttgart 1972

Tichy, Gunther: Das magische Fünfeck und die Trade-Off-Analyse. Bemerkungen zu neueren Versuchen über die Vereinbarkeit wirtschaftspolitischer Zielsetzungen, in: Kredit und Kapital, 4. Jg., 1971, Heft 1, S. 1–26

Tinbergen, Jan: Econometric Business Cycle Research, in: The Review of Economic Studies, Vol. 7 (1940), S. 73–90; wiederabgedruckt in (und hier zitiert nach): Readings in Business Cycle Theory, 3. Aufl., London 1961, S. 61–86

Timmermann, Vincenz: Zur Refinanzierung der Banken beim Zentralbanksystem. Eine empirische Analyse für die Bundesrepublik Deutschland, 1955–1968 (Institut für Statistik und Ökonometrie und Institut für empirische Wirtschaftsforschung an der Universität Mannheim: Discussion Paper Nr. 22), Mannheim 1970.

Tobin, James: Money and Income: Post Hoc Ergo Propter Hoc? in: Quarterly Journal of Economics, Vol. 84 (1970), S. 301 ff.

Trapp, Peter: Geldmenge, Ausgaben und Preisanstieg in der Bundesrepublik Deutschland, (Kieler Studien, S. 138), Tübingen 1976

— Geldmenge und wirtschaftliche Aktivität, in: WSI-Mitteilungen, 26. Jg., Heft 2, 1973, S. 63–74

Tucker, Donald P.: Dynamic Income Adjustment to Money Supply Changes, in: The American Economic Review, Vol. 56 (1966), S. 433–449

Uselton, Gene C.: Lags in the Effects of Monetary Policy. A Nonparametric Analysis (Business Economics and Finance, Vol. 2), New York 1974

Voigt, Fritz: Aussagefähigkeit und Erkenntnisgrenzen der modernen Wirtschaftstheorie, in: Fritz *Voigt* u. a.: Beiträge zur Theorie des Sparens und der wirtschaftlichen Entwicklung, Berlin 1958, S. 7–84

— Theorie der Wirtschaftspolitik, unveröffentlichtes Manuskript, Bonn 1971

— Verkehr, Bd. 1, I (Die Theorie der Verkehrswirtschaft), Berlin 1973

Voigt, Fritz/*Budischin,* Hans Jörg: Grenzen der staatlichen Wirtschaftspolitik im gesellschaftlichen und sozialen Wandel. Einflüsse der Denk- und Reaktionsfähigkeit der menschlichen Persönlichkeit (Schriftenreihe zur Industrie- und Entwicklungspolitik, hrsg. von Fritz *Voigt,* Bd. 19), Berlin 1976

Voigt, Fritz/*Witte,* Hermann: Ein Konzept der Theorie der Wirtschaftspolitik auf der Basis der allgemeinen Entscheidungstheorie, in: Die Mitarbeit, Zeitschrift zur Gesellschafts- und Kulturpolitik, 27. Jg. (1978), Heft 2, S. 125–133

Wagner, Adolf: Die Wachstumszyklen in der Bundesrepublik Deutschland - Eine komparativ-dynamische Komponentenanalyse für die Jahre 1951–1970, Tübingen 1972

Walter E.: Nichtparametrische Tests, in: *Walter,* E. (Hrsg.): Statistische Methoden I (Lecture Notes in Operations Research and Mathematical Systems, Nr. 38), Berlin - Heidelberg - New York, 1970, S. 154–167

Walters, A. A.: Monetary Multipliers in the United Kingdom 1880–1962, in: Oxford Economic Papers, Vol. 18 (1966), S. 270–283

Waud, Roger N.: Monetary and Fiscal Effects on Economic Activity. A Reduced Form Examination of their Relative Importance, in: The Review of Economics and Statistics, Vol. 56 (1974), S. 177–187

Weigel, Heinz: Die Zeitproblematik in der Analyse der Erwartungen, Wirtschaftspläne und zeitlichen Verzögerungen - unter besonderer Berücksichtigung der Schwedischen Schule, o. O. 1957

Westphal, Uwe: Theoretische und empirische Untersuchungen zur Geldnachfrage und zum Geldangebot (Kieler Studien, Heft 110), Tübingen 1970

Wetzel, Wolfgang (Hrsg.): Neuere Entwicklungen auf dem Gebiet der Zeitreihenanalyse (Sonderhefte zum Allgemeinen Statistischen Archiv, Heft 1), Göttingen, Zürich 1970

— Statistische Methoden der Zeitreihenanalyse und ihre praktischen Anwendungsmöglichkeiten, in: Allgemeines statistisches Archiv, Bd. 53 (1969), S. 3–34

— Hinweise auf einige theoretische Grundlagen der Spektralanalyse von stationären Prozessen, in: *Wetzel,* Wolfgang (Hrsg.): Neuere Entwicklungen auf dem Gebiet der Zeitreihenanalyse (Sonderhefte zum Allgemeinen Statistischen Archiv, Heft 1), Göttingen, Zürich 1970, S. 5 ff.

Willes, Mark H.: The Inside Lags of Monetary Policy, doctoral dissertation, Graduate School of Business, Columbia University 1967

— The Inside Lags of Monetary Policy: 1952–1960, in: The Journal of Finance, Vol. 22 (1967), S. 591–593

— Lags in Monetary and Fiscal Policy, in: The Business Review of the Federal Reserve Bank of Philadelphia, March 1968, S. 3–10, wiederabgedruckt in: *Mittra,* S. (Hrsg.): Money and Banking: Theory, Analysis, and Policy, New York 1970, S. 453–459

Willms, Manfred: Recent Experience with Monetary Policy in Germany, in: *Deutsche Bundesbank:* Auszüge aus Presseartikeln, Nr. 34 vom 27. 5. 1975, S. 6–8

— Sind 8 % Geldmengenwachstum adäquat? in: Wirtschaftsdienst, 56. Jg. (1976), S. 71–74

Winter, Tilmann: Handlungs- und Wirkungsverzögerungen in der Wirtschaftspolitik. Versuch einer ökonomisch-politischen Analyse (Volkswirtschaftliche Schriften, Heft 160), Berlin 1971

Woll, Artur: Einige geldpolitische Aspekte in der monetären Theorie der Gegenwart, in: *Andreae,* C. A./*Hansmeyer,* K.-H./*Scherhorn,* G. (Hrsg.): Geldtheorie und Geldpolitik, Festschrift für G. *Schmölders* zum 65. Geburtstag, Berlin 1968, S. 65–75

— Monetäre Aspekte einer wachstumsadäquaten Stabilisierungspolitik, in: *Schneider,* Hans-Karl (Hrsg.): Beiträge zur Wachstumspolitik, Berlin 1970, S. 90 ff.

Woll, Artur/*Vogl,* Gerald: Geldpolitik, Stuttgart 1976

Wrightsman, Dwayne: An Introduction to Monetary Theory and Policy, New York 1971

Sachwortverzeichnis

Untersuchungen über das Spar-, Giro- und Kreditwesen

Abteilung A: Wirtschaftswissenschaft. Herausgegeben von Fritz Voigt

1. **Beiträge zur Theorie des Sparens und der wirtschaftlichen Entwicklung.** 227 S. 1958. 2. unveränd. Aufl. in Vorbereitung.

2. **Die Liquiditätsverhältnisse der deutschen Sparkassen.** Von Dr. L. Sperk und Dipl.-Vw. Dr. M. Wilsdorf. 184 S. 1956. DM 22,60.

3. **Das Liquiditätsproblem bei den Girozentralen.** Von Dr. D. Golz. 193 S. 1956. DM 29,60.

4. **Auswirkungen der Mindestreservepflicht unter besonderer Berücksichtigung der Sparkassen.** Von Dipl.-Vw. Dr. E. Floss. 70 S. 1956. DM 9,60.

5. **Die Wertpapieranlage der Kreditinstitute.** Von Dr. R. Stützer. 157 S. 1957. DM 22,60.

6. **Einkommensverhältnisse und private Geldkapitalbildung in Westdeutschland 1925 bis 1953.** Von Dr. H. Osthues. 204 S. 1957. DM 33,60.

7. **Der Betriebsvergleich bei Sparkassen.** Von Dipl.-Kfm. H.-G. Bindewalt und Dr. H. Kolbeck. 244 S. 1959. DM 34,80.

8. **Die Verflechtung zwischen Sparkassen und Girozentralen.** Von Dr. A. Dick. 110 S. 1959. DM 19,—.

9. **Die Struktur des Bankwesens als Gegenstand wirtschaftsstatistischer Analyse.** Von Prof. Dr. I. Esenwein-Rothe. 329 S. 1959. DM 51,60.

10. **Die Anwendbarkeit der modernen Kreditschöpfungslehre auf die besondere Art des Sparkassengeschäfts.** Von Dr. H. Feifel. 249 S. 1959. DM 39,60.

11. **Die unterschiedlichen Auffassungen von der Wirkung des Sparens und die moderne Wachstumstheorie.** Von Dr. H. Peters. 120 S. 1960. DM 17,80.

12. **Die niedersächsischen Sparkassen.** Von Dr. W. Weidner. 212 S. 1960. DM 39,60.

13. **Bestimmungsgründe und volkswirtschaftliche Auswirkungen des Verhaltens der Sparkassen im langfristigen Wohnungsbaukreditgeschäft.** Von Dr. M. Wilsdorf. 194 S. 1960. DM 27,—.

14. **Die Mitwirkung der Hausbanken bei der Vergebung und Verwaltung öffentlicher Kredite.** Von Dr. H. Menzel. 212 S. 1960. DM 29,80.

15. **Die Zinsempfindlichkeit der deutschen Sparer.** Von Dr. B. Wissmann. 152 S. 1960. DM 27,60.

16. **Verbrauchen und Sparen.** Von Dr. A. Ghanie Ghaussy. 236 S. 1964. DM 47,60.

17. **Bestimmungsgründe des persönlichen Sparens.** Von Dr. W. Paschke. 223 S. 1961. DM 39,—.

18. **Beiträge zur Geldtheorie und Geldpolitik.** Von Prof. Dr. H.-G. Johnson. Aus dem Amerikanischen übertragen von H. Rudloff. 342 S. 1969. DM 53,60.

19. **Die Staatsaufsicht über die kommunalen Sparkassen.** Von Dr. H. Frick. 250 S. 1962. DM 46,60.

20. **Die Vereinbarungen und Zusammenschlüsse im Kreditwesen.** Von Dr. G. Buschmann. 174 S. 1963. DM 29,80.

21. **Die Rechtsgrundlagen des Reisescheckverkehrs.** Von Dr. O.-R. Heinichen. 157 S. 1964. DM 29,60.

22. **Monetäre Probleme der Konjunkturpolitik in der EWG.** Von Prof. Dr. O. Issing. 163 S. 1964. DM 29,80.

23. **Strukturwandlungen in der Anlagepolitik der Kreditbanken.** Von Dr. H.-H. Stein. 191 S. 1964. DM 34,60.

24. **Die Beziehungen zwischen moderner Wettbewerbstheorie und ökonomischer Realität im Realkreditsektor.** Von Dr. W. Dobrinski. 243 S. 1964. DM 47,60.

25. **Der Einfluß der Gemeinde auf die kommunale Sparkasse.** Von Dr. H. Clausen. 160 S. 1964. DM 29,80.

26. **Die Beziehungen zwischen der Notenbank und den Trägern der Girosysteme.** Von Dr. H. J. Rieken. 170 S. 1964. DM 29,80.

27. **Die internationale Liquidität.** Von Prof. Dr. D. J. Delivanis. 94 S. 1965. DM 17,60.

28. **Leitwährung und internationale Währungsordnung.** Von Prof. Dr. O. Issing. 374 S. 1965. DM 65,60.

29. **Analytischer Vergleich zwischen Verrechnungsscheck und Überweisung vom Standpunkt der Kreditinstitute.** Von Dr. U. Trurnit. 257 S. 1966. DM 59,60.

30. **Marktforschung der Kreditinstitute.** Von Dr. U. Weiss. 307 S. 1966. DM 64,60.

31. **Die Entwicklung der sozialen und ökonomischen Struktur der Ersparnisbildung in der Bundesrepublik Deutschland.** Von Dr. R. Exo. 410 S. 1967. DM 82,60.

32. **Die Beziehung zwischen dem institutionellen Aufbau des Geld- und Kreditsystems und dem wirtschaftlichen Wachstum.** Von Dr. D. Spaetling. 251 S. 1966. DM 65,60.

33. **Geldversorgung, Preisniveau und reales Wirtschaftswachstum bei alternativen Grundprinzipien der geldwirtschaftlichen Ordnung.** Von Dr. H. Friedrich. 205 S. 1967. DM 46,60.

34. **Außenhandel, wirtschaftliche Expansion und Preisniveau.** Von Dr. M. Hieber. 150 S. 1967. DM 34,60.

35. **Die Bedeutung des staatlichen Sparens für die Kapitalbildung und das Wirtschaftswachstum.** Von Dr. D. Kath. 172 S. 1968. DM 34,60.

36. **Die Entwicklung des Kommunalkredits.** Von Dr. H. Gloth. 230 S. 1967. DM 52,60.

37. **Die Finanzpolitik des Deutschen Reiches im Ersten Weltkrieg.** Von Dr. K. Roesler. 237 S. 1967. DM 53,60.

38. **Die rechtliche Einordnung der Immobilienfondsgesellschaften und das Erfordernis einer gesetzlichen Sonderregelung.** Von Dr. N. Kruhme. 120 S. 1968. DM 23,60.

39. **Die Bedeutung der Finanzgebarung der öffentlichen Hand für den Geldwert in Frankreich nach 1945.** Von Dr. M.-L. Herschtel. 256 S. 1968. DM 59,80.

40. **Die Standortfrage bei Kreditinstituten.** Von Dr. J. D. Siepmann. 377 S. 1968. DM 89,80.

41. **Zahlungsverkehr und Mittelstandsidee.** Von Dr. J. Wysocki. 120 S. 1969. DM 34,60.

42. **Der Verwaltungsrat der Sparkasse.** Von Dr. H. aus der Fünten. 322 S. 1969. DM 67,80.

43. **Die Mechanismen der Zentralbankgeldschöpfung und ihre Kontrollierbarkeit durch die Zentralbank.** Von Dr. B. Gaude. 209 S. 1969. DM 46,80.

44. **Die Aufwertungsspekulation.** Von Dr. W. Steuer. 180 S. 1969. DM 39,80.

45. **Ursachen und Wirkungen der regionalen Differenzierung der privaten Spartätigkeit in Industrieländern.** Von Dr. J. Frerich. 205 S. 1969. DM 54,80.

46. **Die Beschränkungen des Wirkungsbereichs der kommunalen Sparkassen durch die horizontale und die vertikale Kommunalgliederung in Nordrhein-Westfalen.** Von Dr. K. Köhler. 145 S. 1969. DM 32,—.

47. **Vermögensbestand, Sparverhalten und Wirtschaftswachstum.** Von Dr. H. Rudloff. 192 S. 1969. DM 46,80.

48. **Theoretische Untersuchungen zum mikro- und makroökonomischen Kreditangebot.** Von Dr. G. A. Kartsaklis. 205 S. 1970. DM 54,80.

49. **Untersuchungen über den Nutzen kommunaler Wirtschaftsförderungsmaßnahmen.** Von Dr. P. Eichhorn und Dr. P. Friedrich. 98 S. mit 2 Ausschlagtaf. 1970. DM 26,80.

50. **Die Struktur des Sparens in der Bundesrepublik Deutschland von 1950 bis 1967.** Von W. Kaiser und A. Zerwas. 101 S. 1970. DM 32,—.

51. **Die Beeinflussung des Wirtschaftswachstums in Deutschland von 1883 bis 1913 durch das Bankensystem.** Von Dr. E. Elstert. 189 S. 1970. DM 48,80.

52. **Die Sicherheit der Scheckeinlösung.** Von Dr. H.-Ch. Zahrnt. IV, 324 S. 1971. DM 58,60.

53. **Zinstheoretische Grundlagen der Geldpolitik.** Von Prof. Dr. M. Willms. 112 S. 1971. DM 36,60.

54. **Die Struktur der Nachfrage von Wirtschaftsunternehmen und privaten Haushalten nach finanziellem Vermögen in der Bundesrepublik Deutschland.** Von Dr. W.-A. Prautzsch. 151 S. 1971. DM 42,60.

55. **Der Einfluß paramonetärer Institutionen auf die Vermögensbildung, das Kreditangebot und die Geldpolitik.** Von Dr. U. Schirmer. 239 S. 1971. DM 66,60.

56. **Geldtheoretische und geldpolitische Probleme des Eurodollarmarktes.** Von Dr. P. Liepmann. 169 S. 1971. DM 46,60.

57. **Zur Geldtheorie Don Patinkins.** Von Dr. J. D. Jüttner. 231 S. 1971. DM 68,60.

58. **Ansätze und Möglichkeiten der Geld- und Fiskalpolitik als Finanzierungsinstrumente einer gesamtwirtschaftlichen Entwicklungspolitik, dargestellt am Beispiel Persiens.** Von Dr. M. Kiani. 147 S. 1971. DM 38,60.

59. **Akkreditiv und Grundverhältnis.** Von Dr. S. Borggrefe. 125 S. 1971. DM 29,60.

60. **Zur Vermögenssituation der privaten Haushalte in der Bundesrepublik Deutschland.** Von H.-D. Bosch. 2 Teilbände: I: Eine vergleichende sozio-ökonomische Datenanalyse für die Jahre 1960/61 und 1969. 160 S. 1973. DM 52,60. II: Ein tabellarischer Vergleich für die Jahre 1960/61 und 1969 aufgrund statistischer Erhebungen des Deutschen Sparkassen- und Giroverbandes. 212 S. 1971. DM 39,60.

61. **Zielkonforme Ausgestaltung der Mindestreservenpolitik.** Von Dr. P. Voss. 195 S. 1972. DM 46,60.

62. **Änderungen in Bankpolitik und Bankwesen als Teil der Wirtschaftsreformen der DDR.** Von Dr. Ch. Kunze. 200 S. 1972. DM 46,60.

63. **Kurzfristige zwischenstaatliche Kapitalbewegungen in der Bundesrepublik Deutschland 1960 - 70.** Von Dr. H. Priester. 217 S. 1972. DM 66,60.

64. **Die Bestandskontenreihe im System der Volkswirtschaftlichen Gesamtrechnung.** Von Dr. W. Kaiser. 198 S. 1972. DM 56,80.

65. **Die Kreditfinanzierung im Modell der flexiblen Planung.** Von Dr. A. Riemenschnitter. 109 S. 1972. DM 29,80.

66. **Leistungsänderungen im Rahmen der Zielkonzeption öffentlich-rechtlicher deutscher Sparkassen.** Von Dr. L. Bauer. 195 S. 1972. DM 46,60.

67. **Die Bedeutung des Bankensystems im wirtschaftlichen Wachstumsprozeß Syriens.** Von Dr. A. T. Said. 112 S. 1972. DM 36,60.

68. **Geldentwertung und monetäre Stabilisierungspolitik.** Von Dr. M. van den Adel. 188 S. 1973. DM 56,—.

69. **Die Zinspolitik der Sparkassen in der Bundesrepublik Deutschland unter wirtschaftspolitischen Gesichtspunkten.** Von Dr. B. Last. 135 S. 1973. DM 38,60.

70. **Probleme der Sparförderung in der OECD.** Von H. Albach. W. Krelle, J. Siebke, W. Wittmann. 192 S. 1973. DM 59,60.

71. **Der Einfluß von Geldwertrisiko und Wertsicherungsklauseln auf die Vermögensdispositionen.** Von Dr. N. Euba. 162 S. 1973. DM 42,60.

72. **Zur Theorie und Empirie der Fristigkeitsstruktur der Zinssätze.** Von Dr. H. Faßbender. 231 S. 1973. DM 78,60.

73. **Die Auswirkungen der Liquidität auf die Firmenentscheidungen.** Von Dr. H. Pehle. 139 S. 1974. DM 56,—.

74. **Theorie der Devisenspekulation.** Von Dr. H. Hochgesand. 167 S. 1974. DM 68,60.

75. **Marktstrategien im Hypothekarkreditgeschäft.** Von Dr. H. Kittel. 354 S. 1974. DM 78,60.

76. **Lenkungsmöglichkeiten von Geldangebots- und Kreditmarktprozessen in einer extrem auslandsabhängigen Volkswirtschaft.** Von Dr. H. Rostek. 106 S. 1975. DM 48,60.

77. **Wirkung und Wirkungsprozeß der Geldpolitik.** Von Dr. G. Dieckheuer. 304 S. 1975. DM 88,60.

78. **Bankenliquidität und Zins als Orientierungsvariable der Geldpolitik.** Von Dr. H.-H. Francke. 222 S. 1975. DM 66,60.

79. **Geldtheoretische und geldpolitische Probleme der potentialorientierten Kreditpolitik.** Von Dr. L. Stirnberg. 183 S. 1975. DM 58,60.

80. **Beiträge zur Geldtheorie und Währungspolitik.** Von Prof. Dr. H. G. Johnson. 353 S. 1976. DM 68,—.

81. **Langfristige Personalplanung im Kreditinstitut.** Von Dr. H. Benölken. 438 S. 1976. DM 78,—.

82. **Kleine deutsche Geldgeschichte des 19. und 20. Jahrhunderts.** Von Prof. Dr. B. Schultz. 294 S. 1976. DM 68,—.

83. **Finanzmärkte in der Bundesrepublik Deutschland.** Von Dr. G. Schwanewede. 264 S. 1976. DM 74,60.

84. **Das Geld-, Bank- und Versicherungswesen in Köln 1700 - 1815.** Von Dr. U. Perlitz. 399 S. 1976. DM 88,—.

85. **Stadt-Sparkasse Düsseldorf 1825 - 1972.** Von Dr. E. J. Haas. 404 S. 1976. DM 86,—.

86. **Der Fishersche Preiserwartungseffekt als Erklärungsansatz für das Gibson-Paradoxon.** Von Dr. J. R. Badura. 317 S. 1977. DM 88,—.

87. **Der Einfluß sozio-ökonomischer Faktoren auf ausgewählte Geldvermögensarten privater Haushalte in der Bundesrepublik Deutschland.** Von Dr. W. Riedel. 236 S. 1977. DM 74,60.

88. **Geld- und Kreditpolitik in einer planifizierten Wirtschaft.** Von Dr. H. Schui. 195 S. 1977. DM 76,—.

89. **Erfolgskontrolle finanzpolitischer Stabilisierungsmaßnahmen.** Von Dr. J.-G. Grunwald. XX, 452 S. 1977. DM 64,—.

90. **Geld und Vermögen in makroökonomischen Modellen.** Von Dr. D. Schoof. 157 S. 1977. DM 74,—.

91. **Anlegerschutz im Recht der Effektenkommission.** Von Dr. G. Schneiders. 153 S. 1977. DM 46,—.

92. **Raumwirtschaftliche Implikationen der Organisation der Kreditwirtschaft.** Von Dr. M. Hartmann. 297 S. 1977. DM 88,—.

93. **Kurssicherungsgeschäfte.** Von Dr. M. Backes. 141 S. 1977. DM 68,—.

94. **Refinanzierungsprobleme der Bausparkassen.** Von Dr. H. Siebert. 176 S. 1977. DM 69,60.

95. **Die Aktivastruktur deutscher Banken.** Von Dr. W. Fuhrmann. 347 S. 1978. DM 89,—.

96. **Bestimmungsgründe der Verteilung von Bodeneinkommen und ihre Beeinflussung.** Von Dr. J. Wassermann. 463 S. 1978. DM 126,—.

97. **Qualitätspolitik im Wettbewerb der Kreditinstitute.** Von Dr. H. Griesel. 209 S. 1978. DM 76,—.

98. **Gegenstand und Analyse der Pläne zur Neugestaltung der internationalen Geldverfassung.** Von Dr. W. Zippel. 247 S. 1978. DM 58,—.

99. **Einflußfaktoren der Mitarbeitermotivation in Kreditinstituten.** Von Dr. K. G. Stocker. 241 S. 1978. DM 74,60.

100. **Wettbewerb und Eigenkapital in der deutschen Kreditwirtschaft.** Von Dr. J.-G. Grunwald und Dr. St. Jokl. XX, 290 S. 1978. DM 58,60.

101. **Inflation und Sparen.** Von Prof. Dr. K. Kleps. 242 S. 1979. DM 68,—.